高等院校经管类应用型特色规划教材

Managerial Accounting

管理会计

（第三版）

周频 胡向丽 吴丹红 主编

东北财经大学出版社
Dongbei University of Finance & Economics Press
大连

图书在版编目（CIP）数据

管理会计 / 周频，胡向丽，吴丹红主编. —3版. —大连 ：东北财经大学出版社，2022.1（2024.1重印）
（高等院校经管类应用型特色规划教材）
ISBN 978-7-5654-4388-6

Ⅰ. 管… Ⅱ. ①周… ②胡… ③吴… Ⅲ. 管理会计-高等学校-教材 Ⅳ. F234.3

中国版本图书馆CIP数据核字（2021）第261338号

东北财经大学出版社出版
（大连市黑石礁尖山街217号 邮政编码 116025）
网 址：http://www.dufep.cn
读者信箱：dufep@dufe.edu.cn

大连天骄彩色印刷有限公司印刷 东北财经大学出版社发行

幅面尺寸：185mm×260mm 字数：466千字 印张：22.5 插页：1
2022年1月第3版 2024年1月第2次印刷

责任编辑：王 莹 周 慧 责任校对：慧 心
封面设计：冀贵收 版式设计：钟福建

定价：52.00元

教学支持 售后服务 联系电话：（0411）84710309

第三版前言

习近平总书记在党的二十大报告中指出，深入实施科教兴国战略，加快建设教育强国，办好人民满意的教育。教育是国之大计、党之大计。加强基础学科、新兴学科、交叉学科建设，加快建设中国特色、世界一流的大学和优势学科。

管理会计作为从传统会计中分离出来的与财务会计并列的一个会计分支，是把会计与管理结合起来的一门新兴的交叉性学科，主要是利用有关信息预测前景、参与决策、规划未来、控制和评价经济活动，为企业和行政事业单位内部管理服务，其职能扩展到解析过去、控制现在与筹划未来的有机结合。加快管理会计发展有助于企业效益和经济绩效的提升，有助于政府部门资源利用效率和管理效能的提升。

从 2013 年起，财政部开始下大力气推动管理会计的发展。2014 年财政部发布《关于全面推进管理会计体系建设的指导意见》（财会〔2014〕27 号），标志着我国管理会计开始加速发展。2016—2018 年间，财政部先后制定了《管理会计基本指引》及 34 项管理会计应用指引，管理会计得到了空前重视。长期以来，单位管理者对管理会计重视不足，财务人员的工作重点始终在财务会计方面，局限于记账、报账、核算，不能较好地为单位管理高层提供有效经营和最优化决策的各种财务与管理信息。这明确指出了会计工作和会计人才的发展目标，即会计工作由核算向理财、管理和决策转变，会计人员从单纯的记账者向理财者、管理者、决策参与者提升。具体而言，一方面，会计理论工作者要对实务中的典型案例进行具体分析、深入调研，将西方管理会计理论与我国实际相结合，形成符合我国国情的管理会计理论，增强管理会计理论与实践的相融性、系统性、针对性和有效性；另一方面，广大的会计实务工作者包括广大会计从业人员特别是总会计师、CFO 等高级会计人才要加强学习，提高素质，将现有的业务专长向纵深发展，积极拓展国际化视野，不断增强适应力和竞争力。在这一过程中，作为会计教育工作者，我们有责任编写适应时代新要求的教材奉献给读者。

本教材广泛借鉴了国内外同行的文献，力求体现管理会计理论与实务的最新发展。第三版仍然遵循简练、实用、系统的原则，主要目的不在于创新知识，而是试图综合、传承和深化知识，力求做到以管理会计基本指引为统领、以管理会计工具方法指引为具体指导、以管理会计案例示范为补充，将多年来积累的教学资料和笔记融入其中，对各章内容进行了修改、补充和完善，突出以下几点：

1. 强调中国特色管理会计理论体系、内容体系与方法体系的构建和完善。教材中增加了财政部和国资委出台的《管理会计应用指引》及相关制度规范，使读者切实感受我国管理会计制度的不断优化和持续改进，体会管理会计的中国智慧。

2. 强调实用性与实操性相结合。对原教材中某些公式推导、内容顺序及内容展开做了修订与补充，有利于读者在实务操作中理解与掌握管理会计工具运用。

3. 强调课程体系完整性和科学性相结合。本次修订增加管理会计报告一章，从而完善了管理会计的循环过程，且有助于对各类管理会计工作进行整合。

4. 强调线上线下学习相结合。附录中以二维码的形式整理了与教材知识点相关的“管理会计行业调研报告及案例”；基于历年职称考试要点与重点的梳理，完善了各章思考题、练习题及解析；更新了教学课件，以推动课堂教学与课后学习、思考有机结合。

表 1 列示了《管理会计》第三版的主要变化。

表 1　**各章所涉及的主要变化**

章别	内容变化
第1章　管理会计概述	1.5.2 管理会计师职业资格与地位，对CMA认证证书做最新修订 1.5.3 管理会计师应具备的知识体系，增加了《中国管理会计职业能力框架》
第2章　管理会计理论体系	
第3章　变动成本法	
第4章　作业成本法	
第5章　标准成本法	5.2 标准成本的制定，增加例题 5.3.2 标准成本差异的计算与分析，对公式推导进行完善，对例题进行全面更新
第6章　本量利分析法	
第7章　预测	
第8章　决策	8.2.6 定价决策，补充成本加成率概念，修订例题，增加不同成本基础上的成本加成率的测算
第9章　全面预算管理	对课后练习题进行了大量的补充
第10章　业绩评价与考核	10.2.2 以责任中心为主体的业绩考核与评价，进行内容补充与完善 10.3 基于EVA的业绩评价与考核体系，新增该节 10.4.3 平衡计分卡有效编制，增加战略管理地图的结构图
第11章　管理会计报告	新增一章

本教材可供高等院校会计类专业、管理类专业和经济类专业教学使用，还可以

作为企业管理人员培训使用。本教材第三版在第二版的基础上修改而成，修订工作由湖北工业大学周频副教授总负责。感谢吴婉婷为本书的写作与修订提供的帮助。

本教材参考了国内外教材与各位专家学者发表的文章，力求体现管理会计理论与实务的最新发展，在这里一并向本教材用以参考的书籍与文章的作者表示真挚的感谢!

在编写过程中，我们尽了最大努力，但书中可能还存在疏漏之处，敬请读者批评指正。

作　者

2021 年 9 月

2024 年 1 月修改

课程思政元素与融入设计

习近平总书记在党的二十大报告中指出，深入实施人才强国战略。培养造就大批德才兼备的高素质人才，是国家和民族长远发展大计。培养什么人、怎样培养人、为谁培养人是教育的根本问题。育人的根本在于立德。全面贯彻党的教育方针，落实立德树人根本任务，培养德智体美劳全面发展的社会主义建设者和接班人。

2020 年，教育部印发的《高等学校课程思政建设指导纲要》指出："立德树人成效是检验高校一切工作的根本标准。落实立德树人根本任务，必须将价值塑造、知识传授和能力培养三者融为一体、不可割裂"，要求深度挖掘高校各学科门类专业课程蕴含的思想政治教育资源，使各类课程与思政课同向同行，形成协同效应，帮助学生塑造正确的世界观、人生观、价值观。

管理会计涉及企业内部经营管理的全过程，社会性和应用性极强，是为强化企业内部经营管理、提高经济效益服务的，属于决策会计。管理会计是会计学专业必修的专业核心课，通过本课程的学习，学生可以明确管理会计的基本理论，熟练掌握管理会计的预测、决策、控制和考核，做到会计与管理的有机结合；通过课程思政教育，让学生志存高远、脚踏实地。

本教材的课程思政元素设计以"习近平新时代中国特色社会主义思想"为指导，结合管理会计的发展趋势与价值取向，坚持以马克思主义的科学立场、方法解决理论与实践问题，强化社会主义核心价值观在管理会计课程思政教学中的引领作用，积极融入中华优秀传统文化思想，通过启发式探讨、人物故事、读报、案例剖析、政策解读、历史回顾等栏目将思政元素自然融入课程内容，以"润物细无声"的方式将先进的思想引领与正确的价值追求传递给学习者，全面提高大学生缘事析理、明辨是非的能力，助力培养德智体美劳全面发展的高素质管理会计人才。

表 2 对管理会计教学中具体的课程思政元素与融入做了部分设计与安排，供各位同行专家参考，不当之处敬请批评指正。

表 2　　专业知识导引与思政元素

课程章节	专业知识导引	思考与研讨	思政元素
课程介绍	学习内容与学习方法	提出本课程要求：记录课堂笔记。讨论若未及时记录笔记，课堂上应该如何做？补笔记还是跟老师节奏？让学生明确“态度决定高度，习惯主宰人生”，增强学习主动性与积极性	社会主义核心价值观：敬业
	课程考核标准	阐明本课程考核要求：期末成绩比例结构。引导学生计算并设计课程及格的各种可能性方案。培养学生全局意识，降低期末备考压力	
第1章管理会计概述	管理会计的发展	人物故事：讲述中国管理会计奠基人——余绪缨的故事，“发白不坠青云志，人文精神薪火传”，增强学生的职业理想激情	理想信念
	管理会计组织与管理会计师	讲解“职业发展：管理会计师和美国注册管理会计师”，鼓励学生考取职业证书，增强学生的职业自豪感与敬业精神，不忘初心，牢记使命	社会主义核心价值观：敬业
	管理会计师职业道德	举例讲解管理会计师职业道德（正直、客观、能力，保密、专业行为），例如列举证监会和法院对不遵守职业道德的会计人员的处罚和刑事责任、国内外会计造假案例等，培养学生的管理会计职业道德修养	社会主义核心价值观：诚信
第2章管理会计理论体系	成本习性：固定成本	讨论：大学生活中涉及哪些固定成本、变动成本？ 举例：大学学费，其特征为每年学费不会因旷课次数下降，讨论如何相对降低学费这一固定成本的单位成本，引导学生形成良好的学风	理想信念
		案例：“疫情期间比亚迪等各大车企转型生产口罩”。一方面提高了固定生产设施的利用率，帮助企业渡过难关，另一方面体现了企业高度的社会责任感与爱国情怀。引导学生将社会主义核心价值观内化为精神追求，外化为自觉行为	社会主义核心价值观：爱国
	成本习性：变动成本	读报：“湖北日报：东风本田3 000个垃圾桶是怎么减少的？”讨论降低了哪些变动成本，引导学生讲文明、讲风尚	社会主义核心价值观：文明
第3章变动成本法	两种成本法下利润差异的原因	政策解读：“国家政策：去库存”。探讨政策中蕴含的管理会计思维及政策的深远意义，提高学生的法治道德修养。引导学生关注国家大事，关注国家发展，明白万物之间普遍联系的道理	社会主义核心价值观：法治

续表

课程章节	专业知识导引	思考与研讨	思政元素
第6章 本量利分析法	保本分析	案例：拼多多的“以价换量”拼团盈利模式。帮助学生理解本量利关系，树立底线思维，鼓励用专业知识创新创业，关注生活，关注社会发展，为将来步入社会做准备	创新创业 奋斗精神
	安全边际	讨论：学校的“评优评先”过程，更多的是依据学习积分，表现为积分的竞争。积分越高，优势越明显。作为在校生，如何在竞争中获取优势？引导学生深入理解实力越雄厚越安全，风险越小。增强学生的风险意识与安全教育	风险意识 底线思维
第7章 预测	预测分析的意义	案例：“富士胶片击败柯达：胶片危机”。探讨传统文化教育《礼记：中庸》中的“凡事预则立，不预则废”的含义。富士胶片前总裁古森重隆能够正确预测到数码技术的民用化，推出各种高性能胶片，从而最终打败竞争对手。通过案例引导学生理解预测分析的意义。探讨中国传统文化的博大精深，培育学生对国学的喜爱，提升学生的科学精神与文化素养	风险意识 文化自信
第8章 决策	决策类型：战略与战术	讨论：直接就业，还是考研究生？明确哪些是战略性决策，哪些是战术性决策。引导学生认识到人的一生都是在不断做决策的过程，战略性决策关系人的一生，应将精力集中在战略性决策上	理想信念
	短期经营决策：收入与成本	人物故事：身边优秀学生的不同成长经历分享。深入理解“付出与收获”的关系。一艺之成，当尽毕生之力。要想有收获，必须有付出。付出了不一定有收获，但不付出一定没有收获	社会主义核心价值观：自由、平等
	短期经营决策：相关与无关	讨论：结合相关与无关，分析用人单位招聘时，哪些是相关因素，哪些是无关因素。探讨大学期间如何安排学习生活，才能提升自身竞争力。通过探讨，引导学生树立“平等、公正”的理念	社会主义核心价值观：平等、公正
	短期经营决策：自制还是外购	案例：针对美国禁令，华为芯片从“对外采购”转为“中国制造”。引导学生深入理解创新发展、科技强国，增强学生的责任意识与爱国情怀	社会主义核心价值观：爱国
	长期项目投资决策：网络诈骗	读报：“人民日报时评：帮老年人远离诈骗陷阱”。查阅相关文献，如“中老年人反欺诈白皮书”“中老年人上网状况及风险网络调查报告”“2019年老年群体触网研究报告”“电信网络诈骗治理研究报告”等。引导学生认识网络诈骗手段，关爱中老年人，远离诈骗陷阱，避免经济损失	安全意识 社会主义核心价值观：和谐

续表

课程章节	专业知识导引	思考与研讨	思政元素
第9章全面预算管理	预算编制方式	案例：从福耀玻璃美国工厂的劳资纠纷谈权威式和参与式预算编制。该厂管理者吸取“通用公司与福特公司参与式预算导致的工人罢工，企业损失惨重”的教训。通过案例来讲解两种预算编制模式。引导学生了解采用权威式预算编制能体现管理会计人员的职业胜任能力	职业道德 职业能力
	预算编制	实践：个人月度现金预算。引导学生有序花钱，树立正确的金钱观	社会主义核心价值观：自由
	预算管理体系	案例：上汽集团“人人成为经营者”的全面预算管理。结合案例探讨部分与整体的辩证关系。整体决定部分，部分影响整体	马克思主义哲学：整体与部分的辩证统一
第10章业绩评价与考核	绩效评价	发展史回顾：“企业绩效评价模式的演变：从财务模式到平衡模式”。通过分析演变过程，对比不同时期的绩效评价模式的价值取向与评价内容。引导学生认识到一切应从实际出发，理论应联系实际	马克思主义哲学：理论联系实际
	平衡计分卡	案例：从华为强调第三方研发谈平衡计分卡中的学习与成长。华为能独立研发，但不能独立制造。华为技术的开源化开辟了和谐新时代	命运共同体 协同与共赢
第11章管理会计报告	内部管理报告	案例：南方摩托为增强产业整体的市场抗风险能力应用内部管理报告的实践。引导学生理解业财融合形式，认识管理会计报告的作用	职业道德 职业能力

目 录

第一篇 管理会计基础理论

第二篇 成本核算与控制会计

第三篇 经营规划与决策会计

第四篇　评价与考核会计

二维码资料目录

第一篇

管理会计基础理论

第1章

管理会计概述

学习目标

通过本章的学习，重点理解管理会计的定义与基本内容，了解管理会计的形成与发展过程，理解管理会计的基本理论，了解管理会计师与管理会计的地位。

导入案例

管理会计的重要性

管理会计工作是会计工作的重要组成部分。大力发展管理会计，一方面是服务于单位（包括企业和行政事业单位）内部管理，为决策提供支持的需要，另一方面是进一步深化会计改革的总体需要。2014 年 10 月 27 日，财政部发布《财政部关于全面推进管理会计体系建设的指导意见》（财会〔2014〕27 号），正式拉开了政府强力推进管理会计体系建设的序幕。

2016 年 6 月 22 日，为促进单位（包括企业和行政事业单位）加强管理会计工作，提升内部管理水平，促进经济转型升级，根据《中华人民共和国会计法》《财政部关于全面推进管理会计体系建设的指导意见》等，财政部制定并印发了《管理会计基本指引》，要求各单位在开展管理会计工作中参照执行。

管理会计
基本指引

社会资源是有限的，“物尽其用，人尽其才”不仅体现在社会资源的有效配置与充分利用上，也体现在社会中每一家企业都必须实现资源的有效配置与充分利用上。管理会计是企业内部资源的有效配置与充分利用的信号机制。

1.1 管理会计的一般定义

1.1.1 美国管理会计师协会（IMA，2008）的定义

管理会计是一门专业学科，在制定和执行组织战略中发挥综合作用。

管理会计师是管理团队的成员，工作在组织中的各个层级，从高层管理者到支持层面的会计和财务专家。管理会计师应该具备会计和财务报告、预算编制、决策支持、风险和业绩管理、内部控制和成本管理方面的知识和经验。

1.1.2 英国特许管理会计师公会（CIMA，2005）的定义

管理会计师运用会计与财务管理的相关原则，创造、保护、增加公共部门和私营部门及非营利企业利益相关者的价值。管理会计是管理的重要组成部分。它需要

识别、生成、展示、解释和使用相关信息来：（1）提供战略决策信息以及制定商业战略；（2）计划长期、中期、短期的运营；（3）决定股东和管理层的激励策略；（4）为经营决策提供信息；（5）控制运营，并确保资源的有效利用；（6）计量财务和非财务绩效并报告给管理层和其他利益相关者；（7）保全有形和无形资产；（8）实施公司治理、风险管理和内部控制程序。

1.1.3 国际会计师联合会（IFAC，1988）的定义

管理会计是指在一个组织内部，对管理层用于规划、评价和控制的信息（财务的和运营的）进行确认、计量、收集、分析、编报、解释和传输的过程，以确保其资源的合理利用并对它们承担相应的经管责任。

从上述这些定义可以看出，管理会计本质上是企业内部的一个信息处理系统和决策支持系统，使用一系列专门的方法对企业所收集到的信息进行加工处理，提供给企业管理者用于决策，协助企业管理者规划和控制企业的各种经济活动。这些信息不仅包括财务信息，而且包括非财务信息。非财务信息包括客观的信息和主观的信息。客观的信息包括运营信息和实务信息，比如产品质量和生产时间。主观的信息包括消费者满意度评价、员工的能力、核心产品的表现等。

那么，管理会计信息是如何为管理者服务的呢？根据系统理论，企业随着分工的发展，可分为三个子系统：企业协调管理系统、企业生产系统、企业管理会计系统。企业管理会计系统根据企业生产系统运行情况和企业环境的变化来收集、加工信息，从而向企业协调管理系统报告决策信息，企业协调管理系统内化决策信息进行决策。随后，企业管理会计系统根据企业协调管理系统的管理决策向企业生产系统输入执行与控制信息，企业生产系统内化该信息，来调节控制企业的生产行为。

1.1.4 管理会计的定义

本书认为：管理会计是通过一系列专门方法，利用财务会计、统计及其他有关资料进行整理、计算、对比和分析，使企业内部各级管理人员对各个责任单位和整个企业日常的和预期的经济活动及其发出的信息进行规划、控制、评价和考核，并使企业保证其资源的合理配置和使用，做出合理决策的一整套信息系统。

正确理解管理会计应注意以下几点：

（1）从属性看，管理会计属于管理学中会计学科的边缘学科，是会计理论和实践同管理理论和实践的有机结合，是实现利润（企业价值）最大化的手段。

（2）从范围看，管理会计既为企业管理层的管理目标服务，同时为股东、债权人、规章制度制定机构及税务当局甚至国家行政机关等非管理集团服务。也就是说，其研究范围并不局限于企业，有扩大研究范围的倾向。

（3）从内容看，管理会计既要研究传统的管理会计所要研究的问题，也要研究管理会计的新领域、新方法，并且把成本管理、战略管理、环境管理、人文管理纳入管理会计研究的领域。

（4）从目的看，管理会计要运用一系列专门的现代管理技术与方法，通过确认、计量、收集、分析、编报、解释和传输等一系列工作，为管理和决策提供信

息，并参与企业经营管理。

1.2 管理会计的产生与发展

1.2.1 管理会计的产生

管理会计的萌芽可以追溯到20世纪初。第一次世界大战后，在美国许多企业中推行泰罗的科学管理，并以此来提高企业的生产效率与工作效率；为了配合科学管理，“标准成本”、“差异分析”和“预算控制”等方法开始引进到会计中来，成为成本会计的一个组成部分。当时有学者提出了“管理的会计”这个词汇，并主张将管理的重心放在加强内部管理上，但当时没有得到会计界的普遍重视。到了20世纪40年代，特别是第二次世界大战以后，为了应对激烈的市场竞争，企业广泛实行职能管理与行为科学管理，借以提高产品质量，降低产品成本，扩大企业利润。与此相适应，“责任会计”与“成本-业务量-利润分析”等专门方法也应运而生，并加入到原有的会计方法体系中。1952年，国际会计师联合会正式通过了“管理会计”这个名词，标志着管理会计正式形成。于是，传统会计被称为“财务会计”。

1.2.2 管理会计的发展

1）执行性管理会计阶段（20世纪初到20世纪50年代）

在西方，所谓执行性管理会计，是以泰罗的科学管理学说为基础形成的会计信息系统，其占主导地位的时期是20世纪初到20世纪50年代。

从20世纪初到20世纪50年代，中间经过第一次和第二次世界大战，在这个时期，资本主义世界总的说来社会物资缺乏，供不应求，企业的产品生产出来以后不愁没有销路，是以卖方市场居主导地位。企业之间的竞争并不激烈，企业对客观世界经济环境的分析、研究并不十分重视。因而企业与外界关系的有关问题在执行性管理会计体系中并没有得到应有的反映，会计重点放在为企业内部提高生产和工作效率服务，并不涉及决策咨询方面的问题。

泰罗科学管理学说的核心，是强调提高生产和工作效率，要求企业把生产经营中一切可以避免的损失和浪费尽可能缩减到最低限度。为了实现这个目标，它在管理上要求实行“最完善的计算和监督制度”。而“最完善的计算和监督制度”当时在会计上主要是通过科学地制定“标准成本”，严格地进行“预算控制”和“差异分析”来体现的，这是会计为配合泰罗制的广泛实施，在计算和监督方面所取得的重大进展。特别是它把严密的事先计划引进到会计体系中来，实行事先计划、事中控制与事后分析相结合，这可以被看作会计发展史上的一个重要里程碑，为会计直接服务于企业管理开创了一条新路。其基本点是在企业经营方针、基本决策等重大事项已经确定的前提下，协助企业提高生产效率和生产经济效果。

在我国，执行性管理会计这个阶段始于中华人民共和国的建立，终于20世纪80年代我国开始进行经济管理体制改革。中华人民共和国建立以后较长的一段时间，产品的生产都是供不应求；而在管理上，对整个国民经济实行权力高度集中化的管理，企业管理局限于生产领域，是一种典型的执行性管理，不需要企业研究市场的需求问题。在这种条件下，在企业内部，以苏联经验为借鉴，结合我国实际，采取了许多措施，为提高企业生产和工作效率服务，如编制全面的生产技术财务计划和月度财务收支计划；建立流动资金归口分级管理制；推行以班组核算为基础的厂内经济核算；开展经济活动分析等。虽然当时还没有使用“管理会计”这个名称，但它们都可看作我们自己原有的管理会计，总的说来，也是实行事前计划、事中控制和事后分析相结合，比以泰罗的科学管理学说为基础形成的会计信息系统的内容更加全面、丰富，方法也更加多样化。它构成我国管理会计形成和发展历程中的执行性管理会计阶段。

2）决策性管理会计阶段（20 世纪 50 年代以后）

决策性管理会计是一种全局性的、以服务于企业提高经济效益为核心的管理会计，它包含了执行性管理会计。

从 20 世纪 50 年代起，资本主义世界进入所谓战后期。一方面，现代科学技术突飞猛进并大规模应用于生产，使社会生产力获得十分迅速的发展；另一方面，资本主义企业进一步集中，跨国公司大量涌现，企业的规模越来越大，生产经营日趋复杂，企业外部的市场情况瞬息万变，竞争更加剧烈。这些新的环境和条件，对企业管理提出了新的要求，迫切要求实施“管理的重心在经营，经营的重心在决策”的指导方针，把正确地进行经营决策放在首位。

与此相适应，在现代管理科学（包括运筹学和预测、决策科学等）的指引下，形成了决策性管理会计的基本框架，以“决策会计”与“执行会计”为主体，并把“决策会计”放在主导地位。它突破了原有执行性管理会计系统的局限，在广度和深度上都得到了重大发展。

此后，随着社会经济的发展和科学技术的进步，管理会计主要在以下各个领域取得了重要的进展和创新。(1) 企业管理深入到作业水平，形成作业成本计算与作业管理；(2) 技术与经济相结合形成目标成本计算和与之相联系的改善成本计算；(3) 以成本的“社会观”为指导形成产品生命周期成本计算；(4) 管理会计中行为科学的引进与应用；(5) 创建着眼于企业与金融市场共生互动的资本成本会计；(6) 创建着眼于社会价值链优化的战略管理会计；(7) 创建服务于正确实施可持续发展战略的环境管理会计；(8) 创建服务于正确实施全球发展战略的国际管理会计。

进入 20 世纪 90 年代以后，又出现了许多有重要意义的新动向，主要表现在：

管理大师彼得·德鲁克带头强调管理的艺术性，认为管理是一种自由度较大的艺术（management as a liberal art），与此相联系，强调“衡量”（measuring）重于“计算”（counting）、“认知性”（cognition）重于“精确性”（precision）。“认知性”重在对整体的质的把握，“精确性”重在对细节的量的描述，前者属于人文思维，后者属于科学思维。

卡普兰与阿特金森合著的《高级管理会计》（Advanced Management Accounting，1989 年第 2 版，1998 年第 3 版）也删去了绝大部分用较复杂的数学方法表述的内容，而把研究的重点转移到有关企业管理的体制、组织和决策等方面来。与此同时，诺贝尔经济学奖得主赫伯特·西蒙倡导的管理决策目标从“最优化准则”向“满意性准则”转变，也在实践中得到越来越广泛的应用。

卡普兰与诺顿合著的《平衡计分卡》（The Balanced Score Card）1996 年出版以后，在理论界、实务界产生了巨大的影响，世人给予了高度的评价。它所体现的“五个结合”是：战略与战术、当前与未来、内部条件与外部环境、经营目标与业绩评价、财务衡量与非财务衡量，无论从理论认识还是从实际应用上看，都实现了新的突破，它完全超越了传统意义上会计的局限，而成为新的历史条件下创建新的综合性管理系统的一个重要里程碑。

1.3 管理会计的对象、职能与基本内容

1.3.1 管理会计的对象

一门科学或学科的对象，是对其特定领域有关内容的集中和概括，是贯穿于该科学或学科的始终的。现代管理会计的对象是现金流动，因为现金流动贯穿于现代管理会计的始终。

近代西方企业会计重心的转移，大致经历了以下三个主要阶段：

1）传统会计阶段（19 世纪中叶以前）

这个阶段的企业会计，以独资、合伙企业会计为其主要形式，这种企业组织形式对会计提出的要求不高，通过期初、期末资产与负债差额的对比，就能确定一定期间的盈亏，并简易地进行盈利分配。因而在传统会计阶段，企业会计把重点放在资产、负债的平衡计算上，资产负债表是这个时期最重要的会计报表。

2）近代会计阶段（19 世纪中叶到 20 世纪中叶）

这个阶段的企业会计，以公司会计为其主要形式，它把“收益决定”放在首位，并把利润表看作最重要的会计报表，即着重于如何通过收入与成本的匹配来正确地确定一定期间的经营成果，并以此为基础合理地进行盈利分配。这是因为，股份公司的经营管理和上述独资、合伙企业有一个很大的不同，其所有权和经营管理权是分离的，一般是由公司聘请管理专家任经理，负责企业的经营管理，而为数众多的买股票的股东（投资人），则远离企业的实体，并不直接参与企业的经营活动。投资人自然很关心他们所投资的公司经营的好坏，特别是盈利的能力和盈利的分配情况。因为这是其切身利益所在。同时，由于公司组织集资能力强，可以创办大规模的企业，从事复杂的生产经营活动。这样，公司的经济活动及其同各方面的经济关系就越来越复杂化了，对会计也提出了越来越高的要求，要求它把正确地确定经营成果放在首位，以适应企业内外各方面的需要。在企业生产经营比较复杂的条件下，为把一定期间内实现的收入和相应的成本有经济根据地进行匹配，正确地确定各期的经营成果，就需要对一些专门性的会计理论问题进行研究，如收入实现理论、折旧理论、权责发生理论、跨期收支摊配理论等。以这一系列理论为指导建立的核算体系，以“收益决定”为中心，着重于企业经营过程的核算。

3）现代会计阶段（20世纪50年代以后）

这个阶段的企业会计还是以公司会计为其主要形式，为适应现代化管理的需要，企业会计的内部职能大大地扩展了，重点转移到了对现金流动的分析，并把全面反映企业现金流动的报表——现金流量表看作最重要的会计报表。这种以现金流动为中心的企业会计核算，具有更大的综合性，可对企业生产经营中的成本耗费水平、资金占用水平和盈利水平这几个方面总括起来进行统一评价，为企业改善生产经营、提高经济效益提供重要的、综合性的信息。

（1）企业在生产经营过程中现金流出与流入数量上的差别，制约着企业的盈利水平。

（2）现金流出与流入时间上的差别，制约着企业资金占用的水平。

（3）还可将现金流出与流入数量上的差别和时间上的差别综合起来进行考察。时间上的差别，可通过“货币时间价值”进行换算，转化到同一时点看问题，使时间上的差别也通过数量上的差别来表现。

综合以上各方面，以现金流动为中心的核算，具有更大的综合性和敏感性。通过把握现金流动的动态，就可以全面、系统、及时地掌握企业生产经营的主要过程与主要方面，在预测、决策、计划、控制等各个环节发挥积极的作用。

由此可见，管理会计以现金流动为对象，同现代化管理的要求相适应，反映了现代会计学科最新的发展水平。

1.3.2 管理会计的职能

现代管理会计的职能作用，从财务会计单纯的核算扩展到将解析过去、控制现在、筹划未来有机地结合起来。

（1）解析过去：主要是对财务会计所提供的资料作进一步的加工、改制和延伸，使之更好地适应控制现在和筹划未来的需要。

（2）控制现在：通过一系列的指标体系，及时修正在执行过程中出现的偏差，使企业的经济活动严格按照决策预定的轨道卓有成效地进行。

（3）筹划未来：预测与决策是筹划未来的主要形式，充分利用所掌握的丰富资料，严密地进行定量分析，帮助管理部门客观地掌握情况，从而提高预测与决策的科学性。

现代管理会计解析过去、控制现在、筹划未来这三方面的职能紧密结合在一起综合地发挥作用，形成一种综合性的职能。

管理会计对企业而言作用甚大，其可提供战略决策信息以及帮助制定商业战略，从而为经营决策提供信息；可以计量财务和非财务绩效并报告给管理层和其他利益相关者；可以帮助制定有效的融资和激励策略，计划长期、中期、短期的运营，并确保资源的有效利用；还可以帮助实施公司治理、风险管理和内部控制程序等。

1.3.3 管理会计的基本内容

管理会计的基本内容包括预测分析、决策分析、全面预算、成本控制、责任会计。其中，预测分析、决策分析和全面预算合称为规划决策会计；成本控制和责任会计合称为控制评价会计。规划决策会计和控制评价会计既相对独立，又相辅相成，共同构成了管理会计的基本内容。

1）规划决策会计

规划，意即进行比较全面的长远的发展计划，对未来整体性、长期性、基本性问题的思考、考量设计未来整套行动方案。用通俗的话说，就是目标确定以后，实施总体目标的行动计划。决策是指通过分析、比较，在若干可供选择的方案中选定最优方案的过程。对企业高层管理者而言，供选方案是关于企业要实现的各种目标；对企业中低层管理者而言，供选方案是指为实现既定子目标所进行的有关资源分配的备选计划。

规划决策会计是为企业管理中的预测前景、参与决策和规划未来服务的，其具体内容如下：

（1）利用财务会计提供的资料和其他有关信息，在调查研究和判断情况的基础上，对企业在计划期间的各项重要经济指标（包括保本点、利润、成本、资金等）进行科学的分析，并对经营、投资等重要经济问题进行决策分析。

（2）把通过预测与决策所确定的目标和任务，用数量和表格形式加以协调、汇总，变成企业在一定期间的全面预算。

（3）按照经济责任制的要求，将全面预算的综合指标层层分解，形成各个责任单位的责任预算，用以规划和把握未来的经济活动。

总之，规划决策会计可以保证企业的各项有限资源得到最合理、最优化的配置和使用，以便获得最佳的经济效益和社会效益。

2）控制评价会计

控制是指控制主体按照给定的条件和目标，对控制客体施加影响的过程和行为，使之能够按照预定的目标或预算进行。所谓评价就是评定价值或业绩的高低，业绩是指建立的功劳和完成的事业或重大成就。业绩评价就是根据经济责任制的要求，通过对各个责任单位履行经济责任的实际数与预算数进行对比，分析差异形成原因，并确定经济责任，以便对各个责任单位的实绩和成果进行恰当的评价和考核的过程。

控制评价会计是为管理中分析过去和对现在与未来的经济活动进行控制与评价服务的，其具体内容如下：

（1）通过制定控制制度和开展价值工程等活动，按照预算规定的指标，对即将发生和易发生的经济活动进行调节和控制。

（2）利用标准成本制度，结合变动成本法，对日常发生的各项经济活动进行追踪、收集和计算。

（3）根据经济责任制的要求，由各责任单位编制一定期间的业绩报告。

（4）通过对报告中的实际数和预算数的差异进行分析和研究，评价和考核各个责任单位的业绩和成果，并根据行为科学的激励理论分别确定它们应承担的经济责任和应享有的奖励，同时把发现的重要问题立即反馈给有关部门，迅速采取有效措施，及时加以解决。

总之，控制评价会计可以保证企业的各项经济活动按照预定的目标进行，合理分配利润，并充分调动全员的积极性和创造性。

1.4 管理会计方法

1.4.1 现代管理会计的主要方法

现代管理会计的方法属于分析性的方法，它是根据所研究问题的具体特点，运用一定的数学方法对研究对象进行比较精确的定量描述，找出存在于有关变量之间的相互依存、相互制约的关系，建立相应的经济数量模型。借助经济数量模型可以确定有关变量在一定条件下的最优数量关系，了解其运动变化的趋势，预测在一定条件下可能出现的情况与问题，为企业在生产经营中做出最优决策提供客观的、科学的依据。

在基础性管理会计中，思维过程运用的具体化专门方法，属于分析性的方法，它们从动态上掌握企业生产经营的主要方面和主要过程。

“差量分析”作为一种基本的分析方法贯穿于管理会计的始终，具体表现形式有：

1）成本性态分析法

它将成本表述为产量的函数，分析它们之间的依存关系，然后按照成本对产量的依存性，最终把全部成本区分为固定成本与变动成本两大类。它联系成本与产量的增减动态进行差量分析，构成基础性管理会计的一项重要内容。

2）本量利分析法

它将成本、产量、利润这几个方面的变动所形成的差量相互联系起来进行分析。其核心部分是确定“盈亏临界点”，并围绕它，从动态上掌握有关因素变动与企业盈亏消长的规律性的联系，这对帮助企业在经营决策中根据主、客观条件有预见地采取相应措施实现扭亏增盈有重要意义。

3）边际分析法

它是增量分析的一种形式。它涉及的增量是自变量的微量变化。由自变量的微量变化所形成的函数的精确变化率，就是边际的概念，在数学上用导数来表现。边际分析法的最大特点是可用作确定生产经营最优化目标的重要工具。运用边际分析的方法确定其最优的边际点，使企业管理部门具体掌握生产经营中有关变量联系和变化的基本规律，从而有预见地采取有效措施，最经济有效地运用企业的人力、物力和财力，实现各有关因素的最优组合。

4）成本-效益分析法

它是适应不同的情况形成若干独特的“成本”概念（如差别成本、边际成本、机会成本、沉没成本等）和相应的计量方法，以此为基础，对各种可供选择方案的“净效益”（总效益与总成本之差）进行对比分析，以判别各有关方案的经济性。这是企业用来进行短期经营决策方案分析评价的基本方法。

5）折现的现金流量法

它将长期投资方案的现金流出（投资额）及其建成投产后各年能实现的现金流入，按复利法统一换算为同一时点的数值（现值、终值或年值）来表现，然后进行分析对比，以判别有关方案的经济性，使各方案投资效益的分析和评价建立在客观而可比的基础上。这是企业用来进行长期投资决策方案分析评价的基本方法。

1.4.2 管理会计研究方法

研究是钻研、考察事物的道理或规律。管理会计研究是探讨管理会计问题的思路和方法。管理会计研究方法是以马克思主义哲学方法论、亚哲学方法论为理论基础，广泛吸收人类学、社会学、管理学、心理学、经济学等诸多研究方法的有用成分所形成的科学方法论。

管理会计研究方法主要包括规范研究和经验研究（包括实证研究）。规范研究以演绎推理为依据，回答有关事物“应该是什么”或“应该怎么样”的问题。经验研究以经验或观察为依据，回答有关事物本身“是什么”或“怎么样”的问题。管理会计研究一般以经验研究为主体。管理会计经验研究主要包括实地研究、实验室研究和调查研究等。

（1）管理会计问题的形成。管理会计学的实务性使得管理会计研究要以解决实际管理问题为核心，因而有必要把管理会计研究的问题作为管理会计研究的起点。管理会计研究问题的产生可能有各种各样的来源，但主要来源有三方面：一是现有的管理会计及其研究文献，对现有的文献进行研读、评论和综述可以对已经研究过的主题产生新的观点；二是与管理会计相关的其他领域现存的文献；三是管理实务界管理会计信息需求的变化，将产生管理会计研究的新课题。

（2）管理会计理论框架的构建和假设的形成。其主要内容包括：构建概念，构建概念之间关系的描述，形成假设，概念的操作化。

（3）管理会计经验研究设计。

①确定研究的目的：是探索、描述还是解释？

②调查关系的类型：是为了建立因果关系、相关关系或只是描述差异？

③研究的时间尺度和环境：是进行横截面研究，还是纵向研究？研究的场合是人造环境还是现场？

④研究对象总体的确定：在对社会对象的研究中，分析对象是个人、群体、组织，还是社会产品？

⑤研究者对研究对象的干预和控制程度的确定。

⑥概念度量方案的详细设计。

⑦抽样方案设计、数据收集方法的选择和设计、数据分析方法的选择。

⑧研究结论及拟推广应用的范围。

（4）数据收集与分析。

（5）解释理论和理论改进与应用。

1.5 管理会计组织与管理会计师

1.5.1 管理会计组织

1）美国管理会计师协会

美国管理会计师协会（The Institute of Management Accountants，IMA）是一个

全球领先最具权威性的国际管理会计师组织，一直致力于支持企业内部的财会专业人士推动企业的整体绩效和表现。IMA 成立于 1919 年，由美国成本会计师协会（NA-CA）衍生而来，负责美国注册管理会计师（Certified Management Accountant，CMA）和注册财务管理师（Certifiedin Financial Management，CFM）认证考试并授予证书，总部设立在美国新泽西州，拥有遍布全球 265 个分会的超过 65 000 名会员。

在国际上，作为 COSO 委员会的创始成员及国际会计师联合会（IFAC）的主要成员，IMA 在管理会计、公司内部规划与控制、风险管理等领域均参与到全球最前沿实践。此外，IMA 还在美国财务会计准则委员会（FASB）和美国证券交易委员会（SEC）等组织中起着非常重要的作用。

2）英国特许管理会计师公会

英国特许管理会计师公会（The Chartered Institute of Management Accountants，CIMA）是全球最大的国际性管理会计师组织，是国际会计师联合会（IFAC）的创始成员之一。CIMA 成立于 1919 年，是英国管理会计师的考试、管理与认证机构，总部设在英国伦敦，在澳大利亚、新西兰、爱尔兰、斯里兰卡、南非、赞比亚、印度、马来西亚、新加坡等国家以及中国香港和内地均设有分支机构或联络处。CI-MA 目前大约拥有 17 万名会员和学员，遍布世界 170 多个国家与地区。

1.5.2 管理会计师职业资格与地位

1）美国注册管理会计师

美国注册管理会计师（Certified Management Accountant，CMA）是美国管理会计师协会（IMA）创立的专业资格证书。CMA 与 USCPA（美国注册会计师）、CFA（美国特许金融分析师）一起被称为美国权威的三大财经认证，也是唯一被我国国资委指定央企人员参加培训的财经类认证。

CMA 认证的目的在于培育管理会计人员和财务管理人员的知识广度，使其能预测商业的需求及参与策略和决策的制定。而其考试的内容所包含的知识范围能反映管理会计人员和财务管理人员在现今商业环境所需要的能力。因此，取得 CMA 资格不仅代表其具备完整会计及财务相关领域的知识，也代表其具备高度专业标准与能力来分析企业内部财务报表，协助管理层掌握状况，参与财务管理与拟定及执行未来策略。

2009 年 11 月，中华人民共和国国家外国专家局培训中心与美国 IMA 正式签订了合作协议，将 CMA 认证引入中国。截至 2020 年，我国 CMA 持证人数已达 22 000 人，IMA 中国区会员人数已达 60 000 人。越来越多的公司认识到 CMA 认证的价值所在，在全球范围内支持员工参加 CMA 培训和考试，以此作为领导能力培养计划的重要部分。

要成为 CMA，首先必须通过 CMA 的考试，而且要符合 IMA 订立的学历和道德操行标准，CMA 的入会标准比其他专业职称要求高。CMA 证书考试涉及经济、金融、管理、会计等多方面内容，考试主要以基础知识、实用知识为主，知识覆盖面很广；具有很强的实用性、可操作性。考试有两个科目：

PART-1　财务规划、绩效与分析；

PART-2　战略财务管理。

考试单科总分 500 分，360 分及以上者即为通过考试。从第一个科目合格算起，3 年内所有科目没有全部合格的情况下，第一次合格的科目就会失效，需要重新参加考试。每门科目的考试总时间为 4 小时，包括 100 道选择题（multiple-choice）及 2 道 30 分钟问答题（essay-question）。

CMA 有中、英文两种语言考试，两种考试只是考试语言上的区别，考试题型，考试难度，证书含金量无区别。中文考试每年 3 个考试日期，4 月、7 月、11 月的某一周末；英文考试每年 3 个考试窗口，分别是 1/2 月、5/6 月、9/10 月的工作日。中文考试在北京、上海、苏州、成都、西安、青岛、武汉、广州、大连、南京 、昆明、济南、深圳、郑州、杭州、天津、合肥、重庆、长沙、南昌、兰州、太原、沈阳、厦门、海口、徐州、哈尔滨和乌鲁木齐 28 个城市开设考点。英文考试在上海、北京、南京、大连、广州、成都、昆明、杭州、武汉、济南、西安 11 个城市开设考点。

CMA 考证两科详细课纲

符合以下条件之一者均可报考 CMA：国家认可的学院或大学的三年制全日制学习大专（不包括自考和函授群体）或以上学历（包括本科、硕士和博士，本科以学位证书为准）、专业不限；大学高年级学生；其他职称类证书（中高级职称、CPA、ACCA）持有者。

2）英国特许管理会计师

CIMA 以“财务支持战略决策，战略融于财务管理”为理念，其资格考试不仅仅局限于会计内容，而是涵盖了管理战略、市场、人力资源、信息系统等多方面的商业知识和技能。通过 CIMA 三级认证考试并达到工作经验要求者可获得 CIMA 会员资格，成为特许管理会计师（Associate of the Chartered Institute of Management Accountants，ACMA），而拥有三年决策管理高层经验者的 ACMA 可申请成为特许管理会计师公会资深会员（Fellow of the Chartered Institute of Management Accountants，FCMA）。

CIMA 一直以来紧密结合充满活力和挑战的商界需求，坚持不懈地致力于企业财务管理及战略决策的研究和开发，提供了世界上极具权威性的高端财务管理职业资格认证。CIMA 资格认证不仅为企业衡量和提升财务管理人员素质和业务水平提供依据，也为各行各业的高级财务人员和管理精英创造展示实力的平台和个人发展的通途。

CIMA、ACMA 和 FCMA 证书是财务管理人员专业实力的见证和事业攀升的加速器，将使您具备高级决策管理人员的素质，顺利实现财务人员的角色转换，跻身国际商界精英之列。根据著名财经猎头机构 Robert Half 的最新调查，CIMA 成为世界上最受欢迎的会计职业资格，CIMA 会员的薪酬也跃居财务人员薪酬的榜首。世界知名跨国企业，如联合利华、壳牌、福特、埃森哲等，都对 CIMA 资格推崇备至。

1.5.3　管理会计师应具备的知识体系

1986 年，美国管理会计师协会所属的管理会计实务委员会颁布了《管理会计师共同知识体系》。该公告将管理会计师应具备的知识体系分为下列三大类型：

第一类：信息和决策过程知识。(1) 管理决策过程，包括重复性决策程序、非规划性决策程序、战略决策程序；(2) 内部报告，包括信息的搜集、组织、表达和传递；(3) 财务计划的编制和业绩评价，包括预测和预算的编制、分析和评价。

第二类：会计原则和职能知识。(1) 组织结构与管理，包括会计职能的结构和管理、内部控制、内部审计；(2) 会计概念和原则，包括会计的本质和目标、会计实务。

第三类：企业经营活动知识。(1) 企业的主要经营活动，包括财务和投资、项目研究和开发、生产和经营、销售和人力资源；(2) 经营环境，包括法律环境、经济环境、道德和社会环境；(3) 税务，包括税收政策、税收的结构和种类、税收计划；(4) 外部报告，包括报告准则，满足信息使用者需要；(5) 信息系统，包括系统分析和设计、数据库管理、软件应用、技术基础知识、系统分析。

2019 年，我国由中国总会计师协会起草编制的《中国管理会计职业能力框架》，作为一项行业标准来实施。本标准规定了管理会计职业能力的等级和要求。管理会计职业能力分为专业能力和综合能力两大类。专业能力包括财务会计能力和管理控制能力，综合能力包括创新能力和领导力，管理会计的职业能力应该建立在职业道德与行为规范基础之上（见表 1-1）。本标准还对管理会计人员应具备的各种职业能力按照初级、中级、高级、特级 4 个等级做了划分，并对初级、中级、高级提出了具体的职业能力要求。

表 1-1 **管理会计职业能力框架**

专业能力	财务会计能力	
	管理控制能力	战略管理能力
		预算管理能力
		成本管理能力
		营运管理能力
		绩效管理能力
		投融资管理能力
		风险管理能力
		管理会计报告能力
		战略管理能力
综合能力	创新能力	思维创新能力
		信息技术应用能力
		管理会计工具方法创新能力
	领导力	沟通协调能力
		团队建设能力
		组织能力
职业道德与行为规范		

美国管理会计师协会（IMA）管理会计能力素质框架

中国管理会计职业能力框架团体标准

中国管理会计职业能力框架表

1.5.4 管理会计师职业道德

美国管理会计师协会于 1982 年发布了《管理会计师职业道德行为准则》，是目前世界上较为完整的关于管理会计师职业道德的规定。该准则提出管理会计师必须遵守的职业道德的规定，主要有以下五项基本原则：正直、客观、职业能力和尽职关心下属、保密以及专业行为。

1）正直

正直，即在处理任何职业或者商业关系时保持直率、诚实和信任。你不可以和任何你认为有重大错误的信息，或者不管是由于虚假陈述还是由于忽略而导致的误导信息，有任何干系。管理会计师有责任：

（1）避免事实上或表面上可能引起的利益冲突，并对任何潜在冲突的各方提出忠告；

（2）不得从事道德上有损于履行职责的活动；

（3）拒绝接受影响或行将影响他们做出正确行动的任何馈赠、好处或招待；

（4）不得积极地或消极地破坏企业实现合法的、符合道德的目标；

（5）承认并传达任何可能妨碍负责地进行判断或成功地开展活动的职业局限或其他的限制；

（6）告知有利和不利的信息以及职业的判断及意见。

2）客观

客观，即不存在偏见、利益冲突或被他人左右自己的专业判断。管理会计师有责任：

（1）公正而客观地交流信息；

（2）充分披露相关信息，帮助使用者对所公布的报告、评论和建议获得正确的理解。

3）职业能力和尽职关心下属

职业能力和尽职关心下属，即对自己的专业知识和能力不断精益求精，学习最新的业界实践、法律法规以及工具技能等。关心你的下属的成长，对他们进行合适的培训和监督。管理会计师有责任：

（1）通过不断加强自身知识和技能以保持适当的职业胜任能力；

（2）根据相关法律、规章和技术标准履行自己的职责；

(3) 在对相关的和可靠的信息进行分析后，编制完整清晰的报告和建议书。

4) 保密

保密，即除非你经同意或者有法律或职业的义务，不得透露任何关于职业方面的信息。管理会计师有责任：

(1) 除法律规定外，未经批准，不得披露工作过程中所获取的机密信息；

(2) 告知下属应重视工作中所获取信息的机密性，并且监督下属的行为以保证其保守机密；

(3) 禁止利用或变相利用在工作中所获取的机密信息为个人或通过第三方谋取不道德或非法利益。

5) 专业行为

专业行为，即遵守相关的法律与法规。避免任何可能对职业名声造成恶劣影响的行为。

CIMA 职业道德准则中还列举了可能伤害到这五个原则的五类一般威胁：

(1) 自身利益威胁：一般也被称作“利益冲突”；

(2) 自我复核威胁：需要对自己以前执行的结果或判断进行重新评估；

(3) 亲密关系威胁：由于同他人存在亲密的关系，可能导致你偏向于他们的利益，形成亲密关系威胁；

(4) 胁迫威胁：由于实质上或者感知上的威胁而偏离应有的客观性；

(5) 倾向性威胁：当你对某种观点的支持程度达到了可能对你应有的客观性产生威胁。

本章小结

管理会计本质上是企业内部的一个信息处理系统，是企业内部的决策支持系统，使用一系列专门的方法对企业所收集到的信息进行加工处理，为企业决策提供服务。

管理会计的发展分为两个阶段：执行性管理会计阶段和决策性管理会计阶段。执行性管理会计，是以泰罗的科学管理学说为基础形成的会计信息系统，重点是为企业内部提高生产和工作效率服务；决策性管理会计是一种全局性的、以服务于企业提高经济效益为核心的管理会计，它包含了执行性管理会计，重点在经营管理与决策。

管理会计以现金流动为对象，通过把握现金流动的动态，全面、系统、及时地掌握企业生产经营的主要过程与主要方面，在预测、决策、计划、控制等各个环节发挥积极的作用。

管理会计具有解析过去、控制现在、筹划未来这三方面的职能，三者紧密结合在一起综合地发挥作用，形成一种综合性的职能。

管理会计的基本内容包括预测分析、决策分析、全面预算、成本控制、责任会计。其中，预测分析、决策分析和全面预算合称为规划决策会计；成本控制和责任会计合称为控制评价会计。规划决策会计与控制评价会计既相对独立，又相辅相成，共同构成了管理会计的基本内容。

管理会计的方法属于分析性的方法，它是根据所研究问题的具体特点，运用一定的数学方法对研究对象进行比较精确的定量描述，找出存在于有关变量之间的相互依存、相互制约的关系，建立相应的经济数量模型。借助经济数量模型可以确定有关变量在一定条件下的最优数量关系，了解其运动变化的趋势，预测在一定条件下可能出现的情况与问题，为企业在生产经营中做出最优决策提供客观的、科学的依据。

“差量分析”作为一种基本的分析方法贯穿于管理会计的始终，具体表现形式有：①成本性态分析法；②本量利分析法；③边际分析法；④成本-效益分析法；⑤折现的现金流量法。

管理会计师应具备的知识体系分为三大类型：①信息和决策过程知识；②会计原则和职能知识；③企业经营活动知识。

管理会计师道德行为准则的内容包括：①正直；②客观；③职业能力和尽职关心下属；④保密；⑤专业行为。

常用术语

1. 管理会计　2. 执行性管理会计　3. 决策性管理会计　4. 管理会计对象

思考题

1. 简述管理会计的概念。

2. 管理会计有哪些职能？

3. 管理会计包括哪些主要内容？

4. 简述管理会计的产生与发展过程，简要说明管理会计在各个发展阶段的发展动因及特点。

5. 简述管理会计师的职业道德准则的一般原则及其威胁。

练习题

一、单项选择题

1. 管理会计的雏形产生于（　　）。

A.19 世纪末　B.20 世纪上半叶

C. 第二次世界大战之后　D.20 世纪 70 年代

2. 在管理会计发展史上，第一个被人们使用的管理会计术语是（　　）。

A. “管理的会计”　B. “管理会计”

C. “传统管理会计”　D. “现代管理会计”

3.20 世纪 50 年代以来，管理会计进入了“以预测决策会计为主，以规划控制会计和责任会计为辅”的发展阶段，该阶段被称为（　　）。

A. 管理会计萌芽阶段　　B. 管理会计过渡阶段

C. 传统管理会计阶段　　D. 现代管理会计阶段

4. 管理会计正式形成和发展于（　　）。

A.20 世纪初　　B.20 世纪 50 年代

C.20 世纪 70 年代　　D.20 世纪 80 年代

5. 管理会计信息在质量上符合相关性和可靠性的要求，则说明管理会计信息符合（　　）。

A. 效益性原则　　B. 最优化原则

C. 及时性原则　　D. 决策有用性原则

二、多项选择题

1. 管理会计的职能包括（　　）。

A. 参与经济决策　　B. 控制经济过程

C. 规划经营目标　　D. 预测经济前景

E. 考核评价经营业绩

2.（　　）属于现代管理会计的基本内容。

A. 规划决策会计　　B. 预算会计

C. 控制评价会计　　D. 以上都是

3.（　　）的出现标志管理会计的原始雏形的形成。

A. 标准成本计算制度　　B. 变动成本法

C. 预算控制　　D. 责任考评

E. 以上都是

4. 下列项目中，属于在现代管理会计阶段产生和发展起来的有（　　）。

A. 规划控制会计　　B. 管理会计师职业

C. 责任会计　　D. 管理会计专业团体

E. 预测决策会计

5. 西方管理会计师职业团体主要从事的工作包括（　　）。

A. 组织纯学术研究　　B. 组织专业资格考试

C. 安排后续教育　　D. 制定规范和标准

E. 推广管理会计方法

三、业务处理题

根据管理会计师的职业道德准则对公司的下列行为进行评价：

1. 通过修改或操纵营业决策增加或减少利润；

2. 通过修改或操纵会计方法进行盈余管理，但利润变动较小；

3. 通过随意将费用递延至下一个会计期间进行盈余管理，以达到年度预算目标；

4. 为达到预期目标而进行盈余管理，通过延长客户的付款期限而增加利润；

5. 为达到预期目标而进行盈余管理，通过年末的超时加班而增加利润。

第 1 章练习题参考答案

第 2 章

管理会计理论体系

学习目标

通过本章的学习，重点理解管理会计、财务会计、财务管理之间的联系与区别；掌握成本习性及成本分类，变动成本和固定成本的成本习性，混合成本的含义及分解方法；熟悉边际贡献表现形式，理解边际贡献的含义及效用，掌握边际贡献的计算方法。

导入案例　　管住成本才能抓住盈利

一家山西的创业企业两年前营业额是 2 600 多万元，近两年的营业额分别增长到了 3 700 万元和 4 400 万元。这是个看上去不错的增长，原以为企业的利润也会水涨船高，事实却是：尽管营业额两年里超过了 60% 的增长，企业却一直亏损。

为什么规模的增长没有给这家企业带来实实在在的利润？

答案是本来可以收获的利润被不断增加的成本吃掉了。一方面，企业生产成本和收入几乎同步上升，规模效益并没有在毛利率的提高上得到体现；另一方面，收入增长是销售费用 180% 的增长换来的，这几乎把收入增长带来的毛利增长全部抵消了。

资料来源：宋新宇．管住成本才能抓住盈利 [J]．创业邦，2013（10）．

2.1　管理会计与相关会计学科的关系

2.1.1　管理会计与财务会计

1）管理会计与财务会计的联系

（1）同属于现代会计。管理会计与财务会计源于同一母体，共同构成了现代企业会计系统的有机整体。两者相互依存、相互制约、相互补充。

（2）最终目标相同。管理会计与财务会计所处的工作环境相同，总体目标是一致的，共同为实现企业管理目标服务，只因分工不同，在时间和空间上各有侧重。

（3）相互分享部分信息。两者所用资料有许多具有互补性质，管理会计所需的许多资料来源于财务会计系统，其主要工作内容是对财务会计信息进行深加工和再利用，因而受财务会计工作质量的约束。同时部分管理会计信息有时也列作对外公开发布信息的范围。

（4）财务会计的改革有助于管理会计的发展。

2）管理会计与财务会计的区别

（1）服务对象不同。管理会计主要满足企业内部管理需求，为企业内部的决策和控制提供资料，是“内部会计”；而财务会计侧重于为企业外界有关各方提供信息，通常被称为“外部会计”。

（2）工作重点不同。管理会计的工作重点是面向未来，不仅反映过去，更侧重于利用历史信息来预测前景、参与决策、规划未来，并控制、评价和考核企业的一些经济活动。分析过去是为了更好地控制现在和指导未来，是经营管理型会计。财务会计的工作重点是面向过去，反映过去，侧重于报告企业过去某一时期或时段发生的业务，单纯地提供历史信息和解释信息，属于报账型会计。

（3）约束依据不同。管理会计不受公认会计原则（GAAP）的约束，只服从企业的需要，并受企业内部控制、系统理论和成本-效益分析原理的约束；财务会计必须严格遵守公认的会计准则或统一的会计制度，以保证其所提供的财务信息具有一致性和可比性。

（4）报告的时间跨度不同。管理会计报告是根据需要编制的，其时间跨度弹性大，可以是几年、十几年甚至几十年；财务报告是定期编制的，一般是一个月、一个季度或一年，时间跨度相对稳定。

（5）会计主体不同。管理会计主要以企业内部责任单位为会计主体，并对其日常经济活动实绩和成果进行控制、评价、考核，同时从整个企业出发，认真考虑各项决策与预算之间的协调、配合和综合平衡；财务会计主要以整个企业为主体，提供集中、概括的财务信息，用来对企业财务状况和经营成果进行综合评价。

（6）会计程序不同。管理会计的具体业务处理程序一般不固定，有较大的选择自由，通常也不涉及凭证和记账等问题。报表不定期编制，也无固定格式，据企业需要自行设计。财务会计的具体业务处理程序比较固定，并具有强制性。凭证、账簿、报表有规定格式，报表定期编制。

（7）会计方法不同。管理会计在一定期间采用灵活多样的专门方法，提出不同的备选方案，并大量应用现代数学方法和电脑技术。财务会计在一定期间只能采用一种专门方法，并只需应用最简单的算术方法和原理的计量工具。

（8）行为影响不同。管理会计吸收行为科学的“以人为本”的思想，最关心业绩报告中计量的结果将如何影响员工的日常行为，并想方设法调动他们的主观能动性。财务会计最关心的则是如何计量和传输财务信息，一般不重视对员工行为的影响。

（9）精确程度不同。财务会计的重点是反映过去，过去发生的都是确定的，因而对会计资料中的数字计算要求准确清晰；管理会计所用的数字多为预计数，不确定因素较多，不要求绝对准确，只需算近似值以供决策参考。

（10）信息特征不同。管理会计通过编制内部报告提供有选择的、部分的和特定的管理信息，不对外公布，不负法律责任。财务会计通过编制基本财务报表提供系统的、连续的、综合的财务信息。上市公司报表需对外公布，负有法律责任。

3）结论

财务会计是对资产、负债、所有者权益、收入、费用、利润几大会计要素的确认、计量与报告，其核心工作是保障一家企业的财务数据的可靠性；管理会计更多体现在怎么利用财务会计数据，通过预算管理进行规划，利用会计数据对企业某些重大投融资的举措、企业材料采购与产品销售等做出决策，以及进行成本控制、内部控制和业绩评价。

当然，如果没有真实可靠的财务会计数据，管理会计也很难进行，管理会计最重要的意义是把财务会计信息用活，在历史会计信息基础之上，为公司未来发展，特别是围绕公司战略做出决策，在企业中，扮演参谋长的角色。

2.1.2 管理会计与财务管理

1）管理会计与财务管理的联系

管理会计与财务管理具有相同的管理属性，其基本作用都是为企业管理服务，均以资金运动或价值运动为研究对象，均以定量分析为主要研究方法。

（1）从管理理论、方法体系以及管理过程看，二者都是按照计划、决策、执行与控制这一顺序进行的；

（2）二者都以企业的财务会计资料为信息分析来源，在此基础上进行计划、决策与控制；

（3）二者在管理中产生的报告文本、数据资料等文字载体均不具法律效力，对外一般不承担法律责任；

（4）二者都主要是根据企业运作的现实情况，采取一定的措施积极规划未来，着眼于企业的未来发展。

2）管理会计与财务管理的区别

财务管理和管理会计的研究对象都是资金，却是资金运动的不同方面。财务管理区别于管理会计的显著特征在于其主要是一种实体管理。财务管理是进行有关资金筹集、供应与运用的意向决定，管理会计是为这种意向决定提供情报的。

（1）工作系统的性质不同。财务管理是对资金运动过程所进行的直接的、系统的管理，它对资金运动本身直接进行系统的预测、决策、计划、调度、指挥、控制、分析、考核工作，属于一种职能性的管理工作；管理会计是一个管理信息系统，工作性质是利用信息、产生信息、传递信息、解释信息，为企业有关管理部门提供经营管理中需要的信息，属于一种基础性的管理工作，是企业管理系统的信息支持系统。

（2）研究的内容不同。财务管理是对企业的资金实体运动及其所体现的财务关系所进行的直接管理，主要内容包括筹资管理、投资管理、资产管理、收入管理、分配管理；管理会计是对企业的经济活动进行的管理，主要内容包括规划决策、控制与业绩评价。

（3）研究对象不同。财务管理是对资金的核定、筹集、运用、收回、分配；管理会计是对资金的预测、决策、控制、分析、评价。

（4）目的不同。财务管理的目的是优化财务状况，千方百计地使资金这种物质释放出最大的能量，实现价值增值，提高资金效益，提高财务成果，达到企业价值或者股东价值最大化目标；管理会计属于信息系统，对各种经济信息进行直接的管理，不会直接和具体地参与到企业资金运动的管理中去，它的目的是向各方提供用于决策的信息，这种信息要考虑到企业管理与财务管理的需要。

（5）工作侧重点不同。管理会计为内部管理者提供如何加强内部经营管理的会计信息，应侧重于生产经营，其工作范畴着眼于企业的日常经营管理活动；财务管理为企业提供如何保持良好财务状况的手段和措施，侧重于资本经营，其工作范畴应着眼于对资金活动本身的管理。

（6）信息服务方式不同。财务管理主要是为政府、股东、债权人、企业管理层和其他利益相关者提供信息；管理会计是为企业管理层提供信息。财务管理主要是提供企业历史情况的数据，其目的是解除受托人的责任；而管理会计提供的则是企业未来的预测数据，其目的是为企业管理层制定短期和长期决策、规则和控制生产经营活动服务。财务管理主要是采取定期的形式，按规定的报表格式提供信息；管理会计则采用非定期、不拘一格的形式提供信息。

2.2 成本习性

管理会计是企业内部资源有效配置和充分利用的信号机制，是用于企业决策的会计，不同的决策决定了不同的信息需求，而任何与会计相关的决策都离不开相应的成本信息，企业管理层决策的多样性直接导致了成本信息的多样化，即“不同目的，不同成本”。

2.2.1 成本习性定义

成本习性（cost behavior）是指在一定条件下成本总额与业务量之间的依存关系。这里的业务量可以是生产或销售的产品数量，也可以是反映生产工作量的直接人工小时数或机器工作小时数。

成本习性是存在于成本总额与业务量之间的规律性联系。从成本习性来认识和分析成本，可以从定性与定量两个方面把握成本的各组成部分与业务量之间的变化规律。了解这种规律有助于企业进一步加强成本管理，寻找降低成本的正确途径，并能促使企业科学合理地搞好经营预测、决策和控制，从而为企业实现最大的经济利益。

2.2.2 成本习性分类

成本按照习性可分为固定成本、变动成本和混合成本三大类。

1）固定成本

固定成本（fixed cost），是指其总额在一定时期和一定业务量范围内不随业务量变动发生任何变动的那部分成本。属于固定成本的主要有按直线法计提的折旧费、保险费、管理人员工资、办公费等。单位固定成本将随产量的增加而逐渐变小。

（1）固定成本的特点

①在相关范围内，成本总额不随业务量而变，表现为一固定金额；

②单位业务量负担的固定成本（即单位固定成本）随业务量的增减成反方向变动。

【例 2-1】某厂厂房是从租赁公司租的，每年的租赁费为 12 万元，有关资料见表 2-1。

表 2-1 **厂房成本资料**

产品产量(x) (件)	厂房租赁总成本(a) (元)	每件产品所负担的租金成本(a/x) (元/件)
1 000	120 000	120
2 000	120 000	60
3 000	120 000	40
4 000	120 000	30
5 000	120 000	24

从表 2-1 中可以看出，单位产品所负担的固定成本（a/x）与产量（x）成反比例关系。若以 y 表示总成本，则固定成本总额的成本习性模型可用下式表示：

$y = a$

若以 y 表示单位固定成本，则单位固定成本的成本习性模型可用下式表示：

$y = \frac{a}{x}$

固定成本的性态模型如图 2-1 所示。

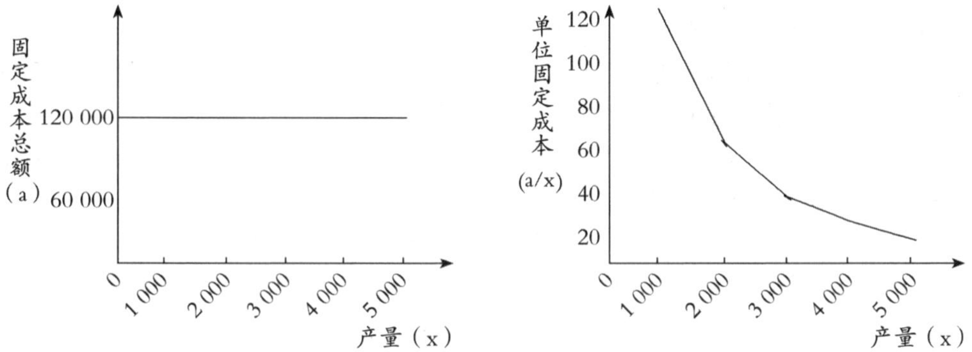

图 2-1 固定成本的性态模型

（2）固定成本的分类

固定成本还可进一步区分为约束性固定成本和酌量性固定成本两类：

①约束性固定成本，属于企业“经营能力”成本，是企业为维持一定的业务量所必须负担的最低成本，如厂房、机器设备折旧费、长期租赁费等。企业的经营能力一经形成，在短期内很难有重大改变，因而这部分成本具有很大的约束性。

②酌量性固定成本，属于企业“经营方针”成本，是企业根据经营方针确定的一定时期（通常为一年）的成本，如广告费、开发费、职工培训费等。

（3）固定成本的“相关范围”

应当指出的是，固定成本总额只是在一定时期和一定业务量范围内才是固定的，这就是说固定成本的固定性不是绝对的，而是有限定条件的，这里所说的一定范围叫作相关范围。如业务量的变动超过这个范围，固定成本就会发生变动。那么，当原有的相关范围被打破，固定成本是否还表现为某种固定数额呢？答案是肯定的。原有的相关范围被打破，自然就有了新的相关范围；原有的固定成本变化了，自然就有了新的固定成本，只不过其固定性体现在新的相关范围内罢了。

沿用【例 2-1】，假设厂房扩大了 1 倍，租金达到 24 万元；最大生产能力达到了 10 000 件。那么厂房租赁费用（固定成本）的变化可用图 2-2 表示。

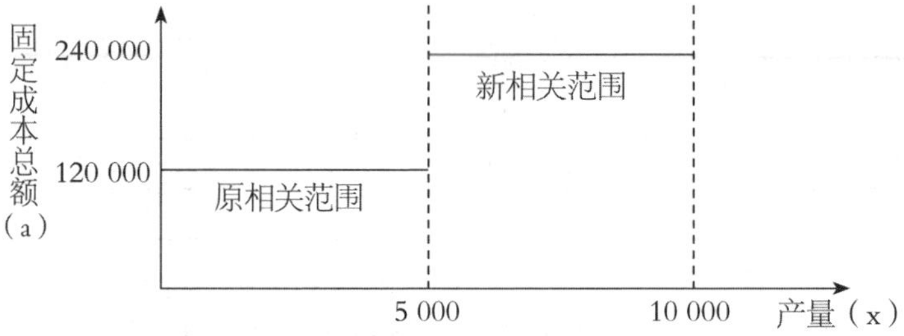

图 2-2　固定成本的相关范围

2）变动成本

变动成本（variable cost）是指其总额随着业务量成正比例变动的那部分成本。直接材料、直接人工等都属于变动成本。

（1）变动成本的特点

①在相关范围内，成本总额随业务量的增减成正比例变动；

②单位业务量负担的变动成本（即单位变动成本）不受业务量变动的影响，其数额始终保持在某一特定的水平上。

【例 2-2】某厂每生产一件产品需要 1 组原材料，目前市场上该组原材料的单价为 300 元/组，有关资料见表 2-2。

表 2-2　**原材料成本资料**

原材料需求量(x)（组）	原材料的外购单价(b)（元/组）	外购原材料成本总额(bx)（元）
1 000	300	300 000
2 000	300	600 000
3 000	300	900 000
4 000	300	1 200 000
5 000	300	1 500 000

从表 2-2 中可以看出，在一定范围内，变动成本总额随着业务量水平的变化成正比例变动；单位变动成本则不随业务量水平的变化而变动，而是保持固定不变。若用 y 表示总成本，则变动总成本的成本习性模型可用下式来表示：

$y=bx$

变动成本的性态模型如图 2-3 所示。

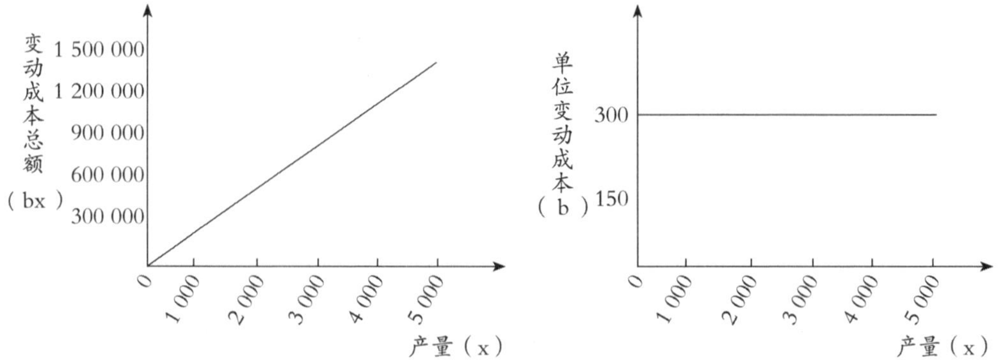

图 2-3　变动成本的性态模型

（2）变动成本的分类

根据变动成本发生的原因可将变动成本分为技术性变动成本和酌量性变动成本。

①技术性变动成本是指单位成本由技术因素决定而总成本随着消耗量的变动而成正比例变动的成本，通常表现为产品的直接物耗成本。

②酌量性变动成本是指可由企业管理层决策加以改变的变动成本。

（3）变动成本的相关范围

与固定成本相同，变动成本也存在相关范围。也就是说，变动成本与业务量之间的线性依存关系也是有条件的，即有一定的适用区间，超出相关范围时，变动成本发生额可能成非线性变动。变动成本的相关范围如图 2-4 所示。

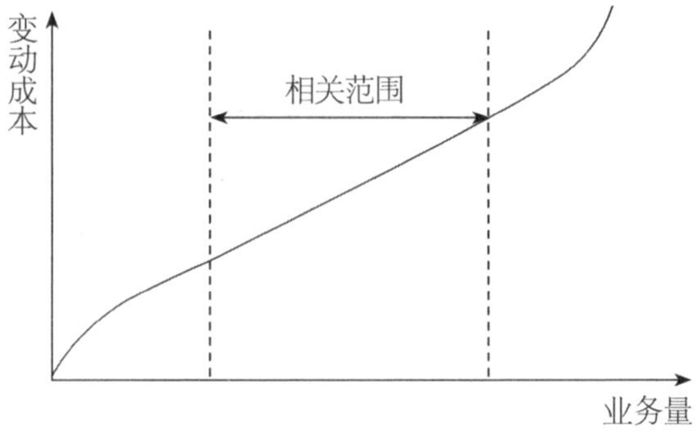

图 2-4　变动成本的相关范围

3）混合成本

有些成本虽然也随业务量的变动而变动，但不成同比例变动，这类成本称为混合成本。混合成本与业务量之间的关系比较复杂，按照混合成本变动趋势的不同，可以分为四种：

（1）半变动成本，又称标准式混合成本，是指总成本虽然受产量变动的影响，但是其变动的幅度并不同产量的变动保持严格的比例关系（如图 2-5 所示）。

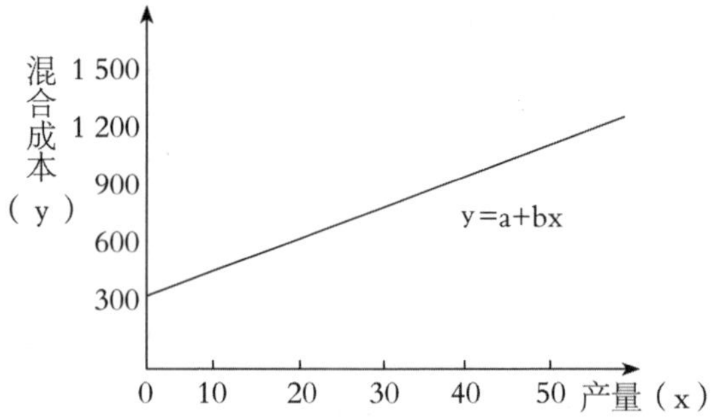

图 2-5　半变动成本

半变动成本是一种同时包含固定成本和变动成本因素的混合成本，它通常有一个初始量，类似于固定成本，在这个初始量的基础上随产量的增加成比例增长，又类似于变动成本。企业的电话费、水费、电费、煤气费、机器设备维修保养费等就属于这类成本。

（2）半固定成本，又称阶梯式混合成本，是指其总额会随产量成阶梯式变动的成本（如图 2-6 所示）。

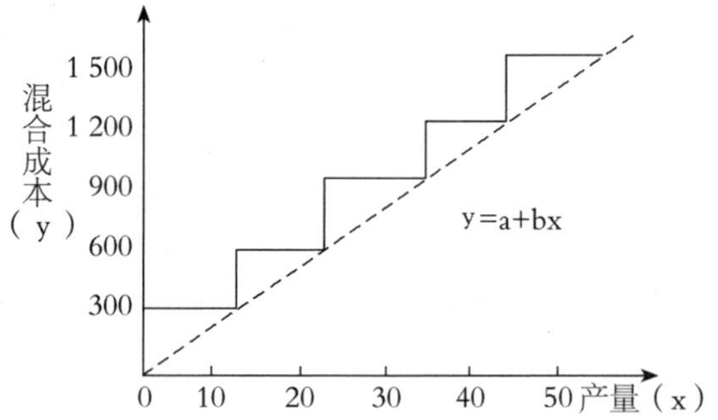

图 2-6　半固定成本

这类成本的特点是在一定业务量范围内其成本不随业务量的变动而变动，类似固定成本，当业务量突破这一范围，成本就会跳跃上升，并在新的业务量变动范围内固定不变，直到出现另一个新的跳跃为止。企业化验员、保养工、质检员、运货员等人员的工资等就属于这类成本。

（3）延期变动成本，又称低坡式混合成本，是指在一定产量范围内总额保持稳定，超过特定产量则开始随产量成比例增长的成本（如图 2-7 所示）。例如，在正常产量情况下给员工支付固定月工资，当产量超过正常水平后则需支付加班费，这种人工成本就属于延期变动成本。

（4）曲线式混合成本。这类成本的特点是通常有一个初始量，一般不变，相当于固定成本；在这个初始量的基础上，成本随业务量变动但并不存在线性关系，在坐标图上表现为一条抛物线。按照曲线斜率的不同变动趋势，这类混合成本可进一步分为递增型混合成本（如图 2-8 所示）和递减型混合成本（如图 2-9 所示）。

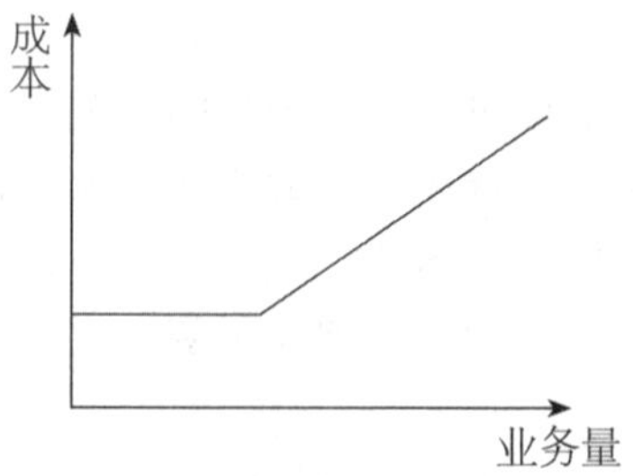

图 2-7　延期变动成本

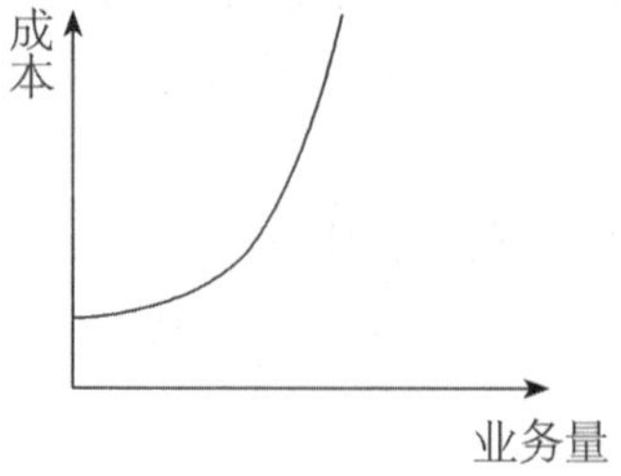

图 2-8　递增型混合成本

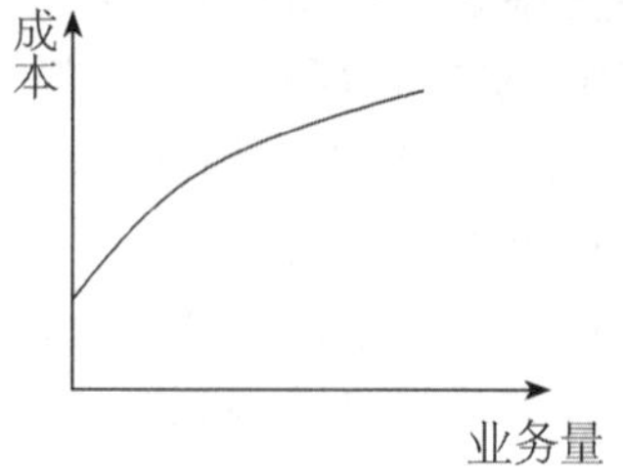

图 2-9　递减型混合成本

无论哪一类混合成本都可以直接或间接地用一个直线方程 y=a+bx 去模拟，混合成本习性模型为：

$$y=a+bx$$

式中：y——总成本；

a——固定成本；

b——单位变动成本；

x——业务量。

2.2.3　成本习性分析

在管理会计中，为了掌握成本与业务量之间的依存关系，便于企业的经营管理和核算，以规划与控制企业的经济活动，使用管理会计各种方法的需要，必须将全部成本划分为固定成本和变动成本。混合成本包含固定成本和变动成本两种性质的成本，为此，需要对混合成本进行分解，把它具体分解为“固定”和“变动”两个部分，最终，企业的全部成本被划分为变动成本和固定成本。为此，我们介绍几种混合成本的分解方法。

1）合同确认法

合同确认法是指根据与其他单位签订的合同中关于支付费用的具体规定来确认成本的固定部分和变动部分的混合成本分解方法。这种方法特别适用于有明确计算方法的各种公用事业费，如电费、水费、煤气费、电话费等，其账单上的基数即为固定成本，而按耗用量多少计价的部分则属于变动成本。

2）技术测定法

技术测定法是指根据生产过程中消耗量的技术测定和计算来划分成本的变动部分和固定部分的混合成本分解方法。例如，通过技术测定法把热处理电炉的预热耗电成本（初始量）划为固定成本，把预热后进行热处理的耗电成本划为变动成本。

采用这种方法的测定结果比较准确，但工作量很大，特别是对于某些制造费用和管理费用的明细项目，分析起来比较困难。因此，该方法通常适用于没有历史数据可供参考的企业，或企业已建立了标准成本制度，有现成的消耗定额资料可作为测定的依据。

3）历史资料分析法

（1）高低点法。高低点法是根据一定期间内的最高点业务量及其成本和最低点业务量及其成本，来推算成本中的固定成本部分和变动成本部分的一种混合成本分解方法。

采用高低点法进行成本分解时，应首先根据固定成本在相关范围内不变，业务量最高点成本与业务量最低点成本之间的差额，是由于业务量增加而增加的变动成本部分的原理，计算出每增加一个单位的业务量所增加的成本，即单位变动成本。然后，根据单位变动成本和最高（或最低）点的业务量计算出混合成本中的固定部分。

高低点法的步骤：

第一步：在已知的一定时期的资料中，找出最高点业务量及其对应的成本（x_1，y_1）和最低点业务量及其对应的成本（x_2，y_2），即：

$y_1=a+bx_1$

$y_2=a+bx_2$

第二步：解出 a，b 的值。

$b=(y_1-y_2)\div(x_1-x_2)=\Delta y\div\Delta x$

$a=y_1-bx_1$ 或 $a=y_2-bx_2$

第三步：获得一般成本习性模型。

$y=a+bx$

【例 2-3】某厂 1—6 月份设备维修费与实际机器小时资料见表 2-3。

表 2-3　　某厂 1—6 月份设备维修费与实际机器小时资料表

项目 / 月份	1月	2月	3月	4月	5月	6月
业务量（千机器小时）	18	12	21	27	24	15
维修费（元）	1 830	1 740	1 950	2 040	2 010	1 770

要求：用高低点法将混合成本（维修费）分解为固定成本与变动成本。

解：根据表 2-3 中的资料，得到最高点与最低点的业务量及其对应的成本见表 2-4。

表 2-4　　最高点与最低点的业务量及其对应的成本

项目	最高点（4 月）	最低点（2 月）	最高点与最低点之间的差额（Δ）
业务量（千机器小时）	27	12	$\Delta x=15$
维修费（元）	2 040	1 740	$\Delta y=300$

根据公式，可得：

$b=\Delta y\div\Delta x=300\div15=20$（元/千机器小时）

$a=y_1-bx_1=2\,040-20\times27=1\,500$（元）

所以，设备维修费的成本性态模型为：

$y=1\,500+20x$

（2）散布图法。散布图法是根据若干期的业务量、成本资料，在坐标图中标出所有各期的成本点，再用目测的方法画出一条能够反映成本变动的平均趋势直线，并在图上确定直线的截距（即固定成本），然后据以计算单位变动成本的一种混合成本分解方法（如图 2-10 所示）。

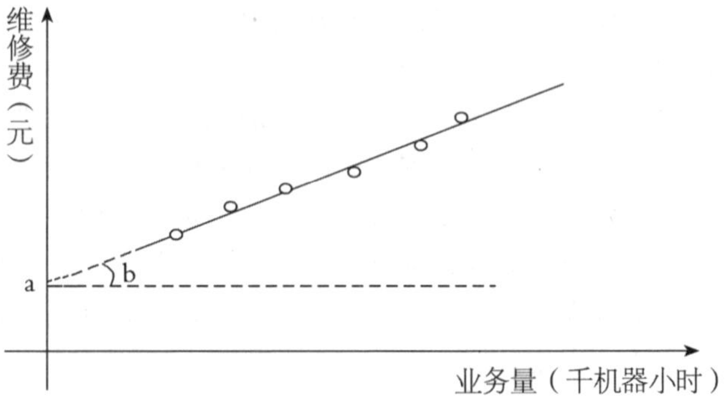

图 2-10　散布图

（3）回归直线法。回归直线法是根据若干历史时期的业务量和成本资料，运用最小二乘法的原理，计算出最能代表业务量和成本关系的回归直线，据以确定成本的固定部分和变动部分的一种混合成本分解方法。

回归系数 a 和 b 可以采用以下公式计算：

$$b=\frac{n\sum xy-\sum x\sum y}{n\sum x^2-(\sum x)^2}$$

$$a=\frac{\sum y-b\sum x}{n}$$

最后获得成本习性模型：

$y=a+bx$

【例 2-4】资料同【例 2-3】。

要求：用回归直线法将混合成本（维修费）分解为固定成本与变动成本。

解：根据表 2-3 中的资料，编制表 2-5。

表 2-5　　用回归直线法将混合成本分解的过程

月份	业务量 x(千机器小时)	维修费 y(元)	xy	x^2
1月	18	1 830	32 940	324
2月	12	1 740	20 880	144
3月	21	1 950	40 950	441
4月	27	2 040	55 080	729
5月	24	2 010	48 240	576
6月	15	1 770	26 550	225
n=6	$\sum x=117$	$\sum y=11\ 340$	$\sum xy=224\ 640$	$\sum x^2=2\ 439$

根据公式：

$$b=\frac{n\sum xy-\sum x\sum y}{n\sum x^2-(\sum x)^2}=\frac{6\times 224\ 640-117\times 11\ 340}{6\times 2\ 439-117\times 117}=22.29\text{（元/千机器小时）}$$

$$a=\frac{\sum y-b\sum x}{n}=\frac{11\ 340-22.29\times 117}{6}=1\ 455.35\text{（元）}$$

所以，用回归直线法可以获得成本习性模型：

$y=1\ 455.35+22.29x$

在上述三种历史资料分析法中，高低点法最为简便，但这种方法没有利用全部数据，只利用最高点和最低点的数据，因此，如果最高点、最低点业务量的成本有畸高或畸低现象，计算结果就不会准确。散布图法也较为简便，容易理解，但由于是通过目测画线，往往因人而异，很难十分准确。回归直线法利用了离差平方和最小的原理，计算结果最为准确，但计算工作量较大，随着计算机的推广与普及，这种方法将会得到广泛的应用。

2.3　边际贡献

边际贡献（contribution margin，CM）是管理会计中一个经常使用的、十分重要的概念，它是运用盈亏分析原理，进行产品生产决策的一个十分重要的指标。边际贡献，又称边际利润、贡献边际或创利额等，是用来衡量产品盈利能力的一个重要指标。

2.3.1　边际贡献的定义与计算

边际贡献是指产品的销售收入扣除变动成本后的金额，表明该产品为企业做出的贡献。边际贡献可以用总额形式表示，也可以用单位边际贡献和边际贡献率形式表示。

1）边际贡献总额

边际贡献总额（total contribution margin，TCM）是指产品销售收入总额与变动成本总额之间的差额。用公式表示为：

边际贡献总额=销售收入总额-变动成本总额，即：

$TCM=px-bx$

由于：

税前利润=销售收入总额-变动成本总额-固定成本=边际贡献总额-固定成本

$R=TCM-a$

所以：

边际贡献总额=税前利润+固定成本

即：

$TCM=R+a$

2）单位边际贡献

单位边际贡献（unit contribution margin，UCM）是指单位产品售价与单位变动成本的差额，可以理解为每件产品实现销售后可拿出多少来弥补单位固定成本。用公式表示为：

单位边际贡献=销售单价-单位变动成本，即：

$UCM=p-b$

3）边际贡献率

边际贡献率（contribution margin rate，CMR）是指边际贡献总额占销售收入总额的百分比，或单位边际贡献占单价的百分比。通常，边际贡献率是指产品边际贡献率，可以理解为每百元销售收入中边际贡献所占的比重，用以表示盈利能力大小，反映产品为企业做出贡献的能力，用于衡量产品（企业）的短期盈利能力。

边际贡献率的计算区分在两种状况下：

（1）企业生产单一产品时，其计算公式为：

边际贡献率=边际贡献总额÷销售收入总额×100%=单位边际贡献÷销售单价×100%

即：

$$CMR=\frac{TCM}{px}\times100\%=\frac{UCM}{p}\times100\%=\frac{p-b}{p}\times100\%$$

（2）企业生产多种产品时，其计算公式为：

综合边际贡献率=$\sum$(每种产品的边际贡献率×该产品销售收入占全部销售收入的比重)

【例 2-5】某企业生产 A、B、C 三种产品，有关资料见表 2-6。

表 2-6　**某企业 A、B、C 三种产品的生产成本与销售量情况**

项目	A 产品	B 产品	C 产品
预计产销量Q(件)	10 000	7 000	5 000
单位产品售价p(元/件)	16	20	40
单位变动成本b(元/件)	12	14	22.4

要求：计算三种产品各自的边际贡献率和该企业的综合边际贡献率。

解：根据表 2-6 中的资料，编制表 2-7。

表 2-7　某企业 A、B、C 三种产品的销售收入及各自占企业总销售收入的比重

项目	A 产品	B 产品	C 产品	合计
销售收入 Qp(元)	160 000	140 000	200 000	500 000
销售收入比重	32%	28%	40%	100%

A 产品的边际贡献率=（16−12）÷16×100%=25%

B 产品的边际贡献率=（20−14）÷20×100%=30%

C 产品的边际贡献率=（40−22.4）÷40×100%=44%

企业综合边际贡献率=25%×32%+30%×28%+44%×40%=34%

（3）变动成本率。

与边际贡献率相关的另一个指标是变动成本率（variable cost rate，VCR）。变动成本率是指变动成本总额占销售收入总额的百分比或单位变动成本占单价的百分比。用公式表示为：

变动成本率=变动成本总额÷销售收入总额×100%=单位变动成本÷单价×100%

即：

$$VCR=\frac{bx}{px}\times100\%=\frac{b}{p}\times100\%$$

（4）变动成本率与边际贡献率的关系。

将变动成本率与边际贡献率两个指标联系起来，可以得出：

边际贡献率+变动成本率=1

由此可以推出，

边际贡献率=1−变动成本率

或：　变动成本率=1−边际贡献率

可见，变动成本率与边际贡献率两者是互补的。企业变动成本率越高，边际贡献率就越低；变动成本率越低，边际贡献率必然越高。

2.3.2　边际贡献的效用

在产品销售过程中，一定量的品种边际贡献首先用来弥补企业生产经营活动所发生的固定成本总额，在弥补了企业所发生的所有固定成本后，如有多余，才能构成企业的利润。这就有可能出现以下三种情况：

（1）当提供的品种边际贡献刚好等于所发生的固定成本总额时，企业只能保本，即不盈不亏。

（2）当提供的品种边际贡献小于所发生的固定成本总额时，企业就要发生亏损。

（3）当提供的品种边际贡献大于所发生的固定成本总额时，企业将会盈利。

因此，品种边际贡献的实质所反映的就是产品为企业盈利所能做出的贡献大小，只有当产品销售达到一定的数量后，所得品种边际贡献才有可能弥补所发生的固定成本总额，为企业盈利做贡献。

本章小结

管理会计与财务会计的联系：①同属于现代会计；②最终目标相同；③相互分享部分信息；④财务会计的改革有助于管理会计的发展。

管理会计与财务会计的区别：①服务对象不同；②工作重点不同；③约束依据不同；④报告的时间跨度不同；⑤会计主体不同；⑥会计程序不同；⑦会计方法不同；⑧行为影响不同；⑨精确程度不同；⑩信息特征不同。

管理会计与财务管理的区别：财务管理区别于管理会计的显著特征在于其主要是一种实体管理。财务管理是进行有关资金筹集、供应与运用的意向决定，管理会计是为这种意向决定提供情报的。二者的区别是：①工作系统的性质不同；②研究的内容不同；③研究对象不同；④目的不同；⑤工作侧重点不同；⑥信息服务方式不同。

成本习性（cost behavior）是指在一定条件下成本总额与业务量之间的依存关系。成本按照习性可分为固定成本、变动成本和混合成本三大类。

固定成本（fixed cost）是指其总额在一定时期和一定业务量范围内不随业务量发生任何变动的那部分成本。固定成本的主要特点是：①在相关范围内，成本总额不随业务量而变，表现为某一固定金额；②单位业务量负担的固定成本（即单位固定成本）随业务量的增减成反方向变动。固定成本进一步分为约束性固定成本和酌量性固定成本。

变动成本（variable cost）是指其总额随着业务量成正比例变动的那部分成本。变动成本的主要特点是：①在相关范围内，成本总额随业务量的增减成正比例变动；②单位业务量负担的变动成本（即单位变动成本）不受业务量变动的影响，其数额始终保持在某一特定的水平上。变动成本进一步分为技术性变动成本和酌量性变动成本。

混合成本是指随业务量的变动而变动，但不成同比例变动的成本。混合成本分为四种：①半变动成本；②半固定成本；③延期变动成本；④曲线式混合成本。

混合成本分解方法有：①合同确认法；②技术测定法；③历史资料分析法。

历史资料分析法包括：①高低点法；②散布图法；③回归直线法。

单位产品边际贡献是指单位产品得到的销售收入扣除变动成本后的剩余，可以理解为每件产品实现销售后可拿出多少来弥补单位固定成本。

全部产品边际贡献是指全部销售收入减去全部变动成本后的余额，反映该种产品为企业的营业利润做出多大的贡献。

边际贡献率是指边际贡献在销售收入中所占的百分比，可以理解为每一元销售收入中边际贡献所占的比重，用于衡量产品（企业）的短期盈利能力。

常用术语

1. 成本习性　2. 变动成本　3. 固定成本　4. 混合成本
5. 约束性固定成本　6. 酌量性固定成本　7. 半变动成本　8. 半固定成本
9. 单位边际贡献　10. 边际贡献率　11. 变动成本率

思考题

1. 简述管理会计与财务会计的联系与区别。
2. 什么是成本习性？成本按习性如何分类？
3. 什么是酌量性固定成本？什么是约束性固定成本？两者有何异同？
4. 什么是混合成本？为什么要进行混合成本分解？
5. 简述混合成本分解的方法。
6. 什么是边际贡献？它有什么特殊性质？

练习题

一、单项选择题

1. 管理会计必须遵守（　　）。

A. 会计法　B. 统一的会计制度
C. 会计准则　D. 以上都不对

2. 将全部成本分为固定成本、变动成本和混合成本所采用的分类标志是（　　）。

A. 成本的目标　B. 成本的可辨认性
C. 成本的经济用途　D. 成本的习性

3. 在历史资料分析法的具体应用方法中，计算结果最为精确的方法是（　　）。

A. 高低点法　B. 散布图法　C. 回归直线法　D. 直接分析法

4. 在不改变企业生产经营能力的前提下，采取降低固定成本总额的措施通常是指降低（　　）。

A. 约束性固定成本　B. 酌量性固定成本
C. 半固定成本　D. 单位固定成本

5. 单耗相对稳定的外购零部件成本属于（　　）。

A. 约束性固定成本　B. 酌量性固定成本
C. 技术性变动成本　D. 酌量性变动成本

6. 某企业根据过去一段时间内的业务量和混合成本材料，应用最小二乘法原理，寻求最能代表二者关系的函数表达式，据以对混合成本进行分解，则该企业所采用的混合成本分解方法是（　　）。

A. 高低点法　B. 账户分析法　C. 回归直线法　D. 技术测定法

7. 某公司 2018—2021 年度销售收入和资金占用的历史数据（单位：万元）分

别为（800，18），（760，19），（1 000，22），（1 100，21），运用高低点法分离资金占用中的不变资金与变动资金时，应采用的两组数据是（　　）。

A.（760，19）和（1 000，22）　　B.（760，19）和（1 100，21）

C.（800，18）和（1 000，22）　　D.（800，18）和（1 100，21）

8. 管理会计的服务侧重于（　　）。

A. 股东　　B. 外部集团

C. 债权人　　D. 企业内部的经营管理

9. 在相关范围内，业务量增加时，单位变动成本将（　　）。

A. 直线上升　　B. 保持不变

C. 直线下降　　D. 先上升后下降

10. 按直线法提取的生产设备折旧费属于（　　）。

A. 变动生产成本　　B. 酌量性固定成本

C. 约束性固定成本　　D. 固定生产成本

11. 已知某企业生产甲、乙两种产品，其单位边际贡献率分别为 15% 和 20%，销售比重分别为 40% 和 60%，则用加权平均法计算的综合边际贡献率为（　　）。

A.15%　　B.17.5%　　C.18%　　D.20%

12. 某企业的修理费是一项混合成本，在过去的 12 个月中，修理业务最多耗时 30 人工小时，发生修理费 480 元；修理业务最少耗费 12 人工小时，发生修理费 270 元，则可分解出修理费用中的固定成本为（　　）元。

A.110　　B.120　　C.130　　D.150

13. 销售收入为 20 万元，边际贡献率为 60%，其变动成本总额为（　　）万元。

A.8　　B.12　　C.4　　D.16

14. 成本按性态进行分类，将直接材料、直接人工、变动性制造费用三项数额合计后可统称为（　　）。

A. 变动成本　　B. 变动生产成本

C. 变动销售成本　　D. 制造费用

15. 生产总工时为 5 000 小时（全部用于生产某产品），每件产品需工时 4 小时，单位产品边际贡献 20 元，则生产该产品的边际贡献总额是（　　）元。

A.25 000　　B.30 000　　C.63 000　　D.40 000

16. 某企业只生产一种产品，单价 6 元，单位变动生产成本 4 元，单位销售和管理变动成本 0.5 元，销量 500 件，则其产品边际贡献为（　　）元。

A.650　　B.750　　C.850　　D.950

17. 某企业生产某种产品，年销售收入为 100 万元，变动成本总额为 60 万元，固定成本总额为 16 万元，则该产品的边际贡献率为（　　）。

A.40%　　B.76%　　C.24%　　D.60%

18. 边际贡献率与变动成本率之间的关系是（　　）。

A. 两者相等　　B. 前者一般大于后者

C. 后者一般大于前者　　D. 两者之和等于 1

19. 计算边际贡献率，可以用单位边际贡献除以（　　）。

A. 单位售价　　B. 总成本　　C. 销售收入　　D. 变动成本

20. 一般说来，计件工资制下的直接人工费属于（　　）。

A. 固定成本　　B. 变动成本

C. 混合成本　　D. 半变动成本

二、多项选择题

1. 下列项目中，可以作为管理会计主体的有（　　）。

A. 企业整体　　B. 分厂　　C. 车间

D. 班组　　E. 个人

2. 在一定期间及特定的业务量范围内，关于成本与业务量之间的关系，下列说法正确的有（　　）。

A. 固定成本总额随业务量的增加而增加

B. 单位固定成本随业务量的增加而降低

C. 变动成本总额随业务量的增加而增加

D. 单位变动成本随业务量的增加而降低

E. 固定成本总额的变动性

3. 变动成本具有的特征有（　　）。

A. 变动成本总额的不变性　　B. 单位变动成本的反比例变动性

C. 变动成本总额的变动性　　D. 变动成本总额的正比例变动性

E. 单位变动成本的不变性

4. 下列成本项目中，（　　）是酌量性固定成本。

A. 新产品开发费　　B. 房屋租金　　C. 管理人员工资

D. 广告费　　E. 职工培训费

5. 成本性态分析最终将全部成本区分为（　　）。

A. 固定成本　　B. 变动成本　　C. 混合成本

D. 半变动成本　　E. 半固定成本

6. 基于成本性态分析，对于企业推出的新产品所发生的混合成本，不适宜采用的混合成本分解方法有（　　）。

A. 合同确认法　　B. 技术测定法　　C. 高低点法　　D. 回归直线法

7. 在我国，下列成本项目中属于固定成本的有（　　）。

A. 按平均年限法计提的折旧费　　B. 保险费

C. 广告费　　D. 生产工人工资

E. 材料费

8. 以下属于半变动成本的有（　　）。

A. 电话费　　B. 煤气费　　C. 水电费

D. 折旧费　　　　　　E. 工资

9. 历史资料分析法具体包括的方法有（　　）。

A. 高低点法　　　　　B. 散布图法　　　　　C. 回归直线法

D. 阶梯法　　　　　　E. 定量法

10. 下列各项中，属于变动成本的有（　　）。

A. 新产品的研究开发费用

B. 按产量法计提的固定资产折旧

C. 按销售收入一定百分比支付的技术转让费

D. 随产品销售的包装物成本

三、业务处理题

1. 某企业生产的甲产品 7—12 月份的产量及成本资料见表 2-8。

表 2-8　**产量及成本资料**

月份	7	8	9	10	11	12
产量（件）	40	42	45	43	46	50
总成本（元）	8 800	9 100	9 600	9 300	9 800	10 500

要求：

（1）采用高低点法进行成本习性分析；

（2）采用回归直线法进行成本习性分析。

2. 某公司 1—6 月份各月的维修工时和维修费等有关资料见表 2-9。

表 2-9　**维修工时和维修费等有关资料**

月份	1	2	3	4	5	6	合计
维修工时（小时）	800	900	600	1 000	900	950	5 150
维修费（元）	2 000	2 400	2 000	2 800	2 500	2 600	14 300

要求：

（1）采用高低点法进行成本习性分析。

（2）假如 7 月份预计发生维修工时 700 小时，预计 7 月的维修费是多少。

3. 某企业产量最高和最低月份的制造费用资料见表 2-10。

表 2-10　**制造费用资料**

项目	5 月份	12 月份
产量（件）	70	40
制造费用（元）	31 660	24 400

制造费用包括变动成本、固定成本和混合成本。其中：单位变动成本 100 元/件，每月固定成本总额 10 000 元。

要求：

（1）采用高低点法将该企业制造费用中的混合成本进行分解，并写出混合成本模型。

（2）假定次年 1 月份的计划产量为 60 件，制造费用总额是多少？

4. 某公司生产甲产品，单价为 20 元/件，单位变动成本为 12 元/件，销量为 4 000 件，固定成本总额为 20 000 元。

要求：计算单位边际贡献与边际贡献率。

第 2 章练习题参考答案

第二篇

成本核算与控制会计

第3章

变动成本法

学习目标

通过本章的学习，希望读者能够了解变动成本法的基本概念，理解变动成本法和完全成本法的特点和两种方法的区别，掌握变动成本法和完全成本法下利润表的编制，能够解释两种方法下利润差异的形成，掌握并理解变动成本法的优缺点。

导入案例

精益法

Aero Gear公司总裁道格·罗斯、负责销售的副总裁约翰·麦克德莫特和负责营运的副总裁埃弗里特·史密斯一起审阅了当年的财务报表和业绩报告书。罗斯和他的管理团队对业绩报告越来越不满意。公司在前些年开始向精益法过渡，但是会计制度和报告书的编制方法并未随之改变。所以，罗斯、麦克德莫特和史密斯三人对他们的会计制度在新的生产条件下提供的报告数据抱有不信任态度。他们意识到，已不能监控技工们的劳动效率和生产力，以及对于业务的盈利情况不再心中有数。他们期望公司的会计制度能够提供一种方法来监督生产力、效率和管理成本，以此来计算出正确的产品成本。

"精益法"通常是对精益制造生产的简称，是一种组织生产的实践。在这种方法下，凡不能为产品的最终消费者带来价值的一切资源耗费，都被视为浪费，理应成为被消灭的对象。从根本上讲，就是要以更少的工作创造更多的价值。

资料来源：劳森R. 管理会计师协会教学案例（汉英双语版）[M]. 杨继良，译. 周学原，校. 北京：经济科学出版社，2012.

不同的成本计算方法可能形成的产品成本和利润也不同，进而会影响企业的成本规划与控制以及对管理者的业绩评价。管理会计突破了财务会计的成本分类方法，按成本动因对成本进行分类，产生了变动成本法与作业成本法。

3.1 变动成本法基本理论

3.1.1 变动成本法的历史演进

早在1836年，英国的曼彻斯特工厂就出现了变动成本法的雏形。法国的施特劳斯·别尔格在1876年曾宣布过直接成本法（变动成本法）的初步设想。1904年在英国出版的《会计百科全书》中已经记载了与变动成本法有关的内容。

1906年2月美国《制度》杂志曾刊登过一段话，"与变动成本法的基本思路有很多相似之处：在生产经营活动的抉择中，为估计其所期望的净损益，第一步就要找出适合衡量一定的生产经营活动效果的单位直接费用，单位直接收入减去单位直接费用就是单位直接净收入或单位净贡献，然后以它来抵偿不影响生产经营活动的费用——这些不影响生产经营活动的费用是指不管选择什么生产经营活动方式都一样固定或不变。单位净收入（或单位净贡献）乘以产品数量就可以用来比较由于选择各种不同的生产经营活动而产生的不同损益。”

美国权威的《柯勒会计辞典》记载，第一篇专门论述直接成本法的论文是由美籍英裔会计学家乔纳森·N.哈里斯撰写的，刊登于1936年1月15日的《全国会计师联合会公报》。文章追溯了1934年哈里斯在杜威-阿尔末化学公司设计“直接标准成本制造计划”中所发现的问题。当时该公司销售量上升利润反而下降的现象，引起了哈里斯的注意，他发现问题的根源在于采用传统的完全成本法。依据此资料，哈里斯对比新旧两种方法对营业净利润的不同影响，揭示了直接成本法的优点。自哈里斯的文章公开发表之后，直接成本法的概念才得以迅速传播。

到了20世纪50年代，随着企业环境的改变、竞争的加剧、决策意识的增强，人们逐渐认识到传统的完全成本法提供的会计信息越来越不能满足企业会计内部管理的需要，必须重新认识变动成本法，充分发挥其积极作用。美国的一些会计师和经理又重新研究并开始在实务中试行变动成本法，并将变动成本法中的边际贡献这一概念用于本量利分析及其他方面，使人们认识到，变动成本法不仅有利于企业加强成本管理，而且对制订利润计划、组织科学的经营决策十分有用。从此，变动成本法开始受到人们的普遍重视。到20世纪60年代，变动成本法风靡欧美，并成为管理会计开展工作的另一项前提条件。

为促进国内企业加强管理会计工作，提升内部管理水平，促进经济转型升级，根据《管理会计基本指引》，财政部于2017年9月29日制定首批22项管理会计应用指引，其中包括《管理会计应用指引第303号——变动成本法》。

管理会计应用指引第303号——变动成本法

3.1.2 变动成本法的概念

变动成本法（variable costing），也称直接成本法，是针对传统的成本计算方法——完全成本法而提出的，是指在成本按成本性态分析的基础上，产品成本包括变动部分：变动直接材料、变动直接人工和变动制造费用，而不包括固定制造费用，将固定制造费用列入期间费用，按贡献式损益确定程序计量损益的一种成本计算方法。变动成本法的产品成本构成如图3-1所示。

产品成本项目
- 直接材料
- 直接人工
- 变动制造费用

图3-1 变动成本法的产品成本构成

变动成本法的理论依据认为变动生产成本是构成产品成本的直接基础，只有与产品关系密切并且随产量变动而变动的直接材料、直接人工、变动制造费用才可以确认为产品成本。产品成本应该随产品实体流转而流转，只有当产品销售出去时才能与相关收入实现配比，得以补偿。固定制造费用的发生与产品产量没有直接联系，是为企业提供生产经营条件而产生的，一旦这种经营条件形成，不管其利用程度高低，其费用的发生和金额都不随产品产量的增减变化而变化。也就是说与这部分费用相关的是会计期间而非产品，其效益随着时间的推移而逐渐丧失，不能递延到下一会计期间，故不应计入产品成本，而应全部列作当期的期间成本，直接从当期收入中得以补偿。

完全成本法（full costing），也称吸收成本法，是指在成本按照经济用途分类的基础上，将全部的生产成本作为产品成本的构成内容，产品成本包括直接材料、直接人工、变动制造费用和固定制造费用，将非生产成本列为期间成本，按传统损益确定程序计量损益的一种成本计算方法。传统财务报告中存货估价和产品销售成本的确定是以完全成本法为基础的。完全成本法的产品成本构成如图 3-2 所示。

产品成本项目
- 直接材料
- 直接人工
- 变动制造费用
- 固定制造费用

图 3-2　完全成本法的产品成本构成

完全成本法的理论依据认为凡是同产品生产有关的成本都应计入产品成本。固定制造费用是为保持一定的经营条件而发生的，与企业正常生产能力的形成相联系，产品在生产过程中不仅要消耗一定的直接材料、直接人工、变动制造费用，同时要消耗一定的生产能力。因此固定制造费用和变动制造费用一起构成产品成本。

可见，变动成本法和完全成本法的根本区别在于对固定制造费用的处理不同。变动成本法将其作为期间成本直接计入当期损益，完全成本法则将其与变动制造费用一起在产品成本中进行分配，当产品实现销售时计入损益。由此可见，固定制造费用是两种方法的焦点，完全成本法对固定制造费用不单独作处理，变动成本法则将其单独列出。

3.1.3　变动成本法简例

【例 3-1】假设福星公司 2021 年生产某一种产品，期初无存货，本年生产的有关资料见表 3-1。

表 3-1　**生产的有关资料**　金额单位：元

项目	金额
单位产品直接材料	10
单位产品直接人工	8
单位产品变动制造费用	5
固定制造费用总额	10 000
产量(件)	1 000

根据以上资料，分别采用变动成本法和完全成本法计算的单位产品成本见表 3-2。

表 3-2　　**单位产品成本计算**　　单位：元

项　目	变动成本法	完全成本法
单位产品直接材料	10	10
单位产品直接人工	8	8
单位产品变动制造费用	5	5
单位产品固定制造费用	—	10*
合计	23	33

注：*单位产品固定制造费用=10 000÷1 000=10（元）

从表 3-2 中可以看出，在两种不同的成本计算方法下，两者的单位产品成本相差 10 元，完全成本法单位产品成本比变动成本法单位产品成本多 10 元，恰好是该产品的单位固定制造费用 10 元造成的。完全成本法下利润表的产品销售成本和资产负债表中的期末存货均按每件产品 33 元计价。在变动成本法下，单位产品成本均按 23 元计价，固定制造费用总额全部作为期间费用从当期收入中扣除。变动成本法和完全成本法的根本差异就在于对固定制造费用的不同处理方式上。

【例 3-2】假设思科公司 2021 年生产某一部件，各季度生产的有关资料见表 3-3。

表 3-3　　**各季度生产的有关资料**

项目	第一季度	第二季度	第三季度	第四季度
本期生产(件)	600	500	750	800
单位产品直接材料(元)	15	15	15	15
单位产品直接人工(元)	20	20	20	20
单位产品变动制造费用(元)	12	12	12	12
固定制造费用(元)	15 000	15 000	15 000	15 000
变动成本法下单位产品成本(元)	47	47	47	47
完全成本法下单位产品成本(元)	72	77	67	65.75

从表 3-3 中可见，变动成本法下固定制造费用不计入产品成本，因此单位产品成本不随产量变化而改变，只要单位直接材料、单位直接人工以及单位变动制造费用不变，单位产品成本就不会变化（15+20+12=47 元）；而在完全成本法下固定制造费用计入产品成本，单位产品成本会因产量不同所分摊的固定制造费用差异而造成一定差额。正是由于固定制造费用的承担方式差异导致了完全成本法下的产品

单位成本总会大于或等于变动成本法下的结果，而两种方法的差额取决于本期产量和固定制造费用，单位固定制造费用会随着产量的增加而减少。产品单位成本差异也造成了两种方法所计算出的利润不同。

3.1.4 变动成本法的特点

变动成本法和完全成本法的根本区别在于对固定制造费用的不同处理。这种区别导致了这两种方法都拥有各自的特点。变动成本法的特点可以通过与完全成本法的对比来认识。

变动成本法强调成本性态分析。变动成本法的应用前提是成本性态分析，将企业成本划分为变动成本和固定成本两大类。特别是把制造费用按照生产量分为变动制造费用和固定制造费用，对销售及管理费用按照销售量分为变动销售及管理费用和固定销售及管理费用。

变动成本法强调不同制造费用补偿方式的不同。变动成本法强调变动制造费用是产品成本的构成内容之一，从销售收入中得到补偿，而固定制造费用与销售及管理费用一起作为期间费用，从其发生的同期收入中得到补偿。这两种制造费用的补偿方式不同。

变动成本法强调边际贡献对企业利润的作用。边际贡献扣除期间费用形成了企业利润。在一定条件下，企业的期间费用短期内是固定不变的，因此企业利润的大小在很大程度上取决于边际贡献，边际贡献是对企业盈利贡献大小的标志，也间接反映出变动成本对企业利润的影响。

完全成本法强调制造费用补偿的一致性。完全成本法认为固定制造费用是与产品生产有关的费用，应与直接材料、直接人工和变动制造费用一起形成产品的生产成本，统一从产品销售收入中得到补偿。完全成本法强调生产量对企业利润的影响。在完全成本法下，固定制造费用构成产品成本的一部分，使得已售产品成本和存货的成本负担完全一致，在一定销量条件下，利润对产量的变化较为敏感，产量的提高导致利润的提高。

3.2 变动成本法与完全成本法的比较

由于对固定制造费用的不同处理方式，变动成本法与完全成本法在成本划分标准、产品成本和期间费用的构成、销售成本与存货成本计算、利润表格式和损益的计算步骤等方面产生一系列差异。

3.2.1 成本划分标准不同

变动成本法按照成本性态将成本划分为变动成本和固定成本。变动成本包括直接材料、直接人工、变动制造费用、变动销售费用、变动管理费用和变动财务费用。固定成本包括固定制造费用、固定销售费用、固定管理费用和固定财务费用。完全成本法按照成本用途将成本划分为产品成本和期间费用。产品成本包括直接材料、直接人工和制造费用。期间费用包括销售费用、管理费用和财务费用。两种方法的成本划分标准比较见表 3-4。

表 3-4　　**变动成本法和完全成本法的成本划分标准**

变动成本法（按成本性态分）				完全成本法（按成本用途分）	
变动成本		固定成本		产品成本	期间费用
变动生产成本	变动非生产成本	固定生产成本	固定非生产成本	生产成本	非生产成本
直接材料	变动销售费用		固定销售费用	直接材料	销售费用
直接人工	变动管理费用	固定制造费用	固定管理费用	直接人工	管理费用
变动制造费用	变动财务费用		固定财务费用	制造费用	财务费用
产品成本	期间成本			产品成本	期间成本

3.2.2　产品成本和期间费用的构成不同

在变动成本法下，产品成本只包括生产过程中所消耗的直接材料、直接人工、变动制造费用；期间费用包括固定制造费用、销售费用、管理费用及财务费用。在完全成本法下，产品成本包括直接材料、直接人工和全部制造费用；非生产成本即期间费用，包括销售费用、财务费用和管理费用等。其产品成本和期间费用的构成见表 3-4。

3.2.3　销售成本与存货成本计算不同

变动成本法和完全成本法的产品成本构成成分不同，导致各自的本期销售成本和期末存货成本的构成成分不同。在变动成本法下，单位产品成本不包括固定制造费用，固定制造费用直接计入期间费用，因此本期销售成本和期末存货成本不包括任何固定制造费用。在完全成本法下，单位产品成本包括固定制造费用，当期末存货不为零时，本期发生的固定制造费用需要在本期销售成本和期末存货成本之间分配，被销售成本吸收的固定制造费用计入本期损益，被期末存货吸收的固定制造费用递延到下期。

变动成本法和完全成本法的销售成本和存货成本计算公式如下：

在变动成本法下：

本期销售成本=单位变动生产成本×本期销售量

本期存货成本=单位变动生产成本×存货数量

在完全成本法下：

本期销售成本=期初存货成本+本期生产成本-期末存货成本

本期存货成本=单位完全生产成本×存货数量

【例 3-3】沿用【例 3-1】的资料，假设福星公司 2021 年生产某一种产品，当年生产 1 000 件，销售 800 件，年末产成品存货 200 件，期初产成品为 0，没有在产品存货。已知该产品按照变动成本法和完全成本法计算的单位产品成本分别为 23 元和 33 元。

变动成本法下产成品期末存货成本=（1 000-800）×23=4 600（元）

完全成本法下产成品期末存货成本=（1 000-800）×33=6 600（元）

从以上计算可以看出，在两种不同的成本计算方法下，两者的产成品期末存货成本相差 2 000 元，完全成本法的产成品期末存货成本比变动成本法的产成品期末存货成本多 2 000 元，恰好是完全成本法中包括的固定制造费用 2 000 元（200×10）造成的。

3.2.4 利润表格式和损益的计算步骤不同

（1）在变动成本法下，利润表将所有成本项目区分为变动成本和固定成本，按照成本性态分类，按贡献式损益确定程序计算损益，主要适应内部管理要求。其损益计算步骤如下：

第一步：计算边际贡献。

$$\begin{aligned}\text{边际贡献} &= \text{销售收入} - \text{变动成本}\\ &= \text{产品单价} \times \text{销售量} - \text{单位产品变动生产成本} \times \text{销售量} - \text{变动销售费用} - \text{变动管理费用} - \text{变动财务费用}\\ &= (\text{产品单价} - \text{单位产品变动生产成本}) \times \text{销售量} - (\text{变动销售费用} + \text{变动管理费用} + \text{变动财务费用})\end{aligned}$$

第二步：计算营业利润。

$$\begin{aligned}\text{营业利润} &= \text{边际贡献} - \text{固定成本}\\ &= \text{边际贡献} - (\text{固定制造费用} + \text{固定销售费用} + \text{固定管理费用} + \text{固定财务费用})\end{aligned}$$

（2）在完全成本法下，成本项目按照职能分类和排列，利润表按传统式损益确定程序计算损益，主要适应外部用户需求。其损益计算步骤如下：

第一步：计算销售毛利。

销售毛利=销售收入-销售成本

=产品单价×销售量-（期初存货成本+本期生产成本-期末存货成本）

第二步：计算营业利润。

营业利润=销售毛利-期间费用

=销售毛利-（管理费用+销售费用+财务费用）

变动成本法和完全成本法的利润表格式的区别见表 3-5。

表 3-5 **变动成本法和完全成本法的利润表格式**

变动成本法	完全成本法
销售收入	销售收入
减：变动成本	减：销售成本
变动生产成本	期初存货成本
变动销售费用	加：本期生产成本
变动管理费用	可供销售的产品成本
变动财务费用	减：期末存货成本
变动成本合计	销售成本合计
边际贡献	销售毛利
减：固定成本	减：期间费用
固定制造费用	销售费用
固定销售费用	财务费用
固定管理费用	管理费用
固定财务费用	
固定成本合计	期间费用合计
营业利润	营业利润

【例 3-4】理解变动成本法和完全成本法损益计算的不同（生产量大于销售量的情况）。

假设乐翔公司 2021 年生产某一产品，单位产品售价 10 元。该公司全年生产 10 000 件产品，销售 9 000 件，期初产成品为 0。产品生产成本资料见表 3-6。

表 3-6　**产品生产成本**　单位：元

成本项目	成本金额
单位直接材料	3
单位直接人工	2
单位变动制造费用	2
固定制造费用总额	18 000
固定销售费用总额	1 600
变动销售费用总额	400
固定管理费用总额	700
变动管理费用总额	300

根据变动成本法和完全成本法计算的 2021 年营业利润见表 3-7。

表 3-7　**变动成本法和完全成本法计算的 2021 年营业利润**　单位：元

变动成本法		完全成本法	
销售收入	90 000	销售收入	90 000
减：变动成本		减：销售成本	
变动生产成本	63 000①	期初存货成本	0
变动销售费用	400	加：本期生产成本	88 000②
变动财务费用	0	可供销售的产品成本	88 000
变动管理费用	300	减：期末存货成本	8 800③
变动成本合计	63 700	销售成本合计	79 200
边际贡献	26 300	销售毛利	10 800
减：固定成本		减：期间费用	
固定制造费用	18 000	销售费用	2 000
固定销售费用	1 600	财务费用	0
固定管理费用	700	管理费用	1 000
固定财务费用	0		
固定成本合计	20 300	期间费用合计	3 000
营业利润	6 000	营业利润	7 800

①变动成本法下，单位产品变动生产成本=3+2+2=7（元）

变动生产成本=单位产品变动生产成本×销售量=7×9 000=63 000（元）

②完全成本法下，单位产品成本=3+2+2+（18 000÷10 000）=8.8（元）

本期生产成本=单位产品成本×生产量=8.8×10 000=88 000（元）

③完全成本法下，期末存货成本=8.8×（10 000-9 000）=8 800（元）

从以上计算可以看出，在两种不同的成本计算方法下，两者的营业利润相差 1 800 元，完全成本法的营业利润比变动成本法的营业利润多 1 800 元（7 800-6 000），原因是在变动成本法下，固定制造费用（18 000 元）全部被当作期间费用从边际贡献中扣除，而在完全成本法下，固定制造费用中有 1 800 元（1 000×1.8）被吸收在期末尚未销售的 1 000 件产品中，将以期末存货形式结转到下期。所以在销售收入相同的情况下，变动成本法扣除了全部的固定制造费用，完全成本法仅扣除了部分固定制造费用，由此导致变动成本法计算的营业利润小于完全成本法计算的营业利润。通过上例，可以推导出变动成本法营业利润和完全成本法营业利润的差异和期初、期末存货成本中固定制造费用之间的变动关系：

完全成本法营业利润 - 变动成本法营业利润 = 期末存货成本的固定制造费用 - 期初存货成本的固定制造费用

结合该例，

完全成本法营业利润-变动成本法营业利润=1 800-0=1 800（元）

完全成本法营业利润大于变动成本法营业利润 1 800 元。

3.2.5 提供信息的用途不同

变动成本法是企业内部的一种成本会计制度。成本的记录、账户的设置、成本的汇集、内部报表的编制需要按照成本性态的分类进行会计处理，主要是满足企业的经营预测与决策，进行成本控制和业绩评价，加强企业内部管理和控制的需要。完全成本法的成本计算包括产品制造过程中的全部制造成本，反映了企业的财务状况和经营成果，主要是满足对外提供财务报表的需要。

3.3 变动成本法的应用和评价

从 3.2 的内容我们可以看出，完全成本法和变动成本法的差异主要表现在产品成本和期间费用的构成、期末存货所包含的成本、利润表的格式和损益计算、提供信息的用途等方面。为了进一步理解变动成本法的特点，本节将结合例题予以说明。

3.3.1 变动成本法应用举例

【例 3-5】理解变动成本法和完全成本法损益计算的不同（生产量小于销售量的情况）。

沿用【例 3-4】的资料，假设乐翔公司 2022 年继续生产该产品。该公司全年生产 9 000 件产品，销售 10 000 件（2022 年的 9 000 件加上 2021 年结转的期末存货 1 000 件），期末存货为 0。其他资料保持不变。根据变动成本法和完全成本法计算的 2022 年营业利润见表 3-8。

表 3-8　　**变动成本法和完全成本法计算的 2022 年营业利润**　　单位：元

变动成本法		完全成本法	
销售收入	100 000	销售收入	100 000
减：变动成本		减：销售成本	
变动生产成本	70 000①	期初存货成本	8 800②
变动销售费用	400	加：本期生产成本	81 000③
变动财务费用	0	可供销售的产品成本	89 800
变动管理费用	300	减：期末存货成本	0
变动成本合计	70 700	销售成本合计	89 800
边际贡献	29 300	销售毛利	10 200
减：固定成本		减：期间费用	
固定制造费用	18 000	销售费用	2 000
固定销售费用	1 600	财务费用	0
固定管理费用	700	管理费用	1 000
固定财务费用	0		
固定成本合计	20 300	期间费用合计	3 000
营业利润	9 000	营业利润	7 200

注：①变动成本法下，单位产品变动生产成本=3+2+2=7（元）

变动生产成本=单位产品变动生产成本×销售量=7×10 000=70 000（元）

②完全成本法下，期初存货成本=8.8×（10 000−9 000）=8 800（元）

③完全成本法下，单位产品成本=3+2+2+（18 000÷9 000）=9（元）

本期生产成本=单位产品成本×生产量=9×9 000=81 000（元）

从以上计算可以看出，在两种不同的成本计算方法下，两者的营业利润相差 1 800 元，完全成本法的营业利润比变动成本法的营业利润少 1 800 元（7 200−9 000），原因是在变动成本法下，固定制造费用（18 000 元）全部被当作期间费用从边际贡献中扣除，而在完全成本法下，在本期生产量小于销售量的情况下，本期销售的产品成本中不仅包括本期生产的 9 000 件产品的固定制造费用，还包括上期结转下来的产品成本中包含的固定制造费用，即本期产品销售成本中不仅包括 2022 年发生的全部固定制造费用 18 000 元，还包括 2021 年所结转的固定制造费用 1 800 元。所以在销售收入相同的情况下，变动成本法扣除了全部的固定制造费用，完全成本法扣除了本年的全部固定制造费用和上年结转的固定制造费用，造成变动成本法扣除的成本少，完全成本法扣除的成本多，导致变动成本法计算的营业利润大于完全成本法计算的营业利润。

结合该例：

完全成本法营业利润-变动成本法营业利润=0-1 800=-1 800（元）

完全成本法营业利润小于变动成本法营业利润 1 800 元。

【例 3-6】理解变动成本法和完全成本法损益计算的不同（生产量等于销售量的情况）。

沿用【例 3-4】的资料，假设乐翔公司 2022 年生产某一产品。该公司全年生产 10 000 件产品，销售 10 000 件，期初产成品为 0。其他资料不变。根据变动成本法和完全成本法计算的 2022 年营业利润见表 3-9。

表 3-9　**变动成本法和完全成本法计算的 2022 年营业利润**　单位：元

变动成本法		完全成本法	
销售收入	100 000	销售收入	100 000
减：变动成本		减：销售成本	
变动生产成本	70 000①	期初存货成本	0
变动销售费用	400	加：本期生产成本	88 000②
变动财务费用	0	可供销售的产品成本	88 000
变动管理费用	300	减：期末存货成本	0
变动成本合计	70 700	销售成本合计	88 000
边际贡献	29 300	销售毛利	12 000
减：固定成本		减：期间费用	
固定制造费用	18 000	销售费用	2 000
固定销售费用	1 600	财务费用	0
固定管理费用	700	管理费用	1 000
固定财务费用	0		
固定成本合计	20 300	期间费用合计	3 000
营业利润	9 000	营业利润	9 000

注：①变动成本法下，单位产品变动生产成本=3+2+2=7（元）

变动生产成本=单位产品变动生产成本×销售量=7×10 000=70 000（元）

②完全成本法下，单位产品成本=3+2+2+（18 000÷10 000）=8.8（元）

本期生产成本=单位产品成本×生产量=8.8×10 000=88 000（元）

从以上计算可以看出，两种成本法计算的营业利润是相等的，都是 9 000 元。这是因为按照变动成本法计算，2022 年的固定制造费用全额从本期销售收入中扣除。按照完全成本法计算，2022 年的固定制造费用计入本期生产产品成本中，在产销平衡的情况下，由于没有期末存货，因此全部固定制造费用被看作产品成本从销售收入中扣除，没有任何制造费用被结转到下一期。所以两种方法下，全部固定制造费用都从销售收入中扣除，扣除金额相同，只是扣除方式不同，导致变动成本法计算的营业利润等于完全成本法计算的营业利润。

结合该例：

完全成本法营业利润－变动成本法营业利润=0－0=0

完全成本法营业利润等于变动成本法营业利润。

3.3.2 变动成本法和完全成本法损益计算规律的总结

结合【例 3–4】、【例 3–5】和【例 3–6】的计算结果，我们可以总结变动成本法和完全成本法损益计算的不同。

（1）当本期生产量>销售量时，完全成本法计算的损益大于变动成本法计算的损益，见【例 3–4】。

（2）当本期生产量<销售量时，完全成本法计算的损益小于变动成本法计算的损益，见【例 3–5】。

（3）当本期生产量=销售量时，两种方法计算的损益相等，见【例 3–6】。

同时，我们也可以总结出如下规律：

变动成本法计算的营业利润和完全成本法计算的营业利润之间的差额公式为：

差异数额=期末存货包括的固定制造费用–期初存货包括的固定制造费用

进一步，我们得出以下公式：

（1）如果期末存货成本包括的固定制造费用=期初存货成本包括的固定制造费用（按完全成本法计算，下同），两种方法计算的损益相等。

（2）如果期末存货成本包括的固定制造费用>期初存货成本包括的固定制造费用，完全成本法计算的损益大于变动成本法计算的损益。

（3）如果期末存货成本包括的固定制造费用<期初存货成本包括的固定制造费用，完全成本法计算的损益小于变动成本法计算的损益。

无论采用哪种方法理解，我们都可以认为引起变动成本法和完全成本法损益计算差异的主要原因在于固定制造费用。变动成本法把固定制造费用视作期间费用，全部由本期销售产品成本承担。完全成本法把固定制造费用视作产品成本，由本期销售产品和期末存货承担，进而分别进入本期销售成本和期末存货成本，而本期期末存货成本则成为未来期间的销售成本。由于各期产销不平衡，所以可能会使各期期末存货发生增减变化，进而使各期销售成本承担的固定制造费用不相同。

3.3.3 对变动成本法的评价

1）变动成本法的优点

（1）促使企业管理者重视销售市场，避免盲目生产。采用完全成本法，会出现销售量下降、利润反而增长的反向关系，容易助长只重视生产、忽视销售这种潜在危险倾向。这种盲目生产会造成产品大量积压，带来经济损失。在变动成本法下，固定成本作为期间成本直接计入当期损益，不必随存货递延到下一期，销售量和利润同方向增减，有利于企业管理部门树立市场观念，努力开发市场，重视销售，减少或避免因盲目生产给企业带来经济损失。

（2）简化成本核算工作。由于变动成本法把固定制造费用列入期间成本，从边际贡献项目下直接扣除，省略了制造费用复杂的产品分摊工作，更好地避免了间接制造费用分摊的主观随意性，特别是在制造费用种类繁多、经营环节复杂的现代化生产经营中，能简化成本核算工作。

（3）明确部门经济责任，强化成本控制和业绩评价。在变动成本法下，产品成本取决于各项变动生产成本的高低，如直接材料、直接人工和变动制造费用。这些费用的发生和金额可以由主要负责部门，如采购部门和生产部门，通过事前制定标准成本和建立弹性预算进行日常控制，采取措施进行成本控制和对其工作业绩做出正确评价。

（4）提供各种产品的会计信息，强化经营管理。变动成本法用产品的销售收入减去变动成本，得到边际贡献，用来补偿企业的固定成本，进而形成企业的利润，边际贡献用来反映产品的盈利能力，通过分析利用变动成本法所提供的各种产品的变动成本、固定成本及边际贡献指标，可以进行成本预测和短期经营决策等经营管理工作。

2）变动成本法的缺点

（1）不能提供完整的产品定价决策信息。产品定价需要知道产品的全部成本信息资料，而变动成本法只是将变动制造费用计入产品成本中，将固定制造费用计入期间成本，产品成本信息中缺失了固定制造费用。固定制造费用作为生产过程中发生的实际耗费，应当包括在产品成本中，如果产品成本中不包括这部分费用，则成本信息不完整，会使产品价值明显低于实际价值，不能为企业进行产品的定价决策提供完整的信息。

（2）增加成本核算工作，应用成本较高。变动成本法应用的首要条件是进行成本性态分析，将成本划分为变动成本和固定成本，尤其是将制造费用划分为变动制造费用和固定制造费用。在实际生产活动中，成本往往是混合成本，影响成本的因素较多或者成本函数为非线性。对成本进行性态分析可能是一项复杂的成本计算工作和确认工作，从而增加企业成本核算费用。

（3）不便于提供对外财务报告。变动成本法下产品存货成本中只包含直接材料、直接人工和变动制造费用这三项内容，不包含固定制造费用，而将其列入期间成本处理，因此，变动成本法下期末存货价值将会低于完全成本法下期末存货价值。因存货计价的不完整而引起的对资产计量和收益计量的影响，导致其不便编制对外财务报告。

【实践应用】　　变动成本法案例分析

一、案例介绍

2014 年 3 月 12 日某医药工业公司的财务部经理根据本公司各企业的会计年报

及有关文字说明，写了一份公司年度经济效益分析报告送交经理室。总经理审阅后，对报告中提及的两家企业的情况颇感困惑：一家是专门生产输液原料的甲制药厂，另一家是生产制药原料的乙制药厂。甲制药厂2012年产销不景气，库存大量积压，贷款不断增加，资金频频告急。2013年该厂则想方设法，广开渠道，扩大销售，减少库存。但报表上反映2013年的利润却比2012年还有所下降。而乙制药厂的情况正好相反，2013年市场不景气，销售量比2012年有所下降，年度财务报表上几项经济指标，除资金外，却都比上年好。于是总经理将财务部经理叫去，让他将财务报表和财务分析重新研究。

甲制药厂的有关资料见表3-10。

表3-10 **甲制药厂的有关资料** 金额单位：元

项目	2012年	2013年
销售收入	1 855 000	2 597 000
减：销售成本	1 272 000	2 234 162
销售费用	85 000	108 000
费用合计	1 357 000	2 342 162
净利润	498 000	254 838
库存资料（瓶）		
期初存货数	16 000	35 000
本期生产数	72 000	50 400
本期销售数	53 000	74 200
期末存货数	35 000	11 200
单位售价（元）	35	35
单位成本（元）	24	30.11
其中：		
材料	7	7
工资	4	5.71
燃料和动力	3	3
制造费用	10	14.4

工资和制造费用每年分别为288 000元和720 000元，销售成本采用先进先出法。该厂在分析其利润下降原因时，认为这是生产能力没有充分利用，工资和制造费用等固定费用未能得到充分摊销所致。

乙制药厂的有关资料见表3-11。

表 3-11 乙制药厂的有关资料 金额单位：元

项目	2012年	2013年
销售收入	1 200 000	1 100 000
减：销售成本	1 080 000	964 700
销售费用	30 000	30 000
费用合计	1 110 000	994 700
净利润	90 000	105 300
库存资料（千克）		
期初存货数	100	100
本年生产数	12 000	13 000
本年销售数	12 000	11 000
期末存货数	100	2 100
单位售价(元)	100	100
单位成本(元)	90	87.70
其中：		
原材料	50	50
工资	15	13.85
燃料和动力	10	10
制造费用	15	13.85

工资和制造费用这两年均为180 000元，销售成本也采用先进先出法。该厂在分析其利润上升的原因时，认为这是在市场不景气的情况下，为提高利润、保证国家利润不受影响，全厂职工一条心，充分利用现有生产能力，增产节支的结果。

二、问题提出

1. 甲、乙制药厂的分析结论对吗，为什么？

2. 如果你是财务部经理，你将得出何种结论？你将如何向你的经理解释？

三、分析参考

在分析利润下降原因时，认为甲制药厂利润下降是生产能力没有充分利用、工资和制造费用等固定费用未能得到充分摊销所致；认为乙制药厂利润上升是在市场不景气的情况下，为提高利润、保证国家利润不受影响，全厂职工充分利用现有生产能力、增产节支的结果。这两个结论都是不正确的。

原因：是使用完全成本法造成的错误，应采用变动成本法计算利润。

1. 甲制药厂分析

（1）甲制药厂采用传统方法分析。

销售量增长，增加利润为：

（74 200-53 000）×（35-24）=233 200（元）

产量下降，固定费用（工资、制造费用）单位成本上升，销售成本采用先进先出法，减少利润为：

74 200×（30.11−24）=453 362（元）

销售费用增加，减少利润为：

108 000−85 000=23 000（元）

综上所述，甲制药厂 2013 年实际利润应为：

498 000+233 200−453 362−23 000=254 838（元）

2013 年度利润比 2012 年度减少：

498 000−254 838=243 162（元）

（2）甲制药厂采用变动成本法分析。

分析结果见表 3−12，实际上甲制药厂 2013 年的利润比 2012 年多。

表 3−12 **甲制药厂** 单位：元

	2012 年	2013 年
销售收入	1 855 000	2 597 000
减：变动成本	530 000	742 000
材料（7×本年销售量）	371 000	519 400
燃料和动力（3×本年销售量）	159 000	222 600
边际贡献	1 325 000	1 855 000
减：固定成本	1 008 000	1 008 000
工资	288 000	288 000
制造费用	720 000	720 000
销售费用	85 000	108 000
营业净利润	232 000	739 000

2. 乙制药厂分析

（1）乙制药厂采用传统方法分析。

销售量下降，减少利润为：

（12 000−11 000）×（100−90）=10 000（元）

产量增加，固定费用（工资、制造费用）单位成本下降，销售成本采用先进先出法，增加利润为：

11 000×（90−87.70）=25 300（元）

综上所述，乙制药厂 2013 年的利润为：

90 000−10 000+25 300=105 300（元）

则 2013 年的利润比 2012 年多，105 300−90 000=15 300（元）

（2）乙制药厂采用变动成本法分析。

计算结果见表 3−13，实际上乙制药厂 2013 年的利润比 2012 年少。

表 3-13　　　　　　　　　　　　乙制药厂　　　　　　　　　　　单位：元

项　目	2012 年	2013 年
销售收入	1 200 000	1 100 000
减：变动成本	720 000	660 000
材料（50×本年销售量）	600 000	550 000
燃料和动力（10×本年销售量）	120 000	110 000
边际贡献	480 000	440 000
减：固定成本	360 000	360 000
工资	180 000	180 000
制造费用	180 000	180 000
销售费用	30 000	30 000
营业净利润	90 000	50 000

根据以上计算与分析，得到结论：

综合对甲、乙制药厂的分析可见，结转销售成本采用完全成本法，固定费用不变，当产量下降时，利润减少，造成了虚减利润；当产量上升时，利润增加，造成"泡沫经济"。

本章小结

本章主要介绍了变动成本法的定义、理论依据和特点，比较分析了变动成本法和完全成本法在成本划分标准、产品成本和期间费用的构成、期末存货计算、损益的计算等方面产生的一系列差异和变动成本法的优缺点。

变动成本法是指在成本按成本性态分析的基础上，产品成本包括变动部分：直接材料、直接人工和变动制造费用，而不包括固定制造费用，将固定制造费用列入期间费用，按贡献式损益确定程序计量损益的一种成本计算方法。变动成本法认为：变动生产成本是构成产品成本的直接基础，只有与产品关系密切并且随产量变动而变动的直接材料、直接人工、变动制造费用才可以确认为产品成本。其只有当产品销售出去时才能与相关收入实现配比，得以补偿。固定制造费用的发生与产品产量没有直接联系，是为企业提供生产经营条件而产生的，一旦这种经营条件形成，不管其利用程度高低，其费用的发生和金额都不随产品生产量的增减变化而变化，故不应计入产品成本，而应列作期间成本。

由于对固定制造费用的不同处理方式，变动成本法与完全成本法在成本划分标准、产品成本和期间费用的构成、期末存货计算、损益的计算、提供的信息用途等方面产生了一系列差异。变动成本法按成本性态将成本划分为变动成本和固定成本。完全成本法按成本用途将成本划分为产品成本和期间费用。在变动成本法下，产品成本只包括变动生产成本，如直接材料、直接人工、变动制造费用；在完全成本法下，产品生产成本包括直接材料、直接人工和全部制造费用。在变动成本法下，单位产品成本不包括固定制造费用，固定制造费用直接计入期间费用，因此本期销售成本和期末存货成本不包括任何固定制造费用。在完全成本法下，单位产品成本包括固定制造费用，当期末存货不为零时，本期发生的固定制造费用需要在本期销售成本和期末存货成本之间分配。在变动成本法下，利润表将所有成本项目区分为变动成本和固定成本，按照成本性态分类，按贡献式损益确定程序计算损益。在完全成本法下，成本项目按照职能分类和排列，利润表按传统式损益确定程序计算损益。变动成本法是企业内部的一种成本会计制度；完全成本法则满足了对外提供财务报表的需要。

变动成本法可以促使企业管理者重视销售市场，避免盲目生产，简化成本核算工作，明确部门经济责任，强化成本控制和业绩评价，提供各种产品的会计信息，强化经营管理。但变动成本法也存在一定局限，如不能提供完整的产品定价决策信息，增加成本核算工作量，应用成本较高，不便于提供对外财务报告。

常用术语

1. 变动成本法　2. 完全成本法　3. 固定性制造费用　4. 变动性制造费用
5. 产品成本　6. 期间成本　7. 变动性生产成本

思考题

1. 什么是变动成本法？其理论依据是什么？
2. 什么是完全成本法？其理论依据是什么？
3. 变动成本法和完全成本法在哪些方面有区别？
4. 变动成本法和完全成本法下所编制的利润表，其最主要的区别是什么？
5. 变动成本法有哪些优缺点？

练习题

一、单项选择题

1. 构成变动成本法产品成本内容的是（　　）。

A. 变动生产成本　　B. 变动成本
C. 固定成本　　D. 生产成本

2. 在变动成本法下，固定制造费用应当列作（　　）。

A. 制造成本　　B. 产品成本
C. 期间费用　　D. 直接成本

3. 当销售单价大于单位变动成本时，如果本期销售量比上期增加，则可断定按变动成本法计算的利润（　　）。

A. 本期一定等于上期　　B. 本期应当大于上期

C. 本期应当小于上期　　D. 本期可能等于上期

4. 在原始成本资料相同的条件下，变动成本法下的单位产品成本比完全成本法下的单位产品成本（　　）。

A. 相同　　B. 大　　C. 小　　D. 无法确定

5. 完全成本法与变动成本法下，产品成本都包括（　　）。

A. 直接材料、直接人工和直接费用　　B. 变动制造费用

C. 固定制造费用　　D. 直接材料、直接人工和制造费用

6. 假定期末存货成本增加，则变动成本法计算的营业利润（　　）完全成本法计算的营业利润。

A. 大于　　B. 小于　　C. 等于　　D. 不确定

7. 某企业生产 25 件产品，耗用直接材料 100 元，直接人工 60 元，变动制造费用 90 元，固定制造费用 60 元，则在变动成本法下单位产品成本为（　　）元。

A.15　　B.10　　C.8　　D.5

8. 变动成本法下的营业利润是 40 000 元，期初存货固定制造费用为 5 000 元，期末存货固定制造费用为 7 000 元。则完全成本法计算的营业利润为（　　）元。

A.38 000　　B.45 000　　C.42 000　　D.47 000

9. 在变动成本法下，销售收入减去变动成本等于（　　）。

A. 销售毛利　　B. 税后利润　　C. 税前利润　　D. 边际贡献

10. 变动成本法的分析依据是（　　）。

A. 成本性态　　B. 经济用途　　C. 管理决策　　D. 计划控制

11. 如果固定成本总额、销售单价和单位变动成本每年都不变，则在（　　）情况下，变动成本法计算的每年营业利润都相同。

A. 每年的产量>每年的销售量

B. 每年的产量=每年的销售量

C. 每年的销售量相等

D. 每年的产量相等

12. 造成某期变动成本法与完全成本法确定的营业利润不相等的根本原因是（　　）。

A. 两种方法计入当期损益的固定生产成本不同

B. 两种方法对固定制造费用的处理方式不同

C. 两种方法计算销售收入的方式不同

D. 两种方法计算期间费用的方式不同

13. 变动成本法下，销售成本的计算公式是（　　）。

A. 本期销售成本=单位产品成本×本期生产量

B. 本期销售成本=单位产品成本×本期销售量

C. 本期销售成本=期末产品成本+本期生产成本-期初存货成本

D. 本期销售成本=期初产品成本+本期生产成本-期末存货成本

14. 按完全成本法计算的营业利润（　　）按变动成本法计算的营业利润。

A. 低于　　B. 高于　　C. 等于　　D. 不确定

15. 已知2018年某企业按变动成本法计算的营业利润为43 500元，假定2019年销售量与2018年相同，产品单价及成本水平都不变，但产量有所提高。则该年按变动成本法计算的营业利润（　　）。

A. 必然等于43 500元　　B. 必然大于43 500元

C. 必然小于43 500元　　D. 可能等于43 500元

二、多项选择题

1. 在完全成本法下，期间费用包括（　　）。

A. 制造费用　　B. 变动制造费用

C. 固定制造费用　　D. 销售费用

E. 管理费用

2. 在变动成本法下，（　　）对期末存货成本没有影响。

A. 管理费用　　B. 变动销售费用

C. 变动制造费用　　D. 固定制造费用

E. 固定销售费用

3. 变动成本法与完全成本法的区别表现在（　　）。

A. 产品成本的构成内容不同　　B. 销售收入计算不同

C. 损益确定程序不同　　D. 编制的利润表格式不同

E. 计算出的营业利润不同

4. 以成本按习性分类为基础，变动成本包括（　　）。

A. 变动生产成本　　B. 直接材料

C. 变动制造费用　　D. 变动销售及管理费用

E. 制造费用

5. 成本按习性分类，（　　）不随产量的变化而变化。

A. 固定制造费用总额　　B. 单位变动成本

C. 单位销售成本　　D. 单位固定制造费用

E. 变动生产成本总额

6. 在完全成本法下，销售量比上期增长但企业的盈利下降的原因可能有（　　）。

A. 产品价格下降　　B. 固定成本上升

C. 变动成本上升　　D. 本期产量下降

E. 存货量增加

7. 变动成本法的理论依据有（　　）。

A. 所有的成本分为生产成本和非生产成本

B. 只有与产品关系密切的部分才确认为产品成本

C. 只有随产量变动而成比例变动的部分才确认为产品成本

D. 固定制造费用不随产量的增减变化而变化

E. 产品的生产成本并不都与产品有关

8. 下列关于变动成本法和完全成本法的说法中，正确的有（　　）。

A. 按照变动成本法计算的单位成本总是低于按照完全成本法计算的单位成本

B. 按照变动成本法计算的利润总是低于按照完全成本法计算的利润

C. 按照变动成本法计算的利润不受当期产量的影响

D. 按照变动成本法提供的成本资料能够满足企业长期决策的需要

E. 按照变动成本法计算的期末存货成本总是低于按照完全成本法计算的期末存货成本

9. 变动成本法使用的贡献式利润表与完全成本法使用的传统式利润表的共同指标有（　　）。

A. 营业收入　　B. 变动成本

C. 边际贡献　　D. 营业毛利

E. 营业利润

10. 当单价和成本水平保持不变的情况下，下面说明中正确的有（　　）。

A. 本期生产量大于销售量时，按完全成本法所确定的利润大于按变动成本法确定的利润

B. 本期生产量大于销售量时，按完全成本法所确定的利润小于按变动成本法确定的利润

C. 本期生产量小于销售量时，按完全成本法所确定的利润小于按变动成本法确定的利润

D. 本期生产量小于销售量时，按完全成本法所确定的利润大于按变动成本法确定的利润

E. 本期生产量等于销售量时，按完全成本法所确定的利润等于按变动成本法确定的利润

11. 下列（　　）属于变动成本法下的产品成本项目。

A. 原材料

B. 生产工人工资

C. 按工作小时计提的专用设备折旧费

D. 车间管理人员的工资

E. 厂房保险费

12. 变动成本法所提供的信息对企业管理有（　　）的积极作用。

A. 加强成本管理　　B. 促进以销定产

C. 调动企业增产的积极性　　D. 满足对外报告的需要

E. 正确进行短期决策

三、判断题

1. 变动成本法和完全成本法计算出的利润在较长的时间内可能平衡或基本

平衡。（　　）

2. 按照变动成本法计算的利润总是低于按照完全成本法计算的利润。（　　）

3. 变动成本法强调销售环节对企业利润的贡献，完全成本法强调生产环节对企业利润的贡献。（　　）

4. 变动成本法提供的成本信息是完整的，可以直接据以进行定价决策。（　　）

5. 完全成本法下的利润不仅受到销量的影响也受到产量的影响。（　　）

6. 在适时生产系统下，完全成本法将失去一定意义。（　　）

7. 完全成本法是以成本性态分析为基础的。（　　）

8. 变动成本法下产量的高低和存货增减对利润没有影响。（　　）

9. 从长期来看变动成本法与完全成本法计算的利润一致，但变动成本法有助于业绩评价。（　　）

10. 变动成本法有利于企业的未来长期规划和决策。（　　）

四、业务处理题

1. 假设某企业本期有关成本资料如下：单位直接材料成本为 20 元，单位直接人工成本为 15 元，单位变动制造费用为 10 元，单位变动销售及管理费用为 8 元，固定制造费用总额为 8 000 元，固定销售及管理费用为 3 000 元。期初存货量为 0，本期产量为 2 000 件，销量为 1 600 件，单位售价为 100 元。

要求：请在表 3-14 中分别按两种成本法的有关公式计算相关指标。

表 3-14　**按两种成本法的有关公式计算相关指标**

项目	变动成本法	完全成本法
单位产品成本		
期间成本		
销售成本		
营业利润		

2. 假设某公司本年度只生产销售一种产品，其产量、售价以及成本的有关资料如下：单位售价为 43 元，直接材料成本为 20 000 元，直接人工成本为 25 000 元，单位变动制造费用为 6 元，单位变动销售及管理费用为 4 元，固定制造费用为 35 000 元，固定销售及管理费用为 20 000 元。生产量为 5 000 件，销售量为 4 500 件，期初存货量为 0。

要求：

（1）分别采用变动成本法和完全成本法计算本年度期末存货成本。

（2）分别采用变动成本法和完全成本法编制利润表。

3. 假设某企业只生产一种产品，2019 年、2020 年、2021 年各年的生产量都是 6 000 件，而销售量分别为 6 000 件、5 000 件和 7 000 件。单位产品售价为 10 元。单位变动成本（包括直接材料、直接人工和变动制造费用）为 4 元。固定制造费用每年 18 000 元，固定销售与行政管理费用每年均为 10 000 元。

要求：根据上述资料，完成表 3-15。

表 3-15　　**计算两种成本法下的相关指标**

项目	2019年	2020年	2021年
变动成本法			
销售收入			
销售成本			
边际贡献			
固定制造费用			
固定销售及管理费用			
营业利润			
完全成本法			
销售收入			
销售成本：			
期初存货成本			
加：本期生产成本			
可供销售成本			
减：期末存货成本			
销售成本			
毛利			
固定销售及管理费用			
营业利润			

第 3 章练习题参考答案

第 4 章

作业成本法

学习目标

通过本章的学习，希望读者能够了解作业成本法的基本概念、作业的概念和分类，理解作业成本法计算的基本原理，掌握作业成本法计算的基本程序以及了解作业成本法的优缺点。

导入案例

秘密被 ABC 分析破解

伦敦警察一年在文书工作上花了 1.2 亿英镑（超过 2.5 亿美元），其总额超过了打击抢劫和入室盗窃的开支。这个结果来自一个警务"作业成本分析"（ABC）检查，这个检查结果说明了钱的去向。它包括官员和职员花在填写表格、写信、发便函和检察文书工作上的时间，如果包括与特定犯罪项目的文书工作，如填写会谈记录和逮捕证，这个数字会更高。

从 2003 年开始，英格兰和威尔士的武装力量都被要求实施一个年度 ABC 检查。每一英镑开支必须分配到 60 类中的某一类，从反恐和解决犯罪到训练和病假，到与特定时间不相关的一般反应。

伦敦警察的开支几乎占了英国警察警务年度总开支 128 亿英镑的 1/4。根据其他武装力量做相似数量的文书工作来估计，全国的警察文书工作年度总成本大约是 5 亿英镑。

警察联合会的副主席 Alan Gordon 说："这些数字描述了多年来我们一直在说的事——警察不堪文书重负，损害了以反应为基础的警务工作。"

作为应对，内政部废弃了 7 700 个不必要的警察使用的文书表格，扩大了文职人员的职责，为第一线警官节省了时间，而且将重视这一发现，把现金重新用于第一线的活动中。

资料来源：LEAPMAN B. Police Spend £500m Filling in Forms [J]. Telegrapb.co.uk，2006.

管理会计应用指引第 304 号——作业成本法

作业成本法是西方国家于 20 世纪 80 年代末开始研究、90 年代以来在先进制造企业首先应用起来的一种全新的企业管理理论和方法，是比传统成本核算方法更加精细和准确的成本核算方法。20 世纪 30 年代末 40 年代初，美国会计学家科勒首先提出"作业"这一概念，1971 年，美国的乔治·斯托布斯提出"作业成本计算"一系列作业成本观点，到20世纪80年代，美国的罗宾·库珀与罗伯特·卡普兰对作业成本法的定义、运用程序、成本动因的选择、成本库的建立继续进行了深入的分析和探讨，掀起研究高潮，作业成本法在精确成本信息，改善经营过程，为资源决策、产品定价及组合决策提供完善的信息等方面，都受到了广泛推崇，由美国、加拿大、英国迅速传到亚洲、美洲以及欧洲其他国家，世界上许多先进的公司已经实施作业成本法以改善原有的会计系统，增强企业的竞争力。

4.1 作业成本法的定义及产生的背景

4.1.1 作业成本法的定义

作业成本法，又称作业成本计算法或作业量基准成本计算方法（activity-based costing，ABC），是以作业（activity）为核心，确认和计量耗用企业资源的所有作业，将耗用的资源成本准确地计入作业，然后选择成本动因，将所有作业成本分配给成本计算对象（产品或服务）的一种成本计算方法。

传统的成本计算方法把产品成本分为直接材料、直接人工和制造费用三大类。其中，制造费用是产品生产过程中发生的不能直接归属于产品的间接费用，需要通过一定的分配标准分配到各个产品中。传统的分配通常以业务量为基础采用单一的分配标准进行分配。然而，现代许多企业间接制造费用的比重大大增加，直接人工所占比重大大减少，而且，市场化需求使得不同产品工艺过程不同，技术流程复杂，需要采用多种分配标准反映不同作业与不同成本计算对象之间的关系，体现制造费用的多种驱动动因。作业成本法的应用，成为新的生产技术环境对成本计算方法改革的迫切要求。

4.1.2 作业成本法产生的背景

1）高新技术的出现

从20世纪70年代末起，出现了以微电子技术、生物工程技术、新型材料技术为标志的新技术革命。科学技术的发展，使大量的新兴技术应用于生产，使生产科学化，不仅带来了人类生产方式的现代化，还引发了人的观念和思维方式的更新，引起产业结构的变化、劳动方式与内容的变化、生产布局和生活方式的变化和社会的开放化。在新技术革命中，以微电子技术为主导的新信息技术处于核心和先导地位，特别是由于电子计算机、控制论和自动化技术的发展，社会生产方式和社会生活方式趋向分散，对改变整个人类社会的面貌起了重要的作用。计算机网络和信息高速公路的建立，高新技术的使用使整个世界变成了地球村。“柔性制造系统”或“弹性制造系统”（FMS）的应用，即在计算机控制下，企业生产过程能够迅速由生产一种产品转向另一种产品或者适应产品需求的变化进行单件或小批量生产，及时满足客户的需求，使生产的自动化进入一个更高级的阶段，为生产经营管理进行革命性的变革提供了技术上的可能。

2）适时制（JIT）生产系统的产生

适时制生产系统是指在机械自动化、生产电算化的情况下，企业通过从购进原材料到完成产品，再到销售的每个环节都紧密衔接来简化生产和销售过程，企业适时地将外购原材料或零部件投入生产，各个零部件适时地加以完成，组装成产品后适时地提供给外部顾客，即要求以顾客需要为出发点，实现零存货。适时制生产系统的特点主要为在最短时间内满足客户需求，全面提高产品质量和劳动生产率；最大限度地降低整体成本，减少库存，消除浪费和无增值生产活动。20世纪60年代初，日本丰田汽车公司将适时制的观念引入并全面实行，经过十几年不断发展和完善，使其市场占有率不断提高，竞争力增强，适时制生产系统受到关注，成为各国广泛应用的新型生产管理系统。

与传统的生产系统相比，适时制采取由后向前的拉动式生产系统，只在顾客需要时才按订单数进行生产。上道工序只在下道工序需要时才按质保量及时地生产，前后道工序之间的衔接无误。企业由大批量生产转变为单件小批生产，调整和准备次数增加，需要企业实行迅速、低耗的机器运动。传统的生产系统对设备的维护是通过日常的检修和定期的大修来完成的，允许一定的设备故障存在，为了不延误生产，适时制必须实施设备有效的综合预防性维修系统，通过日常维护保障设备处于正常运转状态，不出故障或减少出故障。适时制要求实施全面质量管理（TQC），确保原料、在产品和产成品的零缺陷，否则，某一环节的缺陷将会引起生产混乱，导致连锁反应，进而使大量的非增值性的等待产生。从生产管理来看，适时制管理改变了传统管理中由上至下的老板式生产管理，将其转化为由下至上的员工式生产，员工更能了解生产流程，能够提出更有影响力的意见，参与决策。适时制对于员工的熟练操作和迅速可变性方面要求的提高也使得企业需要多技能员工。适时制生产系统的实施，为作业成本会计的产生创造了重要的应用条件。适时制使传统的“交易基础成本计算”或“数量基础成本计算”受到强烈冲击，并直接导致作业成本会计的形成和发展。

3）社会各方面需求的变化

首先，20世纪70年代以后，西方许多制造企业的制造环境发生了重大变化。过去看起来是合理的计算方法在新的环境下，却出现了扭曲成本信息，不能满足决策及管理需要的现象。经营环境的变化要求企业在激烈的竞争中努力改进和完善管理技术和方法，需要准确的产品成本信息，进而更加关注成本计算方法。其次，随着社会经济的发展，人们对生活质量的要求越来越高。从消费角度看，人们日益追求个性化的消费，这就要求企业必须提高适应性，及时向消费者提供更加多样化、更具个性、日新月异的产品和服务。顾客需求多样化和技术进步使人们在产品的选择中拥有了更大的空间；产品需求的个性化和多样化给企业带来更多的机会。这些都使得企业改变了生产模式，把传统的少品种大批量生产模式转变为适应顾客需要的多品种小批量生产模式，把传统的降低产品成本的单一模式转变为低成本、高质量、交货快、服务好的多元模式。最后，社会化大生产的发展使得变动成本所占的比重越来越小，固定成本所占的比重越来越大，实务工作者认为短期变动成本是产品成本的一种不充分的计量尺度。他们倾向于把固定成本分配到各产品之中，以全部成本作为产品的长期制造成本，实务工作者对完全成本法的这种浓厚兴趣，成为作业成本会计产生的现实土壤。

4.2 作业成本法的基本原理、相关概念及比较

4.2.1 作业成本法的基本原理

相对于传统成本计算方法，作业成本法是成本计算方法上的一次历史性突破。作业成本法的基本思想是以作业作为分配间接费用的基础。作业成本法首先根据作业对资源的消耗情况将资源成本分配到作业，其次依据成本动因跟踪到产品成本，即“作业耗用资源，产品耗用作业，生产导致作业发生，作业导致成本发生”。这个思路的具体原理是：(1) 在作业成本法下，企业的生产经营过程被划分为独立的多个作业，作业成为成本核算对象，并按不同的成本动因设置成本库。(2) 依据各作业对资源的消耗情况，将生产费用按资源动因汇集到成本库，计算出作业成本。(3) 依据各成本对象所耗用的作业量，按照作业动因分摊其在各成本库中的作业成本。(4) 汇总各成本对象从各成本库中所分摊的作业成本，计算其总成本和单位成本。作业成本法的基本原理如图 4-1 所示。

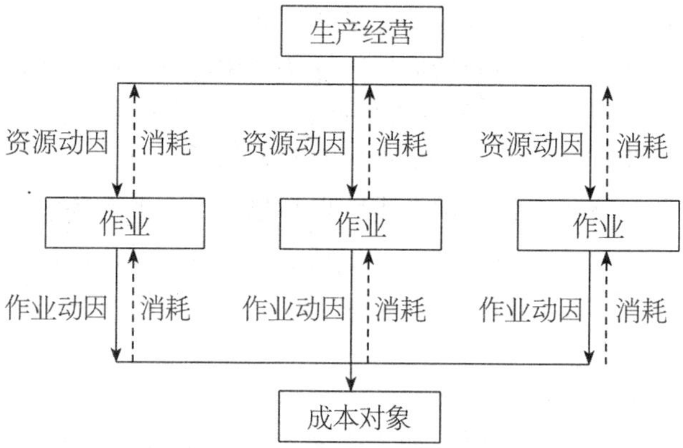

图 4-1 作业成本法基本原理图

在该模型中，作业成本法是一个二阶段分配过程：分别是资源向作业分配和作业向成本对象分配。与此对应，成本动因也被分为两类：资源动因和作业动因，分别用于资源成本面向作业分配和作业成本面向成本对象分配。资源动因是指资源被各作业消耗的方式和原因，是引起作业成本变动的因素，是把资源成本分配到作业的基本依据。作业动因是指作业贡献于最终产品的方式与原因，它用来把作业成本分配到成本对象或者其他作业，反映了产品消耗作业的情况。在这个过程中，作业消耗资源，根据资源动因将资源成本分配到作业。成本对象消耗作业，根据作业动因将作业成本分配到成本对象。作业是成本分配的中间媒介。

可见，作业成本会计是以作业为基础、以多样化成本动因为依据的科学信息系统，它把成本计算从以“产品”为中心转移到以“作业”为中心，以资源流动为线索，以资源耗用的因果关系为成本分配依据，对作业活动进行动态跟踪反映和分

析，克服传统成本制度的诸多不足，拓展了成本核算范围，改进了成本分配方法，优化了业绩评价尺度，提供了准确的资源利用方面的成本信息，能更好地发挥其在决策、计划、控制中的作用，促使作业管理水平不断提高，满足各方面对会计信息的要求。

4.2.2 作业的概念

作业，是作业成本法计算模式和作业管理的核心，是企业为了特定目的而消耗的人力、技术、原材料、方法和环境的集合体，是作业成本计算系统中的成本归集单元。一个作业可能是一个事件、任务或具体目的的工作单元，如设计产品、装配机器和分销产品；也可以是一系列相互联系、能够实现某种特定功能的作业集合起来的作业中心。作业中心所耗费的资源形成了作业成本库。每一个作业也可以成为其他作业的内容，各种作业彼此形成企业作业链。

作业具有以下主要特征：作业是资源耗费产生因果关系的实体，反映了资源投入与效果产生的过程。作业是以人为主体的，现代制造业中各项生产工作的开展仍然是由人来掌握和控制的。区分不同作业的标志是作业目的。企业的制造过程可以按照每一部分工作的特定目的划分为若干作业，每个作业负责作业职权范围内的每项工作。作业贯穿于企业经营的整个过程，包括企业内部和连接企业外部的各种作业。

从资源识别及成本核算角度，企业的各项作业又可具体分为以下四类：

（1）单位水平作业：是指每单位产品都发生一次的作业。这类作业所消耗的成本随产品数量成比例变动，如直接材料、直接人工、加工零件、对每件产品进行的检验等。

（2）批次水平作业：是指每生产一批产品便相应执行一次的作业。这类作业所消耗的成本与产品批次成比例变动。就生产批次而言，所消耗的成本属变动成本，但就某一特定批次产品而言，则属于固定成本，如人工准备费、机器调整费、材料处理费及质量控制费等。

（3）产品水平作业：是指支持生产每类产品或劳务所发生的作业。这类作业所消耗的成本与产品项目种类成比例变动。就品种而言，所消耗的成本是变动成本，但就特定产品而言，则属于固定成本，如设备检测费、仓储费及设计费等。

（4）设施水平作业：是指借以维持企业的一般制造过程的作业。它是为支持整体生产经营，维持产品生产能力而发生的。这类作业所消耗的与基础设施、生产环境等直接相关，属于各类产品的共同成本，如折旧费、企业行政管理费、员工培训费等。

4.2.3 作业成本法的其他重要概念

1）成本对象

成本对象是指需要对成本进行单独测定的一项活动，可以是一件产品，一项服务、一项设计、一个客户、一种商标、一项作业或者一个部门等。成本对象又可以分为中间成本对象和最终成本对象。中间成本对象是将共同成本按某个分配基础进一步分配给下一个成本对象的成本归集点，如机械加工车间、维修车间、地区销售部等，也被称为成本中心。最终成本对象是指累计的成本不能再进一步分配的成本归集点，是企业的最终产出物。

2）成本及成本动因

在作业成本法下，成本被定义为资源的耗费，而非为获得资源发生的支出。作业成本法计量资源耗费水平的变动，而非支出水平的变化。

成本动因亦称成本驱动因素，是解释发生成本的作业特性的计量指标，是导致资源消耗变化、影响质量和周期时间的事件和情形，反映作业所耗用的成本，揭示执行作业的原因和作业消耗资源的大小。成本动因又可以分为资源动因和作业动因。资源动因是资源被各种作业消耗的方式和原因，是将资源成本分配到作业中心的标准，反映了作业对资源的消耗情况。如检验费与检验部门检验小时有关，检验小时即为资源动因。作业动因是各项作业被企业最终产品消耗的方式和原因，是将作业中心的成本分配到产品或劳务中的标准，反映了产品消耗作业的情况。例如，抽样检验作业的成本动因是生产的批次，组装作业的成本动因是直接人工工时，材料处理成本的成本动因是领料单。当存在多个成本动因时，成本动因的选择主要考虑相关性原则和成本效益原则。成本动因数量与分配总成本线性相关性最好的成本动因是最恰当的成本动因。此外，如果数据采集成本太大，则可能使得作业成本法无法实施。

3）成本库

成本库，也被称为作业成本中心，是指按成本动因所确定的、可用一项成本动因解释成本变动的一项作业或一组性质相似、相互联系、能够实现某种特定功能的作业组的成本归集和分析的基本单位。归集在一个成本库内的成本具有同质性，即这些成本是由相同的成本动因引起的。每个成本库可以归集人工、直接材料、机器设备费用、管理费用等。成本库的数量和成本动因的数量是一致的。

4.2.4 作业成本法与传统成本法的比较

1）成本核算对象不同

传统产品成本核算对象是产品，以产品发生的费用作为成本归集对象。作业成本法以作业为基本的成本计算对象，关注成本发生的前因后果，强调按照作业对资源、成本对象对作业消耗的实际情况进行成本分配。

2）成本计算程序不同

与传统成本制度相比，作业成本制度要求首先确认费用单位从事了什么作业，计算每种作业所发生的成本。然后，以这种产品对作业的需求为基础，将成本追踪至产品。

3）成本核算范围不同

在传统成本核算制度下，成本的核算范围是产品成本。在作业成本制度下，作业成本法的核算范围不仅包括产品成本，还包括作业成本和动因成本。

4）费用分配标准不同

传统成本法用数量动因将成本分配到产品里，分配标准一般是工时或机器小时，比较单一。作业成本法注重间接计入费用的归集与分配，设置多样化作业成本库，采用多样化成本动因作为成本分配标准，使成本归集明细化，从而提高成本的可归属性。

5）提供的成本信息不同

传统成本法提供的是企业最终产品的成本相关信息，由于制造费用的分配采用单一标准，当产品成本中制造费用比重较大时，成本信息的可利用价值相对较差。作业成本法采用多成本动因标准，拓宽了成本计算的范围，不但提供了产品成本，还提供了作业成本、动因成本信息，为成本控制和相关决策提供了更有价值的资料。

4.3 作业成本法计算程序及应用

4.3.1 作业成本法计算的基本程序

作业成本法的基本程序是根据不同的资源动因设置作业成本库，再根据不同的作业动因将各作业汇集的价值分配给最终产品或服务。这个基本程序可以分为两个阶段：第一阶段是制造费用的分配。将制造费用分配到多个同质的作业成本库，计算每类同质作业成本库的分配率。第二阶段是制造费用的分摊。根据作业成本库分配率，把制造费用分摊给产品，计算产品成本。其计算过程可以概括为：资源—作业—产品。这一过程可以分为三个步骤。

1）确认作业，建立成本库，将资源耗费归集到各成本库

作业的确认通常有以下方法：一是将企业的经营过程、各个经营环节通过绘制生产流程图展现出来，从中确定每一流程或环节所涉及的作业，合并同类或相关作业。二是调查分析企业职能部门的作业，加以汇总。三是由员工或工作组描述其工作情况，加以汇总。确认作业需要以决策目的决定作业划分的详略程度，并权衡作业分析的成本与效益。确认作业后，建立作业相对应的成本库，归集相同性质的作业引起的资源耗费。每个成本库代表它所在的那个中心所执行的作业。归集到成本库的成本可以分为两类：一类是可以直接计入产品的成本或作业成本库的费用；另一类是需要通过选择合适的资源动因间接分配到成本库中的其他费用。

2）选择成本动因

成本动因是驱动成本发生的因素，包括围绕企业作业概念的从微观层次上展开的执行性成本动因，还包括决定企业整体成本定位的结构性成本动因。企业不同的生产经营方式呈现出不同的成本动因。引发一项作业的成本动因可能有多个，需要选择与实耗资源的相关程度较高，且易于获取和量化的成本动因作为计算成本分配率的基准。成本动因与成本库相对应。在作业成本法下，一些典型的资源和资源动因列示于表 4-1；一些典型的作业成本库及作业动因列示于表 4-2。

表 4-1　　　　　　　　　　**典型的资源和资源动因表**

资源	资源动因
人力	消耗劳动时间
动力	消耗电力度数
房屋租金	使用面积
折旧	所用设备的价值

表 4-2　　　　　　　　　　**典型的作业成本库和作业动因表**

作业成本库	作业动因
整理与准备	整备次数或整备时间
质量检验	检验数量或检验次数或检验时间
材料采购	采购次数
产品设计/工艺流程改造	产品种类
员工培训	员工人数

3）计算每个成本库的成本分配率，分配作业成本到产品中

根据各成本库的成本归集和成本动因总数，计算出各成本库的成本分配率。成本库分配率等于各成本库归集的成本除以各成本库成本动因总量。根据各成本库分配率和各产品消耗的成本动因数量，再把成本库中的制造费用分配到各产品中。最后产品成本为直接成本和被分配进入该产品的制造费用。

作业成本法计算的基本程序如图 4-2 所示。

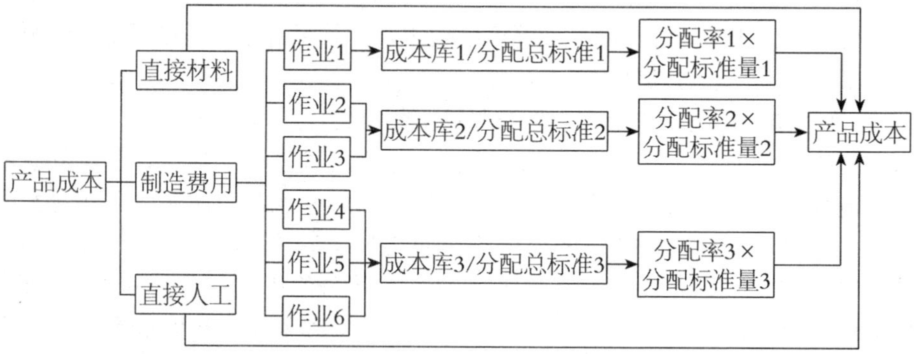

图 4-2　作业成本法计算基本程序

4.3.2　作业成本法计算举例

【例 4-1】凯杰制造公司 2021 年生产三种产品，分别为 A、B、C。这三种产品均需要经过机器部门和包装部门才能完工。其他资料见表 4-3。

表 4-3　　　　　　　　　　**产品生产相关资料**

项目	A 产品	B 产品	C 产品	总计
生产量	25 000 件	15 000 件	5 000 件	45 000 件
机器小时	2 500 小时	1 500 小时	2 000 小时	6 000 小时
直接材料	1 000 000 元	450 000 元	275 000 元	1 725 000 元
直接人工	375 000 元	225 000 元	75 000 元	675 000 元
制造费用				1 350 000 元

（1）传统的制造费用的分配方法有两种：全厂制造费用分配率法和部门制造费用分配率法。前者将制造费用按照一种分配标准分配到产品成本中。后者首先将制造费用分配到部门，形成部门制造费用，然后部门制造费用按照一定的分配标准分配到产品成本中。

公司采用传统的成本计算方法，采用全厂制造费用分配率法：以机器小时为基础分配制造费用。

第一步，计算制造费用分配率。

制造费用分配率=1 350 000÷6 000=225（元/小时）

第二步，根据第一步计算的制造费用分配率和各个产品耗费的机器小时数，分配制造费用到各产品成本中，见表4-4。

表4-4 制造费用的分配

项目	A产品	B产品	C产品	总计
机器小时	2 500小时	1 500小时	2 000小时	6 000小时
制造费用分配率	225元/小时			
制造费用	562 500元	337 500元	450 000元	1 350 000元

第三步，计算各产品单位成本见表4-5。

表4-5 产品单位成本计算表

项目	A产品	B产品	C产品
直接材料	1 000 000元	450 000元	275 000元
直接人工	375 000元	225 000元	75 000元
制造费用	562 500元	337 500元	450 000元
成本合计	1 937 500元	1 012 500元	800 000元
生产量	25 000件	15 000件	5 000件
单位产品成本	77.5元/件	67.5元/件	160元/件

（2）公司采用传统的成本计算方法，以部门制造费用分配率法分配制造费用。机器部门采用机器小时为基础分配制造费用，包装部门采用直接人工为基础分配制造费用。制造费用共1 350 000元，其中机器部门900 000元，包装部门450 000元。

第一步，计算部门制造费用分配率：

机器部门制造费用分配率=900 000÷6 000=150（元/小时）

包装部门制造费用分配率=450 000÷675 000=0.667（保留三位小数）

第二步，根据各个产品耗费的机器小时数和直接人工，分配制造费用到各产品成本，见表4-6。

表 4-6　　**制造费用的分配**

项目	A产品	B产品	C产品	总计
机器小时	2 500小时	1 500小时	2 000小时	6 000小时
机器部门制造费用分配率	150元/小时			
机器部门制造费用	375 000元	225 000元	300 000元	900 000元
直接人工	375 000元	225 000元	75 000元	675 000元
包装部门制造费用分配率	0.667			
包装部门制造费用*	250 000元	150 000元	50 000元	450 000元

注：存在尾差。

第三步，计算各产品单位成本见表 4-7。

表 4-7　　**产品单位成本计算表**

项目	A产品	B产品	C产品
直接材料	1 000 000元	450 000元	275 000元
直接人工	375 000元	225 000元	75 000元
机器部门制造费用	375 000元	225 000元	300 000元
包装部门制造费用	250 000元	150 000元	50 000元
成本合计	2 000 000元	1 050 000元	700 000元
生产量	25 000件	15 000件	5 000件
单位产品成本	80元/件	70元/件	140元/件

（3）公司采用作业成本法计算产品成本。公司将制造费用分为机器部门制造费用和包装部门制造费用，从而形成两大成本库。机器部门制造费用成本动因包括机器开控次数和机器小时。包装部门制造费用成本动因包括包装工时和质检次数，具体资料见表 4-8 和表 4-9。

表 4-8　　**作业与成本动因相关资料**

作业（成本库）	成本动因	成本动因耗用量			总计
		A产品	B产品	C产品	
机器部门	机器开控次数	125次	75次	50次	250次
	机器小时	2 500小时	1 500小时	2 000小时	6 000小时
包装部门	包装工时	25 000小时	15 000小时	5 000小时	45 000小时
	质检次数	50次	25次	25次	100次

表 4-9　　**成本库相关资料**

作业（成本库）	成本动因	制造费用		
机器部门	机器开控次数	150 000元	小计：900 000元	合计：1 350 000元
	机器小时	750 000元		
包装部门	包装工时	360 000元	小计：450 000元	
	质检次数	90 000元		

公司采用作业成本法计算产品单位成本步骤如下：

第一步：确定作业，归集成本库和确定作业成本动因。根据以上资料，根据成本动因计算制造费用分配率。计算见表4-10。

表4-10 作业成本分配率

成本库		成本总额	分配率
机器部门	机器开控次数	150 000元	150 000÷250=600元/次
	机器小时	750 000元	750 000÷6 000=125元/小时
包装部门	包装工时	360 000元	360 000÷45 000=8元/小时
	质检次数	90 000元	90 000÷100=900元/次

第二步：按照各产品消耗的成本动因数量分配制造费用。计算见表4-11。

表4-11 作业成本分配

成本动因	分配率	A产品	B产品	C产品
机器开控次数	600元/次	125×600=75 000元	75×600=45 000元	50×600=30 000元
机器小时	125元/小时	2 500×125=312 500元	1 500×125=187 500元	2 000×125=250 000元
包装工时	8元/小时	25 000×8=200 000元	15 000×8=120 000元	5 000×8=40 000元
质检次数	900元/次	50×900=45 000元	25×900=22 500元	25×900=22 500元
合计		632 500元	375 000元	342 500元

第三步：计算产品单位成本，见表4-12。

表4-12 产品单位成本计算表

项目	A产品	B产品	C产品
直接材料	1 000 000元	450 000元	275 000元
直接人工	375 000元	225 000元	75 000元
制造费用	632 500元	375 000元	342 500元
成本合计	2 007 500元	1 050 000元	692 500元
生产量	25 000件	15 000件	5 000件
单位产品成本	80.3元/件	70元/件	138.5元/件

（4）作业成本法和传统成本法的比较。通过比较传统成本法和作业成本法计算出的单位产品成本可以发现，两种方法的计算结果存在较大差异。主要差异表现在：①作业成本法缩小了制造费用的分配范围，将全厂统一分配或部门分配改为若干成本库进行分配。②作业成本法增加了分配标准。将单一的标准分配改为多标准分配，按照引起费用发生的多种动因进行分配。这两种方法的区别如图4-3和图4-4所示。

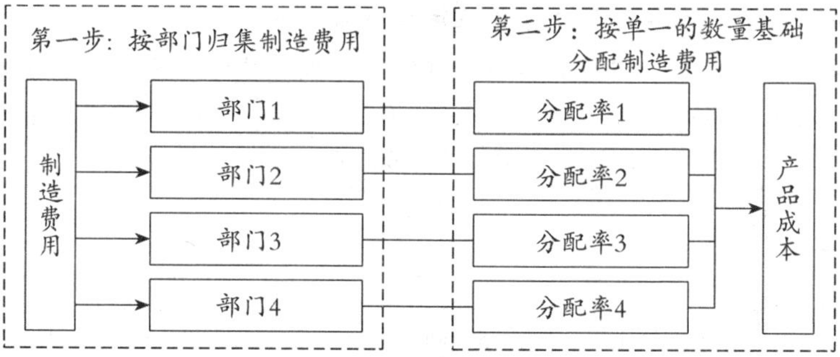

图 4-3　传统成本法

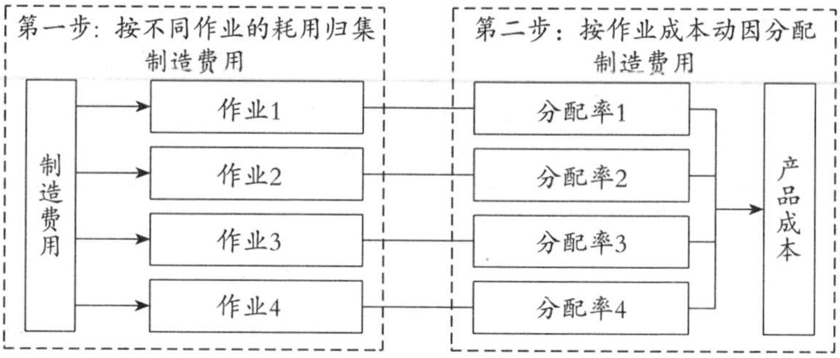

图 4-4　作业成本法

传统成本计算由于采用单一分配标准分配制造费用，没有考虑产品之间在工艺需求和质量要求等方面的差异，导致成本的计算偏离了产品完工实际耗用资源，成本信息失真，高估了产量大、技术含量低的产品成本，低估了产量小、技术含量高的产品成本，对企业的决策造成误导。在过去那种大批量、规模和复杂程度不大的企业采用单一分配标准计算出的产品成本是可行的。而现在企业生产机械化和自动化程度较高，直接材料和直接人工在生产成本中所占的比重下降，制造费用所占的比重上升，如果没有更加精确的分配标准来分配制造费用，则大量的制造费用无法真实地反映在成本报告中。作业成本法改进了传统成本法单一的制造费用分配率，将单一的数量分配标准改变为按照实际消耗情况确定的多个合理的制造费用分配标准来分配制造费用，比较客观真实地反映了各个产品由于工艺复杂和质量要求的不同所导致的实际的资源消耗量的不同，提高了产品成本计算的准确性，为企业决策提供了更好的依据。

4.3.3　作业成本法的评价

作业成本法的优点有以下几个方面：

（1）扩展了成本习性的概念，促进了完全成本法的复兴。作业成本法用成本动因解释成本习性，把成本划分为短期变动成本、长期变动成本和固定成本三类。成本动因的引入提高了决策的科学性。在当今高新技术的制造环境下，作业成本法的迅猛发展有力地促进了完全成本法的复兴。

（2）优化了产品组合，提高了企业战略决策的水平。产品组合决策，是利用整个企业的“生产价值”来决定产品盈利能力及优先生产次序的。在作业成本法中，管理人员可以很容易地计算出直接归属产品的成本。

（3）使企业产品成本计算更准确，定价策略更灵活。采用作业成本法计算产品成本，先将成本按各项作业进行归集。除了直接材料、直接人工可直接归集于产品外，制造费用应分别按各作业活动归集到同质的成本库中。然后分别选择合理的作业分配标准，将成本库中的制造费用分摊于产品中。管理层可以提高那些产品规格特殊、无明显市价规则，且价格弹性很低的产品价格水平。

（4）改进了预算控制和成本控制。作业成本法的应用，首先，要求把对成本的控制落实到每一项作业上，再以作业为核心，进行作业分析，以成本动因为基础进行成本控制，从而有效、持续地降低成本，改进了预算控制。其次，以适时生产系统和全面质量管理为重点的作业管理不再把标准成本法看成成本控制的重要工具。

（5）改进了责任中心的业绩评价。资源通过作业形成产出价值，以作业中心为基础设置责任中心，控制了资源消耗，充分发挥了资源在提供给顾客价值过程中的作用。

然而，就作业成本法本身而言，它还存在一定的局限性，具体表现在以下几方面：

（1）成本动因选择可能存在主观性和不可操作性。在作业成本计算过程中，需要确认资源、作业和设立作业成本库，为每一作业成本库选择最佳的成本动因。在这一过程中，难免有主观性和一定程度的武断性，尤其是所选择的成本动因，并不总是客观的和可以验证的，有些甚至很难进行恰当的选择。这些不仅为作业成本的有效实施增加了难度，同时为管理层人为地操纵成本提供了可能，导致对这种操纵结果进行审计更加困难。

（2）作业成本法的工作量大，实施成本相对较高。作业成本法需要比传统成本计算法花费更多的时间和精力对间接费用进行归集，并对成本动因进行界定与分类，这样会增大成本计算及分配的工作量，使得提供成本信息的代价加大，尤其在企业业务量大、生产经营过程复杂的情况下。并且，随着企业生产经营环境发生变化、技术的创新及产品结构的调整可能还需要重新进行作业的划分或调整，从而加大了会计人员的工作量，增加了实施费用。

（3）作业成本法不能提供部门的成本信息。以“作业消耗资源，产品消耗作业”为基本思想的作业成本法，按作业归集费用并分配费用，因而不能按部门提供成本信息，不能有效控制部门费用的发生。

最后，我们需要辩证地认识作业成本法。作业成本法适用于制造费用比重偏大、产品种类繁多、生产经营环节偏多、企业管理与会计核算的电脑化程度较高的企业。传统成本法适用于产品种类不多、劳动密集型企业。

【实践应用】　　西安欧亚学院作业成本法应用案例

西安欧亚学院成立于1995年，是经教育部批准、具有独立颁发国家承认学历文凭资格的综合性全日制本科普通高校，学院以本科教育为主，辅以高职高专教育。经过多年的发展与积累，在国内民办高校中，西安欧亚学院的校园建设、招生状况都相当不错，已经连续几年在中国民办大学排行榜上名列前茅。

一、作业成本法的实施背景

作为民办学校，学科设置有一定的自主权，学院可根据就业情况、各专业成本构成、分院管理状况、教育部政策、招生规模等综合考虑，进行管理决策。但是学院现有的成本核算只是按部门进行简单的费用科目辅助核算，成本核算不健全，财务职能不明确、资源利用效率不合理、绩效管理指标模糊导致学院根本无法对每个教育产品进行精细化成本计算。随着学院新的战略发展目标的提出和管理理念的发展，单纯的部门核算已无法满足管理决策的需要，必须准确计算出生均成本，分析各教育产品的成本构成，消耗资源与收益情况的对比，才能有效地控制与管理成本。面对学院存在的这些严峻问题，经过一番讨论与思考，学院决定引入作业成本法，开展作业成本管理。2009 年，学院作业成本管理系统成功上线运行。

二、作业成本法的实施过程

1. 实施的优势条件

西安欧亚学院的特点，注定利用作业成本法来核算学院的成本有其独特的优势：

（1）西安欧亚学院的教育活动有明显的重复性和周期性，每届学生都是从招生开始，以毕业派遣结束，即使是不同层次、专业和类别的学生的培养过程也都具有相似的规律性。也就是说，学院具有职能明显的多个作业，而且作业具有一定的稳定性。学院培养的对象是多元化的，不同成本对象需要的技术水平也是不同的。

（2）西安欧亚学院培养学生的费用多属间接费用，直接费用较少，且多而复杂。人员经费、固定资产折旧、公务费和业务费等发生的动因也各不相同，因此应具体分析不同资源、作业、成本动因等来分配和归集费用以计算成本。

（3）西安欧亚学院会计人员和其他管理人员相对素质较高，对作业成本管理知识了解较多。同时高校计算机硬件基础较好，计算机技术及应用水平较高，信息处理技术先进。这些条件都为作业成本法应用于高校教育成本核算以解决目前高校成本核算中出现的问题，优化成本控制，改善内部管理，提高经济效益提供了可能性和可行性。

2. 实施步骤

设计思路是按照资源、作业、成本对象之间存在的因果关系，采取以下思路对会计科目进行分摊：会计科目—资源—作业—成本对象。首先从会计核算系统获得成本数据，按照资源属性还原到资源，然后把资源按照资源动因分配到作业，最后把作业按照作业动因分配到成本对象，通过这种逐步细化分配的方法准确计算出生均成本。其具体实施步骤如下：根据学院学生特点以及院系结构，咨询公司先将学生分为计划内与计划外两大类。然后对计划内的学生，根据所属分院、学制、专业、年级几个属性进行分类。最后定义成本对象。对计划外的学生，根据其上的不同课程来定义成本对象。

（1）确定主要作业。作业是企业在经营活动中的各项具体活动。根据西安欧亚学院办公的业务流程，咨询公司将其日常管理划分为不同的作业。西安欧亚学院的主要作业包括：招生、教学、就业服务以及后勤服务等。根据西安欧亚学院的实际情况将每类作业再次进行划分，划分为一些更为细微的活动。例如，可以将招生作业继续划为招生活动与招生服务两块。

（2）分析和确定学院经营过程所消耗的资源。资源是各类作业成本的源泉。咨询公司将西安欧亚学院的所有资源主要分成以下几大类：人员、教学楼、办公楼、公寓楼、餐厅、其他公用设施、设备、无形资产、费用等，然后在此基础上，对每一可分大类进行分类。通过资源属性及其属性值，描述会计科目和资源的对应关系，然后便可将成本从会计科目还原到资源。例如，对于招生活动这项作业来说，它需要的资源主要包括三类：招生事务费、招生广告经费和人员。而其中的招生广告经费，就来源于会计科目中的招生专业媒体费、招生全国媒体费、招生公众媒体费、招生宣传品经费、招生设计制作费。

（3）选择成本动因。成本动因是各项资源和活动被最终产品消耗的方式和原因。按照所分配的对象，成本动因可以分为资源动因和作业动因。资源动因是资源成本分配到作业的分配依据，它反映作业对资源的消耗情况。作业动因是作业成本分配到成本对象的分配依据，它反映产品消耗作业的情况。继续以西安欧亚学院的招生广告经费为例，它由上文提及的会计科目中的五项费用加总而得。由于这项资源完全是为招生活动这项作业服务的，于是针对其资源的用途，在方案中将其百分之百地分配到了招生作业中。对于招生活动的作业成本，方案中主要以区域作为作业动因，将花费在各个省的招生成本平均分摊到本省的新生上，有必要的再细划到县市。这便完成了一次从资源到作业，再到成本对象的成本分摊过程。

三、作业成本法实施的效果分析

西安欧亚学院实施作业成本法带来了多方面的效益，包括：

（1）建立了一个基于作业成本法的成本核算平台，定义出学院的作业、资源、成本对象，将所有的成本按驱动要素归集，采用基于作业成本法设计合理的成本分配方案，将间接费用分配到最终受益对象，准确地计算出了每个专业每个阶段（专科、本科、研究生）的生均培养成本，有效地提高了学院成本核算的准确性。

（2）为学院提供了不同角度的成本构成分析，可以进行不同时期的成本对比，为学院制定成本考核指标，控制成本规模，提高资源使用效率提供有力的支撑，大大提高了成本精细化管理水平，促进了绩效管理体系的搭建。

（3）加深了员工成本控制意识，优化成本结构，加强成本控制力度。

本章小结

本章介绍了作业成本法的概念、特征和成本计算程序。通过实例比较了作业成本法与传统成本计算方法的区别。

作业成本法是以作业为核心，确认和计量耗用企业资源的所有作业，将耗用的资源成本准确地计入作业，然后选择成本动因，将所有作业成本分配给成本计算对象（产品或服务）的一种成本计算方法。由于作业成本法根据作业对资源耗费的情况将资源的成本分配到作业中，然后根据产品和服务所耗用的作业量，最终将成本分配到产品与服务。因此与传统的按照生产工时、定额工时、机器工时、直接人工费等比例分配间接成本的方法相比，采用作业成本法能够提供更为精确的成本信息。

作业成本核算的基本程序，一般包括以下六个步骤：①选择成本基础；②确认作业，划分作业中心；③以作业中心为成本库归集成本费用；④选择适当的成本动因；⑤确定作业成本中心分配率；⑥计算产品成本。

作业成本法与传统的成本计算方法的比较。作业成本法缩小了制造费用的分配范围，增加了分配标准。传统的成本计算法将成本对象所耗费的资源按照单一的标准分配到成本对象。这种分配方法会导致间接费用分摊的严重失真，使得产量高、复杂程度低的产品成本高于其实际发生成本，而产量低、复杂程度高的产品成本低于其实际发生成本，造成产品成本的极度扭曲。作业成本法从成本对象与资源耗费的因果关系着手，根据资源动因将间接费用分配到作业，再按作业动因将作业计入成本对象，从而揭示了资源与成本对象真正的“一对一”的本质联系，克服了传统成本计算法假定的缺陷。作业成本法的分配基础比较广泛，使间接费用的分配更具精确性和合理性，克服了传统成本计算法按照单一分配标准分配间接费用对成本信息的严重扭曲，提供了相对准确的成本信息。

常用术语

1. 作业成本法　2. 资源　3. 作业　4. 作业成本库
5. 成本动因　6. 资源动因　7. 作业动因　8. 单位水平作业
9. 批次水平作业　10. 产品水平作业　11. 设施水平作业

思考题

1. 作业成本法的定义是什么？作业成本法是在什么背景下产生的？
2. 如何划分作业？如何确定成本动因？
3. 作业成本法计算的基本程序是什么？
4. 如何理解作业成本法与传统成本法的区别？
5. 你如何评价作业成本法？

练习题

一、单项选择题

1. 作业成本法的成本核算对象是（　　）。

A. 产品　　B. 作业　　C. 成本中心　　D. 作业中心

2. 在现代制造企业中随着（　　）的比重加大，成本结构发生了很大的变化。

A. 直接人工　　B. 直接材料　　C. 间接费用　　D. 期间费用

3. 在作业成本法下，首先要确认作业中心，将（　　）归集到各作业中心。

A. 资源耗费的价值　　B. 直接材料

C. 直接人工　　D. 价值管理工作

4.（　　）是将各项资源费用归集到不同作业的依据，反映了作业与资源的关系。

A. 价值动因　　B. 作业动因　　C. 成本动因　　D. 资源动因

5. 为提高工人的技能水平而从事的作业是（　　）。

A. 单位水平作业　　B. 批次水平作业

C. 产品水平作业　　D. 设施水平作业

6. 作业成本法的缺陷是（　　）。

A. 成本动因选择具有一定的主观性　　B. 成本信息失真

C. 成本决策相关性较弱　　D. 成本控制较差

7. 在作业成本法下，产品成本计算的基本程序可以表示为（　　）。

A. 作业—部门—产品　　B. 资源—作业—产品

C. 资源—部门—产品　　D. 资源—产品

8. 作业成本法在投入与产出之间建立（　　），从而提高产品成本计算的准确性。

A. 职能关系　　B. 因果关系　　C. 正向关系　　D. 动态关系

9. 传统成本法与作业成本法的主要区别体现在对（　　）的不同处理上。

A. 直接材料　　B. 直接人工　　C. 制造费用　　D. 期间费用

10. 在作业成本法下，资源耗用量的多少取决于（　　）的多少。

A. 作业量　　B. 产品数量　　C. 材料　　D. 员工人数

二、多项选择题

1. 资源实质上是指为了产出作业或产品而进行的费用支出，它包括（　　）。

A. 货币资源　　B. 材料资源　　C. 人力资源

D. 动力资源　　E. 自然资源

2. 作业成本法在计算产品成本时，将着眼点从传统的（　　）上转移到（　　）上。

A. 产品　　B. 间接费用　　C. 人工费用

D. 作业　　E. 成本动因

3. 作业是指为提供服务或产品而耗用企业资源的相关生产经营管理活动。它包括（　　）。

A. 订单处理　　B. 材料处理　　C. 设备调试

D. 质量检查　　E. 材料采购

4. 与传统的完全成本核算法相比，以下有关作业成本法的表述正确的有（　　）。

A. 作业成本法是一种直接的成本分配方法

B. 作业成本法增加了作业层次

C. 作业成本法把间接成本的一次分配改为二次分配

D. 反映产品和作业消耗资源的情况

E. 在成本核算上突破了产品界限

5. 常见的作业分类有（　　）。

A. 单位水平作业　　B. 批次水平作业

C. 产品水平作业　　D. 设施水平作业

E. 生产水平作业

6. 作业成本法的适用范围一般为（　　）的企业。

A. 制造费用占产品成本比重小　　B. 产品种类繁多，小批量多品种生产

C. 企业生产经营的作业环节较多　　D. 会计电算化程度高

E. 劳动密集型

7. 与传统的成本计算法相比，作业成本法的优点有（　　）。

A. 提供更准确的成本信息　　B. 成本动因追溯

C. 分配标准单一　　D. 完善企业预算控制与业绩评价

E. 满足管理决策需求

8.（　　）环境促进了作业成本法的兴起和应用。

A. 电脑辅助设计　　B. 适时制生产

C. 专业化生产　　D. 弹性制造系统

E. 自动化生产

9. 下列属于批次水平作业的有（　　）。

A. 加工零件　　B. 产品工艺设计　　C. 工厂管理

D. 设备调试　　E. 生产准备

10. 成本对象可以是（　　）。

A. 一个生产批次　　B. 作业　　C. 一个品种

D. 顾客　　E. 一个部门

11. 选择成本动因时主要考虑（　　）因素。

A. 相关性　　B. 可靠性　　C. 可量化

D. 可获取性　　E. 可比性

12. 传统成本法存在的局限性表现在（　　）。

A. 核算成本高

B. 不能为企业决策和成本控制提供有用信息

C. 成本信息扭曲

D. 不能提供部门的成本信息

E. 不能分配越来越多与工时不相关的费用

三、判断题

1. 在作业成本法下，制造费用的分配主要以与产出量相关的因素为分配基础。（ ）

2. 作业成本法是一个二阶段分配过程，分别是资源向作业分配和作业向成本对象分配。（ ）

3. 作业成本法不仅提高了成本计算精度，更反映了企业先进的管理。（ ）

4. 成本动因是导致成本发生的原因，是联系成本对象、作业和资源的中介因子。（ ）

5. 作业动因是将各项资源费用归集到不同作业的依据，反映了作业与资源的关系。（ ）

6. 有几个成本动因，就应建立几个成本库。（ ）

7. 作业成本法与传统成本核算方法的显著区别在于前者将企业作为满足客户需要而设计的一系列作业的集合体。（ ）

8. 作业消耗量与企业产出量之间的关系为资源动因。（ ）

9. 作业成本法在作业的确认、成本动因的选择和同质成本库的确认上存在一定的主观性。（ ）

10. 在作业成本法下，一个作业中心只能包括一种作业。（ ）

四、业务处理题

1. 根据表 4–13 中的作业选择合适的作业动因。

表 4–13 **作业及作业动因**

作业	作业动因	作业	作业动因
产品设计		机器运行	
生产订单		材料采购	
调试设备		生产指令	
质量检测		产品包装	
包装运输		材料处理	

2. 某企业生产多种产品，该企业采用作业成本法分配制造费用。制造费用的分配资料见表 4–14。

表 4–14 **制造费用的分配资料**

作业	作业动因	作业耗用量	作业成本(元)
采购材料	材料数量	5 000千克	50 000
生产加工	机器小时	7 000小时	35 000
产品组装	组装小时	4 000小时	44 000
质量检验	检验次数	200次	60 000

其中，S 产品消耗材料 2 000 千克、机器小时 100 小时、组装小时 35 小时、检验次数 10 次。

要求：

（1）计算每种作业的分配率。

（2）计算分配到 S 产品的制造费用。

3. 假设某企业本年生产 A、B 两种产品，其中 A 产品市场份额高、客户需求量大；B 产品初投市场，主要根据客户订单要求来生产。传统成本计算所需资料见表 4-15。经过对作业进行分析后，为制造费用的归集和分配所建立的作业成本库及其成本动因等相关资料见表 4-16。

表 4-15　**传统成本计算所需资料**

项目	A 产品	B 产品
产量(件)	4 000	1 000
机器小时(小时)	500	100
直接人工(元)	20 000	8 000
直接材料(元)	35 000	10 000
制造费用(元)	36 000	

表 4-16　**作业成本库及其成本动因等相关资料**

作业	作业成本(元)	成本动因	作业量		
			A 产品	B 产品	总计
材料采购	9 000	采购次数	40	10	50 次
生产准备	7 800	准备次数	100	30	130 次
质量检验	6 600	检验次数	150	50	200 次
机器开工	8 400	机器小时	500	100	600 小时
设备维修	4 200	维修小时	120	20	140 小时

要求：

（1）根据以上资料用传统成本计算法计算 A、B 产品的成本（制造费用按机器工时比例分摊）。

（2）用作业成本法计算 A、B 产品的成本。

4. 华宜家居制造厂针对高校生产三种类型的桌子，分别适用于教室、办公室和实验室。教室用桌工艺简单，销量最大；办公用桌工艺要求较为复杂，销量居中；实验室用桌是根据实验室的面积、工作环境和实验性质量身定做的，工艺要求最高。这些桌子的生产工序都包括材料准备、机器排钻、机械封边、修边着色、喷涂底漆、质量检测和产品包装。华宜家居制造厂一直采用传统成本计算法计算产品成本。在传统成本计算法下，公司采用直接人工小时为分配标准分配制造费用。制造费用总额为 4 260 000 元。公司有关的成本资料和单位产品成本见表 4-17。

表 4-17　　**公司有关的成本资料和单位产品成本**

项目	教室用桌	办公用桌	实验用桌	合计
直接材料(元)	40 000	60 000	47 000	147 000
直接人工(元)	65 000	80 000	90 000	235 000
制造费用(元)	1 440 000	1 200 000	1 620 000	4 260 000
合计(元)	1 545 000	1 340 000	1 757 000	4 642 000
生产量(张)	3 000	2 000	2 500	7 500
直接人工小时(小时)	48 000	40 000	54 000	142 000
单位产品成本(元)	515元/张	670元/张	702.8元/张	—

公司采用成本加成定价法作为定价策略，按照单位产品成本的120%设定目标售价，见表4-18。

表 4-18　　**目标售价**

项目	教室用桌	办公用桌	实验用桌
单位产品成本	515元/张	670元/张	702.80元/张
目标售价	618元/张	804元/张	843.36元/张
实际售价	616元/张	495元/张	980元/张

公司的销售经理在阅读该公司近年三种产品的销售情况，发现以下情况：(1)教室用桌的销售情况正常，基本按照目标售价正常出售，订单数量保持均衡。(2)办公用桌市场销售情况不乐观，基本无人问津。客户反映办公用桌售价过高，市场上用更优惠的价格可以买到同样的产品。为了不积压存货，销售部不得不按照市场价格出售。(3)实验用桌销售情况良好，供不应求，即使把销售价格提高了，订单仍络绎不绝。是不是产品质量有问题？为了消除心中疑惑，销售经理对这三种产品的生产质量和售后质量进行了了解，发现上述三种产品没有任何质量问题。在分析过程中，销售经理了解到其同行业的一家工厂采取的是另一种新型成本管理方法：作业成本法。在对其进行深入了解后，销售经理结合本厂的情况，怀疑原先的传统成本计算法提供的成本资料不正确，导致产品定价不正确。他们决定使用作业成本法重新计算产品成本。

使用作业成本法的前提是确定合适的作业及其成本动因，公司的销售经理与其他部门管理人员经过对生产流程的仔细讨论和分析，认定其生产流程中主要的作业有材料采购、机器生产、工人加工、质量检测和产品包装。根据财务部门提供的财务信息，归集这些作业发生的费用以及各产品的作业量见表4-19。

表 4-19　　**归集作业发生的费用以及各产品的作业量**

作业	作业库费用(元)	成本动因	作业量			
			教室用桌	办公用桌	实验用桌	合计
材料采购	840 000	采购次数	34	26	60	120次
机器生产	800 000	机器小时	3 100	1 400	3 500	8 000小时
工人加工	1 080 000	人工小时	11 000	7 000	12 000	30 000小时
质量检测	960 000	检测小时	290	220	450	960小时
产品包装	580 000	包装次数	2 800	1 700	3 500	8 000次

拿到采用作业成本法重新计算的各产品的单位生产成本后，销售经理明白为什么出现上述的情况了。请问您知道销售经理的疑惑是如何通过作业成本法被消除的吗?

第 4 章练习题参考答案

第5章

标准成本法

学习目标

通过本章的学习，希望读者能够掌握标准成本法的基本概念和作用，了解标准成本法的特点和分类，了解标准成本的制定过程，理解标准成本差异的概念和分类，掌握标准成本差异的计算和分析。

导入案例　抵制浪费的武器：山德士利用差异分析降低产品成本提高利润

山德士（Sandoz）是瑞士诺华制药公司的价值15亿美元的子公司，生产非专利药品以替代领先于市场的治疗类药物。为确保成功，山德士的1 500名员工必须将产品以尽可能低的成本生产并运输给批发商和零售商。由于非专利药行业的竞争十分激烈，对产品成本的复杂精细的理解尤为关键。差异分析可帮助经理们估计和维持产品的盈利能力。山德士利用基于不同产品处方的标准成本，来预测与各种非专利药的生产批次相关联的成本。为了监测和控制成本，工厂的审计员定期审查生产部门经理送来的详细成本信息，然后利用差异分析来改善经营。

山德士的管理会计师每周都要分析哪一种产品的价值最高，哪一种产品的成品率损失量最高，借此考察材料成本的变化趋势，以决定工艺过程、材料和设备是否需要改进，或者设定的标准是否需要修改。维持精确的材料标准很重要，因为经理按照标准安排直接材料采购，需求的不精确可能导致直接材料缺货、周期延长以及向客户延期交货等。管理会计师还为每个生产车间计算标准的直接劳动生产率，然后经理审查直接劳动生产率的差异、管理会计报告并追踪始终具有较高不利变动的产品和工作中心。工作小组分析其根本原因并建议改进生产工艺和设备，以提高直接劳动生产率和调整标准劳动时间。精确的劳动时间标准很关键，它影响着生产人员的编制。

差异分析帮助并支持制造过程的改进，预测财务成果，并设定制造标准。最重要的是，它还能帮助经理找到流程缺陷的根本原因。正如分析家认为2012年诺华制药公司30%的总体增长归功于山德士。

资料来源：CHARLES，HORNGREN，等. Cost Accounting：A Managerial Emphasis［M］. 王立彦，等译. 13版. 北京：中国人民大学出版社，2011.

5.1 标准成本法概述

5.1.1 标准成本法的产生背景

管理会计应用指引第302号——标准成本法

标准成本法是早期管理会计的主要支柱之一，产生于20世纪初的美国，是泰罗企业管理和会计相结合的产物。美国工业在南北战争以后有很大的发展，许多工厂发展成为生产多种产品的大企业。但是由于企业管理落后，劳动生产率较低，许多工厂的产量大大低于额定生产能力。为了改进管理，一些工程技术人员和管理者进行了各种试验，他们努力把科学技术的最新成就应用于生产管理，大大提高了劳动生产率，并因此而形成了一套科学管理制度。为了提高工人的劳动生产率，他们首先改革了工资制度和成本计算方法，以预先设定的科学标准为基础，发展奖励计件工资制度，采用标准人工成本的概念。在此之后，又把标准人工成本概念引申到标准材料成本和标准制造费用等。最初的标准成本法是独立于会计系统之外的一种计算工作。1919年美国全国成本会计师协会成立，对推广标准成本法曾起到很大的作用。1920—1930年，美国会计学界经过长期争论，才把标准成本法纳入会计系统，从此出现了真正的标准成本会计制度，其被作为一种有效的成本控制手段广泛应用。

5.1.2 标准成本法的概念、标准成本的特点与构成

1）标准成本法的概念

标准成本法，也称标准成本会计，是以预先制定的标准成本为基础，用标准成本与实际成本进行比较，通过对成本差异的分析与报告，揭示成本差异产生的原因，加强成本控制、评价经济业绩的一种成本控制制度。标准成本法将制定标准成本、成本差异分析和成本差异处理结合在一起，在制定标准成本的过程中可以实现对成本进行事前控制，在进行成本差异分析时可以实现对生产过程中的成本管理，期末，将差异成本与标准成本进行处理，实现最终产品成本的确定。通过标准成本法，企业成本管理得以加强，同时使企业经营成果得以提高。

2）标准成本的特点

标准成本制度是把成本的计划、控制、计算和分析相结合的一种会计信息系统和成本控制系统，标准成本具有以下特点：

（1）标准成本具有客观性和科学性。它是根据对实际情况的调查用科学的方法制定的。

（2）标准成本具有正常性。它是按正常条件制定的，并未考虑不能预测的异常变动的各种因素。

（3）标准成本具有相对的稳定性。一旦制定，只要制定的依据不变，就不需要重新修订。

（4）标准成本具有目标性和尺度性。它是成本控制和员工努力工作的目标，是衡量实际成本节约或超支的尺度。

3）标准成本的构成

标准成本包括标准成本的制定、成本差异的分析、成本差异的处理三个组成部分，从而形成完整的成本控制系统。

（1）标准成本的制定。标准成本的制定是指根据其已经达到的生产技术水平，通过精密的调查、分析和技术测定，确定各产品的成本项目内容以及标准成本的过程。这个过程需要依据原材料、人工、制造费用的标准耗用量和标准价格而定。通过标准成本制定过程可以实现事前成本的控制，为成本控制和考核以及成本决策等提供科学客观的尺度。

（2）成本差异的分析。成本差异分析是指通过记录当期发生的实际成本，根据成本项目的标准支出和当期实际业务量，计算当期产品实际业务量下的标准成本，并将实际成本与标准成本进行比较，分析实际成本与标准成本之间的差异及产品成本的总差异，分析差异的形成原因，以明确责任，降低成本的过程。通过成本差异的分析可以实现事中控制，及时发现实际工作和标准之间的差距，从而发现问题，改进工作。

（3）成本差异的处理。成本差异的处理是指对各成本项目的差异及成本总差异，按照一定的原则和程序将产品的标准成本调整为符合要求的产品实际成本的账务处理过程。这个过程为成本管理提供反馈信息，可以实现事后控制。

5.1.3 标准成本的分类

标准成本可以分为以下三类：

1）理想标准成本

理想标准成本是指以现有的生产技术和经营条件处于最优状态为基础确定的标准成本。最优状态是指所有的生产条件都处于理想的状态，即业绩标准、生产要素的理想价格和可能实现的最高生产能力的利用水平。采用这种标准成本意味着生产过程中毫无资源和技术浪费，不存在废品损失和停工时间，企业生产能力被最大化地利用，企业生产技术达到最高水平。这种标准成本是理论上可以达到的最低限度的成本，在现实中难以实现，因此一般作为成本控制的战略目标，不宜作为日常成本控制的标准。

2）基本标准成本

基本标准成本是指以实施标准成本第一年度或选定某一年度的实际成本作为标准成本，用以衡量以后各年度的成本高低，据以观察成本的升降趋势的标准成本。这种标准成本一经确定，在没有重大变动的情况下各项成本都是不变的。然而在实际中，企业所处的环境是经常变化的，企业的经营状况也在不断变化，所以这种标准成本可以作为各期成本比较的基础，不宜作为日常控制和考核标准，在实际工作中较少采用。

3）现实标准成本

现实标准成本是指根据企业正常的生产能力，以有效经营条件为基础制定的标准成本。正常的生产能力，以及有效经营条件是指企业最可能发生的生产要素耗用量、生产要素价格和生产经营能力利用程度。这种标准成本考虑了企业现在所采用的价格水平、生产耗用量以及生产经营能力利用程度以及企业在生产过程中的各种问题，因此这种标准成本是一种经过努力可达到的成本，可以作为有效的日常成本控制的标准。在实际中，这种标准成本也比理想标准成本和基本标准成本运用得更为广泛。

5.2 标准成本的制定

标准成本是单位成本预算。产品成本包括直接材料、直接人工和制造费用，与此相适应，标准成本的制定过程也是从直接材料成本、直接人工成本和制造费用三个方面分别进行的。在制定过程中，无论采用何种标准成本，无论是哪一个成本项目，都要先确定直接材料的标准成本和直接人工的标准成本，然后确定制造费用的标准成本，最后把以上三项相加确定单位产品标准成本。在确定每一单项成本时，都需确定每项成本的用量标准和价格标准，两者相乘后得出标准成本。

5.2.1 直接材料标准成本的制定

直接材料标准成本是直接用于产品生产的标准材料成本，包括材料标准用量和材料标准价格。

其计算公式为（以单位产品为单位）：

直接材料标准成本=单位产品的用量标准×单位材料的价格标准 (5.1)

1）直接材料的用量标准

材料标准用量通常由企业的生产部门或产品设计部门制定，它是单位产品耗用某种材料的一项耗费定额，以正常生产条件下产品耗用的材料数量和正常范围内允许发生的材料消耗及不可避免的废品所消耗的材料数量为制定依据。

【例 5-1】M 公司生产墙面漆所使用的 A 原材料消耗定额如下：

A 材料	1.54 千克
正常损耗	0.01 千克
单位产品原材料用量标准	1.55 千克

2）直接材料的价格标准

材料价格标准是获取材料所支付的单位价格，包括买价和采购费用。材料价格标准以采购部为主体制定，采购部门不仅对采购的材料价格负责，也需要对材料质量负责。

【例 5-2】M 公司生产墙面漆所使用的 A 原材料的价格标准如下：

每千克的买价	12 元
每千克的运输成本	0.50 元
每千克运输途中的合理损耗	0.10 元
购货折扣	（0.05 元）
每千克的标准价格	12.55 元

因此，M 公司生产的墙面漆的直接材料标准成本为 19.45 元（1.55×12.55）。

如果产品需要耗用多种原材料，应将各种原材料的标准成本加总，得到单位产品的直接材料成本。

5.2.2 直接人工标准成本的制定

直接人工标准成本是指直接用于产品生产的人工成本，包括直接人工工时标准和直接人工工资率标准。其计算公式为（以单位产品为单位）：

直接人工标准成本=直接人工工时标准×直接人工工资率标准　　(5.2)

1）直接人工工时标准

直接人工工时标准是指在正常的生产技术条件下生产单位产品所需要的工作时间，一般以生产部门为主体制定。直接人工工时标准首先要对产品生产过程加以研究，确定生产过程需要的作业、操作或工序等；在制定工时消耗定额时，应该包括工人必要的休息时间，以及机器停工、清理等不可控制的时间。

【例 5-3】M 公司生产墙面漆的工时标准如下：

单位产品基本工时	2 小时
机器停工、清理工时	0.25 小时
工人休息时间	0.10 小时
单位产品标准工时	2.35 小时

2）直接人工工资率标准

直接人工工资率标准是指单位工作时间所支付给工人的工资标准。直接人工工资率标准需要综合考虑企业的工资支付形式、工资制度、管理水平和工人操作技能，结合实际情况制定。直接人工工资率标准由人力资源部和生产部门共同制定。

【例 5-4】M 公司生产墙面漆的工资率标准如下：

单位产品工资率一级工	6.4 元
单位产品工资率二级工	5 元
单位产品工资率标准	11.4 元

5.2.3 制造费用标准成本的制定

制造费用标准成本是指用于产品生产的制造费用，包括生产单位产品所需的直接人工标准工时和制造费用标准分配率。其计算公式为（以单位产品为单位）：

制造费用标准成本=直接人工标准工时×制造费用标准分配率　　(5.3)

1）制造费用工时标准

制造费用如果按直接人工的工时比例分配，那么工时标准一般可借用直接人工工时标准。

2）制造费用分配率标准

制定制造费用分配率标准时，首先，应将制造费用按成本性态分为变动制造费用和固定制造费用；其次，编制制造费用预算，固定制造费用的预算数按照以往年度（一般为前三年）的平均总额确定，变动制造费用按照成本动因以及年度经营目标的要求确定；最后，按照下列公式确定制造费用分配率标准。

制造费用分配率标准=制造费用预算总额÷基准产能标准　　(5.4)

其中，“基准产能”是指制造费用量标准，一般用工时来表示，可以选择企业充分利用现有生产能力情况下应达到的最大产能，也可选用预算数，即由销售预算决定的预计生产量水平。

【例 5-4】M 公司的制造费用的预算数如下：

生产量	1 000 千克
直接人工工时	2 350 小时
变动制造费用	7 050 元
固定制造费用	4 700 元

变动制造费用标准分配率=7 050÷2 350=3（元/小时）

固定制造费用标准分配率=4 700÷2 350=2（元/小时）

单位产品变动制造费用标准成本=3×2.35=7.05（元）

单位产品固定制造费用标准成本=2×2.35=4.70（元）

单位产品制造费用标准成本=7.05+4.70=11.75（元）

5.2.4 单位产品标准成本的制定

在确定直接材料标准成本、直接人工标准成本、制造费用标准成本之后，单位产品标准成本为三者之和。

单位产品标准成本=直接材料标准成本+直接人工标准成本+制造费用标准成本　　(5.5)

【例 5-5】理解标准成本的构成和计算。

M 公司墙面漆产品的有关资料汇总见表 5-1。

表 5-1　　**单位产品标准成本**

项目	数量标准	价格标准	标准成本
直接材料标准成本	1.55 千克	12.55 元/千克	19.45 元
直接人工标准成本	2.35 小时	11.4 元/小时	26.79 元
变动制造费用标准成本	2.35 小时	3 元/小时	7.05 元
固定制造费用标准成本	2.35 小时	2 元/小时	4.70 元
单位产品标准成本	—	—	57.99 元

5.3 标准成本差异的计算和分析

5.3.1 标准成本差异的概念及分类

1）标准成本差异

标准成本差异是指实际成本与标准成本之间的差额。标准成本事先明确了正常条件下企业应当发生的成本，然而在实际生产经营中事物总是在不断发生变化，成本发生的实际金额与事先确定的应该数额不可能完全一致，两者存在的差异形成了成本差异。对于成本差异，应该在发生时及时计算分析，找出差异发生的原因，以明确责任，合理纠正，降低成本，提高效益。

2）标准成本差异的分类

成本差异按照不同的标准可以分为不同的类型，按成本差异的形成过程可以分为数量差异、价格差异和混合差异；按成本差异性质可以分为有利差异和不利差异；按成本差异构成内容可以分为直接材料成本差异、直接人工成本差异、制造费用成本差异。

（1）数量差异与价格差异

数量差异亦称用量差异，是产品耗用资源的实际数量与标准数量不同导致的差异，即各成本项目实际耗用量与标准耗用量之间的差额按标准价格计算的成本差异。价格差异是产品耗用资源的实际价格与标准价格不同而导致的差异，即各成本项目的实际价格水平（或工资率、分配率）与标准价格之间的差额按照实际耗用量计算的成本差异。

（2）有利差异与不利差异

有利差异是指因实际成本低于标准成本而形成的节约差，通常用字母 F（favorable）或负值表示。不利差异是指因实际成本高于标准成本而形成的超支差，通常用字母 U（unfavorable）或正值表示。

（3）直接材料成本差异、直接人工成本差异、制造费用成本差异

直接材料成本差异为产品生产过程中直接材料的实际耗用额与标准耗用额之间的差异。直接人工成本差异为产品生产过程中生产工人工资费用的实际耗用额与标准耗用额之间的差异。制造费用成本差异为产品生产过程中由产品负担的制造费用的实际耗用额与标准耗用额之间的差异。

5.3.2 标准成本差异的计算与分析

各成本项目的标准成本都由数量与价格两个因素相乘而得，实际成本取决于实际用量和实际价格。标准成本取决于标准用量和标准价格。因此，标准成本差异实质上是实际价格脱离标准价格和实际用量脱离标准用量形成的差异。这两种差异的形成过程如图 5-1 所示。

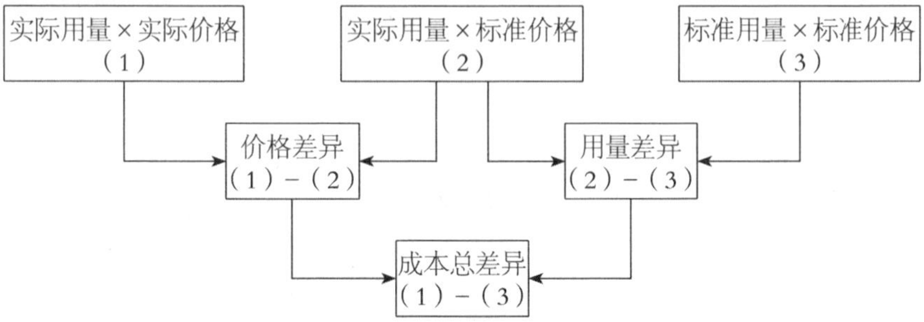

图 5-1 标准成本差异的形成过程

1）直接材料标准成本差异的计算和分析

（1）直接材料标准成本差异的计算

直接材料标准成本差异，是指直接材料的实际总成本与实际产量下的标准成本

之间的差异。它包括直接材料用量差异和直接材料价格差异。

直接材料用量差异是生产过程中直接材料实际耗用数量偏离标准数量所形成的直接材料成本差异部分，形成原因多样，有生产部门的原因，也有非生产部门的原因。产品设计结构、原料质量、工人的技术熟练程度、废品率的高低等都会导致材料用量的差异。其计算公式如下：

$$\text{直接材料用量差异}=（\text{实际用量}-\text{实际产量下的标准用量}）\times\text{标准价格}$$

$$=\left(\frac{\text{单位产品材料}}{\text{实际消耗量}}-\frac{\text{单位产品材料}}{\text{标准消耗量}}\right)\times\text{单位材料标准价格}\times\text{实际产量} \quad (5.6)$$

直接材料价格差异是因直接材料实际价格偏离其标准价格而形成的直接材料成本差异部分，其形成受各种主客观因素的影响。市场价格、供货厂商、运输方式、采购批量等的变动，都可以导致材料的价格差异。其计算公式如下：

$$\text{直接材料价格差异}=（\text{实际价格}-\text{标准价格}）\times\text{实际用量}$$

$$=\left(\frac{\text{单位材料}}{\text{实际价格}}-\frac{\text{单位材料}}{\text{标准价格}}\right)\times\frac{\text{单位产品材料}}{\text{实际消耗量}}\times\text{实际产量} \quad (5.7)$$

综上分析，直接材料成本差异计算公式为：

直接材料标准成本差异=实际产量下实际成本−实际产量下标准成本

=实际价格×实际用量−标准价格×标准用量（实际产量下）

=直接材料用量差异+直接材料价格差异 (5.8)

（2）直接材料标准成本差异的分析

对直接材料标准成本形成的差异进行分析有两个步骤：第一步，判断差异的重要性。如果差异影响不大，可以不需要进一步查明原因。如果差异对企业造成重要影响，则需要深入分析其原因。第二步，分析形成重大差异的原因。影响直接材料成本用量差异的因素比较复杂，有人为因素，也有非人为因素，有生产部门因素，也有其他部门的因素。如工人生产操作粗心、疏忽导致废品废料增加，机器操作不熟悉或工具使用不当造成用料增加，生产工作缺乏培训或经验造成用料增加，工艺改造、新产品投产、检验严格等也会出现数量差异，有时可能是采购部门购入的材料质量较差导致用料增加，或者材料价格出现异常波动、采购折扣变动或采购材料的等级存在差异等造成的。如果直接材料成本差异出现节约，需要生产部门和采购部门分析原因，积累经验。如果直接材料成本差异出现超支，需要生产部门和采购部门分析原因，落实责任，提出改进意见。

【例 5-6】直接材料标准成本差异的计算。

峰火公司本月实际产量 150 件，生产产品实际耗用 A 材料 1 600 千克，材料消耗定额为 10 千克/件，每千克标准价格 20 元，实际购买单价 22 元。

直接材料标准成本总差异=实际价格×实际用量−标准价格×标准用量（实际产量下）

=22×1 600−20×150×10=5 200（元）

其中：

材料用量差异=（1 600−150×10）×20=2 000（元）

材料价格差异=（22−20）×1 600=3 200（元）

直接材料标准成本总差异=直接材料用量差异+直接材料价格差异

=2 000+3 200=5 200（元）

2）直接人工标准成本差异的计算和分析

（1）直接人工标准成本差异的计算

直接人工标准成本差异，是指直接人工的实际总成本与实际产量下标准总成本之间的差异。它包括直接人工工资率差异和直接人工效率差异。

直接人工效率差异是指因生产单位产品实际耗用的直接人工工时偏离其预定的标准工时所形成的直接人工成本差异部分。直接人工效率差异的形成原因包括很多方面，如工人技术状况、工作环境和设备条件的好坏等。其计算公式如下：

$$\text{直接人工效率差异}=（\text{实际人工工时}-\text{实际产量下标准人工工时}）\times\text{标准工资率}$$

$$=（\frac{\text{单位产品实际}}{\text{工时消耗量}}-\frac{\text{单位产品标准}}{\text{工时消耗量}}）\times\text{标准工资率}\times\text{实际产量} \tag{5.9}$$

直接人工工资率差异是指因直接人工实际工资率偏离其预期的标准工资率而形成的直接人工成本差异部分。工资率差异是价格差异，形成原因比较复杂，工资制度的变动、工人的升降级、加班或临时工的增减等都将导致工资率差异。其计算公式如下：

$$\text{直接人工工资率差异}=（\text{实际工资率}-\text{标准工资率}）\times\text{实际人工工时}$$

$$=（\text{实际工资率}-\text{标准工资率}）\times\frac{\text{单位产品实际}}{\text{工时消耗量}}\times\text{实际产量} \tag{5.10}$$

综上分析，直接人工标准成本差异的计算公式如下：

$$\frac{\text{直接人工标准}}{\text{成本差异}}=\text{实际总成本}-\text{实际产量下标准成本}$$

$$=\text{实际工资率}\times\text{实际人工工时}-\text{标准工资率}\times\text{标准人工工时（实际产量下）}$$

$$=\text{直接人工工资率差异}+\text{直接人工效率差异} \tag{5.11}$$

（2）直接人工标准成本差异的分析

直接人工工资率差异反映了实际工资率和标准工资率之间的差额，一般由人事部门或人力资源部门负责，可能与生产工人的技术水平、人事变动、工资制度和工资级别调整有关。直接人工效率差异反映了实际工时与标准工时之间的差异，一般由生产部门负责。如果出现超支差异，可能是工人技能达不到要求、机器或工具使用不当或故障较多影响生产效率、新工人缺乏经验导致操作过程出现失误、疏忽、返工而延长工时等原因。另外需要指出的是，对当前一些高度自动化的生产企业而言，标准自动化生产导致一线直接生产工人所占比例越来越低，使得直接人工成本差异分析逐渐淡化。

【例 5-7】直接人工标准成本差异的计算。

峰火公司本月实际产量 150 件，本月实际直接人工 250 人工小时，实际支付工资 6 000 元。生产单位产品的标准工时为 1.5 人工小时，标准工资率为 20 元/小时。

直接人工标准成本总差异=250×（6 000÷250）－（1.5×150）×20=1 500（元）

其中：

直接人工效率差异=（250−150×1.5）×20=500（元）

直接人工工资率差异=250×（6 000÷250−20）=1 000（元）

直接人工标准成本总差异=直接人工工资率差异+直接人工效率差异=1 000+500=1 500（元）

3）制造费用标准成本差异的计算和分析

（1）变动制造费用标准成本差异的计算和分析

变动制造费用标准成本差异是指实际变动制造费用总额与实际产量下标准变动制造费用总额之间的差异。它包括变动制造费用效率差异和变动制造费用耗费差异。

变动制造费用效率差异是指实际耗用工时偏离标准工时而形成的差异。它是实际工时和标准工时的差额与变动制造费用标准分配率的乘积。其计算公式如下：

$$\text{变动制造费用效率差异}=（\text{实际工时}-\text{实际产量下标准工时}）\times\text{变动制造费用标准分配率} \quad (5.12)$$

变动制造费用耗费差异是指实际发生的变动制造费用和按实际工时计算的标准变动制造费用之间的差异。它是变动制造费用实际分配率和变动制造费用标准分配率之间的差额与实际工时的乘积。其计算公式如下：

$$\text{变动制造费用耗费差异}=\left(\begin{matrix}\text{变动制造费用}\\\text{实际分配率}\end{matrix}-\begin{matrix}\text{变动制造费用}\\\text{标准分配率}\end{matrix}\right)\times\text{实际工时} \quad (5.13)$$

综上所述，变动制造费用标准成本差异的计算公式如下：

$$\begin{aligned}\text{变动制造费用标准成本差异}&=\text{变动制造费用效率差异}+\text{变动制造费用耗费差异}\\&=\text{实际变动制造费用}-\text{实际产量下标准变动制造费用}\\&=\begin{matrix}\text{变动制造费用}\\\text{实际分配率}\end{matrix}\times\begin{matrix}\text{实际}\\\text{工时}\end{matrix}-\begin{matrix}\text{变动制造费用}\\\text{标准分配率}\end{matrix}\times\begin{matrix}\text{标准工时}\\（\text{实际产量下}）\end{matrix}\end{aligned} \quad (5.14)$$

变动制造费用效率差异反映企业实际工时和标准工时不同形成的差异，主要原因可能是机器或人工的工作效率偏离预期值。变动制造费用耗费差异反映企业单位工时所消耗的间接材料、间接人工偏离标准工时形成的差异，导致差异的原因可能是间接材料、间接人工耗费水平方面的原因，也可能是间接材料的价格、间接人工的工资率方面的原因。此外，变动制造费用标准成本差异与变动制造费用的分配基础息息相关，因此变动制造费用分配基础的选择非常重要，负责分配基础的部门还应该对变动制造费用的标准成本差异承担责任。

【例 5-8】变动制造费用标准成本差异的计算。

假设某企业本月预计产量为 9 000 件，实际产量为 8 000 件。变动制造费用包括电力、维修和测量费用，其单位产品标准工时分别为 0.3 机器工时、0.5 机器工时和 0.7 机器工时，其单位变动制造费用标准分配率分别为 2 元/电力工时、5 元/维修工时和 4 元/测量工时。本月实际发生 2 500 电力工时、3 700 维修工时、5 500 测量工时。发生的实际变动制造费用为电力费用 5 500 元、维修费用 17 390 元、测量费用 22 550 元。

变动制造费用标准成本总差异=（5 500÷2 500×2 500−2×8 000×0.3）+（17 390÷3 700×3 700−5×8 000×0.5）+（22 550÷5 500×5 500−4×8 000×0.7）

=−1 760（元）

其中：

变动制造费用效率差异（电力）=（2 500−8 000×0.3）×2=200（元）

变动制造费用效率差异（维修）=（3 700−8 000×0.5）×5=−1 500（元）

变动制造费用效率差异（测量）=（5 500−8 000×0.7）×4=−400（元）

小计：−1 700（元）

变动制造费用耗费差异（电力）=（5 500÷2 500−2）×2 500=500（元）

变动制造费用耗费差异（维修）=（17 390÷3 700−5）×3 700=−1 110（元）

变动制造费用耗费差异（测量）=（22 550÷5 500−4）×5 500=550（元）

小计：−60（元）

变动制造费用标准成本总差异=−1 700+（−60）=−1 760（元）

（2）固定制造费用标准成本差异的计算和分析

固定制造费用与前述变动生产成本不同，它在一定的业务量范围内，成本总额保持相对稳定，不随业务量变化而变化。在变动成本法下，这部分成本不计入产品生产成本，而是作为当期费用处理；在完全成本法下，这部分成本计入存货成本中，由当期销售产品和期末存货共同承担。由于企业的对外会计报表必须采用完全成本法编制，为存货计价的需要，应对固定制造费用差异进行分析。

固定制造费用标准成本差异是指实际固定制造费用与实际产量下的标准固定制造费用之间的差额。根据对固定制造费用标准成本差异分解的细化程度，其计算方法通常有两种：二差异法和三差异法。

①二差异法。二差异法将固定制造费用标准成本差异分解为预算差异和生产能力利用差异。

固定制造费用预算差异是指实际固定制造费用与预算固定制造费用之间的差额，也称耗费差异。其计算公式如下：

$$\text{固定制造费用预算差异}=\text{实际产量下实际固定制造费用}-\text{预算产量下标准固定制造费用} \quad (5.15)$$

固定制造费用生产能力利用差异是指在固定制造费用预算不变的情况下，由于现有生产能力的利用水平导致实际产量和计划产量不同而造成的差异，也称能力利用差异。其计算公式如下：

$$\begin{aligned}\begin{matrix}\text{固定制造费用}\\\text{生产能力利用差异}\end{matrix}&=\text{固定制造费用预算费用}-\text{实际产量下固定制造费用预算费用}\\&=\begin{matrix}\text{预算产量}\\\text{标准工时}\end{matrix}\times\begin{matrix}\text{固定制造费用}\\\text{标准分配率}\end{matrix}-\begin{matrix}\text{实际产量}\\\text{标准工时}\end{matrix}\times\begin{matrix}\text{固定制造费用}\\\text{标准分配率}\end{matrix}\\&=(\text{预算产量标准工时}-\text{实际产量标准工时})\times\text{固定制造费用标准分配率}\\&=(\text{预算产量}-\text{实际产量})\times\text{标准工时}\times\text{固定制造费用标准分配率}\end{aligned} \quad (5.16)$$

综上所述，固定制造费用标准成本差异的计算公式如下：

$$\begin{aligned}\begin{matrix}\text{固定制造费用}\\\text{标准成本差异}\end{matrix}&=\text{固定制造费用预算差异}+\text{固定制造费用生产能力利用差异}\\&=\text{实际固定制造费用}-\text{实际产量下标准固定制造费用} \quad (5.17)\\&=\begin{matrix}\text{固定制造费用}\\\text{实际分配率}\end{matrix}\times\begin{matrix}\text{实际}\\\text{工时}\end{matrix}-\begin{matrix}\text{固定制造费用}\\\text{标准分配率}\end{matrix}\times\begin{matrix}\text{标准工时}\\(\text{实际产量下})\end{matrix}\end{aligned}$$

造成固定制造费用标准成本差异的原因是多样化的，涉及面比较广，可能涉及企业高管、生产部门、采购部门、财务部门、销售部门等，需要全盘综合考虑、分析原因的主要形成来源。

②三差异法。

三差异法认为，上述固定制造费用生产能力利用差异可以进一步分解为能力差异和效率差异，以便进一步说明企业生产能力的利用程度和生产效率的高低。能力差异和效率差异计算公式如下：

固定制造费用能力差异=（预算产量标准工时-实际产量实际工时）×固定制造费用标准分配率 （5.18）

固定制造费用效率差异=（实际产量实际工时-实际产量标准工时）×固定制造费用标准分配率 （5.19）

采用二差异法和三差异法计算固定制造费用标准成本差异的比较见表5-2。

表5-2　**固定制造费用标准成本差异二差异法和三差异法的比较**

方法	差异	计算公式
二差异法	固定制造费用预算差异	=实际产量下实际固定制造费用-预算产量下标准固定制造费用 =实际产量实际工时×固定制造费用实际分配率-预算产量标准工时×固定制造费用标准分配率
	固定制造费用生产能力利用差异	=预算产量下标准固定制造费用-实际产量下标准固定制造费用 =预算产量标准工时×固定制造费用标准分配率-实际产量标准工时×固定制造费用标准分配率 =(预算产量标准工时-实际产量标准工时)×固定制造费用标准分配率 =(预算产量-实际产量)×固定制造费用标准分配率×标准工时
三差异法	固定制造费用预算差异	=实际产量下实际固定制造费用-预算产量下标准固定制造费用
	固定制造费用能力差异	=(预算产量标准工时-实际产量实际工时)×固定制造费用标准分配率
	固定制造费用效率差异	=(实际产量实际工时-实际产量标准工时)×固定制造费用标准分配率

【例5-9】二差异法下固定制造费用标准成本差异的计算。

假设某企业生产某产品，本月预计产量为200件，实际产量为220件。实际固定制造费用为4 500元，预算固定制造费用为4 000元，单位产品标准工时为每件5小时，标准分配率为4元/小时，实际耗用工时为900小时。

固定制造费用标准成本总差异=4 500-220×5×4=100（元）

其中：

固定制造费用预算差异=4 500-200×5×4=500（元）

固定制造费用生产能力利用差异=200×5×4-220×5×4=-400（元）

固定制造费用标准成本总差异=500-400=100（元）

【例 5-10】沿用【例 5-9】的资料，用三差异法计算如下：

固定制造费用预算差异=4 500-200×5×4=500（元）

固定制造费用能力差异=（200×5-900）×4=400（元）

固定制造费用效率差异=（900-220×5）×4=-800（元）

固定制造费用标准成本总差异=500+400-800=100（元）

5.3.3 标准成本法的作用

1）有助于编制预算和评价管理业绩

标准成本是一种预算成本，可以作为编制预算的依据，明确企业在预算期的目标。标准成本便于揭示成本差异，通过对实际成本背离标准成本的差异分析，评价各有关部门和工作人员的成绩，分清他们的管理责任，确定经济活动的效果，并进一步采取相应的改进措施。

2）提供制定决策所需要的成本预测信息

评价不同方案的经济效果，往往需要考核不同方案的差别成本，而差别成本的资料来源是事先制定的标准成本卡，它为差别成本提供现成的资料。

3）可以简化产品成本计算

标准成本系统中将标准成本和成本差异分别列示。原材料、在产品、产成品和产品销售成本，在日常账务处理中均可按标准成本入账，这大大简化了日常账务处理工作。

4）有利于成本控制

标准成本可以有助于成本的事前、事中和事后控制。标准成本预先制定各种产品的标准成本，在生产过程中将成本的实际耗用与标准耗用进行对比，反映成本差异，分析差异原因，为企业降低成本提供经验和方向。

【实践应用】　　宝山钢铁公司的标准成本制度管理体系

宝山钢铁公司（以下简称“宝钢”）于 1993 年提出推行标准成本制度，1996 年正式实施标准成本制度，经过其后几年的理论研究和实践探索，标准成本制度在宝钢的应用已逐渐趋于完善，并且在企业管理中发挥着越来越重要的作用。

宝钢推进以计划值管理为基础的标准成本管理体系，发挥了各部门的积极性，上至公司领导，下至普通员工均积极参与。通过推进标准成本制度，广大员工不仅学习和掌握了许多成本管理的知识，而且更加注重在生产操作过程中控制成本。成本自觉意识得到了极大的提高。另外，通过标准成本制度的管理，各部门都自觉地以公司的利益为出发点，并与公司整体利益保持一致。

一、宝钢标准成本制度的组织体系及制度架构

1. 标准成本制度的组织体系

宝钢成立了“标准成本管理委员会”，由主管副总经理任主任、各生产厂厂长

和有关职能部门领导担任委员。委员会的工作职责是检查标准成本制度的推进情况，协调解决有关成本的重大问题，各生产厂相应成立了“标准成本推进小组”，组长由生产厂厂长担任，副组长由驻厂成本组组长担任，组员由技术人员、作业长和成本管理人员组成。其中，作业长是降低现场成本的主要责任者；财务人员是降低成本的主要组织者。财务人员成立标准成本推进网络，以高效快捷地反映成本信息。各工序设立兼职成本员，与分厂成本负责人、作业长一起，及时反馈成本信息，定期进行成本分析，有效地控制成本。

2. 制定标准成本

标准成本是用以控制原料、人工、燃动力、劳务等的数量与金额，因此必须针对这些项目分别设定标准。宝钢的标准成本是以成本中心及其所生产的产品为载体制定的。它分为基本标准和价格标准两个部分，其中，基本标准由原料标准、生产作业标准及附加成本标准组成；价格标准则包括标准价格和标准费率。

标准成本是在财务、生产、技术等部门的通力协作下，利用已积累的大量基础数据，运用统计分析、工程实验等方法，结合实际情况而制定的。

宝钢在实践中总结出来并遵循的标准成本制定原则主要有：（1）以追求完成率100%为目标，客观、公正、合理、不留余量，体现精细管理思想；（2）考虑生产条件的变化及生产工序、操作技术改善、技术开发成果的应用、质量改进、设备改进等所带来的标准改善；（3）考虑对应期内人的主观能动性的充分发挥可能产生的成本改善；（4）致力于科技、管理水平的提高，实施对标准成本的改善；（5）标准的表达与应用应简洁明了，并具有可操作性。

宝钢标准成本的修订分为年度修订和期中修订两种。一般情况下，每年修订一次，其生效日为次年的1月1日。如果年度中因市场、生产工艺、技术等客观条件发生重大变化而使得某些项目的标准和实际执行结果差异很大，年度中间也可对这些项目的标准进行补充修订。

3. 成本差异分析

实际成本与标准成本之间的差额，称为成本差异。成本差异是反映实际成本脱离预定标准程度的信息。“差异=实际成本-标准成本”，负差为有利差异，正差为不利差异。为了消除这种偏差，要对产生的成本差异进行分析，找出原因和对策，以便采取措施加以纠正。

对于生产性成本中心，主要揭示和分析消耗差异，消耗差异反映的是生产部门的业绩。对于采购部门，主要揭示和分析价格差异，价格差异反映的是采购部门的业绩。接受产品或服务的价格差异反映提供产品或服务部门的业绩。

差异产生的原因包括两个方面：一是因为标准不够准确造成的；二是因为实际生产操作或管理产生的。对于不够准确的标准要加以修订，对由于生产操作管理产生的差异要具体进行分析。成本差异分析是对成本的日常检查、分析、监督的一种方法，围绕直接形成产品成本的料、工、费三方面因素展开。

二、标准成本控制手段——计划值管理

计划值是指在企业内部共同认识的基础上，由企业统一规定的生产、成本、技术、预算等方面重要的管理基础数值。

1. 计划值组织管理体系

宝钢计划值管理业务的主管部门是成本管理处，二级厂（部、分公司）计划值管理业务的主管部门是各二级厂（部、分公司）的技术系统。成本管理处作为公司计划值业务的主管部门，负责组织计划值的综合研究和调整。

2. 计划值项目体系

计划值项目体系的设立以各管理中心（成本中心）为单元，是在同时考虑生产、成本、技术、预算等各项管理上的需要后确定的，由“管理中心+大类（主要是计划值项目体系的构成分类）+分项”共同构成。计划值项目体系的构成分为六类：生产能力类、效率类、收益率类、物资消耗类、能源消耗类、其他类。

3. 计划值管理的基本业务体系和业务流程

计划值管理体系分为公司领导、职能（部）处、成本管理处、二级厂（部）四个层次，他们各司其职，相互协作，共同完成计划值管理业务。

4. 计划值的修订

由于各种内外因素的变化，计划值会较大幅度地偏离实际水平，为提高其科学性、合理性，有必要对其进行定期修订。修订计划值的时间和周期与年度计划、预算的编制时间相适应。修订计划值时要以实绩值为参考，考虑生产条件变化和生产工艺及操作技术改善、技术开发成果的应用，质量改进、设备改善等所带来的变动，以及对应期内人的主观能动性的充分发挥所能产生的改善，不留余量地如实制定。

5. 计划值的完成管理

计划值的执行及分析是公司各项管理的重要环节和组成部分，由二级厂（部、分公司）和公司职能部门共同进行。各二级厂（部、分公司）及下属各管理中心应将计划值完成这项管理工作视为管理工作的重点认真做好，其业务体制必须完备，具体包括：（1）原始数据的收集、维护，主要由二级厂（部、分公司）及下属各管理中心保证实绩数据收集渠道的通畅和数据的准确性。（2）计划值的实绩跟踪与分析。各二级厂（部、分公司）及下属各管理中心要对其所管理的计划值项目进行跟踪分析和技术研究。每月初各部门按管理中心对计划值综合值与实绩值进行差异分析，并在公司级会议上进行差异原因说明。

三、挖掘成本降低潜力的重要环节——成本分析

随着管理水平的提高和标准成本管理的推进，宝钢的成本分析模式日渐完善，成本分析质量不断提高，并直接应用于各项经营决策、成本管理活动中。

宝钢的成本分析具有以下特征：（1）成本分析呈现出明显的层次，即由班组成本分析、作业区成本分析、生产部门成本分析、公司成本分析构成多层次的成本分析组织体系，其中前三者与生产作业紧密关联，称为“生产单元成本分析”。

(2) 成本分析的主要内容包括标准成本差异分析、主要指标变动对成本升降的影响、成本中心成本升降对总成本的影响、产品成本分析、产品效益分析、成本趋势分析、与国内外同行业成本对比分析等。(3) 举行成本分析会，这是成本分析的一种重要形式，它是成本分析工作中实行领导与群众相结合、经济与技术相结合，充分发挥民主、协调各部门关系、相互取长补短的良好形式。成本分析会按空间划分为班组、作业区、分厂、区域、公司成本分析会；按时间划分为定期和不定期成本分析会。

1. 生产单元成本分析

生产单元成本分析运用科学的方法，对成本中出现的差异进行及时揭示、客观反映，以便各责任单位的相关人员查找原因、采取措施。各责任单位的相关人员对成本中出现的差异，由上及下、由总至细，层层查找成本升降原因，落实责任、采取对策。同时针对影响成本的重点项目，落实专人调查，进行细致具体的专题分析。生产单元成本分析的主要内容有：

(1) 标准成本差异分析。揭示实际成本和标准成本之间的差异，着重对产品及成本中心的标准成本差异进行分析，查找差异原因，提出相关对策和措施。

(2) 产品效益分析。着重对各品种的单位成本和当期毛利及边际贡献进行分析，对产品的效益情况进行分析总结。

(3) 成本水平分析。对总成本水平及主原料、人工费用、修理费、燃料费用、公用设施费、辅助材料、服务费用、一般厂务费等主要成本项目进行分析。同时进行各种形式的对比，不同时期的成本对比、与历史及最好水平对比、与公司内各相似工序对比、与国内外同行对比等，找出差距，正确评价各成本中心的业绩，找到今后成本工作的努力方向。

(4) 专题分析。例如对重点钢种成本跟踪，对配煤配矿效益、生产组织优化、能源成本、维修成本等进行专题分析。

2. 生产单元成本分析会制度

宝钢生产单元推行的是三级成本例会制度：第一级为生产单元成本分析会，每月定期召开，由生产单元主管成本的厂（部）长主持，各相关外围单位和各成本中心负责人参加，剖析成本差异产生的原因，落实责任单位，提出成本管理的努力方向；第二级为分厂（车间）成本分析会，由车间主任或分厂厂长主持，主要有生产管理人员和生产技术人员参加，对分厂成本升降原因进行分析，采取措施改进；第三级为作业区、班组成本分析会，主要对各明细消耗指标、标准执行情况进行分析，将改进措施具体落实到人。三级成本例会制度的推行，本着一级对一级负责的原则，各级成本管理部门结合各自特点制定成本管理办法，落实成本管理措施，是挖掘成本降低潜力和增加效益的有效方式。

3. 公司成本分析

公司成本分析是建立在对产品实际成本与标准成本、成本中心实际成本与标准成本的差异分析基础之上的。因服务不同目的的需要，公司成本分析的内容亦有区别：按预算类别区分包括月度执行预算分析、年度分解预算分析、年度预算分析等；按差异揭示的对象区别，可分为商品坯材成本差异分析、产出半成品成本差异分析、成本中心成本差异分析等；按分析涵盖的内容分为公司总体成本分析、各工序成本分析、重点成本指标分析、专题分析、成本管理薄弱环节揭示等。公司成本分析采取例会形式，具体可分为公司专题成本分析会、公司区域成本分析会、公司年度（季度、半年）成本分析会等。

随着宝钢标准成本管理制度的进一步完善，成本分析对实现公司生产经营目标的作用越来越突出。具体可概括为：标准成本差异分析明确了各单元对公司成本所要承担的责任，合理评价各部门在当期成本工作中的业绩与得失，明确下一步成本管理工作的目标；通过成本差异的揭示和分析，及时暴露了实际成本工作中的矛盾，提出相应的措施加以改进；反映公司成本管理中的薄弱环节，制定相应的成本管理制度，及时堵塞成本管理中的漏洞；提出成本控制的专题报告以加强各级主管领导的成本意识；有利于各单位间成本问题的协商和裁决；通过公司成本例会，彼此交流经验，互相学习，宣传推广成本管理中好的做法，对成本管理中浪费现象进行有力揭露，对公司成本改善具有良好的导向作用。

实践证明，宝钢推行面向企业价值创造的标准成本管理制度取得了显著的成效，宝钢年平均成本降低率为3.5%，通过推进标准成本制度，广大员工不仅学习和掌握了许多成本管理的知识，而且更加注重在生产操作过程中控制成本。更为重要的是，加强标准成本管理工作已经成为企业内部各个部门、每一名员工的自觉行动，上至公司领导，下至普通员工均积极参与，一个运作精干高效、响应灵敏快捷的成本管理体系已经形成。

本章小结

本章主要介绍了标准成本法的定义、标准成本的制定过程以及标准成本差异的计算和分析。

标准成本法是以预先制定的标准成本为基础，将标准成本与实际成本进行比较，通过成本差异的分析与报告，揭示成本差异产生的原因，加强成本控制、评价经济业绩的一种成本控制制度。标准成本包括标准成本的制定、差异的分析、差异的处理三个组成部分。标准成本可以分为理想标准成本、基本标准成本和现实标准成本三类。标准成本的制定过程从直接材料成本、直接人工成本和制造费用三个方面分别进行，首先确定直接材料的标准成本和直接人工的标准成本，然后确定制造费用的标准成本，最后把以上三项相加确定单位产品标准成本。在确定每一单项成本时，都需确定每项成本的用量标准和价格标准，两者相乘后得出标准成本。

直接材料标准成本是指直接用于产品的标准材料成本，包括材料标准用量和材料标准价格。直接人工标准成本是指直接用于产品生产的人工成本，包括直接人工工时标准和直接人工工资率标准。制造费用标准成本是指用于产品生产的制造费用，包括生产单位产品所需的直接人工标准工时和制造费用标准分配率。

标准成本差异是指实际成本与标准成本之间的差额，实质上是实际价格脱离标准价格和实际用量脱离标准用量形成的差异。直接材料标准成本差异，是指直接材料的实际总成本与实际产量下的标准成本之间的差异。它包括直接材料用量差异和直接材料价格差异。直接人工标准成本差异，是指直接人工的实际总成本与实际产量下标准总成本之间的差异。它包括直接人工工资率差异和直接人工效率差异。制造费用标准成本差异分为变动制造费用标准成本差异和固定制造费用标准成本差异。其中变动制造费用标准成本差异是指实际变动制造费用总额与实际产量下标准变动制造费用总额之间的差异。它包括变动制造费用效率差异和变动制造费用耗费差异。固定制造费用标准成本差异是指实际固定制造费用与实际产量下的标准固定制造费用之间的差额。根据对固定制造费用标准成本差异分解的细化程度，其计算方法通常有两种：二差异法和三差异法。二差异法将固定制造费用标准成本差异分解为预算差异和生产能力利用差异。三差异法将固定制造费用标准成本差异分解为预算差异、能力差异和效率差异。二差异法和三差异法的区别在于固定制造费用生产能力利用差异是否被进一步分解。

标准成本法有助于编制预算和评价管理业绩，提供制定决策所需要的成本预测信息，有利于成本控制。

常用术语

1. 标准成本法　2. 标准成本　3. 理想标准成本
4. 现实标准成本　5. 基本标准成本　6. 成本差异
7. 直接材料成本差异　8. 直接人工成本差异　9. 变动制造费用差异
10. 固定制造费用差异　11. 数量差异　12. 价格差异
13. 有利差异　14. 不利差异

思考题

1. 什么是标准成本？它具有什么特点？
2. 标准成本的选择标准有哪些？
3. 标准成本的制定过程是什么？
4. 什么是标准成本的差异？它可以分为哪几类？
5. 标准成本差异的计算过程是什么？

练习题

一、单项选择题

1. 与预算成本相比，标准成本是（　　）。

A. 一种总额的概念　B. 一种单位预算的概念

C. 预算总成本　　D. 一种计划成本

2. 标准成本制度下，成本差异是指（　　）。

A. 实际成本与标准成本的差异　　B. 实际成本与计划成本的差异

C. 预算成本与标准成本的差异　　D. 实际成本与预算成本的差异

3. 在实际工作中，（　　）得到较为广泛的应用。

A. 理想标准成本　　B. 基本标准成本

C. 现实标准成本　　D. 目标标准成本

4.（　　）是标准成本法应用的最主要目标。

A. 成本控制　　B. 事后控制　　C. 日常控制　　D. 激励员工

5. 实际固定制造费用与预算固定制造费用之间的差额形成（　　）。

A. 固定制造费用预算差异　　B. 固定制造费用能力差异

C. 固定制造费用效率差异　　D. 固定制造费用总差异

6. 成本差异分析中属于价格差异的是（　　）。

A. 直接人工工资率差异　　B. 直接材料用量差异

C. 直接人工效率差异　　D. 固定制造费用效率差异

7. 某产品的预算产量为 10 000 件，实际产量为 9 000 件，实际发生固定制造费用 180 000 元，固定制造费用标准分配率为 8 元/小时，标准工时为 1.5 小时/件，则固定制造费用项目成本差异为（　　）。

A. 超支 72 000 元　　B. 节约 60 000 元

C. 超支 60 000 元　　D. 节约 72 000 元

8. 变动制造费用效率差异是指（　　）而形成的差异。

A. 实际耗用工时偏离标准工时　　B. 实际用量偏离标准用量

C. 实际分配率偏离标准分配率　　D. 实际产品偏离标准产品

9. 企业生产 X 产品，标准工时为 2 小时/件，变动制造费用标准分配率为 24 元/小时，当期实际产量为 600 件，实际变动制造费用为 32 400 元，实际工时为 1 296 小时，则在标准成本法下，当期变动制造费用效率差异为（　　）元。

A.1 200　　B.2 304　　C.2 400　　D.1 296

10. 下列属于价格标准的是（　　）。

A. 材料单价　　B. 人工工时

C. 原材料数量　　D. 每小时制造费用

11. 下列属于用量标准的是（　　）。

A. 材料消耗量　　B. 每小时工资率

C. 原材料价格　　D. 每小时制造费用

12. 标准成本是一种（　　）。

A. 历史成本　　B. 市场成本

C. 重置成本　　D. 预计成本

13. 下列因素中，一般不会导致直接人工工资率差异的是（　　）。

A. 工资制度的变动
B. 工作环境的好坏
C. 工资级别的升降
D. 加班或临时工的增减

14. 出现下列情况时，不需要修订基本标准成本的是（　　）。

A. 市场变化导致的生产能力利用程度发生变化
B. 劳动力的价格发生变化
C. 产品的成本结构发生变化
D. 原材料的价格发生变化

15. 材料价格差异一般由（　　）负责。

A. 生产部门
B. 采购部门
C. 财务部门
D. 研发部门

二、多项选择题

1. 标准成本可以分为（　　）。

A. 理想标准成本
B. 基本标准成本
C. 现实标准成本
D. 目标标准成本
E. 正常标准成本

2. 下列各项中，有关标准成本的说法正确的有（　　）。

A. 它是一种单纯的成本计算方法
B. 它包括标准成本制定、差异分析和差异处理
C. 它是有效的成本管理模式
D. 它具有一定的灵活性
E. 它将成本计划、控制、计算与分析有机地结合在一起

3. 标准成本具有（　　）作用。

A. 计量业绩
B. 简化产品成本计算
C. 成本控制
D. 编制预算
E. 扩大销售量

4. 属于价格标准的有（　　）。

A. 材料单价
B. 人工工资率
C. 制造费用分配率
D. 人工工时
E. 材料数量

5. 总体来看，成本差异可以归结为（　　）。

A. 实际价格脱离标准价格形成的差异
B. 实际用量脱离标准用量形成的差异
C. 实际生产能力利用水平脱离标准生产能力利用水平形成的差异
D. 实际成本脱离标准成本形成的差异
E. 工人实际技术水平脱离预期技术水平形成的差异

6. 标准成本控制系统的内容包括（　　）。

A. 成本预算的编制
B. 成本差异的计算分析

C. 成本差异的账务处理　　　　D. 成本差异的分配

E. 标准成本的制定

7. 人工工时耗用量标准即直接生产工人生产单位产品所需要的标准工时，主要内容有（　　）。

A. 对产品的直接加工工时　　　　B. 不可避免的废品损失中的消耗

C. 不可避免的废品耗用工时　　　　D. 生产中的材料必要消耗

E. 必要的间歇和停工工时

8. 按成本差异形成过程进行分类，成本差异可分为（　　）。

A. 价格差异　　　　B. 用量差异　　　　C. 纯差异

D. 混合差异　　　　E. 可控差异

9. 材料价格差异出现的原因有（　　）。

A. 材料质量差，废料过多

B. 材料采购计划编制不准确

C. 材料调拨价格或市场价格的变动

D. 因临时紧急进货，使买价和运输费上调

E. 机器设备效率变化，使材料耗用量发生变化

10. 在标准成本差异的计算中，下列成本差异属于价格差异的有（　　）。

A. 变动制造费用效率差异　　　　B. 变动制造费用耗费差异

C. 固定制造费用耗费差异　　　　D. 直接人工工资率差异

E. 固定制造费用生产能力利用差异

11. 在生产过程中发生的成本差异有（　　）。

A. 材料价格差异　　　　B. 材料用量差异

C. 直接人工工资率差异　　　　D. 直接人工效率差异

E. 经营水平差异

12. 基本标准成本可以以（　　）作为标准成本，用以衡量以后各年度的成本高低。

A. 计划年度的标准成本

B. 行业标准成本

C. 实施标准成本的第一年度的实际成本

D. 某一年度的实际成本

E. 上一年度的标准成本

三、判断题

1. 固定制造费用效率差异的形成原因与直接人工效率差异的形成原因相同。（　　）

2. 固定制造费用能力差异反映计划生产能力的利用程度，一般不能说明固定制造费用的超支或节约。（　　）

3. 材料价格差异一般应由生产部门负责。（　　）

4. 变动制造费用标准成本差异包括变动制造费用数量差异和变动制造费用效率差异。 (　　)

5. 理想标准成本是以现有生产经营条件处于最优状态为基础确定的最低水平的成本，在实际工作中被广泛采用。 (　　)

6. 在标准成本法下，变动制造费用成本差异指的是实际变动制造费用与预算产量下的标准变动制造费用之间的差额。 (　　)

7. 对直接材料成本形成的差异进行分析，不管差异大不大，都要深入仔细分析。 (　　)

8. 成本差异可以按其差异属性分为数量差异和价格差异。 (　　)

9. 直接人工标准成本的用量标准一定是直接人工生产工时。 (　　)

10. 数量差异的计算以标准价格为基础。 (　　)

四、业务处理题

1. 某企业生产甲产品，有关资料见表5-3。

表5-3 **甲产品相关资料**

材料名称	单位产品材料标准价格	单位产品材料标准用量
A材料	15元	6千克
B材料	24元	10千克

甲产品单位标准工时为15小时，人工标准工资率为8元。固定制造费用预算数为56 000元；变动制造费用预算数为42 000元。标准工时总数为14 000小时。

要求：计算甲产品的单位标准成本。

2. 假设某企业生产甲产品，其标准成本的相关资料如下：单件产品耗用A材料15千克，每千克的标准价格为5元；耗用B材料10千克，每千克标准价格为8元；单位产品的标准工时为5小时，标准工资率为15元/小时；变动制造费用标准分配率为10元/小时；固定制造费用标准分配率为14元/小时。假定本期实际产量为1 500件，发生实际工时7 000小时，直接人工总差异为3 000元，为超支差异。

要求：

（1）计算甲产品的单位标准成本。

（2）计算实际发生的直接人工。

（3）计算直接人工的效率差异和工资率差异。

3. 某公司本年度的固定制造费用及相关资料如下：

（1）固定制造费用预算数为300 000元。

（2）固定制造费用实际发生额为285 500元。

（3）预计应完成的总工时为75 000小时。

（4）本年实际耗用工时数 73 000 小时。

（5）本年度实际产量消耗标准工时 67 000 小时。

要求：分别采用二差异法和三差异法计算固定制造费用标准成本差异。

4. 某产品的单位产品标准成本为：工时消耗 3 小时，变动制造费用小时分配率为 5 元，固定制造费用小时分配率为 2 元，本月生产产品 500 件，实际使用工时 1 400 小时，预算产量标准工时 1 620 小时，实际发生变动制造费用 7 700 元，实际发生固定制造费用 3 500 元。

要求：

（1）计算变动制造费用耗费差异。

（2）计算变动制造费用效率差异。

（3）计算固定制造费用预算差异。

（4）计算固定制造费用能力差异。

5. 设某企业运用标准成本法计算产品成本，其产品有关资料如下：单位产品直接材料标准用量为 15 千克，单位材料的标准价格为 4 元，单位产品标准人工工时为 7 小时，预计标准总工时为 2 000 小时，标准工资总额为 12 000 元，标准制造费用总额为 50 000 元，其中变动制造费用总额为 30 000 元，固定制造费用总额为 20 000 元。

企业采购原材料的价格为 3 元/千克，实际领用原材料 7 200 千克。实际耗用人工工时 2 500 小时，实际支付工资 14 200 元，支付制造费用 55 000 元，其中变动制造费用 32 000 元、固定制造费用 23 000 元，产品实际产量为 500 件。

要求：

（1）请在表 5-4 中计算该产品的标准成本。

表 5-4　　**产品标准成本计算**

项目	标准用量	标准价格(元)	单位标准成本(元)
直接材料			
直接人工			
变动制造费用			
固定制造费用			
合计			

（2）计算直接材料标准成本差异并分析。

（3）计算直接人工效率差异和直接人工工资率差异，并分析它们产生的可能原因。

（4）计算变动制造费用耗费差异、变动制造费用效率差异、变动制造费用标准成本总差异。

（5）计算固定制造费用预算差异、固定制造费用能力差异和固定制造费用效率差异。

第 5 章练习题参考答案

第三篇

经营规划与决策会计

第6章

本量利分析法

学习目标

通过本章的学习，应掌握本量利分析模型、图示及应用，掌握保本分析、保利分析及敏感性分析方法的含义、意义与应用，了解本量利分析中可能存在的行为问题。

导入案例

部门决策

小王接手了家族的小型建材公司，想对公司业务进行整改。其下属一部门专门替另一家企业生产一种定制材料。该材料的售价为每件72元，预算成本列示见表6-1：

表6-1　　预算成本　　单位：元

项目	金额
原材料	240 000
人工工资	120 000
机器租赁费	100 000
其他固定成本	180 000
成本总额	640 000

其中，人工工资为雇用的两名机器操作员的月固定工资。现在该部门的最大生产能力为每年10 000件，客户的需求量很大，产品全部包销。由于此业务非公司的核心业务，小王考虑是否应该关闭此部门，集中精力于核心业务上。

小王在咨询几位下属意见时，却出现了完全相反的建议——租用另一台机器，提升部门生产能力，扩大该项业务。而且如果租用新机器，可使用较便宜的原材料，每件成本12元，新机器每年租赁费为220 000元。此外，不论是用现有机器还是新机器，均在产品需求量范围内，人工成本维持不变。

问题：小王是否应该关闭该部门？

管理会计应用指引第401号——本量利分析

本量利分析是成本-业务量（产量或销售量）-利润三者依存关系分析的简称，也称CVP分析（cost-volume-profit analysis），是指在成本性态分析和变动成本计算模式的基础上，以数学化的会计模型与图文来揭示固定成本、变动成本、销售量、单价、销售额、利润等变量之间的内在规律性的联系及相互之间的数量关系，以便为企业进行经营决策和目标控制提供有效信息的一种定量分析方法。它是企业进行预测、决策、计划和控制等经营活动的重要工具，也是管理会计的一项基础内容。

6.1 本量利分析基础

6.1.1 本量利分析的前提条件

在现实经济生活中，成本、销售数量、价格和利润之间的关系非常复杂。例如，成本与业务量之间可能成线性关系，也可能成非线性关系；销售收入与销售量之间不一定是线性关系，因为售价可能发生变动。为了建立本量利分析模型，必须对上述复杂的关系做一些基本假设，由此来严格限定本量利分析的范围，对于不符合这些基本假设的情况，可以进行本量利扩展分析。

1）相关范围和线性关系假设

由于本量利分析是在成本性态分析基础上发展起来的，所以成本性态分析的基本假设也就成为本量利分析的基本假设，即在相关范围内，固定成本总额保持不变，变动成本总额随业务量变化成正比例变化，前者用数学模型来表示就是 $y=a$，后者用数学模型来表示就是 $y=bQ$，所以，总成本与业务量成线性关系，即 $y=a+bQ$。相应地，假设售价也在相关范围内保持不变，这样，销售收入与销售量之间也成线性关系，用数学模型来表示就是以售价为斜率的直线 $y=pQ$（p 为销售单价）。这样，在相关范围内，成本与销售收入均分别表现为直线。

有了相关范围和线性关系这些假设，就把在相关范围之外，成本和销售收入分别与业务量成非线性关系的实际情况排除在外了。但在实际经济活动中，成本、销售收入和业务量之间却存在非线性关系这种现象。为了解决这一问题，将在后面放宽这些假设，讨论非线性条件下的情况。

2）品种结构稳定假设

该假设是指在一家生产和销售多种产品的企业里，每种产品的销售收入占总销售收入的比重不会发生变化。但在现实经济生活中，企业很难始终按照一个固定的品种结构来销售产品，如果销售产品的品种结构发生较大变动，必然导致利润与原来品种结构不变假设下预计的利润有很大差别。有了这种假定，就可以使企业管理人员只关注价格、成本和业务量对营业利润的影响。

3）产销平衡假设

所谓产销平衡，就是企业生产出来的产品总是可以销售出去，能够实现生产量等于销售量。在这一假设下，本量利分析中的量就是指销售量而不是生产量，进一步讲，在销售价格不变时，这个量就是指销售收入。但在实际经济生活中，生产量可能不等于销售量，这时生产量因素就会对本期利润产生影响。

正因为本量利分析建立在上述假设基础上，所以一般只适用于短期分析。在实际工作中应用本量利分析原理时，必须从动态的角度去分析企业生产经营条件、销售价格、品种结构和产销平衡等因素的实际变动情况，调整分析结论，积极应用动态分析和敏感性分析等技术来克服本量利分析的局限性。

6.1.2 本量利分析的公式

1）本量利分析基本公式

本量利分析是以成本性态分析和变动成本法为基础的，其基本公式是变动成本法下计算利润的公式。该公式反映了价格、成本、业务量和利润各因素之间的相互关系，即：

税前利润=销售收入-总成本=销售单价×销售量-（变动成本+固定成本）

=销售单价×销售量-单位变动成本×销售量-固定成本

=（销售单价-单位变动成本）×销售量-固定成本 （6.1）

即：$R=pQ-bQ-a=(p-b)Q-a$

式中：R——税前利润；

p——销售单价；

b——单位变动成本；

a——固定成本；

Q——销售量。

该公式是本量利分析的基本出发点，以后的所有本量利分析可以说都是在该公式基础上进行的。应该注意的是，式中的利润是指未扣除利息和所得税前的“营业利润”。

2）本量利分析变形公式

上述基本公式将利润放在等式的左方，最便于在其他四个变量已知的情况下，预测企业的利润。如果待求的是其他变量，则可以将基本公式进行恒等变换，得出以下四个变换后的公式：

预计单价 $p=(a+bQ+R)\div Q$

固定成本 $a=(p-b)Q-R$

单位变动成本 $b=p-(R+a)\div Q$

预计销售量 $Q=(a+R)\div(p-b)$

6.2 保本分析

6.2.1 保本点及其计算

保本点（break-even point，BEP）又称盈亏临界点、盈亏平衡点、损益两平点等，是指刚好使企业经营达到不盈不亏状态的销售量（额）。此时，企业的销售收入恰好弥补全部成本，企业的利润等于零。

保本分析就是根据销售收入、成本和利润等因素之间的函数关系，分析企业如何达到不盈不亏状态。也就是说，销售价格、销售量以及成本因素都会影响企业的不盈不亏状态。通过保本分析，企业可以预测售价、成本、销售量以及利润情况并分析这些因素之间的相互影响，从而加强经营管理。

1）单一产品的保本点

如果企业只销售单一产品，则该产品的保本点计算比较简单。企业不盈不亏时，利润为零时的销售量就是企业的保本点销售量。

根据本量利分析的基本公式：

0=（销售单价-单位变动成本）×保本点销售量-固定成本

可得：

保本点销售量 Q^*=固定成本÷（销售单价-单位变动成本）=固定成本÷单位边际贡献

保本点销售额 S^*=保本点销售量×销售单价=固定成本÷边际贡献率　　（6.2）

即：

$$Q^*=\frac{a}{p-b}=\frac{a}{UCM}$$

$$S^*=\frac{a}{\frac{p-b}{p}}=\frac{a}{CMR}$$

【例 6-1】假设某企业只生产和销售一种产品，该产品的市场售价预计为 100 元，该产品单位变动成本为 20 元，固定成本为 32 000 元，则保本点销售量为：

$$Q^*=\frac{a}{p-b}=\frac{a}{UCM}=\frac{32\,000}{100-20}=400（件）$$

相应地，可以算出保本点销售额：

S^*=100×400=40 000（元）

2）多品种产品的保本点

在现实经济生活中，大部分企业生产经营的产品不止一种。在这种情况下，企业的保本点就不能用实物单位表示，因为不同产品的实物计量单位是不同的，把这些计量单位不同的产品销量加在一起是没有意义的。所以，企业在产销多种产品的情况下，只能用金额来表示企业的保本点，即只能计算企业保本点销售额。

计算多品种产品保本点的方法有综合边际贡献率法、联合单位法、主要品种法和分算法等几种方法，下面逐一介绍：

（1）综合边际贡献率法

综合边际贡献率法是指将各种产品的边际贡献率按照其各自的销售比重进行加权平均，得出综合边际贡献率，然后据此计算企业的保本点销售额和每种产品的保本点销售额的方法。其计算公式为：

企业保本点销售额=企业固定成本总额÷综合边际贡献率

某种产品保本点销售额=企业保本点销售额×该种产品的销售比重　　（6.3）

【例 6-2】某企业销售甲、乙、丙三种产品，全年预计固定成本总额为 210 000 元，预计销售量分别为 8 000 件、5 000 台和 10 000 件，预计销售单价分别为 25 元、80 元、40 元，单位变动成本分别为 15 元、50 元、28 元，则该企业的保本点是多少？

解：①计算综合边际贡献率：

全部产品销售总额=8 000×25+5 000×80+10 000×40=1 000 000（元）

甲产品的销售比重=8 000×25÷1 000 000×100%=20%

乙产品的销售比重=5 000×80÷1 000 000×100%=40%

丙产品的销售比重=10 000×40÷1 000 000×100%=40%

甲产品的边际贡献率=（25-15）÷25×100%=40%

乙产品的边际贡献率=（80-50）÷80×100%=37.5%

丙产品的边际贡献率=（40-28）÷40×100%=30%

综合边际贡献率=40%×20%+37.5%×40%+30%×40%=35%

②计算企业保本点销售额：

企业保本点销售额=企业固定成本总额÷综合边际贡献率=210 000÷35%=600 000（元）

③将企业保本点销售额分解为各种产品的保本点销售额和销售量：

甲产品的保本点销售额=600 000×20%=120 000（元）

乙产品的保本点销售额=600 000×40%=240 000（元）

丙产品的保本点销售额=600 000×40%=240 000（元）

相应地，可以计算出每种产品的保本点销售量：

甲产品的保本点销售量=120 000÷25=4 800（件）

乙产品的保本点销售量=240 000÷80=3 000（台）

丙产品的保本点销售量=240 000÷40=6 000（件）

综合边际贡献率的大小反映了企业全部产品的整体盈利能力高低，企业若要提高全部产品的整体盈利水平，可以调整各种产品的销售比重，或者提高各种产品自身的边际贡献率。

（2）联合单位法

联合单位法是指企业各种产品之间存在相对稳定的产销量比例关系，这一比例关系的产品组合可以被视为一个联合单位，然后确定每一联合单位的售价和单位变动成本，以进行多品种的盈亏临界点分析。如企业生产 A、B、C 三种产品，其销量比为 1：2：3，则这三种产品的组合就构成了一个联合单位。然后按照这种销量比来计算各种产品共同构成的联合单价和联合单位变动成本，即：

联合销售单价=A 产品单价×1+B 产品单价×2+C 产品单价×3

联合单位变动成本=A 产品单位变动成本×1+B 产品单位变动成本×2+C 产品单位变动成本×3

然后就可以计算出联合保本量，即：

联合保本量=固定成本÷（联合销售单价-联合单位变动成本）

某产品保本量=联合保本量×该产品销量比 （6.4）

这种方法主要适用于有严格产出规律的联产品生产企业。

【例 6-3】仍按【例 6-2】的资料。

分析：确定产品的销量比为：甲：乙：丙=1：0.625：1.25

联合销售单价=1×25+0.625×80+1.25×40=125（元/联合单位）

联合单位变动成本=1×15+0.625×50+1.25×28=81.25（元/联合单位）

联合保本量=210 000÷（125-81.25）=4 800（联合单位）

计算各种产品的保本量：

甲产品的保本量=4 800×1=4 800（件）

乙产品的保本量=4 800×0.625=3 000（台）

丙产品的保本量=4 800×1.25=6 000（件）

计算各种产品的保本额：

甲产品的保本额=4 800×25=120 000（元）

乙产品的保本额=3 000×80=240 000（元）

丙产品的保本额=6 000×40=240 000（元）

（3）主要品种法

如果企业生产经营的多种产品中，有一种产品给企业提供的边际贡献占企业全部边际贡献总额的比重很大，而其他产品给企业提供的边际贡献比重较小，则可以将这种产品认定为主要品种。此时，企业的固定成本几乎由主要品种产品来负担，所以，可以根据这种产品的边际贡献率计算企业的保本点。当然，用这种方法计算出来的企业的保本点可能不十分准确。如果企业产品品种主次分明，则可以采用这种方法。

（4）分算法

分算法是指在一定条件下，企业可以将全部固定成本按一定标准在各种产品之间进行分配，然后对每一个品种分别进行保本分析的方法。全部固定成本中的专属固定成本直接划归某种产品负担，而共同固定成本则要按照一定标准（如产品重量、体积、长度、工时、销售额等）分配给各种产品。

这种方法要求企业能够客观分配固定成本，如果不能做到客观，则可能使计算结果出现误差。这种方法可以给企业管理层提供各产品计划和控制所需要的资料。

6.2.2 保本分析的基本关系

在进行保本分析时，应明确认识下列基本关系：

（1）在销售总成本已定的情况下，保本点的高低取决于单位售价的高低。单位售价越高，保本点越低；单位售价越低，保本点越高。

（2）在销售收入已定的情况下，保本点的高低取决于固定成本和单位变动成本的高低。固定成本越高，或单位变动成本越高，则保本点越高；反之，保本点越低。

（3）在保本点不变的前提下，销售量越大，企业实现的利润便越多（或亏损越少）；销售量越小，企业实现的利润便越少（或亏损越多）。

（4）在销售量不变的前提下，保本点越低，企业能实现的利润便越多（或亏损越少）；保本点越高，企业能实现的利润便越少（或亏损越多）。

6.2.3 保本点作业率和安全边际

1）保本点作业率

保本点作业率也称保本作业率、危险率，是指企业保本点销售量（额）占现有或预计销售量（额）的百分比。该指标越小，表明用于保本的销售量（额）越低；反之，越高。其计算公式为：

保本点作业率=保本点销售量（额）÷现有或预计销售量（额）×100%　　(6.5)

如在【例 6-1】中，假定企业预计销售量是 1 000 件，则保本点作业率为 40%（400÷1 000×100%）。这说明，企业的作业率只有超过 40% 时，才能获得盈利，否则就会发生亏损。某些西方企业用该指标来评价企业经营的安全程度。

2）安全边际

安全边际（margin of safety）是指现有或预计销售量（额）超过保本点销售量（额）的部分。超出部分越大，企业发生亏损的可能性越小，发生盈利的可能性越大，企业经营就越安全。安全边际越大，企业经营风险越小。衡量企业安全边际大小的指标有两个，分别是安全边际量（额）和安全边际率。

安全边际量（额）=现有或预计销售量（额）-保本点销售量（额）

安全边际率=安全边际量（额）÷现有或预计销售量（额）×100%　　（6.6）

安全边际率与保本点作业率之间的关系为：

安全边际率+保本点作业率=1　　（6.7）

保本点销售量和安全边际如图 6-1 所示。

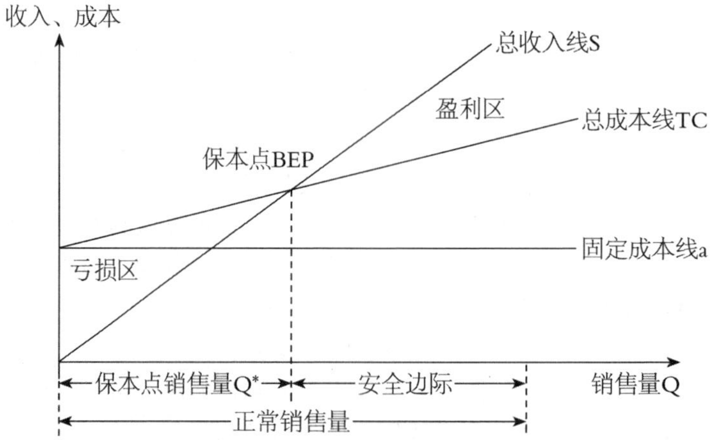

图 6-1　保本点销售量和安全边际

如在【例 6-1】中，假定企业预计销售量是 1 000 件，则：

安全边际销售量=1 000-400=600（件）

安全边际销售额=600×100=60 000（元）

安全边际率=600÷1 000×100%=60%

西方国家一般用安全边际率来评价企业经营的安全程度。表 6-2 列示了安全边际率的经验数据。

表 6-2　**安全边际的经验数据表**

安全边际率	10% 以下	10%~20%	20%~30%	30%~40%	40% 以上
安全程度	危险	值得注意	比较安全	安全	很安全

安全边际能够为企业带来利润。我们知道，保本点销售额除了弥补产品自身的变动成本外，刚好还能够弥补企业的固定成本，不能给企业带来利润。只有超过保本点销售额，才能在扣除变动成本后，不必再弥补固定成本，而是直接形成企业的税前利润。用公式表示如下：

税前利润=销售单价×销售量-单位变动成本×销售量-固定成本

=（安全边际销售量+保本点销售量）×单位边际贡献-固定成本

=安全边际销售量×单位边际贡献

=安全边际销售额×边际贡献率 (6.8)

将上式两边同时除以销售额可以得出：

税前利润率=安全边际率×边际贡献率 (6.9)

6.3 保利分析

前面保本分析是研究企业利润为零时的情况，而企业的目标是获取利润，所以，下面将分析企业实现目标利润时的情况。

6.3.1 保利点及其计算

保利点是指企业为实现目标利润而要达到的销售量或销售额。保利点具体可用保利量和保利额两个指标表示。

根据本量利分析的基本公式：

目标利润=销售单价×保利量-单位变动成本×保利量-固定成本

可得：保利量=（固定成本+目标利润）÷（销售单价-单位变动成本）

=（固定成本+目标利润）÷（单位边际贡献）

=（a+R）÷UCM (6.10)

相应地，可得：保利额=销售单价×保利量

=（固定成本+目标利润）÷边际贡献率

=（固定成本+目标利润）÷（1-变动成本率）

=（a+R）÷CMR (6.11)

需注意的是，这里的目标利润是指尚未扣除利息和所得税的利润。

【例 6-4】假设某企业只生产和销售一种产品，该产品单位售价为 80 元，单位变动成本为 30 元，固定成本为 30 000 元，目标利润为 20 000 元。则：

保利量=（固定成本+目标利润）÷（销售单价-单位变动成本）

=（30 000+20 000）÷（80-30）=1 000（件）

保利额=（固定成本+目标利润）÷边际贡献率

=（30 000+20 000）÷62.5%=80 000（元）

6.3.2 保净利点及其计算

由于税后利润（即净利润）是影响企业生产经营现金流量的真正因素，所以，进行税后利润的规划和分析更符合企业生产经营的需要。因此，应该进行保净利点的计算。

保净利点是指实现目标净利润的业务量。其中，目标净利润就是目标利润扣除所得税后的利润。保净利点可以用保净利量和保净利额两个指标表示。

由于，目标净利润=目标利润×（1-所得税税率）

所以，可以得出，

目标利润=目标净利润÷（1-所得税税率）

相应地，保净利点公式可以写成：

保净利量=［固定成本+目标净利润÷（1-所得税税率）］÷（销售单价-单位变动成本）

保净利额=［固定成本+目标净利润÷（1-所得税税率）］÷边际贡献率 （6.12）

【例 6-5】仍按【例 6-4】中的资料，另外，假定目标净利润为 15 000 元，所得税税率为 25%。

保净利量=［30 000+15 000÷（1-25%）］÷（80-30）=1 000（件）

保净利额=［30 000+15 000÷（1-25%）］÷62.5%=80 000（元）

从保本点、保利点和保净利点公式可以看出，它们的共同之处在于，凡计算销售量指标时，分母都是单位边际贡献；凡计算销售额指标时，分母都是边际贡献率。它们的不同之处在于，各公式的分子项目不完全相同。

6.4 本量利关系图

将成本、销售量、销售单价之间的关系反映在平面直角坐标系中就形成了本量利关系图。通过这种图形，可以非常清楚而直观地反映出固定成本、变动成本、销售量、销售额、保本点、利润区、亏损区、边际贡献和安全边际等。根据数据的特征和目的，本量利关系图可以分为传统式、边际贡献式和利量式图形三种。

6.4.1 传统式本量利关系图

传统式本量利关系图是最基本、最常见的本量利关系图形（如图 6-2 所示）。

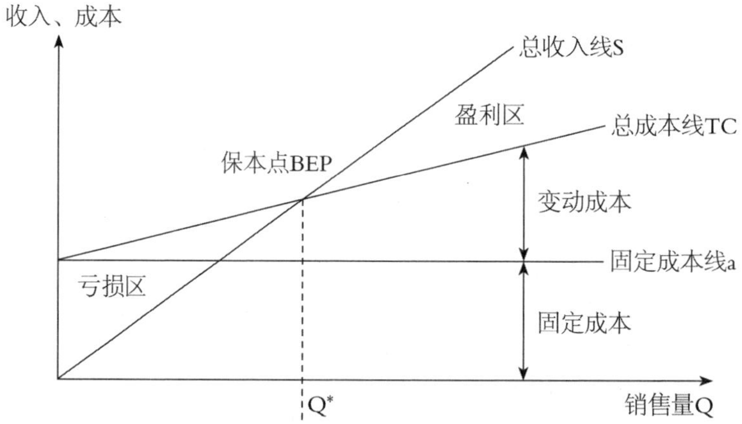

图 6-2 传统式本量利关系图

其绘制方法如下：

（1）在直角坐标系中，以横轴表示销售量，以纵轴表示成本和销售收入。

（2）绘制固定成本线。在纵轴上找出固定成本数值，即（0，固定成本数值），以此为起点，绘制一条与横轴平行的固定成本线。

（3）绘制总成本线。以（0，固定成本数值）为起点，以单位变动成本为斜率，绘制总成本线。

（4）绘制总收入线。以坐标原点（0，0）为起点，以销售单价为斜率，绘制总收入线。

这样，绘制出的总成本线和总收入线的交点就是保本点。

图 6-2 直观、形象、动态地反映了销售量、成本和利润之间的关系。

在传统式本量利关系图的基础上，根据企业管理的不同目的，又派生出边际贡献式和利量式本量利关系图。

6.4.2 边际贡献式本量利关系图

边际贡献式本量利关系图是一种将固定成本置于变动成本之上，能够反映边际贡献形成过程的图形（如图 6-3 所示），这是传统式本量利关系图不具备的。该图的绘制程序是，先从原点出发分别绘制总收入线和变动成本线；然后以纵轴上的（0，固定成本数值）点为起点绘制一条与变动成本线平行的总成本线。这样，总成本线和总收入线的交点就是保本点。

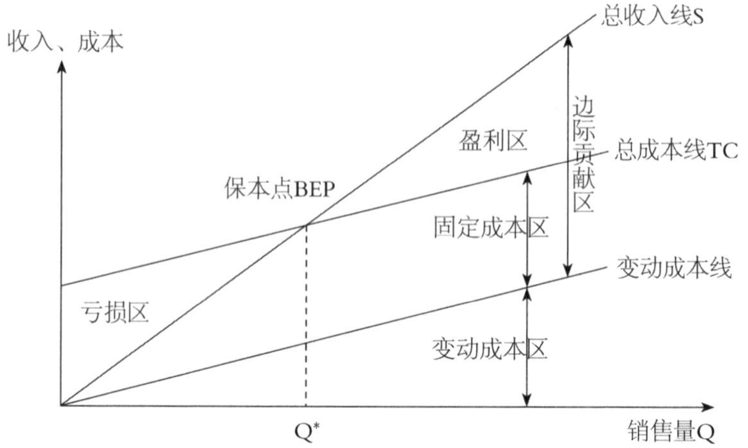

图 6-3 边际贡献式本量利关系图

图 6-3 能够清楚地反映出边际贡献的形成过程。总收入线与变动成本线之间所夹区域为边际贡献区域。当边际贡献正好等于固定成本时，企业达到不盈不亏状态；当边际贡献超过保本点并大于固定成本时，企业获得了利润；当边际贡献没有达到保本点时，企业发生了亏损。该图更能反映“利润=边际贡献-固定成本”的含义，而且更符合变动成本法的思路。

6.4.3 利量式本量利关系图

利量式本量利关系图是反映利润与销售量之间依存关系的图形（如图 6-4 所示）。该图绘制的程序是，在平面直角坐标系中，以横轴代表销售量，以纵轴代表利润（或亏损）；然后在纵轴原点以下部分找到与固定成本总额相等的点（0，-固定成本数值），该点表示销售量等于零时，亏损额等于固定成本；最后，从（0，-固定成本数值）点出发画出利润线，该线的斜率是单位边际贡献。利润线与横轴的交点即为保本点。

该图形能直观反映销售量与利润、边际贡献和固定成本之间的关系。当销售量为零时，企业的亏损就等于固定成本，随着销售量的增长，亏损越来越少，当销售量超过保本点时，企业开始出现利润，而且销售量越大，利润越多。可见，这种简单明了的图形更容易为企业管理人员理解。

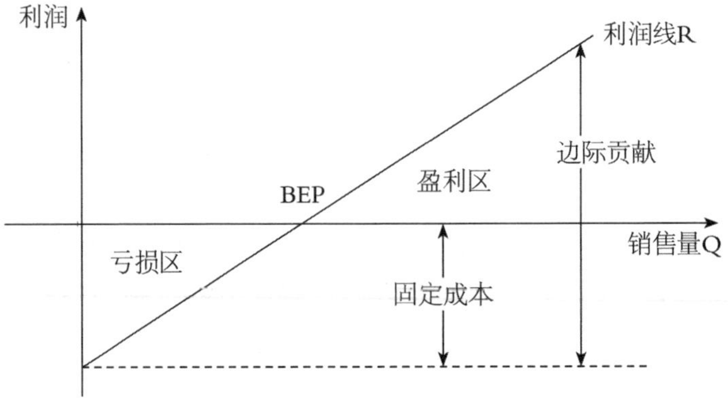

图 6-4　利量式本量利关系图

6.4.4　关联因素变动对保本点和保利点的影响

前面进行本量利分析时，销售单价、固定成本、单位变动成本、目标利润都是不变的，当这些因素变动时，对保本点和保利点会产生很大影响。

1）销售单价单独变动对保本点和保利点的影响

从保本点和保利点的计算公式来看，销售单价提高会使单位边际贡献和边际贡献率上升，也就是保本点和保利点的计算公式的分母增大，因此，销售单价提高会降低保本点和保利点；销售单价降低，则情况相反。

从传统式和边际贡献式本量利关系图来看，销售单价提高表明总收入线斜率增大，而总成本线不变，所以两线交点下降，即保本点和保利点降低；销售单价降低，则情况相反。

2）单位变动成本单独变动对保本点和保利点的影响

从保本点和保利点的计算公式来看，单位变动成本上升会使单位边际贡献和边际贡献率下降，也就是保本点和保利点计算公式的分母变小，因此，单位变动成本上升会提高保本点和保利点；单位变动成本下降，则情况相反。

从传统式和边际贡献式本量利关系图来看，单位变动成本提高表明总成本线斜率增大，而总收入线不变，所以，两线交点上升，即保本点和保利点提高；单位变动成本降低，则情况相反。

3）固定成本单独变动对保本点和保利点的影响

从保本点和保利点的计算公式来看，固定成本上升会使保本点和保利点的计算公式的分子增大，因此，固定成本上升会提高保本点和保利点；固定成本下降，则情况相反。

从传统式和边际贡献式本量利关系图来看，固定成本提高表明总成本线截距提高，而总成本线斜率不变，总收入线也不变，所以，两线交点上升，即保本点和保利点提高；固定成本降低，则情况相反。

4）目标利润单独变动对保利点的影响

目标利润的变动只影响保利点而不影响保本点。企业预计达到的目标利润提高时，保利点提高；预计达到的目标利润降低时，保利点降低。

6.5 敏感性分析

敏感性分析方法是一种广泛应用于各领域的分析技术。它是研究一个系统在周围环境发生变化时，其状态会发生怎样变化的方法。敏感性分析具体研究的问题是，一个确定的模型在得出最优解之后，该模型中的某个或某几个参数允许发生多大的变化，仍能保持原来的最优解不变；或者当某个参数的变化已经超出允许的范围，原来的最优解已不再最优时，怎样用最简便的方法重新求得最优解。

本量利关系中的敏感性分析，主要是研究销售单价、单位变动成本、固定成本和销售量这些因素变动对保本点和目标利润的影响程度。具体说来，本量利关系中的敏感性分析就是分析由盈利转为亏损时各因素的变化情况和分析利润的敏感性。

由盈利转为亏损时各因素的变化情况分析就是分析确定那些使得企业由盈利转为亏损的各因素变化的临界值，也就是计算出达到保本点的销售量、销售单价的最小允许值以及单位变动成本和固定成本的最大允许值。

分析利润的敏感性是分析销售量、销售单价、单位变动成本和固定成本各因素变化对利润的影响程度，在这些因素中，有的因素微小的变化导致利润很大的变化，说明利润对该因素很敏感，该因素被称为敏感性因素；而有的因素很大的变化只导致利润很小的变化，说明利润对该因素不敏感，该因素被称为不敏感性因素。

6.5.1 保本点有关变量的临界值确定

根据本量利分析的基本模型 $pQ=bQ+a$，可以求出公式中各因素在盈亏临界点时的临界值（最大、最小允许值）。确定某一相关因素临界值时，通常假定其他因素不变。所以：

销售单价的临界值：$p_0=b+a\div Q$

销售量的临界值：$Q_0=a\div(p-b)$

单位变动成本的临界值：$b_0=p-a\div Q$

固定成本的临界值：$a_0=(p-b)Q$

【例 6-6】假定企业只生产和销售一种产品，产品计划年度内预计售价为每件 20 元，单位变动成本为 8 元，固定成本总额为 24 000 元。预计销售量为 10 000 件。全年利润为 96 000 元。

①销售单价的临界值（最小值）：

$p_0=b+a\div Q=8+24\,000\div 10\,000=10.4$（元）

这说明，单价不能低于 10.4 元这个最小值，否则便会亏损，或者说，单价下降幅度不能大于 48%（（20-10.4）÷20×100%），否则企业就会亏损。

②销售量的临界值（最小值）：

$Q_0=a\div(p-b)=24\ 000\div(20-8)=2\ 000$（件）

销售量的最小允许值为 2 000 件，这说明，销量只要达到预计销售量的 1/5（2 000÷10 000），企业就可以保本。

③单位变动成本的临界值（最大值）：

$b_0=p-a\div Q=20-24\ 000\div 10\ 000=17.6$（元）

这就是说，单位变动成本达到 17.6 元时，也就是比 8 元高出 120%（（17.6-8）÷8×100%）时，企业的利润就为零。

④固定成本的临界值（最大值）：

$a_0=(p-b)Q=(20-8)\times 10\ 000=120\ 000$（元）

这就是说，固定成本的最大允许值为 120 000 元，如果超过这个值，企业就会发生亏损。此时的固定成本总额增长了 400%（（120 000-24 000）÷24 000×100%）。

6.5.2 敏感系数与敏感性分析表

销售量、销售单价、单位变动成本和固定成本各因素变化对利润的影响程度是不同的，也就是利润对这些因素变动的敏感程度是不同的。为了测量利润对这些因素变动的敏感程度，人们在长期实践中建立了敏感系数这一指标。

敏感系数=目标值变动百分比÷因素值变动百分比 （6.13）

根据该公式，企业管理者可以分析哪些是敏感因素，哪些是不敏感因素，然后对敏感因素应予以高度重视，对于不敏感因素则可以不作重点关注。这样，就可以分清主次，把握重点了。下面通过举例来说明敏感因素的确定。

在【例 6-6】中，假定单价、单位变动成本、固定成本和销售量分别增长 40%，则利润对各因素变动的敏感系数（以下简称各因素的敏感系数）可分别确定如下：

1）销售单价的敏感系数

销售单价增长 40%，也就是：$p=20\times(1+40\%)=28$（元）

税前利润 $P=(28-8)\times 10\ 000-24\ 000=176\ 000$（元）

目标值变动百分比（即利润变动百分比）=（176 000-96 000）÷96 000×100%=83.33%

销售单价的敏感系数=83.33%÷40%=2.08

这就意味着，销售单价增长 1%，利润将提高 2.08%。

2）销售量的敏感系数

销售量增长 40%，也就是：$Q=10\ 000\times(1+40\%)=14\ 000$（件）

税前利润 $P=(20-8)\times 14\ 000-24\ 000=144\ 000$（元）

目标值变动百分比（即利润变动百分比）=（144 000-96 000）÷96 000×100%=50%

销售量的敏感系数=50%÷40%=1.25

这就说明，销售量增长 1%，利润将提高 1.25%。

3）单位变动成本的敏感系数

单位变动成本增长 40%，也就是：$b=8\times(1+40\%)=11.2$（元）

税前利润 $P=(20-11.2)\times 10\ 000-24\ 000=64\ 000$（元）

目标值变动百分比（即利润变动百分比）=（64 000−96 000）÷96 000×100%=−33.33%

单位变动成本的敏感系数=−33.33%÷40%=−0.83

这就表明，单位变动成本增长 1%，利润将反向变动 0.83%，即降低 0.83%。

4）固定成本的敏感系数

固定成本增长 40%，也就是：a=24 000×（1+40%）=33 600（元）

税前利润 P=（20−8）×10 000−33 600=86 400（元）

目标值变动百分比（即利润变动百分比）=（86 400−96 000）÷96 000×100%=−10%

固定成本的敏感系数=−10%÷40%=−0.25

这就是说，固定成本增长 1%，利润将降低 0.25%。

需要说明的是，敏感系数是正数，表明该因素与利润是同向变动关系；敏感系数是负数，则表明该因素与利润是反向变动关系。分析敏感程度关键是看敏感系数绝对值的大小，绝对值越大，则敏感程度越高；反之，越小。

从上面的计算可以看出，利润对各因素变动的敏感程度是不同的，对销售单价的变动最敏感，其次是销售量，再次是单位变动成本，最后是固定成本。也就是说，单价变动对利润影响最大，固定成本变动对利润影响最小，销售量、单位变动成本变动对利润影响居于其中。

但是，这一排列顺序会因为条件变化而发生改变。如上例中，单位变动成本是 12 元而不是 8 元，其他条件不变。则各因素分别增长 40% 时，它们的敏感系数分别是：

目标利润=（20−12）×10 000−24 000=56 000（元）

销售单价的敏感系数={［20×（1+40%）−12］×10 000−24 000−56 000}÷56 000÷40%
=3.57

销售量的敏感系数=［（20−12）×10 000×（1+40%）−24 000−56 000］÷56 000÷40%=1.43

单位变动成本的敏感系数={［20−12×（1+40%）］×10 000−24 000−56 000}÷56 000÷40%
=−2.14

固定成本的敏感系数=［（20−12）×10 000−24 000×（1+40%）−56 000］÷56 000÷40%
=−0.43

从这个例子可以看出，四个因素的敏感系数排列顺序发生了变化，依次是单价、单位变动成本、销售量和固定成本。与前一例相比，单位变动成本和销售量两个因素互换了位置。一般来说，单价的敏感系数是最大的。

为验证这一结论，可以通过下列公式进行推导。

$$\text{单价的敏感系数}=\frac{R_2-R_1}{R_1}\times\frac{p_1}{p_2-p_1}=\frac{(p_2-b)Q-a-\left[(p_1-b)Q-a\right]}{R_1}\times\frac{p_1}{p_2-p_1}$$

$$=\frac{(p_2-p_1)Q}{R_1}\times\frac{p_1}{p_2-p_1}=\frac{p_1Q}{R_1}=\frac{pQ}{R}$$

相应地，可以推导出其他几个因素的敏感系数公式：

销售量的敏感系数=（p−b）Q÷R

单位变动成本的敏感系数=−bQ÷R

固定成本的敏感系数=-a÷R

从这几个公式中可以看出，各公式的分母均为利润“R”，所以公式值的大小完全取决于分子的大小。因此，对各敏感系数的分子进行比较即可。

从单价和销售量的敏感系数公式的分子来看，pQ>（p-b）Q，所以单价的敏感系数一定大于销售量的敏感系数；从单价和单位变动成本的敏感系数公式的分子来看，企业在正常盈利条件下，pQ>bQ，所以单价的敏感系数一定大于单位变动成本的敏感系数；同样地，单价的敏感系数也大于固定成本的敏感系数。相关各因素变化对利润变化的影响程度的大小排列顺序见表6-3。

表6-3 **相关因素变化对利润变化的影响程度排序表**

条件	各因素对利润影响度
b>CM	p>b>Q>a
b<CM	p>Q>b>a

所以，一般来说，单价的敏感系数应该是最大的，也就是利润对单价变动的反应最为敏感。与其他因素相比，销售价格变动对企业利润的影响最大。

根据敏感系数公式，并在已知各因素变动幅度时，企业可以很容易预测利润变动幅度，从而很容易计算出各因素变动后的利润值。下面举例说明。

【例6-7】甲企业计划年度的销售量为4 000件，单价为100元，单位变动成本为40元，固定成本为40 000元。如果这些因素变动幅度均为20%和-20%，则利润各为多少？

解：（1）首先，计算目标利润。

目标利润R=（p-b）Q-a=（100-40）×4 000-40 000=200 000（元）

（2）然后，计算各因素的敏感系数。根据敏感系数公式：

单价的敏感系数=pQ÷R=100×4 000÷200 000=2

销售量的敏感系数=（p-b）Q÷R=（100-40）×4 000÷200 000=1.2

单位变动成本的敏感系数=-bQ÷R=-40×4 000÷200 000=-0.8

固定成本的敏感系数=-a÷R=-40 000÷200 000=-0.2

（3）最后，计算各因素单独变动后的利润。

由于，敏感系数=目标值变动百分比÷因素值变动百分比，也就是，目标值变动百分比=敏感系数×因素值变动百分比，所以：

①当各因素单独增长20%时，利润变动百分比和增长后的利润总额情况如下：

销售单价增长20%时，利润将增长2×20%=40%，

即：利润总额=200 000×（1+40%）=280 000（元）

销售量增长20%时，利润将增长1.2×20%=24%，

即：利润总额=200 000×（1+24%）=248 000（元）

单位变动成本增长20%时，利润将降低0.8×20%=16%，

即：利润总额=200 000×（1-16%）=168 000（元）

固定成本增长20%时，利润将降低0.2×20%=4%，

即：利润总额=200 000×（1-4%）=192 000（元）

②当各因素单独降低 20% 时，利润变动百分比和降低后的利润总额情况如下：

销售单价降低 20% 时，利润将降低 40%，利润总额=200 000×（1-40%）=120 000（元）

销售量降低 20% 时，利润将降低 24%，利润总额=200 000×（1-24%）=152 000（元）

单位变动成本降低 20% 时，利润将增长 16%，利润总额=200 000×（1+16%）

=232 000（元）

固定成本降低 20% 时，利润将增长 4%，利润总额=200 000×（1+4%）=208 000（元）

可见，利用敏感系数公式，企业可以很方便地预测各因素变动情况下的利润值。

企业有时会列出有关因素变动的敏感性分析表来直接反映各因素变动的利润值，以便为企业决策人员提供直观数据。例如，在【例 6-7】中，除了 20% 的变动率之外，企业还有各因素变动率分别为 10%、30% 两种情况。于是可以列出有关因素变动的敏感性分析表见表 6-4。

表 6-4　**有关因素变动的敏感性分析表**　金额单位：万元

变动率 / 利润 / 因素	-30%	-20%	-10%	0	10%	20%	30%
销售单价	8	12	16	20	24	28	32
销售量(件)	12.8	15.2	17.6	20	22.4	24.8	27.2
单位变动成本	24.8	23.2	21.6	20	18.4	16.8	15.2
固定成本	21.2	20.8	20.4	20	19.6	19.2	18.8

在该分析表中，各因素变动幅度只是选择了正负各三个值，如果选择更多的值，就可以得到更多的利润数据，这样，由各因素的变动幅度值和相应的利润值，就可以得到一系列的点，把这些点连接起来，就可以得到一张分析图了。

【实践应用】　单产品本量利分析案例——安徽兴皖公司本量利分析

一、案例资料

安徽兴皖公司生产一种产品，假定产销一致，不考虑期间费用。

1. 第一年资料：产销 1 000 件，单位售价 100 元，单位变动成本 50 元，固定成本总额 30 000 元，年营业利润为 20 000 元。按变动成本法编制的利润表见表 6-5。

表 6-5　**利润表**　单位：元

项目	金额
主营业务收入	100 000（100×1 000）
变动生产成本	50 000（50×1 000）
边际贡献总额	50 000
固定成本总额	30 000
息税前利润	20 000

单位生产成本=（50 000+30 000）÷1 000=80（元）

单位息税前利润=20 000÷1 000=20（元）

2. 第二年资料：产销 800 件，售价不变，销售收入 80 000 元；总成本 70 000 元，营业利润 10 000 元。

根据第二年资料，可计算出：

单位生产成本=70 000÷800=87.5（元）

单位息税前利润=10 000÷800=12.5（元）

上列资料表明：第二年单位生产成本提高了 7.5 元，单位息税前利润下降了 7.5 元，息税前利润总额减少了 10 000 元。

二、案例分析

1. 用传统方法对第二年资料进行分析：

（1）该产品成本降低额和降低率：

产品成本降低额=80×800−70 000=−6 000（元）（超支）

产品成本降低率=−6 000÷（80×800）×100%=−9.375%

（2）分析息税前利润减少 10 000 元的原因：

由于成本变动的影响=单位生产成本降低额×本年产销量

=−7.5×800=−6 000（元）（超支）

由于产销量变动的影响=基期单位息税前利润×产销量变动数

=20×（−200）=−4 000（元）（减少）

结论：第二年成本比第一年成本超支 6 000 元，超支率 9.375%。成本超支使息税前利润减少 6 000 元，产销量减少 200 件使息税前利润减少 4 000 元，故息税前利润总额减少 10 000 元。

2. 用本量利分析原理对第二年的情况进行分析：

（1）成本分析

列出第二年按变动成本法编制的利润表见表 6-6。

表 6-6 **利润表** 单位：元

项目	金额
主营业务收入	80 000（100×800）
变动生产成本	40 000（50×800）
边际贡献总额	40 000
固定成本总额	30 000
息税前利润	10 000

从表 6-6 看，该企业第二年与第一年成本水平并无变化。即单位变动成本未变，固定成本总额亦未变。按传统方法说成本超支 9.375% 是不符合实际情况的。

（2）分析息税前利润减少 10 000 元的原因。在四个影响息税前利润的因素中，只有产销量有变化，其他三项如单位变动成本、固定成本总额、销售单价均无变化。因此，只需分析产销量变动对息税前利润的影响额：

息税前利润变动额=产销量变动数×单位边际贡献=−200×50=−10 000（元）

可见，息税前利润减少 10 000 元完全是由产销量减少 200 件引起的，没有其他原因。

三、案例启示

从这一实例就可看出，传统分析方法不准确会带来如下一些影响：

第一，不能正确评价企业的业绩。该企业本来成本水平未变，却被认为比上年超支9.375%，这一评价显然是不正确的。

第二，分析是为了发现问题、查明原因、采取解决问题的措施。而按传统分析方法的结论，要到成本中去查找超支6 000元的原因岂不是“水中捞月”！

第三，本量利分析的一个重要作用，就是能够揭示由于生产能力利用程度不同对企业经济效益产生的巨大影响。例如，本例产销量在上年1 000件的基础上减少20%，使息税前利润减少50%；反之，如果本例产销量增加20%，则息税前利润也会增加50%。这就提醒人们注意在充分发挥生产能力方面下功夫。而传统分析方法却认为，产销量减少200件，息税前利润只减少4 000元，把另外6 000元转嫁给成本。这必然会造成财务分析的混乱，把人们的注意力引入歧途。

当管理者所做的决策影响产量时，就必然想了解这些决策对成本和收入有什么影响。他们会发现除产量以外的许多因素都对成本有影响。但在决策过程中，首先必须确定产量与成本、利润的关系。

6.6 本量利分析扩展

前面本量利分析中假设收入和成本都成线性关系，在保本点和保利点分析时，也假设销售单价、单位变动成本和销售量等因素是确定的。而在现实经济生活中，情况可能复杂得多，如收入和成本可能不成线性关系，某些因素在未来期间的状况不能确定等。本节就是在这样一些复杂条件下，来进行本量利分析的。

6.6.1 非线性条件下的本量利分析

在非线性条件下，总收入或总成本随业务量的增长而成曲线增长时，就可能应用非线性回归分析方法。非线性回归分析中最常用的方程式是：$y=a+bQ+cQ^2$。企业可以根据销售量、销售额和成本等历史数据，计算出非线性回归方程的系数，然后分别计算一阶和二阶导数，以分别求出保本点和预计目标利润。

【例6-8】某公司只生产和销售单一产品，而且产销平衡。会计人员在对过去销售量、销售额和成本数据进行分析时发现，总成本和销售量、总收入和销售量均为非线性关系，进行回归分析后，确定了总成本和总收入的非线性回归方程，分别是：

总成本方程：$TC=0.005Q^2-4Q+2\,400$

总收入方程：$TR=8Q-0.007Q^2$

式中：TC——总收入；

TR——总成本；

Q——产销量。

利润（R）$=TR-TC=(8Q-0.007Q^2)-(0.005Q^2-4Q+2\,400)=-0.012Q^2+12Q-2\,400$

求该公司的保本点、利润最大化下的销售量和最大利润、最优售价。

（1）求保本点。

令 R=0，即：$-0.012Q^2+12Q-2\,400=0$，可以得到保本点：

解得：$Q_1=723$（台）；$Q_2=276$（台）

也就是说，总收入线和总成本线有两个交点，即两个保本点，分别对应的销售量是 723 台和 276 台。

这一现象可以通过图 6-5 来表示。

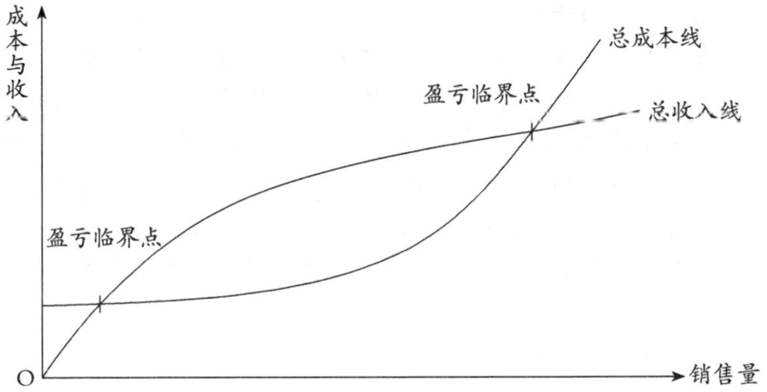

图 6-5　非线性关系下的本量利关系图

（2）求利润最大化下的销售量和最大利润。

由于 $R=-0.012Q^2+12Q-2\,400$，所以可以求出 Q 的一阶导数 PQ′，当 PQ′ =0 时，可实现利润最大化，即 $PQ'=(-0.012Q^2+12Q-2\,400)'=-0.024Q+12$。

令 PQ′ =0，则有 Q=500（台）。

也就是说，产量达到 500 台时，企业实现最大利润，此时的利润=600（万元）。

（3）求最优售价。

在 Q=500 台时，企业的总收入（TR）$=8Q-0.007Q^2=8\times500-0.007\times500^2=2\,250$（万元）

此时的产品售价=TR÷Q=2 250÷500=4.5（万元/台）

在成本与销售量、收入与销售量成非线性关系的条件下，企业制定生产计划和营销政策时，不能以产销量最大化为目标，而应以利润最大化为经营目标，以此来确定最优销售量和最优售价。

6.6.2　不确定情况下的本量利分析

在实际经济生活中，销售价格、销售量、单位变动成本和固定成本因素的未来变动情况受多种因素影响，对它们未来变动情况的估计往往很难十分准确，只能粗略地估计，即只能估计它们的变动范围，以及有关数值在这个范围内出现的可能性（概率）是多少。这样，对利润变动的预测值必将有多种可能。

可见，对于不确定情况下的本量利分析，首先要确定影响利润的各因素的各种可能值，然后计算各因素可能值的每一种组合下的保本点或目标利润。最后，以各种组合下的组合概率为权数计算保本点或目标利润的组合期望值，最终计算出各期望值的合计数，也就是保本点或目标利润的预测值。

1）不确定情况下的保本点分析

【例 6-9】某企业只生产和销售一种产品。经过对影响销售单价、单位变动成本和固定成本的各因素的考察分析，估计未来年度销售单价、单位变动成本和固定成本的数值和相应的概率见表 6-7。

表 6-7　**估计销售单价、单位变动成本和固定成本的数值和相应的概率**　金额单位：元

销售单价		单位变动成本		固定成本	
估计值	概率	估计值	概率	估计值	概率
200	0.7	120	0.8	40 000	0.9
190	0.3	118	0.2	45 000	0.1

根据表 6-7 的资料，可以预测出保本点。具体计算过程见表 6-8。

表 6-8　**保本点计算**　金额单位：元

销售单价	单位变动成本	固定成本	组合	保本点销售量(件)	组合概率P	期望值（件）
（1）	（2）	（3）	（4）	（5）	（6）	（7）=（5）×（6）
200 P=0.7	120 P=0.8	40 000 P=0.9	1	500	0.504	252
		45 000 P=0.1	2	563	0.056	32
	118 P=0.2	40 000 P=0.9	3	488	0.126	61
		45 000 P=0.1	4	549	0.014	8
190 P=0.3	120 P=0.8	40 000 P=0.9	5	571	0.216	123
		45 000 P=0.1	6	643	0.024	15
	118 P=0.2	40 000 P=0.9	7	556	0.054	30
		45 000 P=0.1	8	625	0.006	4
预计保本点销售量(件)						525

从表 6-8 可以看出，单价、单位变动成本和固定成本三个因素都有两种可能出现的结果，这样，保本点就有 8 种可能出现的结果。以每一种保本点的结果乘以与这种结果相对应的组合概率，就可以得到该组合下的期望值。8 种组合下期望值的合计数就是保本点的销售量的预测数 525 件。

可见，在预测未来的保本点时，如果能把影响保本点的各因素未来可能发生的各种结果都考虑进去，将会更加接近客观实际。

2）不确定情况下的利润分析

【例 6-10】假定上例中该企业预计未来年度一定会销售 4 000 件产品（此时概率为 1），则未来年度预计目标利润的计算过程见表 6-9。

表 6-9　**计算未来年度预计目标利润**　金额单位：元

销售量(件)	销售单价	单位变动成本	固定成本	组合	利润	组合概率P	期望值
（1）	（2）	（3）	（4）	（5）	（6）	（7）	（8）=（6）×（7）
		120 P=0.8	40 000 P=0.9	1	280 000	0.504	141 120
	200 P=0.7		45 000 P=0.1	2	275 000	0.056	15 400
		118 P=0.2	40 000 P=0.9	3	288 000	0.126	36 288
4 000 P=1			45 000 P=0.1	4	283 000	0.014	3 962
		120 P=0.8	40 000 P=0.9	5	240 000	0.216	51 840
	190 P=0.3		45 000 P=0.1	6	235 000	0.024	5 640
		118 P=0.2	40 000 P=0.9	7	248 000	0.054	13 392
			45 000 P=0.1	8	243 000	0.006	1 458
预计利润							269 100

在不确定情况下预测利润，其方法与前面预测保本点的方法基本相同。本例中如果销售量也有多种可能值，就需要分别确定各种销售量情况下的利润值。此时，各种组合的数量会更大，利润预测也会变得更加复杂。

【实践应用】多品种本量利分析案例——金辉建材商店本量利分析

一、案例介绍

金辉建材商店是一家乡镇企业，位于镇政府所在地，自1994年营业以来，一直经营各种建材、日杂用品。商店因货真价廉、服务热情颇受当地消费者的青睐。几年来，销售量占整个市场销量的70%，经营效果在周边同业中位于首位。多年来与各商家建立了固定的协作关系，赢得了厂家的信任。2005年年初，几个大的厂家派人找到商店的经理金辉，欲将金辉建材商店作为厂家指定的代卖店。想与其合作的厂家有长岭乡石棉瓦厂，该厂的石棉瓦质量好，价位合理，近几年一直是老百姓的首选品牌；长春市第一玻璃厂，该厂的玻璃在这里也畅销；双阳鼎鹿水泥厂，该厂生产的鼎鹿水泥是优质水泥，每年都热销。他们均可以将货物送上门，待到销售完再交款，如果剩余，还可以由厂家将货物取回。这样连同周转金都可节省下来。经理金辉开始进行市场调查。

金辉建材商店交通便利，而且本镇及周围村民生活水平较高。近年来，随着生活观念、消费意识的转变，人们都想将原有的草房、砖房重建成砖房、楼房，充分改善居住环境。据统计，过去的2年，本镇每年就有400余户兴建房舍，而且现在有上升的趋势；由于本镇刚刚由乡转变成镇，镇企业规划办决定在5年内，将原有企业的办公楼和生产的车间、仓库进行改、扩建，同时要新建几家企业；再加上外镇的需要，预测每年需要石棉瓦45 000块、水泥18 000袋、玻璃9 000平方米，而且它们的需求是成比例的，一般比例为5∶2∶1。

由于厂家送货，一是货源得以保证；二是节约运费降低成本，节省人力财力；三是树立企业形象，在巩固市场占有率70%的同时，预计可提高市场占有率5%以上。

厂家提供商品的进价是石棉瓦12元/块，水泥14元/袋，玻璃8.5元/平方米。行业平均加价率为9.3%。金辉建材商店市价低于平均价位，制定销售价为：

石棉瓦13元/块，水泥15.2元/袋，玻璃9.2元/平方米。

如果将商店作为代卖店，由于厂家批量送货，还需租仓库两间，月租金750元，招临时工1名，月工资450元，每年支付税金5 000元（税务部门估税）。

金辉经过一个月的调查，核算了过去几年经营石棉瓦、水泥和玻璃每年可获利润20 000元，他要重新预测代卖三种商品后会带来多少利润，之后做出决策。

二、问题提出

1. 确定维持原有获利水平的销量并做出决策。

2. 如果与厂家协作，年可获利多少？

3. 若想获利40 000元可行吗？

三、分析参考

此案例应采用多品种本量利分析法，由于在建筑过程中，石棉瓦、水泥及玻璃的耗用比例基本是稳定的，且已知三种商品销量比例稳定，石棉瓦∶水泥∶玻璃=5∶2∶1，因此，可采用联合单位法分析。现假定以玻璃为标准产品，具体分析如下：

首先，将5块石棉瓦、2袋水泥和1平方米玻璃组成一件联合产品。

该联合产品的单位售价=5×13+2×15.2+1×9.2=104.6（元）

该联合产品的单位变动成本=5×12+2×14+1×8.5=96.5（元）

该联合产品的固定成本=（750+450）×12+5 000=19 400（元）

1. 当金辉建材商店维持原有获利水平20 000元时，应实现的联合产品的销售量为：

实现目标利润的联合产品销售量=（固定成本+目标利润）÷（联合产品单价-联合产品单位变动成本）

=（19 400+20 000）÷（104.6-96.5）=4 864（联合单位）

其中，需销售的石棉瓦=4 864×5=24 320（块）

需销售的水泥=4 864×2=9 728（袋）

需销售的玻璃=4 864×1=4 864（平方米）

2. 由于金辉根据市场预测三种产品在其商店的销售量分别可达到：

石棉瓦的销售量=45 000×75%=33 750（块）

水泥的销售量=18 000×75%=13 500（袋）

玻璃的销售量=9 000×75%=6 750（平方米）

上述三种产品的销售量折合为6 750联合单位产品，预计年可获得的利润为：

预计年利润额=（联合产品单价-联合产品单位变动成本）×预计的销售量-固定成本

=（104.6-96.5）×6 750-19 400

=35 275（元）>20 000（元）

所以，该商店可以与各厂家协作，作为厂家的代卖店。

3. 若金辉想实现利润40 000元，可从以下几方面着手：

（1）降低单位变动成本。经与各厂商商议，单位变动成本即各厂家送货价格已不能再下降，所以想通过降低单位变动成本实现利润40 000元不可行。

（2）降低固定成本。由于厂家集中送货，厂家考虑运费成本，只能批量送货，所以必须租仓库，且租金不能下调，工资不能下降，税金是税务机关依据相关法规核定的，即固定成本已不能再降。因此，想通过降低固定成本实现利润40 000元也不可行。

（3）提高价格。商店现有定价低于市场平均价格，有一定的弹性空间，但必须保证提高价格后仍不超过市场平均价格或行业允许加价额度，否则将会影响市场销售。

单价=（固定成本+目标利润）÷预计销售量+单位变动成本

=（19 400+40 000）÷6 750+96.5

=105.3（元）

从上述计算可知，低于市场平均价105.47元（96.5×109.3%），不会影响销售量，所以将联合单价提高到105.3元就可实现目标利润40 000元。

即：

石棉瓦单价=12×105.3÷96.5=13.09（元/块）

水泥的单价=14×105.3÷96.5=15.28（元/袋）

玻璃的单价=8.5×105.3÷96.5=9.29（元/平方米）*（有尾差）

验证：13.09×5+15.28×2+9.29×1=105.3（元）

（4）扩大销售量。该商店预计销售量达到整个市场的75%，已经是较乐观的占有率，想达到更多的销售量，必须追加较高的费用，所以通过扩大销售量实现目标利润 40 000 元不可行。

综合上述分析可知，只有提高售价才能实现目标利润 40 000 元。

本章小结

本量利分析是成本-业务量（产量或销售量）-利润三者依存关系分析的简称，也称 CVP 分析（cost-volume-profit analysis），是指在成本性态分析和变动成本计算模式的基础上，以数学化的会计模型与图文来揭示固定成本、变动成本、销售量、单价、销售额、利润等变量之间的内在规律性的联系及相互之间的数量关系，以便为企业进行经营决策和目标控制提供有效信息的一种定量分析方法。

本量利分析的前提条件：①线性关系假设；②品种结构稳定假设；③产销平衡假设。

保本点（break-even point，BEP）又称盈亏临界点、盈亏平衡点、损益两平点等，是指刚好使企业经营达到不盈不亏状态的销售量（额）。

保本分析就是根据销售收入、成本和利润等因素之间的函数关系，分析企业如何达到不盈不亏状态。

保本点作业率也称保本作业率、危险率，是指企业保本点销售量（额）占现有或预计销售量（额）的百分比。该指标越小，表明用于保本的销售量（额）越低；反之，越高。

安全边际（margin of safety）是指现有或预计销售量（额）超过保本点销售量（额）的部分。安全边际越大，企业经营风险越小。

保本点销售量 Q^*=固定成本÷单位边际贡献

保本点销售额 S^*=固定成本÷边际贡献率

安全边际率+保本点作业率=1

税前利润=安全边际销售额×边际贡献率

税前利润率=安全边际率×边际贡献率

多品种产品保本点的计算方法有综合边际贡献率法、联合单位法、主要品种法和分算法等。

保利点是指企业为实现目标利润而要达到的销售量或销售额。

保净利点是指实现目标净利润的业务量或业务额。

本量利关系图是将成本、业务量、销售单价之间的关系反映在平面直角坐标系中形成的图形。这种图形可以非常清楚而直观地反映出固定成本、变动成本、销售量、销售额、保本点、利润区、亏损区、边际贡献和安全边际等。根据数据的特征和目的，本量利关系图可以分为传统式、边际贡献式和利量式图形三种。

敏感性分析就是分析由盈利转为亏损时各因素变化情况和分析利润敏感性。敏感系数是正数，表明该因素与利润是同向变动关系；敏感系数是负数，则表明该因素与利润是反向变动关系。分析敏感程度关键是看敏感系数绝对值的大小，绝对值越大，则敏感程度越高；反之，越小。

非线性条件下本量利分析可以根据销售量、销售额和成本等历史数据，计算出非线性回归方程的系数，然后分别计算一阶和二阶导数，以分别求出保本点和预计目标利润。

不确定情况下的本量利分析，首先确定影响利润的各因素的各种可能值，然后计算各因素可能值的每一种组合下的保本点或目标利润。最后，以各种组合下的组合概率为权数计算保本点或目标利润的组合期望值，最终计算出各期望值的合计数，也就是保本点或目标利润的预测值。

常用术语

1. 本量利分析　2. 期间假设　3. 业务量假设　4. 保本点
5. 保本作业率　6. 保利点　7. 安全边际　8. 安全边际率
9. 本量利关系图　10. 敏感性分析　11. 敏感系数

思考题

1. 什么是保本点？它有哪几种表现形式？
2. 什么是安全边际？其表现形式有哪几种？
3. 简述本量利分析的基本公式及其变换公式。
4. 描述基本本量利图、边际贡献式本量利图、利量式本量利图的绘制步骤，并对其进行分析。
5. 简述保本点分析与保利点分析的含义及相关计算公式。
6. 简述多品种本量利分析的步骤。
7. 什么是本量利关系的敏感性分析？影响利润变动的因素有哪些？

练习题

一、单项选择题

1. 对于本量利分析模式，各相关因素变动对于利润的影响程度的大小可用敏感系数来表达，其数值等于经营杠杆系数的是（　　）。

A. 利润对单价的敏感系数　　B. 利润对单位变动成本的敏感系数
C. 利润对销售量的敏感系数　　D. 利润对固定成本的敏感系数

2. 生产多品种产品的企业测算的综合保本点销售额=固定成本总额÷（　　）。

A. 单位边际贡献　　B. 边际贡献率

C. 单价-单位变动成本　　　　　　　　D. 综合边际贡献率

3. 从保本图上得知，对单一产品分析，（　　）。

A. 单位变动成本越大，总成本线斜率越大，保本点越高

B. 单位变动成本越大，总成本线斜率越小，保本点越高

C. 单位变动成本越小，总成本线斜率越小，保本点越高

D. 单位变动成本越小，总成本线斜率越大，保本点越低

4. 根据量本利分析原理，下列计算利润的公式中，正确的是（　　）。

A. 利润=（销售收入-保本销售额）×边际贡献率

B. 利润=保本销售量×边际贡献率

C. 利润=销售收入×（1-边际贡献率）-固定成本

D. 利润=销售收入×变动成本率-固定成本

5. 某企业只生产一种产品，单价 6 元，单位变动生产成本 4 元，单位销售和管理变动成本 0.5 元，销量为 500 件，则其产品边际贡献为（　　）元。

A.650　　　　B.750　　　　C.850　　　　D.950

6. 根据本量利分析原理，在下列各项中，导致盈亏平衡点销售额提高的是（　　）。

A. 降低单位变动成本　　　　　　　　B. 降低变动成本率

C. 降低边际贡献率　　　　　　　　　D. 降低固定成本总额

7. 某企业生产销售 A 产品，且产销平衡。其销售单价为 25 元/件，单位变动成本为 18 元/件，固定成本为 2 520 万元。若 A 产品的正常销售量为 600 万件，则安全边际率为（　　）。

A.30%　　　　B.50%　　　　C.60%　　　　D.40%

8. 在变动成本法下，其利润表所提供的中间指标是（　　）。

A. 边际贡献　　　　B. 营业利润　　　　C. 营业毛利　　　　D. 期间成本

9. 在下列指标中，可据以判断企业经营安全程度的是（　　）。

A. 保本量　　　　B. 边际贡献　　　　C. 保本作业率　　　　D. 保本额

10. 如果产品的单价与单位变动成本上升的百分比相同，其他因素不变，则保本点销售量（　　）。

A. 上升　　　　B. 下降　　　　C. 不变　　　　D. 不确定

11. 在本量利分析中，必须假定产品成本的计算基础是（　　）。

A. 完全成本法　　　　B. 变动成本法　　　　C. 吸收成本法　　　　D. 制造成本法

12. 在企业盈利状态下进行利润敏感性分析时，固定成本的敏感系数（　　）销售量的敏感系数。

A. 大于　　　　B. 等于　　　　C. 小于　　　　D. 不确定

13. 某公司生产和销售某单一产品，预计计划年度销售量为 10 000 件，单价 300 元，单位变动成本 200 元，固定成本为 200 000 元，假设销售单价增长了 10%，则销售单价的敏感系数（即息税前利润变化百分比相当于单价变化百分比的

倍数）为（　　）。

A.3.75　　B.1　　C.3　　D.0.1

14. 某企业只生产一种产品，月计划销售 600 件，单位变动成本 6 元，月固定成本 1 000 元，欲实现利润 1 640 元，则单价应为（　　）元。

A.16.40　　B.14.60　　C.10.60　　D.10.40

15. 销售收入为 20 万元，边际贡献率为 60%，则其变动成本总额为（　　）万元。

A.8　　B.12　　C.4　　D.16

16. 单价单独变动时，会使安全边际（　　）。

A. 不变　　B. 不一定变动　　C. 同方向变动　　D. 反方向变动

17. 下列因素单独变动时，不对保利点产生影响的是（　　）。

A. 单价　　B. 目标利润　　C. 成本水平　　D. 销售量

18. 某企业每月固定成本 1 000 元，单价 10 元，计划销售量 600 件，欲实现目标利润 800 元，其单位变动成本为（　　）元。

A.10　　B.9　　C.8　　D.7

19. 某企业销售量为不确定因素，有可能达到 1 000 件或 1 100 件。已知达到 1000 件的概率为 0.4，则销售量的期望值等于（　　）件。

A.400　　B.440　　C.1 050　　D.1 060

20. 在利润敏感性分析中，如果企业正常盈利，则对利润影响程度最高的因素是（　　）。

A. 单价　　B. 单位变动成本　　C. 销售量　　D. 固定成本

二、多项选择题

1. 本量利分析的前提条件有（　　）。

A. 成本性态分析假设　　B. 相关范围及线性假设

C. 变动成本法假设　　D. 产销平衡和品种结构不变假设

E. 目标利润假设

2. 本量利分析的基本内容有（　　）。

A. 保本点分析　　B. 安全性分析　　C. 利润分析

D. 成本分析　　E. 保利点分析

3. 根据单一产品的本量利分析模式，下列关于利润的计算公式中，正确的有（　　）。

A. 利润=安全边际量×单位边际贡献　　B. 利润=保本销售量×单位安全边际

C. 利润=实际销售额×安全边际率　　D. 利润=安全边际额×边际贡献率

4. 从保本图得知（　　）。

A. 保本点右边，成本大于收入，是亏损区

B. 在销售量一定的情况下，保本点越高，盈利区越大

C. 实际销售量超过保本点销售量部分即安全边际

D. 在其他因素不变的情况下，保本点越低，盈利面积越小

E. 安全边际越大，盈利面积越大

5. 边际贡献率的计算公式可表示为（　　）。

A.1-变动成本率　　B. 边际贡献÷销售收入

C. 固定成本÷保本点销售量　　D. 固定成本÷保本点销售额

E. 单位边际贡献÷单价

6. 下列各项中，能够同时影响保本点、保利点及保净利点的因素有（　　）。

A. 单位边际贡献　　B. 边际贡献率　　C. 固定成本总额

D. 目标利润　　E. 所得税税率

7. 在单一产品本量利分析中，下列等式成立的有（　　）。

A. 盈亏平衡作业率+安全边际率=1

B. 变动成本率×营业毛利率=边际贡献率

C. 变动成本率+边际贡献率=1

D. 安全边际率×边际贡献率=销售利润率

8. 按照投资敏感性分析原理，如果因素的变动不突破有关极限，该投资项目仍具有财务可行性，这些极限包括（　　）。

A. 单价增长率极限　　B. 销售量降低率极限

C. 经营成本增长率极限　　D. 经营期变动下限

E. 固定资产投资超支极限

9. 下面关于安全边际率的叙述正确的有（　　）。

A. 安全边际量与保本点销售量的比值是安全边际率

B. 安全边际率与保本点作业率的和为 1

C. 安全边际量与当年实际销售量的比值等于安全边际率

D. 安全边际率越小，企业发生亏损的可能性越小

E. 安全边际率越大，企业发生亏损的可能性越小

10. 利润敏感性分析中的四个因素是指（　　）。

A. 单价　　B. 单位变动成本　　C. 销售量

D. 固定成本总额　　E. 所得税税率

三、业务处理题

1. 某企业产销 A、B、C、D 四种产品的有关资料见表 6-10。

表 6-10　**A、B、C、D 产品资料**　金额单位：元

产品名称	销售数量(件)	销售收入总额	变动成本总额	单位边际贡献	固定成本总额	利润（或亏损）
A	（1）	20 000	（2）	5	4 000	6 000
B	1 000	20 000	（3）	（4）	8 000	-1 000
C	4 000	40 000	20 000	（5）	9 000	（6）
D	3 000	（7）	15 000	2	（8）	4 000

要求：计算并填列表中用（1）、（2）、（3）、（4）、（5）、（6）、（7）、（8）表示的项目。

2. 某公司只生产一种产品，2020 年的销售收入为 1 000 万元，税前利润为 100 万元，变动成本率为 60%。

要求：

（1）计算该公司 2020 年的固定成本。

（2）假定 2021 年该公司只追加 20 万元的广告费，其他条件均不变，试计算该年的固定成本。

（3）预计 2021 年该公司的保本点销售额。

3. 某企业只产销一种产品，2020 年的销售量为 8 000 件，单价为 240 元，单位成本为 180 元，其中单位变动成本为 150 元，该企业计划 2021 年利润比 2020 年增加 10%。

要求：运用本量利分析原理进行规划，从哪些方面采取措施，才能实现目标利润（假定采取某项措施时，其他条件不变）。

4. 某公司生产甲、乙、丙三种产品，其固定成本总额为 19 800 元，三种产品的有关资料见表 6–11。

表 6–11 **甲、乙、丙产品资料**

品种	销售单价(元)	销售量(件)	单位变动成本(元)
甲	2 000	60	1 600
乙	500	30	300
丙	1 000	65	700

要求：

（1）采用综合边际贡献法计算该公司的综合保本点销售额及各产品的保本点销售量。

（2）计算该公司的营业利润。

5. 甲公司生产销售 A、B、C 三种产品，采用联合单位法进行本量利分析，由 2 件 A 产品、1 件 B 产品和 2 件 C 产品构成一个联合单位。已知固定成本总额为 72 000 元，产品产销量、单价和单位变动成本数据见表 6–12。

表 6–12 **产品产销量、单价和单位变动成本数据**

项目	A 产品	B 产品	C 产品
产销量(件)	2 000	1 000	2 000
单价(元)	60	90	75
单位变动成本(元)	40	60	50

要求：

（1）计算联合单价。

（2）计算联合单位变动成本。

（3）计算联合保本点的业务量。

（4）计算三种产品保本点的业务量。

（5）计算三种产品的综合边际贡献率。

6. 某公司生产甲产品，单价为 20 元，单位变动成本为 12 元，销量为 4 000 件，固定成本总额为 20 000 元。

计算：

（1）保本量与保本额。

（2）安全边际与安全边际率。

7. 某公司 2020 年的销售收入为 180 000 元，销售成本为 160 000 元，其中固定成本为 88 000 元，若 2021 年计划增加广告费 3 200 元，产品单价仍为 40 元/件。

要求：

（1）预测 2021 年该公司的保本点。

（2）若 2021 年计划实现目标利润 52 800 元，则目标销售额应为多少？

8. 某公司 2021 年预计销售某种产品 50 000 件，若该产品变动成本率为 50%，安全边际率为 20%，单位边际贡献为 15 元。

要求：

（1）预测 2021 年该公司的保本点销售额。

（2）2021 年该公司可获得多少税前利润？

9. 某公司产销一种产品，本年有关资料见表 6-13。

表 6-13　**产品资料**　单位：元

项目	金额
单位售价	20
单位变动成本：	
直接材料	4
直接人工	7
变动制造费用	3
单位边际贡献	6

要求：

（1）若每月销售额为 25 000 元时可以保本，计算当年固定成本总额。

（2）若直接人工增加 10%，要维持目前的边际贡献率，则单位售价应提高多少？

10. 丁公司是一家处于初创阶段的电子产品生产企业，相关资料如下：2020 年开始生产和销售 P 产品，售价为 0.9 万元/件，全年生产 20 000 件，产销平衡。丁公司适用的所得税税率为 25%。营业成本中固定成本为 4 000 万元，变动成本为 7 000 万元，期间费用中固定成本为 2 000 万元，变动成本为 1 000 万元，利息费用为 1 000 万元，假设 2021 年成本性态不变。公司 2021 年目标净利润为 2 640 万元，预计利息费用为 1 200 万元。

要求：计算 2021 年的下列指标：

①单位变动成本；
②保本点销售量；
③实现目标净利润的销售量；
④实现目标净利润时的安全边际量。

第 6 章练习题参考答案

第7章

预测

学习目标

通过本章的学习，了解各种预测方法及其适用条件，掌握预测的计算方法，理解销售预测与成本预测、利润预测、资金需要量预测的关系。

导入案例

寻找最佳的商业预测方法

预测未来是一件难事，然而，大多数公司却把预测当作猜测游戏，它们打着科学的旗号，在微乎其微的成功可能性上孤注一掷。于是，预测结论频频改变，成了人为操纵的把戏。在此过程中，预测者们执着于自己的个人预测能力，而当未来不如所愿时，就归咎于实施能力不够。但他们忘记了，预测能力未必能保证对未来的预测万无一失。

在这个多变的世界中，人们必须接受不确定性。换句话说，在这个世界中，没有肯定的未来，任何未来都有无限可能。但是，一个精心设计的预测可以帮助管理者了解未来的各种可能，使他们能够制订更全面的计划。那么如何实现一个好的预测呢？

要有效预测，光考虑未来的各种可能是不够的，还要看到各种可能背后的推动力，即"为什么会这样"。许多公司只专注于有关未来的预测数据，而忽视了背后的原因，于是它们失去了对意外结果的把握。例如，在预测过程中，惠而浦公司（Whirlpool Corporation）的管理者提出未来的各种可能销售需求，描述了他们做这样预测的原因和背后的动力。同时，经理们也会影响部分驱动力，例如，他们可以与零售伙伴合作，以推动市场需求。

要有效预测，我们需要认识到，专家的逻辑是靠不住的。专家智慧靠不住怎么办？许多公司在集体智慧中寻找能力，集体猜测的准确度通常高于单个人的猜测。预测团队需要有多个拥有不同观点的人，只有这样才能揭示出未来的无限可能。

有时集体预测会笼罩在权威的阴影下，在预测团队中，人们在个人风格和自信程度上会有所不同。此时呼声最大或资格最老的人可能会占据主导地位，对未来最敏锐的人的声音可能会被淹没。尤其是当团队承受高压时，比如在火灾、沉船等事故中，占主导地位的人会走上台前，推动事物向他的预测方向发展，而群体智慧则失去了用武之地。所以，公司有必要鼓励预测团队成员挑战权威，大胆讲出自己的判断。

要准确预测，公司不必寻找预测明星，而是要培养一种气氛：让员工能够敞开心胸，公开讨论不确定性，质疑组织的偏见。这种气氛会让管理人员更容易认识和处理不确定性。

此外，任何商业模型都是从假设开始的，要应用它们，就要寻求经验数据来阐明和挑战那些假设。没有哪一个模型是完全客观的，商业模型只代表着一个不确定世界中非常主观的看法。

资料来源：佚名．寻找最佳的商业预测方法［EB/OL］．［2011-03-29］．http：//www.ezjsr.com.

7.1 预测分析概述

7.1.1 预测分析的意义

预测分析是根据有关会计资料及其他资料，运用科学的方法，对事物的未来发展趋势做出事先的预计和推测。预测分析是企业决策分析的前提，科学的预测是决策正确性的保证。预测分析又是企业编制全面预算的依据。全面预算的编制以销售预算为起点，而销售预算的编制又以销售预测为依据。只有进行科学的市场预测，才能避免盲目生产或产品供不应求所造成的损失。

企业要保证预测的正确性，必须建立完整的预测系统，一般应做到：尽可能地收集与预测对象相关的资料，然后对资料进行加工、整理，在此基础上建立一定的预测模型，并随时将预测的结果与实际相比较，修正预测值，同时检验预测模型的合理性。

7.1.2 预测分析的基本内容

预测分析的基本内容主要包括销售预测、成本预测、利润预测和资金需要量预测。

销售预测是在市场调查的基础上，对企业的有关产品在未来某一时期内的销售量或销售收入所做出的预测。

成本预测是根据企业未来的发展目标和相关资料，对企业未来的成本水平及其发展趋势所做出的预测。

利润预测是在销售预测的基础上，根据企业未来的发展目标和相关资料，对企业未来应达到和可望实现的利润水平及其变动趋势的预计与推测。

资金需要量预测是在销售预测、利润预测和成本预测的基础上，根据企业未来经营发展目标并考虑影响资金的各项因素，对未来一定时期内或一定基础上所需要的资金量进行的预测。

7.1.3 预测分析的方法

预测分析方法是否科学、合理，直接影响到决策的正确性。根据有关统计，国内外的预测方法有几百种，适用于不同的目的和要求。但一般来讲，可以概括为两大类：定性分析方法和定量分析方法。

1）定性分析方法

定性分析方法又称非数量分析方法，是由有关专业人员根据实践经验，对预测对象的未来情况及发展趋势做出预测的一种分析方法。这一方法一般适用于预测对象的历史资料不完备或无法进行定量分析的情况下的预测。

定性分析方法主要包括集合意见法、德尔菲法和寿命周期法等。

2）定量分析方法

定量分析方法也称数量分析方法，是指在预测对象的有关资料完备的基础上，运用一定的数学方法，建立预测模型，做出预测的一种分析方法。

定量分析方法一般包括时间序列预测法和因果预测法两大类。

时间序列预测法是将时间作为制约预测对象变化的自变量，把未来作为过去和现在的延续，由此预测事物的未来发展和变化趋势。所以，此法又可称为趋势预测法。趋势预测法包括算术平均法、加权平均法、移动平均法、指数平滑法和修正的时间序列回归分析法。此种方法多用于销售预测，也可用于成本预测。

因果预测法是根据预测变量与其相关联的变量之间的因果函数关系，建立相应因果预测模型的一种预测方法。此法具体包括回归分析法和经济计量法。此种方法可用于销售预测、成本预测、利润预测、资金需要量预测等全部经营预测分析。

企业在实际预测时，为保证预测的准确性，可以同时采用几种方法对某一预测对象进行预测，以起到相互验证的作用；也可以将定量分析方法和定性分析方法结合起来应用，充分考虑预测中涉及的可计量因素和非计量因素，使预测的结果更科学、更可信、更有指导意义。

7.1.4 预测分析的原则

1）相关性原则

相关性原则是指企业在经营活动过程中一些经济变量之间存在着相互依存、相互制约的关系。根据这条预测原则，可以利用某些经济变量的分析研究来推测受它们影响的另一个（些）经济变量发展的规律性，如因果预测分析法。

2）延续性原则

延续性原则是指企业在经营活动过程中，过去和现在的某种发展规律将会延续下去，并假设过去和现在发展的条件，同样适用于未来。根据这条预测原则，可以把未来视作历史的延伸来推测，如趋势分析法。

3）相似性原则

相似性原则是指企业在生产经营活动过程中不同的经济变量所遵循的发展规律有时会类似。根据这条预测原则，可利用已知经济变量的发展规律类推出未知变量的发展趋势，如判断分析法。

4）统计规律性原则

统计规律性原则是指企业在经营活动过程中对某个经济变量的一次观测结果有随机性，但多次观测的结果会出现某种具有统计规律性的情况。根据这条预测原则，可以利用概率分析及数理统计的方法进行推测，如回归分析法。

7.1.5 预测分析的程序

1）确定预测目标

明确预测目标，是开展预测工作的第一步，因为预测的目标不同，预测的内容和项目、所需要的资料和所运用的方法都会有所不同。明确预测目标，就是根据经营活动存在的问题，拟定预测的项目，制订预测工作计划，编制预算，调配力量，组织实施，以保证预测工作有计划、有节奏地进行。

2）搜集整理资料

进行预测必须占有充分的资料。有了充分的资料，才能为预测提供进行分析、判断的可靠依据。在预测计划的指导下，调查和搜集预测有关资料是进行预测的重要一环，也是预测的基础性工作。

3）选择预测方法

根据预测的目标以及各种预测方法的适用条件和性能，选择出合适的预测方法。有时可以运用多种预测方法来预测同一目标。预测方法的选用是否恰当，将直接影响预测的精确性和可靠性。运用预测方法的核心是建立描述、概括研究对象特征和变化规律的模型，根据模型进行计算或者处理，即可得到预测结果。

4）预测分析和修正

分析判断是对调查搜集的资料进行综合分析，并通过判断、推理，使感性认识上升为理性认识，从事物的现象深入到事物的本质，从而预计未来的发展变化趋势。在分析评判的基础上，通常还要根据最新信息对原预测结果进行评估和修正。

5）报告预测结论

依据前面的预测程序，得出预测结论，并将结论以报告的形式传输给有关管理层，作为经营决策的第一手资料，包括预测目标、预测对象及有关因素的分析结论、主要资料和数据。预测报告应该概括地预测研究的主要活动过程，包括预测方法的选择和模型的建立，以及对预测结论的评估、分析和修正等。

7.2 销售预测

7.2.1 销售预测的意义

作为一家制造企业，生产经营的主要目的是获取利润，而产品销售收入是利润的主要来源。在市场经济条件下，企业的生产不能盲目进行，而应由市场的需求来决定。所以，“以销定产”是一个经营原则，销售预测就成了企业编制预算、组织生产等一系列经营活动的重要依据。

企业在进行销售预测时，应该充分研究和分析本企业产品销售的相关资料，诸如产品价格、产品质量、售后服务、推销方法等；另外，对企业所处的市场环境、物价指数、市场占有率以及经济发展趋势等情况也应进行研究分析，在此基础上，选择相应的方法进行预测。

7.2.2 销售预测的影响因素

在进行预测和选择最合适的预测方法之前，了解对销售预测产生影响的各种因素是非常重要的。一般来讲，在进行销售预测时要考虑两大类因素：

1）外界因素

（1）需求动向。需求是外界因素之中最重要的一项，如流行趋势、偏好变化、生活形态变化、人口流动等，均可成为产品（或服务）需求的质与量方面的影响因素，因此，必须加以分析与预测。

（2）经济变动。销售收入深受经济变动的影响，经济因素是影响商品销售的重要因素，为了提高销售预测的准确性，应特别关注商品市场中的供应和需求情况。尤其近几年来科技、信息技术快速发展，更带来无法预测的影响因素，这些都导致企业销售收入波动。因此，为了正确预测，需特别注意资源问题的未来发展、政府及财经界对经济政策的见解以及基础工业、加工业生产、经济增长率等指标的变动情况。尤其要关注突发事件对经济的影响。

（3）同业竞争动向。销售额的高低深受同业竞争者的影响，古人云“知己知彼，百战不殆”。为了生存，必须掌握对手在市场的所有活动，如竞争对手的目标市场在哪里，产品价格高低，促销与服务措施等。

（4）政府、消费者团体的动向。考虑政府的各种经济政策、方案措施以及消费者团体所提出的各种要求等。

2）内部因素

（1）营销策略。市场定位、产品政策、价格政策、渠道政策、广告及促销政策等变更对销售额所产生的影响。

（2）销售政策。考虑变更管理内容、交易条件或付款条件、销售方法等对销售额所产生的影响。

（3）销售人员。销售活动是一种以人为核心的活动，所以人为因素对于销售额的实现具有相当深远的影响力，这是我们不能忽略的。

（4）生产状况。货源是否充足，能否保证销售需要等也是需要考虑的。

7.2.3 销售预测的方法

1）集合意见法

集合意见法，是指将本企业熟悉市场情况及相关变化信息的经营管理人员对市场的判断意见加以汇总、分析、整理，从而做出较为正确的预测的方法。其中，经营管理人员一般包括企业的总经理、销售人员、生产部门负责人、财务人员等。通过综合他们的意见，可以对市场、生产、成本核算等诸方面的情况有一个较为客观的了解，这样，预测的正确性也就有了一定的保证。

2）专家判断法

专家判断法根据形式不同又可分为以下三种：

（1）个别专家意见汇集法。此法采用分别向每位专家征求意见，即征求其对本企业产品未来的销售情况的个人意见，然后将这些意见汇总、分析，确定销售的预测值。

（2）名义小组法。对于预测中碰到的一些比较复杂的问题，由于涉及面较广，若采用个别专家意见汇集法进行预测，会受到某些限制，从而影响到预测的准确性。名义小组法是将一些专家组成预测小组，共同研究、分析有关资料，运用集体智慧做出判断，以保证预测的结果更全面、更可靠。但此法的缺陷是，预测小组中各专家的意见可能会受到权威专家意见的影响，其客观性较德尔菲法差。

（3）德尔菲法。此法是由美国兰德公司在 20 世纪 40 年代首创的。它是采用函询的方式，征集各方面专家的意见，加以整理，并经过多次不断地反复，最后归纳多方专家的意见，做出预测的方法。其一般程序如下：

①确定预测对象；

②选择对本企业产品较熟悉的多方面专家；

③设计预测表，表中列出有关的背景信息作为发表意见的参考；

④收回预测表；

⑤修正预测值，将多方面专家意见进行汇总整理，再寄回给专家，请求提出修改预测意见，这一步可以重复多次，直到意见相对统一为止。

3）产品寿命周期分析法

产品寿命周期，是指产品从投入市场开始一直到退出市场，一般要经过萌芽期、成长期、成熟期和衰退期四个阶段。在这一发展过程中，产品销售量的变化呈一条曲线，该曲线称为产品寿命周期曲线。产品寿命周期分析法就是利用产品销售量在不同寿命周期上的变化趋势，进行销售预测的一种定性分析方法。

产品销售量在其寿命周期的各阶段具有以下特点：

（1）萌芽期。产品刚进入市场，顾客对其性能、质量还不太了解，销售量一般比较少。

（2）成长期。随着企业广告费的投入，产品已经在市场上占有一席之地，销售量迅速增长。

（3）成熟期。产品的市场销售量趋于稳定，增长速度减缓并趋于下降。

（4）衰退期。由于新产品的出现，原有产品即将退出市场，销售量急剧下降。

可采用销售增长率指标判断产品所处阶段。一般情况下，处于萌芽期的产品销售增长率不太稳定，成长期的产品销售增长率最大，成熟期的产品销售增长率比较平稳，衰退期的产品销售增长率为负数。了解产品所处的寿命周期阶段，有助于正确选择预测方法。如在萌芽期，由于历史资料缺乏，可采用判断分析法进行预测；成长期可采用回归分析法；成熟期由于销售量比较稳定，可采用各种平均法进行预测。目前，随着市场的发展，产品寿命周期不断缩短，企业在销售预测中，应该灵活掌握各种预测方法。

4）定量分析法

定量分析法是指以过去一段时间的历史资料为依据，建立预测模型，做出预测的方法。这里主要介绍以下几种：

（1）简单平均法，是指将过去一段时间的历史资料进行简单算术平均，该平均数就作为下期的预测数。其计算公式为：

$$\dot{x}=\frac{\sum x_i}{n} \quad (7.1)$$

式中：$\dot{x}$——销售预测值；

x_i——第 i 期实际销售额；

n——期数。

【例 7-1】某企业 2019 年 1—6 月份每月的销售额见表 7-1。

表 7-1　**某企业 2019 年 1—6 月份每月的销售额**　单位：万元

月份	1	2	3	4	5	6	合计
实际销售额	180	200	190	210	180	220	1 180

根据上述资料，预测 7 月份的销售额。

$$7\text{ 月份销售额}=\frac{180+200+190+210+180+220}{6}=196.67\text{（万元）}$$

简单平均法适用于每月销售额波动不大的产品的销售预测。

（2）加权平均法。在销售预测中，由于市场变化较大，一般来说，离预测期越近的实际资料对其影响越大，离预测期越远的实际资料对其影响越小。基于这一事实，加权平均法按照历史销售额距离预测期的远近分别加权，权数近大远小，计算出加权平均数，作为未来的销售预测数。其计算公式为：

$$\dot{x}=\frac{\sum x_i \cdot \omega_i}{\sum \omega_i} \quad (7.2)$$

式中：$\dot{x}$——销售预测值；

x_i——第 i 期实际销售额；

ω_i——不同的权数，满足 $w_{i+1}>\omega_i$。

【例 7-2】依【例 7-1】资料，用加权平均法进行预测，各期权数分别为 1、2、3、4、5、6，则 7 月份的预测数如下：

$$\dot{x}_7=\frac{180\times1+200\times2+190\times3+210\times4+180\times5+220\times6}{1+2+3+4+5+6}=\frac{4\ 210}{21}=200.48\text{（万元）}$$

加权平均法较简单平均法更为合理，计算较为方便，实际中使用较多。

（3）指数平滑法，实质上也是一种加权平均法。它是以平滑系数 α 和（1-α）为权数进行加权，预测销售额的一种方法。其计算公式如下：

$$\dot{x}_t=\alpha \cdot x_{t-1}+(1-\alpha)\cdot \dot{x}_{t-1} \quad (7.3)$$

式中：$\dot{x}_t$——第 t 期的预测数；

α——平滑系数；

x_{t-1}——第 t-1 期的实际数；

$\dot{x}_{t-1}$——第 t-1 期的预测数。

【例 7-3】依【例 7-1】资料，设 α 为 0.3，6 月份的预测数为 230 万元，则 7 月份的预测数如下：

$\dot{x}_7=0.3\times220+(1-0.3)\times230=227$（万元）

在指数平滑法的计算过程中，关键是 α 的选择。α 的取值大小，决定了上期实际数和预测数对预测值的影响。α 的取值越大，上一期实际数对预测值的影响越大；反之，上一期预测数对预测值的影响越大。所以，一般情况下，实际数变化较大时，α 的取值在 0.7 左右；实际数变化趋势较平稳时，α 的取值在 0.3 左右。

（4）回归分析法，又称最小二乘法，它是根据历史的销售量（y）与时间（x）的函数关系，按最小二乘法的原理建立回归分析模型 y=a+bx 进行销售预测的方法。其中：a、b 称为回归系数。其计算公式为：

$$b=\frac{\sum xy-\sum x\sum y}{\sum x^2-(\sum x)^2}$$

$$a=\frac{\sum y-b\sum x}{n} \tag{7.4}$$

由于自变量 x 为时间变量，其数值单调递增，形成等差数列。所以，可对时间值进行修正，令 $\sum x=0$，以简化回归系数的计算方法。上述计算公式可简化为：

$$b=\frac{\sum xy}{\sum x^2}$$

$$a=\frac{\sum y}{n} \tag{7.5}$$

如何使 $\sum x=0$，可以考虑两种情况：一是 n 为奇数，则令第（n+1）/2 项的 x 值为 0，以 1 为间隔，确定前后各期的 x 值。若 n=5，则各期的 x 值依次为−2、−1、0、+1、+2。二是 n 为偶数，则令第 n/2 项和第 n/2+1 项分别为−1 和+1，以 2 为间隔，确定前后各期的 x 值。若 n=6，则各期的 x 值依次为：−5、−3、−1、+1、+3、+5。

【例 7-4】依【例 7-1】资料，用回归分析法预测 7 月份的销售额。根据资料计算有关数据（见表 7-2）。

表 7-2　**根据表 7-1 资料计算的有关数据**

月份	x	y	xy	x^2
1	−5	180	−900	25
2	−3	200	−600	9
3	−1	190	−190	1
4	+1	210	+210	1
5	+3	180	+540	9
6	+5	220	+1 100	25
n=6	$\sum x=0$	$\sum y=1\ 180$	$\sum xy=160$	$\sum x^2=70$

将表中的数据代入公式，得：

$$b=\frac{160}{70}=2.29$$

$$a=\frac{1\ 180}{6}=196.67$$

则：y=196.67+2.29x

7 月份的 x=+7

所以，7 月份的预测值=196.67+2.29×7=212.70（万元）

7.3 成本预测

7.3.1 成本预测的意义

成本信息是企业决策和控制的重要依据。就制造企业而言，产品成本的高低是决定企业竞争能力大小的重要因素之一，只有生产出价廉质优的产品，才能为顾客所接受，才能在激烈竞争的市场中得以生存和发展。因此，现代成本管理不仅要分析成本升降的原因，还要重视未来的成本规划，对企业的成本水平和趋势做出科学的预测。

企业进行成本预测时，应该在目标既定的前提下，利用相关的会计资料和其他资料，测定未来的成本水平及趋势，并且对目标的现实性进行测算，修正目标，使其与实际更趋向一致。

7.3.2 成本预测的步骤

成本预测通常可按以下四个步骤进行：

（1）提出一个目标成本草案。目标成本是企业产品未来一定时期内应该达到的标准。该标准应具有先进性和合理性，即企业经过一定的努力可以达到的目标。目标成本的确定通常有两条途径。

①以目标利润为基础预测目标成本。企业在确定目标利润的基础上，参考国内外同行业的有关资料及市场调查的结果，确定合理的销售单价，将目标利润减去销售单价即可得到目标成本。公式为：目标成本=单位售价-目标利润，式中的价格应该是顾客认可的愿意支付的价格。

②以先进的成本水平为基础预测目标成本。先进的成本水平可以是本企业历史最好的成本水平，或者是国内外同行业同类产品的先进成本水平，或者是以本企业上年的实际成本水平扣减成本降低额后的成本。企业在实际操作过程中，可从以上三个标准中任选一个。

上述两条途径可以结合起来应用，相互借鉴，保证目标成本的现实性。

（2）采用各种专门方法，预测本企业在当前实际情况下成本可能达到的水平，并算出预测成本与目标成本的差距。

（3）挖掘企业内部一切潜力，拟订出降低成本的各种可行性方案，力求缩小预算成本与目标成本的差距。

（4）对降低成本的各种可行性方案进行技术经济分析，从中选出经济效益最佳的降低成本方案，并据以制定正式的目标成本，做出成本的最优决策。

7.3.3 成本预测的方法

企业的目标成本确定之后，还需要应用多种方法进行成本预测：一方面了解在现有正常条件下，达到目标成本的可能性；另一方面可以检验目标成本是否符合客观实际，为企业降低成本或修订目标成本提供依据。

成本预测的常用方法主要有高低点法、直线回归法、加权平均法和因素变动预测法。其中，高低点法和直线回归法已在混合成本分解方法中作了阐述，下面就加权平均法和因素变动预测法做一介绍。

1）加权平均法

加权平均法是在成本性态分析的基础上，根据若干期的固定成本总数和单位变动成本的历史资料，按照近大远小的原则确定权数，计算出加权平均成本，建立成本预测模型进行成本预测的方法。其计算公式为：

$$y=a+bx=\frac{\sum a\omega}{\sum \omega}+\frac{\sum b\omega}{\sum \omega}x \tag{7.6}$$

式中，ω 代表加权权数，可以选用自然数加权或饱和权数加权。但总的原则是距离预测期越近的资料给予的权数越大，距离预测期越远的资料给予的权数越小，从而保证预测的可靠性。

【例 7-5】某企业 2019 年 1—6 月份甲产品的有关成本资料见表 7-3。

表 7-3　**某企业 2019 年 1—6 月份甲产品的有关成本资料**　单位：元

月份	固定成本总额 a	单位变动成本 b
1	20 000	30
2	22 000	32
3	20 000	30
4	23 000	34
5	23 500	35
6	23 400	28

根据上述资料，采用加权平均法建立总成本模型如下（假定用自然数加权）：

$$\sum a\omega=20\,000\times1+22\,000\times2+20\,000\times3+23\,000\times4+23\,500\times5+23\,400\times6$$

$$=473\,900$$

$$\sum b\omega=30\times1+32\times2+30\times3+34\times4+35\times5+28\times6=663$$

$$\sum \omega=1+2+3+4+5+6=21$$

$$a=\frac{\sum a\omega}{\sum \omega}=\frac{473\,900}{21}\approx22\,566.67$$

$$b=\frac{\sum b\omega}{\sum \omega}=\frac{663}{21}\approx31.57$$

预测模型为：$y=22\,566.67+31.57x$

假设 7 月份的产量为 20 辆，7 月份的预计总成本和单位成本分别是：

总成本=22 566.67+31.57×20=23 198.07（元）

单位成本=23 198.07÷20=1 159.90（元/辆）

2）因素变动预测法

因素变动预测法主要是测算影响产品成本的有关因素，如直接材料、人工成本、劳动生产率、制造费用、废品率等的未来变动对现有产品成本的影响程度，从而为企业降低产品成本提供有用的信息。

（1）直接材料变动对成本的影响。直接材料费用的大小是由价格和数量两个因素决定的，因此，当产品成本中材料消耗定额和单价发生变化时，就会影响计划期的产品成本水平。

①直接材料消耗定额变动对产品成本的影响。原料消耗定额变动对产品成本的影响可按下列公式进行测算：

$$\text{原料消耗定额变动对单位成本的影响}=\sum\left[\left(\begin{matrix}\text{计划期单位产品}\\\text{原料消耗定额}\end{matrix}-\begin{matrix}\text{基期单位产品}\\\text{原料消耗定额}\end{matrix}\right)\times\begin{matrix}\text{基期原料}\\\text{单价}\end{matrix}\right] \tag{7.7}$$

②直接材料价格变动对产品成本的影响。原料价格变动对产品成本的影响可按下列公式进行测算：

$$\text{原料价格变动对单位成本的影响}=\sum\left[\left(\begin{matrix}\text{计划期}\\\text{原料单价}\end{matrix}-\begin{matrix}\text{基期}\\\text{原料单价}\end{matrix}\right)\times\begin{matrix}\text{计划期单位产品}\\\text{该原料消耗定额}\end{matrix}\right] \tag{7.8}$$

如果计划期原料消耗定额与价格同时变动，则原料费用变动对产品成本的影响可按下列公式进行测算：

$$\begin{matrix}\text{原料消耗定额及原料单价}\\\text{同时变动对成本的影响}\end{matrix}=1-\left(1-\begin{matrix}\text{原料消耗}\\\text{定额降低率}\end{matrix}\right)\times\left(1\pm\begin{matrix}\text{原料价格}\\\text{变动率}\end{matrix}\right)\times\begin{matrix}\text{原料费用}\\\text{占成本的百分比}\end{matrix} \tag{7.9}$$

（2）工资费用变动对成本的影响。产品成本中工资费用的高低是由生产工人的平均工资和生产工人劳动生产率两因素决定的。

①当生产工人的工资水平不变时，劳动生产率提高，意味着单位时间内产量增加，单位产品分摊的工资费用就减少，产品成本就随之降低。该变动结果可测算如下：

$$\begin{matrix}\text{劳动生产率变动}\\\text{对成本的影响}\end{matrix}=\left(1-\frac{1}{1+\text{劳动生产率变动率}}\right)\times\text{生产工人工资占成本的百分比} \tag{7.10}$$

②当生产工人平均工资同单位产品中工资费用同步增长时，如果工人工资水平增长幅度大于劳动生产率增长幅度，产品成本就会随之上升；反之，如果工人工资水平增长幅度小于劳动生产率增长幅度，产品成本则会下降。其计算公式如下：

$$\begin{matrix}\text{劳动生产率和平均工资同时}\\\text{变动对成本的影响}\end{matrix}=\left(1-\frac{1+\text{平均工资增长率}}{1+\text{劳动生产率增长率}}\right)\times\text{生产工人工资占成本的百分比} \tag{7.11}$$

（3）产量变动对成本的影响。在产品成本的制造费用中，有一部分成本属于固定费用的性质，如办公费、折旧费等不随产品产量的增减变化而变化，因此，当产量增加时，单位产品分摊的固定制造费用相应地减少；当产量减少时，单位产品分摊的固定制造费用则相应地增加。产量变动对成本的影响主要表现为对固定制造费用的影响，可计算如下：

$$\begin{matrix}\text{产量变动对固定}\\\text{制造费用的影响}\end{matrix}=\left(1-\frac{1}{1+\text{产量增长率}}\right)\times\text{固定制造费用占成本的百分比} \tag{7.12}$$

7.4 利润预测

7.4.1 利润预测的意义

利润是衡量企业经济效益的重要指标，它能够反映企业一定时期内的生产经营成果，也是考核企业经济效益和工作成绩的重要依据。利润不仅关系企业的生存和发展，而且影响国家财政收入的实现，因此，每家企业都应对利润进行有效的管理。搞好利润预测，对于经营管理者的规划、决策工作具有重要意义。

（1）进行利润预测，有助于企业经营目标的实现。经营目标是企业未来一定时期生产经营活动所要达到的水平，利润目标是经营目标的重要组成部分。进行利润预测，就是确定未来的利润目标，有助于制定和实现企业的经营目标。

（2）进行利润预测，有助于企业经营决策的实施。预测是直接服务于决策的，利润的预测可以科学地确定企业未来一定时期的利润目标，促使企业选择最有效的决策方案，为经营决策指明方向。

（3）进行利润预测，有助于企业实力的增强。企业所获利润的多少在很大程度上反映了企业实力的大小和经济效益的好坏。因此，进行利润预测，可以充分调动企业各个方面的积极性，不断提高工作效率，改善经营管理，为增强企业综合实力、提高经济效益创造有利条件。

7.4.2 销售利润的预测

销售利润预测主要是利用“本-量-利”的基本关系式，在销售预测、成本预测的基础上，对企业的销售利润进行预测的方法。企业在完成产品的销售预测、成本预测后，可以根据市场供求情况和企业的具体情况，合理安排生产，降低生产经营成本，获取合理的利润。

【例 7-6】某工厂生产 A 产品，每件销售单价为 500 元，单位变动成本为 350 元，固定成本总额为 500 000 元。根据销售预测可得，2020 年销售量预计可达 5 000 台。

要求：请计算 2020 年的销售利润预计是多少。

解析：2020 年度销售利润预测为：

预计销售利润=500×5 000-（500 000+350×5 000）=250 000（元）

7.4.3 目标利润的确定

目标利润是企业管理层根据本单位在计划期间的实际生产能力、材料物资供应情况、生产技术条件、运输条件以及市场销售预测等因素提出来的最优化战略目标。目标利润是企业规划各项经营活动的中心，也是企业编制全面预算的基础。企业未来一定时期内的目标利润一般可依据销售利润率法、销售比例增长法、利润增长百分率法和经营杠杆系数法等进行预测。

1）销售利润率法

销售利润率法是根据企业上年度的实际销售收入、预测年度的预计销售增长率和预计的销售利润率来预测计划期目标利润的方法。其计算公式为：

目标利润总额=上年度实际销售收入×（1+预计销售增长率）×预计销售利润率 （7.13）

【例 7-7】某企业 2019 年实际销售收入为 400 000 元，2020 年度预计销售增长率为 15%，预计销售利润率为 10%，则该企业 2020 年度目标利润总额为：

目标利润总额=400 000×（1+15%）×10%=46 000（元）

2）销售比例增长法

销售比例增长法是以上年度实际销售利润与下年度销售额预计增长为依据计算目标利润的方法。该方法假定利润额与销售额同步增长，其计算公式为：

$$目标利润总额=\frac{计划年度销售收入}{上年度实际销售收入}\times 上年度实际利润总额 \tag{7.14}$$

【例 7-8】某工厂生产 B 产品，上年实际销售收入为 400 000 元，实际利润为 20 000 元，B 产品每件销售价格为 500 元。根据销售预测可得，2021 年销售量预计可达 1 000 件，销售单价与上年相同，则该工厂 2021 年的目标利润为：

$$目标利润总额=\frac{1\,000\times 500}{400\,000}\times 20\,000=25\,000（元）$$

3）利润增长百分率法

利润增长百分率法是根据企业上年度已经达到的利润水平、过去连续若干年（通常为近年）利润增长率的变动趋势与幅度、影响利润的有关因素在下年度可能发生的变动等情况，确定一个相应的预计利润增长率，然后确定下年度目标利润总额的一种方法。其计算公式为：

目标利润总额=上年度实际利润总额×（1+预计利润增长率） （7.15）

【例 7-9】某企业 2019 年度实际利润总额为 80 000 元，根据对过去 5 年盈利情况的分析和测算，确定 2020 年度的利润增长率为 8%，则 2020 年的目标利润总额为：

目标利润总额=80 000×（1+8%）=86 400（元）

4）经营杠杆系数法

经营杠杆系数是利润变动率与销售量变动率的比率，也是边际贡献总额与利润额的比率，即：

$$\begin{aligned}经营杠杆系数&=利润变动率\div 销售量变动率\\&=\frac{(单价-单位变动成本)\times 销售量}{(单价-单位变动成本)\times 销售量-固定成本}\\&=边际贡献总额\div 利润额\end{aligned} \tag{7.16}$$

由于固定成本的存在，经营杠杆系数总大于 1，也即企业利润变动幅度总大于企业销售量变动的幅度。当销售量增加时，利润将以更大的增长率增长；当销售量减少时，利润将会以更大的降低率下降。通常把这种现象称为“经营杠杆”现象。利用经营杠杆系数可进行目标利润预测，在一定业务量范围内，经营杠杆系数确定后，即可结合预测期的销售量增长率来预测计划期的目标利润。其计算公式如下：

预测期的目标利润=基期利润×（1+销售量变动率×经营杠杆系数） （7.17）

【例 7-10】某企业 2019 年产品边际贡献总额为 400 000 元，利润总额为

250 000 元，预计 2020 年销售量增长率为 20%。使用经营杠杆系数法确定 2020 年的目标利润如下：

$$目标利润=250\ 000\times\left(1+\frac{400\ 000}{250\ 000}\times 20\%\right)=330\ 000（元）$$

7.4.4 影响利润各因素变动的分析

1）有关因素变动对利润的影响

（1）单一因素变动对利润的影响。当影响利润的某一因素发生变化时，企业需要测定其对利润的影响程度，以此预计未来期间的利润。

【例 7-11】某企业 2019 年销售甲产品 10 000 件，每件销售价格为 10 元，销售收入为 100 000 元，变动成本为 6 元/件，固定成本为 20 000 元，销售和管理费用为 10 000 元。假设 2020 年变动成本增加为 6.5 元/件，则：

2019 年利润=10 000×10−10 000×6−（20 000+10 000）=10 000（元）

2020 年利润=10 000×10−10 000×6.5−（20 000+10 000）=5 000（元）

由于单位变动成本上升 0.5 元，企业最终利润减少了 5 000 元。如果销售量、销售价格、固定成本等发生变动，也可以用上述方法测定其对利润的影响。

（2）企业拟采取的各种措施。企业在生产经营过程中可以采取各种措施，积极调整各种影响因素，以达到增加利润的目的。

①假设企业拟采取有效的促销方式，从而使销售量增加 8%，则：

2020 年利润=10 000×（1+8%）×10−10 000×（1+8%）×6−（20 000+10 000）
=13 200（元）

这项措施将使企业利润增加 3 200 元（13 200−10 000），即因促销增加开支的最高上限是 3 200 元，如果超过 3 200 元，企业就需要考虑是否应该进行促销。

②假设企业拟在 2020 年实施一项技术培训计划，以提高员工的工作效率，使单位变动成本由 6 元降低为 5.7 元，则：

2020 年利润=10 000×10−10 000×5.7−（20 000+10 000）=13 000（元）

这项培训计划将使企业利润增加 3 000 元（13 000−10 000）。它是培训计划开支的上限。如果培训计划开支超过 3 000 元，企业就需要考虑是否采取培训计划。

除上述两种提高利润的方法以外，企业还可以采取措施降低单位变动成本、固定成本和销售及管理费用等，以达到最终提高利润的目的。

（3）有关因素发生相互关联的变化对利润的影响。由于外界因素变化或企业拟采取某项行动，有关因素会发生相互关联的影响，企业需要测定其引起的利润变动，以便选择决策方案。

【例 7-12】依【例 7-11】资料，假设 2020 年由于人工工资的调整，单位变动成本增加了 4%，固定成本增加了 1.5%，结果导致利润降低。为了减少这种不利影响，企业有两个应对措施：一是将产品的销售价格提高 5%，而提高价格会使销售量降低 7%；二是将产品的销售价格提高 5%，产品的产量增加 10%，同时需要增加促销费用 4 000 元以将这些产品销售出去。

单位变动成本、固定成本增加后不采取任何措施的利润为：

利润=10 000×10－10 000×6×（1+4%）－［（20 000+10 000）×（1+1.5%）］
=7 150（元）

采取第一个方案的预计利润：

利润=10 000×（1－7%）×［10×（1+5%）－6×（1+4%）］－［（20 000+10 000）×（1+1.5%）］
=39 618－30 450
=9 168（元）

采取第二个方案的预计利润：

利润=10 000×（1+10%）×［10×（1+5%）－6×（1+4%）］－［（20 000+10 000）×（1+1.5%）+4 000］
=46 860－34 450
=12 410（元）

通过两个方案比较可得，第二个方案为较好方案。

2）分析实现目标利润的相关条件

企业在生产经营过程中经常遇到这样一种情况，即主管部门一下达利润指标，企业就研究如何利用现有资源，合理安排产销量、收入和成本支出，以实现特定的利润。这时就需要分析实现目标利润所需要的相关条件，此时利润是已知条件，影响利润的各项因素是未知数。

（1）采取单项措施以实现目标利润。

【例 7-13】依【例 7-11】资料，该公司要求 2020 年目标利润增加 25%，即达到 12 500 元，可以从以下几个方面采取相应的措施：

①减少固定成本。

现将固定成本（FC）作为未知数，目标利润 12 500 元作为已知数，其他因素不变。代入本量利关系方程式：

12 500=10 000×10－10 000×6－FC

FC=27 500（元）

计算分析表明，如果其他条件不变，固定成本从 30 000 元减少到 27 500 元，降低 8.33%，可以保证目标利润的实现。

②减少单位变动成本。

按上述方法，将单位变动成本（VC）作为未知数代入本量利关系方程式：

12 500=10 000×10－10 000×VC－（20 000+10 000）

VC=5.75（元）

计算分析表明，如果其他条件不变，单位变动成本从 6 元降低到 5.75 元，降低 4.17%，可保证目标利润的实现。

③提高销售价格。

按上述方法，将单位产品的售价（P）作为未知数代入本量利关系方程式：

12 500=10 000×P－10 000×6－（20 000+10 000）

P=10.25（元）

计算分析表明，如果其他条件不变，单位产品价格从 10 元提高到 10.25 元，提高 2.5%，可保证目标利润的实现。

④增加产销量。

按上述方法，将产销量（V）作为未知数代入本量利关系方程式：

12 500=V×10−V×6−（20 000+10 000）

V=10 625（件）

计算分析表明，如果其他条件不变，产销量从 10 000 件提高到 10 625 件，提高 6.25%，可保证目标利润的实现。

（2）采取综合措施以实现目标利润。在现实生活中，影响利润的各因素是相互关联的。为了提高产量，往往需要增加固定成本。同时，产量提高以后，为了销售产品，有时需要降低售价或增加促销费用等固定成本。因此，企业往往采取综合措施以实现目标利润。

【例 7−14】假设【例 7−13】中该公司有剩余生产能力，可以进一步增加产量，为了将产品全都销售出去，公司拟降价 10%，争取实现利润 12 500 元。

①计算分析降价后实现目标利润所需的销售量。

销售量=（固定成本+目标利润）÷单位边际贡献

=［（20 000+10 000）+12 500］÷［10×（1−10%）−6］=14 167（件）

假设销售部门认为，降价 10% 后销售量可以达到 14 167 件，生产部门也可以生产出这些产品，则目标利润就可以实现了，否则还需要进一步分析。

②计算既定销售量下实现目标利润所需要的单位变动成本。

假设销售部门认为无法达到 14 167 件的销售量，降价 10% 以后只能使销售量增加至 12 500 件，为此，需要在降低成本上挖掘潜力。

单位变动成本=［单价×销售量−（固定成本+目标利润）］÷销售量

=［10×（1−10%）×12 500−（30 000+12 500）］÷12 500=5.6（元）

为了实现目标利润，在降价 10%、销售量增加至 12 500 件的同时，还需要将单位变动成本从 6 元降到 5.6 元。如果生产部门认为，通过降低原材料和人工成本等，可以实现这个目标利润，则预定的利润目标可以落实，否则还需进一步分析。

③计算既定产销量和单位变动成本下实现目标利润所需的固定成本。

假设生产部门认为，通过努力可以使单位变动成本降低到 5.8 元，为此企业还需要进一步降低固定成本。

固定成本=销售量×单位边际贡献−目标利润

=12 500×［10×（1−10%）−5.8］−12 500=27 500（元）

为了实现目标利润，在降价 10%，销售量增加至 12 500 件，单位变动成本降至 5.8 元的同时，还需要压缩固定成本 2 500 元（30 000−27 500），以保证目标利润的实现，否则还需要寻找进一步增收节支的办法，重新计算分析或者考虑修改目标利润。

3）利润的敏感性分析

利润是一项综合性的指标，它受到销售单价、销售量、成本等因素的影响，在现实的经济环境中，这些因素经常发生变动。各因素变化都会引起利润的变化，但其影响各不相同。有的因素发生微小的变化，就会使利润发生很大的变化，利润对这些因素的变化十分敏感，这些因素被称为敏感因素。与此相反，有些因素发生变化后，利润的变化不大，这些因素被称为不敏感因素。利润敏感性分析就是研究当影响利润的有关因素发生变动时对利润产生影响的一种定量的分析方法。企业在计算出盈亏临界点以后，通常要进行敏感性分析，以把握和控制实际经营过程中销售单价、单位变动成本、固定成本、销售量的变化范围与临界状态。只要明确了各影响因素的敏感程度，控制了各因素的变化范围，就可以基本保证目标利润的实现。测定各因素敏感程度的指标称为敏感系数，该内容在第6章本量利分析中已做叙述。

7.5 资金需要量的预测

资金预测是企业财务预测的主要内容之一，对资金需要量的预测可以使筹集来的资金既能保证满足生产经营的需要，又不至于有太多的闲置，从而提高资金利用率。

资金需要量预测的常用方法是销售百分比法。销售百分比法是根据各个资金项目与销售收入总额之间的依存关系，以未来销售收入变动的百分比为主要参数，预测随着销售收入增加需要相应追加的资金总量。采用销售百分比法预测资金需要量时应具备的前提条件是：（1）资产负债表上的大部分项目与销售收入有直接正比的关系；（2）各资产现时规模与其销售水平相当；（3）预测期的销售结构和价格水平与基期保持相同。

销售百分比法的预测步骤如下：

1）分析资产负债表有关项目，将随销售量变动的项目分离出来

（1）资产类项目。

流动资产中的货币资金、应收账款和存货等项目，一般会随着销售量的增加而增加。因为较多的销售量需要占用较多的存货，发生较多的应收账款，从而对货币资金需要量增加，固定资产项目则视企业现有生产能力可否满足预测期经营规模的需要而定，如果企业生产能力可以满足未来的需要，则不需要增加固定资产上的资金投入；反之，如果企业生产能力超出现有生产能力，则必须扩大生产能力，追加资金投入。至于长期投资、无形资产和其他资产项目一般与销售量增减无关，不需要考虑。

（2）负债类项目。

流动负债中应付账款、应交税费和其他应付款等经营负债项目会随着销售量增加而相应增加，而非流动负债项目一般与销售量增减无关，不需要考虑。

（3）所有者权益类项目。

实收资本和资本公积项目一般与销售量增减无关。留存收益中实现的利润如果未全部分配给投资者，与计提的固定资产折旧一样，会形成企业内部的资金来源。

2）计算基期资产负债表上随销售量变动的各项目占基期销售收入的百分比

根据第一步分析的结果，将随着销售量的增加而增加的各项目金额与基期销售

收入相比，得到相应的比例。

$$资产占销售收入百分比=\frac{随销售量变化的资产}{基期销售额}=\frac{A}{S_0} \tag{7.18}$$

$$负债占销售收入百分比=\frac{随销售量变化的负债}{基期销售额}=\frac{F}{S_0} \tag{7.19}$$

3）确定随着销售量增加需追加的资金

将第二步计算出来的“资产占销售收入百分比”减去“负债占销售收入百分比”，得到每增加 1 元销售额需要增加的资金量。

$$单位销售额增加需增加的资金=\frac{A}{S_0}-\frac{F}{S_0} \tag{7.20}$$

4）确定企业内部形成的资金，从而得出预测期需要追加的资金

内部形成的资金是企业留存利润的增加数，以及固定资产折旧数额，这部分资金来源可以抵减需要筹集的资金。

5）确定预测期资金需要量

预测期资金需要量可按以下公式计算：

$$需要追加的外部资金筹措额=\sum\left(\frac{A}{S_0}-\frac{F}{S_0}\right)\times\Delta S-D-\Delta RE+M \tag{7.21}$$

式中：ΔS——预测期销售增加额；

D——预测期计提的折旧额；

ΔRE——预测期留存利润增加数，它是预计税后销售利润率与留存利润率及预期销售额三者之间的乘积；

M——预测期新增的零星资金开支数额。

【例 7-15】某公司 2019 年 12 月 31 日简化的资产负债表见表 7-4。

表 7-4　资产负债表（简表）

2019 年 12 月 31 日　单位：万元

资产	金额	负债及所有者权益	金额
货币资金	350	短期借款	15
应收账款	1 200	应付账款	1 500
存货	1 300	应付票据	500
流动资产合计	2 850	其他应付款	12
债权投资	100	流动负债合计	2 027
固定资产	500	长期借款	200
无形资产	10	非流动负债合计	200
非流动资产合计	610	负债合计	2 227
		实收资本	1 000
		未分配利润	233
		所有者权益合计	1 233
资产总计	3 460	负债及所有者权益总计	3 460

2019 年度公司的销售收入为 1 亿元，2020 年度预计销售额可达 1.5 亿元，销售利润率为 8%，税后利润的分配率为 50%。公司现有固定资产已达饱和状态，2020 年度计提的折旧额为 100 万元，有关零星开支为 10 000 元。

采用销售百分比法预测 2020 年度资金需要量的过程如下：

第一步，分析资产负债表有关项目，并计算与销售收入变动直接相关的项目的销售百分比（见表 7-5）。

表 7-5 **计算与销售收入变动直接相关的项目的销售百分比**

项目	金额(万元)	占销售收入的百分比(%)
资产		
货币资金	350	3.5
应收账款	1 200	12
存货	1 300	13
债权投资	100	—
固定资产	500	5
无形资产	10	—
资产总计	3 460	33.5
负债及所有者权益		
短期借款	15	—
应付账款	1 500	15
应付票据	500	—
其他应付款	12	0.12
长期借款	200	—
负债合计	2 227	15.12
实收资本	1 000	—
未分配利润	233	—
所有者权益合计	1 233	—
负债及所有者权益总计	3 460	15.12

第二步，根据公式预测 2020 年度需追加的资金。

$$\sum\left(\frac{A}{S_0}-\frac{F}{S_0}\right)\times\Delta S=(33.5\%-15.12\%)\times(150\,000\,000-100\,000\,000)$$

$$=9\,190\,000（元）$$

D=1 000 000（元）（备注：累计折旧基金余额<固定资产总额，因此基金全部使用）

ΔRE=150 000 000×8%×50%=6 000 000（元）

M=10 000（元）

2020 年度需筹集的资金量=9 190 000−1 000 000−6 000 000+10 000

=2 200 000（元）

根据预测，该企业 2020 年度需要向外部筹集的资金总额为 2 200 000 元。

本章小结

预测分析是根据有关会计资料及其他资料，运用科学的方法，对事物的未来发展趋势做出事先的预计和推测。

预测分析的基本内容主要包括销售预测、利润预测、成本预测和资金需要量预测。

预测分析包括定性分析方法和定量分析方法，二者各有优缺点，应结合起来使用。

常用术语

1. 经营预测　2. 销售预测　3. 成本预测　4. 资金预测
5. 利润预测　6. 目标成本　7. 目标利润　8. 定性销售预测
9. 趋势预测法　10. 因果预测法　11. 指数平滑法　12. 德尔菲预测法
13. 经营杠杆系数法　14. 销售百分比法

思考题

1. 试述定性销售预测和定量销售预测的优缺点。
2. 试述销售预测应注意的问题。
3. 试述成本预测的重要性及步骤。
4. 试述利润预测的意义和主要方法。
5. 采用因素分析法进行利润预测应注意的问题有哪些？
6. 试述资金需要量预测的意义。

练习题

一、单项选择题

1. 预测方法分为两大类，是指定量分析法和（　　）。

A. 平均法　B. 定性分析法　C. 回归分析法　D. 指数平滑法

2. 已知上年利润为 100 000 元，下一年的经营杠杆系数为 1.4，销售量变动率为 15%，则下一年的利润预测额为（　　）元。

A.140 000　B.150 000　C.121 000　D.125 000

3. 经营杠杆系数等于 1，说明（　　）。

A. 固定成本等于 0　B. 固定成本大于 0

C. 固定成本小于 0　D. 与固定成本无关

4. 假设平滑指数=0.6，9 月份实际销售量为 600 千克，预计 9 月份销售量为 630 千克，则预测 10 月份的销售量为（　　）千克。

A.618　B.600　C.612　D.630

5. 已知上年利润为 200 000 元，下一年的经营杠杆系数为 1.8，预计销售量变动率为 20%，则下一年利润预测额为（　　）元。

A.200 000　　B.240 000　　C.272 000　　D.360 000

6. 预测分析的内容不包括（　　）。

A. 销售预测　　B. 利润预测　　C. 资金预测　　D. 所得税预测

7. 下列适用于销售业务略有波动的产品的预测方法是（　　）。

A. 加权平均法　　B. 移动平均法　　C. 趋势平均法　　D. 平滑指数法

8. 经营杠杆系数可以揭示利润受下列指标变动影响的敏感程度，该指标是（　　）。

A. 单价　　B. 单位变动成本　　C. 固定成本　　D. 销售量

9. 某企业每月固定成本 2 000 元，单价 20 元，计划销售产品 500 件。欲实现目标利润 1 000 元，其单位变动成本应为（　　）元。

A.12　　B.13　　C.14　　D.15

10. 下列各项中，可用于预测追加资金需用量的方法是（　　）。

A. 平均法　　B. 回归分析法　　C. 指数平滑法　　D. 销售百分比法

11 . 属于销售预测定量分析方法的是（　　）。

A. 营销员判断法　　B. 专家判断法

C. 产品寿命周期分析法　　D. 趋势预测分析法

12. 下列各项销售预测分析方法中，属于定性分析法的是（　　）。

A. 加权平均法　　B. 指数平滑法

C. 因果预测分析法　　D. 营销员判断法

13. 采用销售百分比法进行资金需要量预测时，下列项目中，通常会随销售额变动而成正比例变动的是（　　）。

A. 短期融资券　　B. 短期借款

C. 长期负债　　D. 应付票据

二、多项选择题

1. 定量分析法包括（　　）。

A. 判断分析法　　B. 集合意见法　　C. 非数量分析法

D. 趋势外推分析法　　E. 因果预测分析法

2. 当预测销售量较为平稳的产品销量时，较好的预测方法为（　　）。

A. 算术平均法　　B. 移动平均法　　C. 修正的时间序列回归法

D. 因果预测分析法　　E. 判断分析法

3. 经营杠杆系数通过以下公式计算（　　）。

A. 利润变动率÷业务量变动率　　B. 业务量变动率÷利润变动率

C. 基期边际贡献÷基期利润　　D. 基期利润÷基期边际贡献

E. 销售量的利润灵敏度×100

4. 较大的平滑指数可用于（　　）情况的销量预测。

A. 近期　　B. 远期　　C. 波动较大

D. 波动较小　　　　E. 长期

5. 属于趋势外推分析法的是（　　）。

A. 移动平均法　　　　B. 平滑指数法　　　　C. 回归分析法

D. 调查分析法　　　　E. 移动平均法

6. 平滑指数法实质上属于（　　）。

A. 平均法　　　　B. 算术平均法　　　　C. 因果预测分析法

D. 趋势外推分析法　　　　E. 特殊的加权平均法

7. 下列各项中，可用于销售预测的定量分析方法有（　　）。

A. 判断分析法　　　　B. 趋势外推分析法

C. 本量利分析法　　　　D. 因果预测分析法

8. 在产销量上升时，经营杠杆系数（　　）。

A. 不变　　　　B. 上升　　　　C. 下降

D. 成反比例变动　　　　E. 成正比例变动

9. 销售预测中，定性预测可以用（　　）。

A. 移动加权平均法　　　　B. 回归分析法　　　　C. 专家判断法

D. 推销员判断法　　　　E. 综合判断法

10. 企业为实现目标利润可采取的措施包括（　　）。

A. 在其他因素不变的情况下，提高单价

B. 在其他因素不变的情况下，增加销售量

C. 在其他因素不变的情况下，降低固定成本

D. 在其他因素不变的情况下，降低单位变动成本

E. 采取综合措施

三、业务处理题

1.ABC 企业只生产一种产品，单价 200 元，单位变动成本 160 元，固定成本 400 000 元，2020 年销售量为 10 000 件。企业按同行业先进的资金利润率预测 2020 年企业的目标利润基数。资金利润率为 20%，预计企业资金占用额为 600 000 元。

要求：

（1）测算企业的目标利润基数。

（2）测算企业为实现目标利润应该采取哪些单项措施。

2.ABC 企业只生产一种产品，已知本期销售量为 20 000 件，固定成本为 25 000 元，利润为 10 000 元，预计下一年销售量为 25 000 件。

要求：预计下期利润额。

3.ABC 企业销售收入为 1 000 000 元，边际贡献率为 30%，实现利润 200 000 元。

要求：计算该企业的经营杠杆系数。

4. 某企业生产一种产品，近 6 个月的平均成本资料见表 7-6。

表 7-6　　**平均成本资料**　　单位：元

月份	固定成本	单位变动成本
1	12 000	14
2	12 500	13
3	13 000	12
4	14 000	12
5	14 500	10
6	15 000	9

要求：当 7 月份产量为 500 件时，采用加权平均法预测 7 月份产品的总成本和单位成本。

5. 已知：ABC 企业生产一种产品，2020 年销售量资料见表 7-7。

表 7-7　　**销售量资料**

月份	1	2	3	4	5	6	7	8	9	10	11	12
销售量(吨)	10	12	13	11	14	16	17	15	12	16	18	19

要求：分别按以下方法预测 ABC 企业 2021 年 1 月份的销售量。

（1）算术平均法。

（2）修正的移动平均法（假定观测期为 5 期）。

（3）移动加权平均法（利用最后 3 期的资料）。

（4）平滑指数法（假定 2020 年 12 月份销售量预测数为 16 吨，平滑指数为 0.3）。

第 7 章练习题参考答案

第8章

决策

学习目标

通过本章的学习，了解决策的一般程序、决策的分类和决策的意义，熟悉和理解影响经营决策的有关概念及成本；掌握短期经营决策和长期投资决策的常用方法，熟练运用相关方法做出有关决策。

导入案例

相关成本、互联网和达美航空公司

假设一名旅客2007年8月11日从奥兰多飞到旧金山，又在14日返回，对于达美航空（Delta）来说，搭载这名乘客往返的飞机成本是多少？其增量成本其实很少——主要是食品的成本，大概15美元——因为其他的花费都是固定的：飞机、机组人员、票务代理、燃油、机场降落费以及行李运费。那么对于达美航空，花至少15美元多卖出一张票是否值得呢？毕竟，不管这张票有没有卖出去，其他所有的花费都不会减少。答案取决于航班是否满员。假设达美航空一张往返机票的售价一般为440美元，如果航班已满员，达美航空肯定不愿意以低于440美元的价格出售机票。因为还有其他没有买到票的乘客愿意以440美元的价格购买机票。但是如果还有空位，则只要卖一张价格高于15美元的机票，就比留着那个空位而什么也不赚更值得。

假设一名旅客通过互联网在2007的6月1日前订票，达美航空可能开价440美元，因为其期望能够卖出所有的机票。但是在2007年8月8日，达美航空发现航班未满员会怎么办？在最后一分钟，达美航空也许愿意大幅降价吸引更多的乘客，以便能从每一位新增乘客身上赚取一点利润。

互联网使得达美航空能够快速地告知潜在顾客其降价信息。使用所谓的“推播”技术（对网页所显示的信息进行自动即时更新），达美航空信息办将所有航班价格从80美元到200美元不等的机票剩余数量清楚地显示出来。而且，达美航空还可以向一些专门经营最后时段旅游套票的网站提供机票。使用这种复杂的定价策略意味着需要深入了解如何考虑不同决策情况下的成本。

资料来源：HORNGREN C T，Foster G，DATAR S M，等．Cost Accounting：A Managerial Emphasis [M]．王立彦，等译 .13版 .北京：中国人民大学出版社，2011.

8.1 决策分析及用于决策的成本信息

8.1.1 决策分析概述

1）决策分析的概念及特点

（1）决策分析的概念。

管理会计中决策分析是指针对企业未来经营活动所面临的问题，由各级管理人员做出的有关未来经营战略、方针、目标、措施与方法的决策过程。它是经营管理的核心内容，是关系到企业未来兴衰成败的关键所在。

（2）决策分析的特点。

决策分析有以下几个特点：

①决策分析是人（个人或集体）的主观能力的表现；

②决策分析并非先验的臆断或单纯的空想，而要以对客观必然性的认识为根据；

③在进行决策分析之前，应有两种或两种以上的行动方案可供选择，决策是有选择地做出决定；

④决策分析是面向未来的，它只对未来实践有意义，对过去的实践并没有什么决策问题，但决策分析会受到过去实践经验的影响；

⑤决策分析本身正确与否，可通过比较决策的主观愿望符合实践的客观结果的程度来评价；

⑥决策分析不是瞬间的决定，而是一个提出问题、分析问题、解决问题的系统的分析过程。

2）决策分析的分类

现代企业经营管理活动的复杂性、多样性，决定了经营管理决策有多种不同的类型。

（1）按决策的影响范围和重要程度不同，决策可以分为战略决策和战术决策。

①战略决策。战略决策是指对企业发展方向和发展远景做出的决策，是关系到企业发展的全局性、长远性、方向性的重大决策，如对企业的经营方向、经营方针、新产品开发等的决策。战略决策由企业最高层领导做出。它具有影响时间长、涉及范围广、作用程度深刻的特点，是战术决策的依据和中心目标。它的正确与否，直接决定企业的兴衰成败，决定企业的发展前景。

②战术决策。战术决策是指企业为保证战略决策的实现而对局部的经营管理业务工作做出的决策。例如，企业原材料和机器设备的采购，生产、销售的计划，商品的进货来源，人员的调配等都属于此类决策。战术决策一般由企业中层管理人员做出。战术决策要为战略决策服务。

（2）按决策规划影响时期的长短分类，决策可以分为短期决策和长期决策。

①短期决策。短期决策一般是指在一个经营年度或经营周期内能够实现其目标的决策，主要包括生产决策和定价决策等内容。它的主要特点是充分利用现有资源

进行战术决策，一般不涉及大量资金的投入，且见效快，因此短期决策又称短期经营决策。

②长期决策。长期决策是指在较长时期内（超过一年）才能实现的决策。它的主要特点是对若干期的收支产生影响，一般需投入大量资金，且见效慢，因此长期决策又称长期投资决策或资本性支出决策。

（3）按决策程序是否重复，决策可以分为程序化决策和非程序化决策。

①程序化决策。程序化决策是指决策的问题是经常出现的问题，已经有了处理的经验、程序、规则，可以按常规办法来解决，故程序化决策也叫常规决策。例如，企业生产的产品质量不合格如何处理？商店销售过期的食品如何解决？这些都属于程序化决策问题。

②非程序化决策。非程序化决策是指决策的问题是不常出现的，没有固定的模式、经验去解决，要靠决策者做出新的判断来解决，故非程序化决策也叫非常规决策。例如，企业开辟新的销售市场、商品流通渠道调整，选择新的促销方式等都属于非常规决策问题。

（4）按决策问题所处条件不同，决策可以分为确定型决策、风险型决策和不确定型决策。

①确定型决策。确定型决策是指在决策过程中，提出各个备选方案，在确知的客观条件下，每个方案只有一种结果，比较其结果优劣做出最优选择的决策。确定型决策是一种肯定状态下的决策。决策者对被决策问题的条件、性质、后果都有充分了解，各个备选的方案只能有一种结果。这类决策的关键在于选择肯定状态下的最佳方案。

②风险型决策。在决策过程中提出各个备选方案，每个方案都有几种不同结果，其发生的概率也可测算，在这样条件下的决策，就是风险型决策。例如，某企业为了增加利润，提出两个备选方案：一个方案是扩大老产品的销售；另一个方案是开发新产品。不论哪一个方案都会遇到市场需求高、市场需求一般和市场需求低几种不同可能性，它们发生的概率都可测算，若遇到市场需求低，企业就要亏损。因而在上述条件下决策，带有一定的风险性，故称为风险型决策。风险型决策之所以存在，是因为影响预测目标的各种市场因素是复杂多变的，因而每个方案的执行结果都带有很大的随机性。决策中，不论选择哪个方案，都存在一定的风险性。

③不确定型决策。在决策过程中提出各个备选方案，每个方案都有几种不同的结果，但每一结果发生的概率无法知道，在这样条件下进行的决策就是不确定型决策。它与风险型决策的区别在于：在风险型决策中，每一方案产生的几种可能结果及其发生概率都知道，不确定型决策只知道每一方案产生的几种可能结果，但发生的概率并不知道。这类决策的不确定程度是由于人们对市场需求的几种可能客观状态出现的随机性规律认知不足。

3）决策分析的程序

决策过程就是提出问题、分析问题和解决问题的过程，它需要经过系统的逻辑分析和综合判断。企业要想做出正确的决策，必须有一个科学的决策程序。决策程序一般分为以下几个步骤：

（1）确定经营目标。

（2）根据经营目标确定决策分析目标。

（3）根据决策分析目标设计各个备选方案。

（4）评价各备选方案的可行性。

（5）选择未来行动的方案。

（6）组织决策方案的实施。

4）决策分析的基本概念

（1）单一方案。如果在决策过程中，人们根据具体的决策任务只设计了一个决策方案，决策者必须对该方案做出要么接受，要么拒绝的选择，这个决策方案就是所谓的单一方案，对该方案所作的决策称为单一方案决策。

（2）多方案中的互斥方案。互斥方案，是指决策过程中同一项决策任务所涉及的所有备选方案之间存在着相互排斥的关系。因此，进行互斥方案的决策，要求决策者必须从所有备选方案中选出唯一的最优方案。

（3）最大生产经营能力。最大生产经营能力又称理论生产经营能力，是指企业在不追加资金投入的前提下，百分之百有效利用工程技术、人力及物力资源而可能实现的生产经营能力，它是生产经营能力的上限。

（4）正常生产经营能力。正常生产经营能力又称计划生产经营能力，即已经纳入企业年度计划，充分考虑到现有市场容量、生产技术条件、人力资源状况、管理水平，以及可能实现的各种措施等情况所必须达到的生产经营能力。

（5）剩余生产经营能力。剩余生产经营能力又可以分为绝对剩余生产经营能力和相对剩余生产经营能力。

①绝对剩余生产经营能力，也称暂时未被利用的生产经营能力，是指企业最大生产经营能力与正常生产经营能力之差，属于生产经营的潜力。

②相对剩余生产经营能力，是指由于受市场容量或经济效益原因的影响，决策规划的未来生产经营能力小于正常生产经营能力而形成的差量，也可以理解为因临时转变经营方向而闲置的那部分生产经营能力。

（6）追加生产经营能力。追加生产经营能力是指根据需要和可能通过追加资金投入等措施而增加的，超过最大生产经营能力的那部分生产经营能力。它又可以分为临时性追加的生产经营能力和永久性追加的生产经营能力。

①临时性追加的生产经营能力是指通过临时性租赁而形成的生产经营能力。

②永久性追加的生产经营能力是指通过追加固定资产投资而形成的生产经营能力。显然，永久性追加的生产经营能力会改变企业未来期间的最大生产经营能力。

（7）相关业务量。相关业务量，是指在短期经营决策中必须认真考虑的、与特定决策方案相联系的产量或销量。相关业务量对决策方案的影响往往是通过对相关收入和相关成本的影响而实现的。在半成品是否深加工的决策和是否接受特殊价格追加订货的决策中，都需要认真考虑相关业务量问题，而不是笼统的全部产量，并且，计算某一产品的相关收入与相关成本所使用的相关业务量有时也不一定相同。

实践表明，在生产经营决策过程中，许多对具体决策方案的相关收入和相关成本的确认和计量所发生的失误，往往是由于对相关业务量的判断错误导致的。因此，相关业务量是生产经营决策中一个不容忽视的重要因素。

(8) 相关收入。相关收入是指与特定决策方案相联系的、能对决策产生重大影响的、在短期经营决策中必须予以充分考虑的收入，又称有关收入。如果某项收入只属于某个经营决策方案，若这个方案存在，就会发生这项收入，若该方案不存在，就不会发生这项收入，那么这项收入就是相关收入。

相关收入的计算，要以特定决策方案的单价和相关销售量为依据。

(9) 相关成本。相关成本是指与特定决策方案相联系的、能对决策产生重大影响的、在短期经营决策中必须予以充分考虑的成本，又称有关成本。如果某项成本的发生只属于某个经营决策方案，若这个方案存在，就会发生这项成本，若该方案不存在，就不会发生这项成本，那么这项成本就是相关成本。

8.1.2 用于决策的成本信息

成本是反映企业生产经营管理工作质量的一项综合指标，也是影响企业经济效益的一项重要因素。管理会计中的成本概念并不完全等同于财务会计中的成本概念，其外延和内涵都要更广泛一些。

企业在决策管理过程中所遇到的成本信息主要有机会成本、差量成本和边际成本、付现成本和沉没成本、重置成本和历史成本、专属成本和共同成本、可避免成本和不可避免成本、可延缓成本和不可延缓成本及相关成本和无关成本。

1) 机会成本 (opportunity cost)

机会成本，又称择一成本、替代性成本，是指做一个选择后所丧失的不做该选择而可能获得的最大利益，可以理解为把一定资源投入某一用途后所放弃的在其他用途中所能获得的最大利益。任何决策，必须做出一定的选择，被舍弃掉的选项中的最高价值即该决策的机会成本。它并非实际支出，财务会计不予确认。

机会成本是由选择产生的，因为一种经济资源往往具有多样用途，选择了一种用途，必然要丧失另一种用途，后者可能带来的最大收益就成了前者的机会成本。假设有一笔资金，可以把它存在银行里，也可以把它投入到企业运营中。假设选择的是把它投入运营中，那么这笔资金储存在银行的利息就是把资金投入企业运营的机会成本。例如某企业有一笔闲置资金，如果用来购买设备，当年可盈利 70 000 元，也可存入银行，每年得到利息 50 000 元，50 000 元即为购买设备的机会成本。同理，若将这笔资金存入银行，就会损失因购买设备可获得的利润 70 000 元，70 000 元即为存入银行的机会成本，很显然，决策者会选择机会成本小的方案，即用这笔钱购买设备，年获利 70 000 元。

机会成本虽然不构成一般意义上的成本，不构成企业的实际支出，也不入账，但它是决策者进行正确决策所必须考虑的现实因素。忽视了机会成本，有可能使投资决策分析失误。如某企业准备将其所属的餐厅改为洗浴中心，预计洗浴中心未来一年内可获利润 70 000 元，在这种情况下，企业在决定是否应该将其所属的餐厅改为洗浴中心时应考虑机会成本后再决策，他的最优方案的预计收益必须大于机会成本，否则所选中的方案就不是最优方案。

2）差量成本和边际成本

（1）差量成本（differential cost），也称差别成本、差等成本，是指两个方案的预计成本差异。在进行成本决策时，由于各个方案预计发生的成本不同，因此产生了成本的差异。差量成本有广义和狭义之分。广义的差量成本，是指不同方案之间的预计成本的差额。狭义的差量成本，是指由于生产能力利用程度的不同而形成的成本差别。狭义的差量成本也称增量成本，是指由于方案本身生产能力（产量的增减变动）利用程度不同而表现在成本方面的差额。在相关范围内，由于固定成本保持不变，狭义的差量成本等于相关变动成本，即单位变动成本与相关产量的乘积；如果突破相关范围，则狭义的差量成本不仅包括变动成本差额，还包括固定成本差额。

差量成本是进行成本决策的重要依据，如果差量收入大于差量成本，即差量损益为正数，则前一个方案是较优的；反之，如果差量收入小于差量成本，即差量损益为负数，则后一个方案是较优的。

【例 8-1】某厂按正常生产能力生产甲产品 1 000 件，其正常的单位成本见表 8-1。

表 8-1　　**正常的单位成本**　　单位：元

项目	金额
直接材料	4
直接人工	5
变动费用	3
固定费用	4
合计	16

根据目前的生产情况，该企业的生产能力还有一定剩余，可以接受追加的订货。现有一客户愿意出价 15 元订购甲产品 400 件，现有生产能力足够完成。问该企业能否接受这批订货？

分析：该问题只需考虑接受订货后所增加的差量收入与差量成本，差量收入大于差量成本就可以接受。

差量收入=400×15=6 000（元）

差量成本=400×12=4 800（元）

差量损益=6 000−4 800=1 200（元）

显然接受这批订货会给企业带来 1 200 元的收益增量，所以可以接受这批订货。

（2）边际成本（marginal cost），是指产量（或销量）每增加或减少一个单位所引起的成本变动。因此，边际成本就是增加一个单位产量的增量成本。在相关范围内，边际成本、单位差量成本和单位变动成本是一致的。在经济学上，边际成本是指产品产量（或销量）的无穷小变动引起的成本变动额。如果用数学的方法来表示，边际成本（MC）就是总成本（TC）的一阶导数。

一般来说，边际成本的变动规律是：最初在产量开始增加时由于各种生产要素的效率未得到充分发挥，产量很小。随着生产的进行，生产要素利用率提高，产量的增长速度大于成本的增长速度，所以边际成本随产量的增加而递减。当产量增加到一定程度时，超过了相关范围，边际成本又随产量的增加而增加。如果不考虑最初的短暂情况，那么，它的变动规律主要表现为：边际成本先是随产量增加而减少，当产量增加到一定程度时，则随产量增加而增加，因此，边际成本曲线是一条先下降后上升的“U”形曲线。

边际成本在短期经营决策中具有重要作用。

①当某产品的平均成本（average cost）与边际成本相等时，平均成本最低，根据这一关系，可以确定使平均成本达到最低时的产量。

【例 8-2】某企业的总成本模型为 $TC=500+30x+0.05x^2$。确定该公司平均成本最低时的产量。

解析：根据总成本模型，确定平均成本与边际成本如下：

$$AC=\frac{TC}{x}=\frac{500+30x+0.05x^2}{x}=\frac{500}{x}+30+0.05x$$

$$MC=TC'=30+0.1x$$

当平均成本等于边际成本时，平均成本最低，即：

$$30+0.1x=\frac{500}{x}+30+0.05x$$

解得：x=100（件）

$$AC=\frac{500}{100}+30+0.05\times100=40\text{（元/件）}$$

因此，当公司生产量是 100 件时，平均成本最低，为 40 元/件。

②当产品的边际收入（marginal revenue）与边际成本相等时，企业的利润最大。根据边际收入与边际成本之间的关系，可以确定使企业利润最大时的产销数量。

【例 8-3】某企业的销售收入和销售成本的函数如下，其中 x 表示销售量。

$$TR=P(x)\,x=104x-4x^2$$

$$TC=x^3/3-4x^2+40x+250$$

求使企业利润最大的产销量，并指出此时的最大利润。

分析：$MC=TC'=x^2-8x+40$

$$MR=TR'=104-8x$$

MC=MR　可得：$x=\pm8$

产销量取正值，最佳利润点应销售 8 件，定价为 72 元/件。

最大利润=TR−TC=104×8−4×8²−（$\frac{8^3}{3}$−4×8²+40×8+250）=91.33（元）

3）付现成本与沉没成本

（1）付现成本（cash cost），也称现金支出成本，是指未来需以现金支付的成本，是指某项决策方案如果实施，必须立即动用本期现金、有价证券和存货等流动资产的成本，也就是组织在实施某个项目计划需要立即支付现款或需在近期内支付现金的成本。该成本概念对于现金紧缺、支付能力受到限制的企业有特别重要的意义，这些企业往往会采取付现成本最小的方案。

在短期经营决策中，如果企业现金短缺，支付能力不足，筹资又比较困难，对于急需上马的项目或急需的资产，应选择“付现成本”最小的方案来代替“总成本”最低的方案。因为在企业资金拮据时，尽管付现成本最小方案的总成本比较高，但企业可以把握时机，用较少的资金提前取得收益，获得货币时间价值的好处，从而抵偿多支付的成本。

【例 8-4】某厂一条生产线损坏，急需购进，现有两个方案可供选择：

一是甲供应商按总价 500 000 元供应，但货款必须立即付清；

二是乙供应商按总价 560 000 元供应，但交货时只需先付 20% 货款，其余 80% 的货款可在未来 6 个月内平均分 6 次偿付。

分析：当时，企业资金紧张，现金余额仅 120 000 元，预计近期内不可能从应收账款中收到现金，银行又不同意提供更多的贷款。据此，决策者必然会选取第二个方案，即从乙供应商处购买，尽管其总价高于从甲供应商处购买，但其付现成本较低，企业目前的支付能力能够承受，多支出的成本也可以从早恢复生产而产生的收益中得到补偿。

（2）沉没成本（sunk cost），是指业已发生或承诺、无法回收的成本支出，如因失误造成的不可收回的投资。沉没成本是一种历史成本，对现有决策而言是不可控成本，不会影响当前行为或未来决策。从这个意义上说，在投资决策时理性的决策者应排除沉没成本的干扰。

一般说来，资产的流动性、通用性、兼容性越强，其沉没的部分就越少。“现金为王”的观念也可以从这个角度去理解。固定资产、研究开发、专用性资产等都是容易沉没的，分工和专业化也往往与一定的沉没成本相对应。此外，资产的沉没性也具有时间性，会随着时间的推移而不断转化。以具有一定通用性的固定资产为例，在尚未使用或折旧期限之后弃用，可能只有很少一部分会成为沉没成本，而中途弃用，沉没的程度则会较高。

美国经济学家斯蒂格利茨用一个生活中的例子来说明什么是沉没成本。他说，“假如你花 7 美元买了一张电影票，你怀疑这个电影是否值 7 美元。看了半个小时后，你最担心的事被证实了：影片糟透了。你应该离开影院吗？在做这个决定时，你应当忽视那 7 美元。它是沉没成本，无论你离开影院与否，钱都不会再收回。”斯蒂格利茨在这里不但生动地说明了什么是沉没成本，而且还指明了我们对待沉没成本应持怎样的态度。

4）重置成本与历史成本

重置成本（replacement cost），又称现行成本，是指按照当前市场条件，重新取得同样一项资产所需支付的现金或现金等价物金额。在实务中，重置成本多应用于盘盈固定资产的计量等。历史成本（historical cost）是指某项资产应当按照取得时的实际成本计价。历史成本是过去实际发生的成本，与当前的各种决策没有多大关系，而重置成本在某些决策问题中却是不可忽视的重要因素。例如某企业1年前购入的C原料，现剩余5 000千克，单价50元，购货总成本为250 000元，由于市场变化，现在购买C原料每千克需要60元。企业在考虑把C原料用于某项目生产时，分析该C原料的现金流出时就应该用重置成本计量而不是历史成本，否则会使公司现金流分析不够准确。

5）专属成本与共同成本

（1）专属成本（dedicated cost），又称特定成本，是指那些能够明确归属于特定决策方案的固定成本或混合成本。没有产品或部门，就不会发生这些成本，所以专属成本是指与特定的产品或部门相联系的特定的成本。例如专门生产某种产品的专用设备折旧费、保险费等。

专属成本往往是为了弥补生产能力不足的缺陷，增加有关设备而发生的，专属成本的确认与取得有关设备的方式有关。若采用购买方式，则购买设备的支出就是该方案的专属成本；若采用租入方式，则设备的租金就是该方案的专属成本。另外，在具体应用时，凡是属于某一方案新增加的固定成本都可确认为专属成本。如在进行采购材料决策时，到外地采购材料的差旅费支出就可确认为该采购方案的专属成本。

在进行方案选择时，专属成本是与决策有关的成本，必须予以考虑；共同成本是与决策无关的成本，可以不予考虑。

（2）共同成本（common cost），是与专属成本相对应的成本，是指为多种产品的生产或为多个部门的设置而发生的，应由这些产品或这些部门共同负担的成本。由于它的发生与特定方案的选择无关，因此，在决策中可以不予考虑，也属于比较典型的无关成本。比如企业利用原有的机器设备进行多种产品的生产时，体现原有生产能力的固定成本就是共同成本。

6）可避免成本与不可避免成本

可避免成本（avoidable cost），是指其发生与否及发生金额多少都会受到管理层决策影响的那部分成本。也就是说，如果某一特定方案采用了，与其相联系的某项支出就必然发生；反之，如果某项方案没有采用，则某项支出就不会发生。例如，企业为了接受某项特殊订货，必须添购一台专用设备，则购置专用设备的成本就是可避免成本，如果企业不接受特殊订货，该专用设备购置成本就不会发生。

不可避免成本（unavoidable cost）是与可避免成本相对应的一个成本概念，是指已经客观存在或注定要发生的未来成本。某项决策行动不能改变其数额，同某一特定决策方案没有直接联系。不可避免成本发生与否，并不取决于有关方案的取舍。例如，无论是机械化生产方案还是自动化生产方案，都需要占用厂房，这样厂房的折旧费用对任何方案来说都要发生，因而是不可避免成本。

7）可延缓成本和不可延缓成本

可延缓成本（deferrable cost）也称可递延成本，是指管理部门已决定要实施某方案，但若这一方案推迟实施，对目前的经营活动并不会产生较大的不利影响，那么，与该方案有关的成本即称为可延缓成本，即在短期经营决策中对其暂缓开支不会对企业未来的生产经营产生重大不利影响的那部分成本，如广告费、职工培训费、管理人员奖金、研究开发费等。可延缓成本是决策中必须考虑的相关成本。比如某企业决定购买5台电脑以便在财务部推广电算化，但因企业目前资金紧张，决定推迟购买时间。因为这一方案即使不立即实施，也不会对企业目前的生产经营活动产生重大影响。所以，同购买电脑有关的成本称为可延缓成本。

不可延缓成本（undeferrable cost），是与可延缓成本对应而言的，是指管理部门已选定的某一决策方案必须立即实施，否则，将会对企业的生产经营活动的正常运行产生重大的不良影响，那么，与这一类方案有关的成本称为不可延缓成本。比如某企业的一项关键性设备出现故障。例如，对已造成环境污染的设备必须安装环保装置，否则可能会遭到环保部门勒令停产的处罚，则安装环保装置的成本就属于不可延缓成本。

值得指出的是，将成本区分为可避免成本与不可避免成本、可延缓成本与不可延缓成本具有较大的现实意义。因为可避免成本是对方案进行分析对比、决定取舍的重要依据。而如果多种方案已经决定采用，但受企业现有财力的限制而不可能同时全部付诸实施，这就需要分轻重缓急，确定哪些是可延缓的，哪些是不可延缓的，然后依次付诸实施。

8）相关成本和无关成本

相关成本（relevant cost）是指对企业经营管理有影响或在经营管理决策分析时必须加以考虑的各种形式的成本。相关成本主要包括机会成本、付现成本、重置成本、差量成本、边际成本、可避免成本、可延缓成本、专属成本。

相关成本可以是变动成本，也可以是固定成本。一般而言，变动成本与决策相关，因为它们因可选方案而异，且没有被指定用途，即是非约束性的。与此相反，固定成本则因一般不随可选方案而变，故通常是不相关的。

无关成本（irrelevant cost），是与相关成本相对应的成本概念。它是指过去已经发生的，与某一特定决策方案没有直接联系的成本，指不适宜用于决策分析的成本。如沉没成本、历史成本、不可避免成本、不可延缓成本与共同成本等都属于这一类，在各个备选方案中，项目相同、金额相等的未来成本，也可视同无关成本。

【实践应用】

通过本实践应用，使学生回顾有关经营决策的基本概念和成本信息，理解影响短期经营决策的成本因素，提高学生辨析问题的能力。

某企业有一批库存材料200千克，准备变价处理，并已找到一家公司。已知该材料账面价值 10 元/千克，目前的市场价格 15 元/千克，如果马上出售，变现净值 14 元/千克。此时技术部门完成了一项新产品开发，经化验，上述材料完全符合新产品使用，故不再对外处理。新产品的生产可以用公司原有闲置机床，在闲置机床上添加 10 000 元的专用设备就可以达到生产标准。已知该机床原值 150 000 元，已提折旧 50 000 元。该闲置机床一直用来进行来料加工生产，每年可以给公司带来边际贡献 100 000 元。

要求：

（1）指出上述材料里有哪些成本信息，并指出其金额。

（2）在评价新产品时，有关的材料成本中哪些是相关成本，哪些是无关成本。

解析：历史成本有：材料原值 2 000 元（10×200），机床原值 150 000 元，是沉没成本，属于无关成本；重置成本 3 000 元（15×200），是相关成本；机会成本：材料处理额 2 800 元（14×200），放弃的来料加工贡献 100 000 元，是相关成本。

8.2 短期经营决策

8.2.1 短期经营决策概述

1）短期经营决策的概念

短期经营决策（short-run decision）是指企业为有效地组织现在的生产经营活动，合理利用经济资源，以期在不远的将来取得最佳的经济效益而进行的决策。

2）短期经营决策的内容

短期经营决策的具体内容较多，概括地说主要包括生产决策、定价决策两大类。

（1）生产决策（production decision），是指短期内，在生产领域中，对生产什么、生产多少以及如何生产等几个方面的问题做出的决策，如剩余生产能力如何运用、亏损产品如何处理、产品是否进一步加工和生产工艺技术方案的确定等。具体包括：新产品开发的品种决策、亏损产品的决策、是否接受特殊价格追加订货的决策、有关产品是否深加工的决策、零部配件取得方式的决策、生产工艺技术方案的决策和非确定条件下的生产决策等。

（2）定价决策（pricing decision），是指短期内企业为实现其定价目标而科学合理地确定商品的最合适价格。定价决策侧重从成本因素与供求规律因素（价格弹性系数）分析入手。

这种决策经常采用的方法包括：以成本为导向的定价方法、以需求为导向的定价方法、以特殊情况为导向的定价方法等。

3）短期经营决策的特征

因为短期经营决策主要是关于生产、定价和存货方面的决策，所以一般涉及面小，投入资金不大，与长期投资决策相比，风险较小。

4）短期经营决策的一般程序

（1）确定决策的目标。

（2）开阔思路，从不同方面提出可供选择的多个方案。

（3）在几个方案中确定一个基本方案作为对比的基础。如在对现行生产经营活动提出改进方案时，一般可以现行生产经营活动作为基本方案。

（4）收集尽可能多的与选择方案有关的各种可计量的因素，如有关方案的预期收入和预期支出，编制比较分析表，计算各方案的经济效益。

（5）做出评价（考虑其他非计量因素的影响）。

（6）确定最优方案。

8.2.2 短期经营决策的常用方法

短期经营决策的一般方法包括单位资源边际贡献分析法、边际贡献总额分析法、差量损益分析法、相关损益分析法、成本无差别点法、利润无差别点法和直接判断法等类型。

1）单位资源边际贡献分析法

在企业生产只受到某一项资源的约束，并已知备选方案中各种产品的单位边际贡献和单位产品资源消耗额的条件下，可考虑采用单位资源边际贡献分析法进行短期经营决策。其计算公式如下：

单位资源边际贡献=单位边际贡献÷单位产品资源消耗定额 （8.1）

单位资源边际贡献是个正指标，根据它做出决策的判断标准是：哪个方案的该项指标大，哪个方案为优。

【例 8-5】某企业尚有一定闲置设备台时，拟用于开发一种新产品，现有 A、B 两个品种可供选择。A 品种的单价为 100 元，单位变动成本为 60 元，单位产品台时消耗定额为 2 小时；B 品种的单价为 120 元，单位变动成本为 40 元，单位产品台时消耗定额为 8 小时。

要求：为企业做出开发哪种品种的决策，并说明理由。

分析：根据条件，A、B 产品开发选择只受设备台时资源限制，因此可以用单位资源边际贡献分析法。

开发 A 品种时可获得的单位资源边际贡献=（100-60）÷2=20（元/小时）

开发 B 品种时可获得的单位资源边际贡献=（120-40）÷8=10（元/小时）

因为 20>10，所以开发 A 品种比开发 B 品种更有利。

决策结论：应当开发 A 品种。

2）边际贡献总额分析法

当有关决策方案的相关收入均不为零，相关成本全部为变动成本时，可以将边际贡献总额作为决策评价指标。

边际贡献总额等于相关的销售收入与相关的变动成本之差，该指标是个正指标，根据它做出决策的判断标准是：哪个方案的该项指标大，哪个方案为优。

3）差量损益分析法

差量损益分析法就是指在进行两个互斥方案的决策时，以差量损益指标作为评价方案取舍标准的一种决策方法。

在差量损益分析法中，差量损益等于差量收入与差量成本之差，表示企业多获得的利润或少发生的损失。其中，差量收入等于两个方案相关收入的差额，差量成本等于两个方案相关成本的差额。具体见表 8-2。

表 8-2 **差量损益分析表**

方案项目	A 方案	B 方案	差量(Δ)
相关收入	R_A	R_B	$\Delta R=R_A-R_B$
相关成本	C_A	C_B	$\Delta C=C_A-C_B$
差量损益			$\Delta P=\Delta R-\Delta C$

在进行决策分析时，若两个方案的差量损益（ΔP）大于零，则前一个方案优于后一个方案；若差量损益（ΔP）等于零，则两个方案的效益相同；若差量损益（ΔP）小于零，则后一个方案优于前一个方案。

【例 8-6】光明公司用同一台机器可以生产甲产品，也可以生产乙产品，它们的预计销售单价、数量和单位变动成本资料见表 8-3。由于条件限制，该企业只能生产其中一种，要求为该企业做出究竟生产哪一种产品较为有利的决策。

表 8-3 **甲、乙产品的预计数据表**

产品名称	甲产品	乙产品
预计销售数量	160 件	120 件
预计销售单价	18.50 元	30.80 元
单位变动成本	12.50 元	26.40 元

解析：该决策的两种方案的相关收入和相关成本都不相等，可以用差量损益分析法，同时相关成本都是变动成本，因此也可以用边际贡献总额分析法。

（1）差量损益分析法。

首先，计算差量收入：

制造乙产品与制造甲产品的差量收入=120×30.80−160×18.50=736（元）

其次，计算差量成本：

制造乙产品与制造甲产品的差量成本=120×26.40−160×12.50=1 168（元）

最后，计算差量损益：

制造乙产品与制造甲产品的差量损益=736−1 168=−432（元）

从计算结果可以看出，生产甲产品比生产乙产品的方案有利，可多获利 432 元。具体分析见表 8-4。

表 8-4 **甲、乙两种产品的差量损益分析表** 单位：元

摘要	乙产品	甲产品	差量
产品收入	30.80×120=3 696	18.50×160=2 960	736
产品成本	26.40×120=3 168	12.50×160=2 000	1 168
制造乙产品而非甲产品的差量损失	—	—	−432

（2）边际贡献总额分析法。

甲产品的边际贡献总额=（18.50−12.50）×160=960（元）

乙产品的边际贡献总额=（30.80−26.40）×120=528（元）

显然甲产品的边际贡献大于乙产品的边际贡献，所以生产甲产品有利，可以多获得432元的边际贡献。

4）相关损益分析法

在多方案的分析中，当有关方案的相关收入和相关成本都不等时，可以用相关损益分析法。某方案的相关损益是指该方案相关收入与相关成本之差。需要指出的是，相关损益分析法通常也需要编制相关损益分析表，见表8-5。

表8-5 **相关损益分析表**

方案项目	A方案	B方案	C方案
相关收入	R_A	R_B	R_C
相关成本	C_A	C_B	C_C
相关损益	$P_A=R_A-C_A$	$P_B=R_B-C_B$	$P_C=R_C-C_C$

相关损益指标是一个正指标，根据它做出决策的判断标准是：哪个方案的相关损益最大，哪个方案最优。

5）成本无差别点法

成本无差别点法是指在各备选方案的相关收入均为零，相关的业务量为不确定因素时，通过判断处于不同水平上的业务量与成本无差别点、业务量间的关系，进行互斥方案决策的一种方法。

各方案的业务量单位必须相同，方案之间的相关固定成本水平与单位变动成本水平恰好相互矛盾，否则无法应用该法。

成本无差别点业务量=两方案相关固定成本之差÷两方案单位变动成本之差 （8.2）

6）利润无差别点法

利润无差别点法是指利用调价后预计销售量与利润无差别点销售量之间的关系进行调价决策的一种方法，也有人称之为价格无差别点法。

利润无差别点销售量是指某种产品为确保原盈利能力，在调价后应至少达到的销售量。其公式为：

利润无差别点销售量=（固定成本+调价前可获利润）÷（拟调单价−单位变动成本） （8.3）

应用利润无差别点法进行调价决策的原则是：

若调价后预计销售量大于利润无差别点销售量，则可考虑调价；若调价后预计销售量小于利润无差别点销售量，则不能调价；若调价后预计销售量等于利润无差别点销售量，则调价与不调价的效益一样。

在此类决策中，需要综合考虑最大生产能力、调价后预计销售量因素，以及是否追加专属成本投入、绝对剩余生产能力能否转移等条件。

7）直接判断法

直接判断法是指通过比较方案是否符合有关判断条件直接做出决策的方法，又称简单法。

需要指出的是在对不同方案进行决策时，应根据需要选取合适的方法，多数时候决策的方法并不唯一。

8.2.3 生产决策

1）亏损产品的决策

我们知道，亏损产品就是收入不能弥补成本，利润为负数的产品。进一步分析亏损产品会发现，有些亏损产品无边际贡献，生产越多，亏损越多，这类亏损产品我们称为实亏产品，对这类产品企业应该尽早停产；还有些亏损产品有边际贡献，但是边际贡献不能弥补该产品的固定成本，这类产品我们称之为虚亏产品，对于虚亏产品，只要产销量能达到一定的数量，还是能转亏为盈的，对这类产品是否停产，不能盲目决策，否则会给公司带来损失。

【例 8-7】某企业生产甲、乙、丙三种产品，其中甲、丙两种产品发生亏损，有关资料见表 8-6。现要求确定，该企业亏损的甲、丙产品是否需要停产。

表 8-6 **甲、乙、丙产品利润表** 单位：元

项目	甲产品	乙产品	丙产品	合计	合计（甲停产后）	合计（丙停产后）
销售收入	300 000	560 000	400 000	1 260 000	960 000	860 000
变动成本	336 000	240 000	340 000	916 000	580 000	576 000
边际贡献	（36 000）	320 000	60 000	344 000	380 000	284 000
固定成本	34 000	80 000	70 000	184 000	184 000	184 000
利润(亏损)	（70 000）	240 000	（10 000）	160 000	196 000	100 000

分析：甲产品的边际贡献为负数，故应停止生产。停产后，企业利润将从目前的 160 000 元增加到 196 000 元（240 000–10 000–34 000）。而丙产品仍可提供边际贡献 60 000 元，故不应停止生产。若将其停产，由于乙产品的边际贡献为 320 000 元，减去固定成本总额 184 000 元，利润为 136 000 元，下降额为 60 000 元。

（1）虚亏产品是否停产的决策。亏损产品是否停产的决策，又称亏损产品是否继续生产的决策，是指围绕亏损产品所做出的在未来一段时间内是否按照原有规模继续组织生产而开展的决策。它属于接受或拒绝方案决策的类型。

①相对剩余生产经营能力无法转移。在相对剩余生产经营能力无法转移的条件下，应当首先考虑采用直接判断法，即判断该亏损产品的边际贡献是否大于零，如大于零，继续生产；反之，停产。

②相对剩余生产经营能力可以转移。在相对剩余生产经营能力可以转移的情况下，应用直接判断法，需要根据下列结论做出决策：

a）如果该亏损产品创造的边际贡献大于与相对剩余生产经营能力转移有关的机会成本，就应当继续生产。

b）如果该亏损产品创造的边际贡献小于与相对剩余生产经营能力转移有关的机会成本，就应当停止生产该亏损产品。

c）如果该亏损产品创造的边际贡献等于与相对剩余生产经营能力转移有关的机会成本，则停止或继续生产该亏损产品都可以。但基本建议是停产，除非是政府

必须让生产的产品。

【例 8-8】承【例 8-7】，如果丙产品停产后可以转产另外一种产品——丁产品，可以获得边际贡献 80 000 元，再来分析是否需要停产丙产品。

分析：继续生产丙产品的边际贡献为 60 000 元，机会成本为 80 000 元，显然丙产品的边际贡献小于机会成本，所以应该停产丙产品并转产丁产品。

（2）亏损产品是否增产的决策。

①企业已具备增产能力，且无法转移。

【例 8-9】承【例 8-7】，如果甲产品停产后，可以转产丙产品，进而增产 50% 的丙产品，分析是否需要增产丙产品。

分析：如果增产 50% 的丙产品，边际贡献会增加 30 000 元（60 000×50%），则会使公司的总利润增加 30 000 元，所以可以增产。

②相对剩余生产经营能力转移。

【例 8-10】承【例 8-7】，如果甲产品停产后，可以转产丙产品，进而增产 50% 的丙产品，但该剩余生产能力也可以对外出租，租金 5 000 元。分析是否需要增产丙产品。

分析：此问题可以用相关损益分析法解决。如果增产 50% 的丙产品，边际贡献会增加 30 000 元（60 000×50%），但存在机会成本（租金 5 000 元），则增产丙产品的相关损益为 25 000 元（30 000-5 000），所以可以增产，增产后会使公司的总利润增加 25 000 元。

2）是否接受特殊订货的决策

正常订货是指企业在组织一定时期生产之前争取到的、已纳入该期生产经营计划的订货，又称正常任务；与正常订货相联系的售价为正常价格。特殊订货通常是指在计划执行过程中，由外单位临时提出的额外的出价低于正常价格的订货任务。

企业在考虑是否接受特殊订货时，要考虑自身的生产能力是否满足、是否影响正常订货、剩余产能是否能够转移、是否需要追加固定成本、产品是否有更好的销路、该客户是否为特殊客户等多方面的因素。一般情况下特殊订货决策的基本原理是看接受订货能否给企业带来更多收益，如果能给企业带来更多收益，则可以接受，否则就拒绝。当客户比较特殊的时候也可能不是仅仅依靠财务指标做出决策。

特殊订货的决策方法主要有直接判断法和相关损益分析法。

（1）直接判断法。

当企业有足够的生产能力接受特殊订货，不用增加专属成本，而且剩余生产能力又不能转移时，就可以用直接判断法。

直接判断法的判断原则为：①只要追加订货的单价大于该产品的单位变动生产成本，接受特殊订货就会给公司带来收益的增加，应当接受追加订货；②如果追加订货的单价小于该产品的单位变动生产成本，接受特殊订货就会给公司带来收益减少的损失，应当拒绝接受追加订货；③如果追加订货的单价等于该产品的单位变动生产成本，则接受或拒绝接受特殊订货都可以，可以从其他角度考虑是否接受特殊订货。

【例 8-11】某企业生产拖鞋，生产能力 400 000 双，目前只生产和销售 300 000 双，每双拖鞋售价 4 元，固定成本 240 000 元，变动成本每双 2.50 元，利润表见表 8-7。

表 8-7 **利润表** 单位：元

项目	金额
销售收入（300 000×4）	1 200 000
变动成本（300 000×2.50）	750 000
边际贡献	450 000
固定成本	240 000
税前净利	210 000
单位生产成本	3.30

现有一客户愿意出价每双 3.10 元，订货 80 000 双。如果接受该订单，不会影响公司产品的正常销售，且公司的剩余生产能力无法转移。分析该公司应不应该接受这一客户订货。

分析：公司现有剩余生产能力 100 000 双，剩余生产能力无法转移，所以可以用直接判断法决策是否接受特殊订货。

由表 8-7 可知，产品的单位变动成本为 2.50 元，客户出价 3.10 元，大于单位变动成本，接受特殊订货，每双可带来边际贡献 0.60 元，接受订货后可使公司的总利润增加 48 000 元（0.60×80 000），所以可以接受该特殊订货。

以上结论可以通过表 8-8 来验证。

表 8-8 **接受特殊订货后的利润表** 单位：元

项目	金额
原销售收入（300 000×4）	1 200 000
新增销售收入（80 000×3.10）	248 000
变动成本（380 000×2.50）	950 000
边际贡献	498 000
固定成本	240 000
税前净利	258 000

（2）相关损益分析法。

当决策条件不满足直接判断法时，可以分析接受特殊订货的相关收入和相关成本，采用相关损益分析法进行决策。

【例 8-12】某企业原有生产能力可以生产 25 000 只甲产品，原销售量 20 000 只，单位售价 20 元，单位变动成本 12 元，现有客户提出订货 9 000 只，每只售价 18 元。目前的剩余产能不能转移，企业短期内不准备扩大生产能力。由于该客户可能是未来的大客户，公司很希望接下这一订单。因此管理层决定若产能不够满足特殊订货需求，可以暂时先放弃一些较小的订单供应，来满足该客户的要求。请你帮忙分析接受这批订货财务上是否可行。

分析：该公司剩余产能 5 000 只，而客户提出 9 000 只的订货量，目前情况下要满足客户的订货需求，必须放弃正常订单供应量 4 000 只（9 000–5 000）。

相关损益分析见表 8–9。

表 8–9　　**特殊订货相关损益分析表**　　单位：元

项目	金额	
相关收入	9 000×18	162 000
相关成本		140 000
变动成本	9 000×12	108 000
机会成本	4 000×(20–12)	32 000
相关损益		22 000

通过表 8–9 可知，接受该特殊订货，会给公司带来 22 000 元的利润增量，同时获得了潜在的大客户，因此可以接受特殊订货。

【例 8–13】某企业本年计划生产甲产品 1 000 件，生产能力为 1 200 件，正常价格为 100 元/件，产品的单位成本为 55 元，其中直接材料 24 元，直接人工 15 元，变动制造费用 6 元，固定制造费用 10 元，现有一客户要向该企业追加订货 300 件甲产品，由于产品有特殊要求，需要追加 1 200 元专属成本。特殊订单出价为 70 元/件，若接受追加订货需要压缩正常订货 100 件。若不接受追加订货，剩余能力可以对外出租，对外出租可获租金收入 3 000 元。要求决策是否接受该特殊订货。

分析：该公司剩余产能 200 件，而客户提出 300 件的订货量，目前情况下要满足客户的订货需求，必须放弃正常订单供应量 100 件，同时剩余产能不能对外出租，放弃租金收入 3 000 元。

产品成本中变动成本是相关成本，原有固定成本是无关成本。

单位变动成本=55–10=45（元）

相关损益分析见表 8–10。通过表 8–10 可知，接受该特殊订货，会给公司带来 2 200 元的利润损失，如果不考虑其他因素，应该放弃该特殊订货。

表 8–10　　**特殊订货相关损益分析表**　　单位：元

项目	金额	
相关收入	300×70	21 000
相关成本		23 200
变动成本	300×45	13 500
机会成本		8 500
压缩正常订货损失	100×(100–45)	5 500
放弃租金收入		3 000
专属成本		1 200
相关损益		–2 200

3）新产品开发的品种决策

新产品开发的品种决策，是指企业在利用现有的绝对剩余生产经营能力开发新产品的过程中，在两个或两个以上可供选择的多个新品种中选择一个最优品种的决策。它属于互斥方案决策的类型，可以用差量损益分析法或相关损益分析法进行决策。

（1）不追加专属成本的新产品开发决策。

在新产品开发的品种决策中，如果有关方案均不涉及追加专属成本，可以用单位资源边际贡献分析法直接进行新产品开发的品种决策。

【例 8-14】某公司利用剩余生产能力开发新产品，现有 A、B 两种产品可供选择。A 产品的预计单价为 100 元，单位变动成本为 80 元，单位产品工时定额为 5 工时；B 产品的预计单价为 50 元，单位变动成本为 35 元，单位产品工时定额为 3 工时。开发新产品不需要追加专属成本。企业应开发何种新产品。

分析：本例中，剩余产能是有限资源，因此机器工时是约束资源，A、B 方案的加工时间不同，边际贡献不同，要实现公司经济效益最大化的决策目标，应该采用单位资源边际贡献分析法，通过计算每种产品单位工时提供的边际贡献的大小来决策，见表 8-11。

表 8-11　**单位工时边际贡献分析表**　金额单位：元

项目	A 产品	B 产品
单价	100	50
单位变动成本	80	35
单位边际贡献	20	15
单位产品工时定额	5	3
单位工时边际贡献	4	5

从表 8-11 中可以看出，B 产品单位工时提供的边际贡献大于 A 产品单位工时提供的边际贡献，在生产能力一定的情况下，B 产品提供的边际贡献总额必然大于 A 产品提供的边际贡献总额。因此，公司应选择生产 B 产品。

单位资源边际贡献最大的产品，一定会给公司带来最大经济效益。【例 8-14】中，如果已知剩余产能总工时，也可以用边际贡献总额来验证。

【例 8-15】承【例 8-14】，如果公司现有剩余生产能力 30 000 工时。问企业应开发何种新产品。

分析：本例中，由于公司是利用现有生产能力生产新产品，固定成本属于无关成本，与决策分析没有关系，可以不予考虑，因此应采用边际贡献总额分析法，通过计算每种产品提供的边际贡献总额的大小来决策，见表 8-12。

表 8-12　**边际贡献总额分析表**　金额单位：元

项目	A 产品	B 产品
最大产量(件)	6 000	10 000
单价	100	50
单位变动成本	80	35
单位边际贡献	20	15
边际贡献总额	120 000	150 000

表 8-12 中的计算表明，尽管 B 产品单位产品的盈利能力比较低，但是由于其工时消耗也低，产品生产总量多，为公司提供的边际贡献总额也多，因此公司应选择生产 B 产品。这与单位资源边际贡献分析法的结果一致。

（2）追加专属成本的新产品开发决策。

当新产品开发的决策方案中需要追加专属成本时，就不能用单位资源边际贡献分析法进行分析了，而需应用相关损益分析法或差量损益分析法进行决策。

【例 8-16】承【例 8-15】，开发新产品 A 和新产品 B 的相关产销量、单价与单位变动成本等资料不变，但假定开发过程中需要装配不同的专用设备，A、B 产品分别需要追加专属成本 10 000 元和 50 000 元。分析企业应开发何种新产品。

本例中，由于公司是利用现有生产能力在两种新产品中选择一种产品进行生产，并且需要增加专属固定成本，因此可以采用差量损益分析法进行分析。差量损益分析见表 8-13。

表 8-13 **差量损益分析表** 单位：元

方案项目	A 产品	B 产品	差异额
相关收入	600 000（100×6 000）	500 000（50×10 000）	100 000
相关成本	490 000	400 000	90 000
增量成本	480 000（80×6 000）	350 000（35×10 000）	130 000
专属成本	10 000	50 000	-40 000
差量损益			10 000

由表 8-13 可见，评价指标差量损益为+10 000 元，大于零，可以据此判定应当开发生产 A 产品，这样可以使企业多 10 000 元利润。

直接比较相关损益也可以得出同样的结果，在此不再赘述。

4）产品是否深加工的决策

产品是否深加工的决策包括半成品是否深加工和联产品是否深加工两类决策问题。

（1）半成品是否深加工的决策。

半成品是否进一步加工的决策是指企业对于那种既可以直接出售，又可以经过进一步加工变成产成品之后再出售的半成品是否深加工所做的决策，又称是否直接出售半成品决策。决策常是“继续深加工”方案与“直接出售”方案的比较。半成品是否深加工的决策可以用差量损益分析法来完成。

【例 8-17】某公司每年生产 A 产品 5 000 件，单位变动成本为 12 元，单位固定成本为 4 元，单价为 24 元，如果把 A 产品进一步加工为 B 产品，单价可以提高到 36 元，但需追加单位变动成本 8 元，专属固定成本 10 000 元。请分析该公司应决定生产 A 产品，还是生产 B 产品。

分析：根据资料编制差量损益分析表见表 8-14。

表 8-14 差量损益分析表 单位：元

项目＼方案	进一步加工方案	出售半成品方案	差异额
相关收入	180 000（36×5 000）	120 000（24×5 000）	60 000
相关成本	50 000	0	50 000
增量成本	40 000（8×5 000）	0	40 000
专属成本	10 000	0	10 000
差量损益			10 000

从计算结果可以看出，进一步加工为 B 产品再出售，比出售半成品 A 可多获利 10 000 元，企业应选择进一步加工的方案。

可以看出，深加工决策的要点是比较继续加工增加的收入和继续加工增加的成本，只要继续加工增加的收入能弥补继续加工增加的成本，则加工，否则直接出售(直接出售加工成本=0)。

（2）联产品是否深加工的决策。

联产品是指用同一种原料，经过同一个生产过程，生产出两种或两种以上的不同性质和用途的产品，这些在经济上有不同性质和用途的产品，不仅在经济上有重要的意义，而且属于企业生产的主要目的。如炼油厂提炼原油，可以生产出汽油、柴油、煤油等各种燃料油。

企业的原材料，经过同一生产过程以后，从中分离出各种联产品。而联产品分离的这个点称为分离点。分离点前发生的成本称为联合成本或共同成本，分离以后有的可直接销售，有的需要进一步加工后再销售，而进一步加工的成本称为可归属成本或可分成本。

有许多联产品既可以在分离后立即出售，也可以经过进一步加工后再出售。在决策联产品是否要进一步加工再出售问题时，和半成品是否进一步加工决策类似，可以采用差量损益分析法或相关损益分析法进行。只要加工后增加的收入能够弥补可分成本就可以接受深加工决策。

【例 8-18】某化学公司在生产过程中同时生产 A、B、C、D 四种联产品，其中 B、D 两种产品可在分离后立即出售，亦可继续加工后再行出售，其有关产量、售价成本的资料见表 8-15。

要求：做出 B、D 两种产品是否进一步加工的决策分析。

分析：根据上述有关资料，分别编制 B、D 联产品的差量损益分析表见表 8-16、表 8-17。

通过表 8-16 可以看出，B 联产品进一步加工后出售比直接出售多获得 5 000 元利润，所以可以加工后再出售。

表 8-15 **B、D 两种联产品相关信息表**

联产品名称		B	D
产量		10 000 千克	4 000 千克
销售单价	加工前	2 元/千克	6 元/千克
	加工后	5 元/千克	10 元/千克
分离点前的联合成本		20 000 元	20 000 元
加工过程中追加的成本	单位变动成本	2 元	5 元
	专属固定成本	5 000 元	1 000 元

表 8-16 **B 联产品深加工差量损益分析表** 单位：元

方案 项目	进一步加工方案	直接出售联产品方案	差异额
相关收入	50 000（5×10 000）	20 000（2×10 000）	30 000
相关成本	25 000	0	25 000
增量成本	20 000（2×10 000）	0	20 000
专属成本	5 000	0	5 000
差量损益			5 000

表 8-17 **D 联产品深加工差量损益分析表** 单位：元

方案项目	进一步加工方案	直接出售联产品方案	差异额
方案 项目	40 000（10×4 000）	24 000（6×4 000）	16 000
相关成本	21 000	0	21 000
增量成本	20 000（5×4 000）	0	20 000
专属成本	1 000	0	1 000
差量损益			-5 000

通过表 8-17 可以看出，D 联产品进一步加工后出售比直接出售少获得 5 000 元利润，所以可以直接出售。

5）零部件自制或外购的决策

零部件自制或外购的决策，是指企业围绕既可自制又可外购的零部件的取得方式而开展的决策，又叫零部件取得方式的决策。企业生产产品所需要的零部件，是自己组织生产还是从外部购进，这是任何企业都会遇到的决策问题。需要指出，无论零部件是自制还是外购，并不影响产品的销售收入，只需考虑两个方案的成本，哪一个方案的成本低则选择哪一个方案。

零部件自制或外购的决策分析一般可采用相关成本分析法和成本无差别点分析法。

（1）零部件自制不需增加固定成本且自制生产能力无法转移。

在企业已经具备的自制生产能力无法转移的情况下，原有的固定成本属于沉没成本，不会因零部件的自制或外购而发生变动。因此，在这项决策分析中，只需将自制方案的变动成本与外购成本进行比较。如果自制变动成本高于外购成本，应外购；如果自制变动成本低于外购成本，应自制。

【例 8-19】某企业每年需用 A 零件 100 000 件，该零件既可以自制，又可以外购。若外购每件成本为 40 元；若自制，企业拥有多余的生产能力且无法转移，其单位成本为：直接材料 30 元，直接人工 6 元，变动制造费用 3 元，固定制造费用 5 元，单位成本合计 44 元。

要求：分析该企业 A 零件应自制还是外购。

分析：根据题意，企业拥有多余的生产能力，固定成本属于无关成本，不需考虑，自制单位变动成本为 39 元（直接材料 30 元，直接人工 6 元，变动制造费用 3 元），外购单位成本为 40 元。

显然自制单位成本小于外购单位成本，在需要量一定的条件下，自制相关总成本小于外购相关总成本，所以企业应选择自制方案。

自制相关总成本=100 000×39=3 900 000（元）

外购总成本=100 000×40=4 000 000（元）

可以看出，企业应选择自制方案，可节约成本 100 000 元。

（2）零部件自制不需增加固定成本但自制生产能力可以转移。

在自制生产能力可以转移的情况下，自制方案的相关成本除了包括按零部件全年需用量计算的变动生产成本外，还包括与自制生产能力转移有关的机会成本，无法通过直接比较单位变动生产成本与外购单价做出决策，必须采用相关成本分析法。

【例 8-20】承【例 8-19】，假定自制 A 零件的生产能力可以转移，每年预计可以获得边际贡献 1 000 000 元。A 零件应该自制还是外购？

分析：根据题意，可采用相关成本分析法。由于企业拥有多余的生产能力，固定成本属于无关成本，不需考虑，自制单位变动成本为 39 元（直接材料 30 元，直接人工 6 元，变动制造费用 3 元），外购单价为 40 元。自制 A 零件的机会成本为 1 000 000 元。

依题意编制的相关成本分析表见表 8-18。

表 8-18 **相关成本分析表** 单位：元

项目＼方案	自制 A 零件	外购 A 零件
变动成本	100 000×39=3 900 000	100 000×40=4 000 000
机会成本	1 000 000	
相关成本合计	4 900 000	4 000 000

显然，自制相关总成本比外购相关总成本多 900 000 元，所以企业应选择外购方案。

（3）零部件自制但需要增加固定成本。

当自制零部件时，如果企业没有多余的生产能力或多余生产能力不足，就需要增加固定成本以购置必要的机器设备。在这种情况下，自制零部件的成本就不仅包括变动成本，还包括增加的固定成本。由于单位固定成本是随产量成反比例变动的，因此对于不同的需要量，决策分析的结论就可能不同。这类问题的决策分析，根据零部件的需要量是否确定，可以分别采用相关成本分析法和成本无差别点分析法来进行。若零部件的需要量确定，可以采用相关成本分析法；若零部件的需要量不确定，则采用成本无差别点分析法。因零部件需要量确定情况下的零部件自制与否的决策与前例相似，这里仅就零部件需要量不确定情况下的自制与否的决策进行举例。

【例 8-21】企业需要的 B 零件可以外购，单价为 60 元；若自制单位变动成本为 24 元，每年还需增加固定成本 45 000 元。

要求：分析 B 零件是自制还是外购。

分析：由于本例零部件的需要量不确定，因此需采用成本无差别点分析法进行分析。

设：x_0为成本无差别点业务量，自制方案的总成本为 y_1，固定成本为 a_1，单位变动成本为 b_1；外购方案的总成本为 y_2，固定成本为 a_2，单位变动成本为 b_2。

其中：a_1=45 000 元，b_1=24 元，a_2=0，b_2=60 元

则有：$y_1=a_1+b_1x=45\,000+24x$

$y_2=60x$

$x_0=\dfrac{45\,000}{60-24}=1\,250$（件）

这说明，当零部件需要量在 1 250 件时，外购总成本与自制总成本相等；当零部件的需要量在 1 250 件以内时，外购总成本低于自制总成本，应选择外购方案；当零部件需要量超过 1 250 件时，自制总成本低于外购总成本，应选择自制方案。

【例 8-22】企业需用的某配件既可自制，又可从市场上买到。若企业自制此配件，每年的相关固定成本为 20 000 元，单位变动成本为 4 元/件。从市场上外购此配件超过 5 500 件，每件 6 元；5 500 件及以下，则每件 8 元。

要求：做出企业取得此配件方式的决策。

分析：由于外购配件有数量折扣，所以外购成本是分段函数，需要分段表示和分析。

（1）自制此配件，设业务量为 x，总成本为 y，则 $y=a+bx=20\,000+4x$

外购数量≤5 500 件时，$y_1=b_1x=8x$

外购数量>5 500 件时，$y_2=b_2x=6x$

（2）求交点。

$x\leqslant 5\,500\begin{cases} y=20\,000+4x \\ y=8x \end{cases}$　　解得：x=5 000

$x>5\,500\begin{cases} y=20\,000+4x \\ y=6x \end{cases}$　　解得：x=10 000

（3）结论：当 x≤5 000 时，外购成本小于自制成本，所以外购合适；当 5 000<

$x \leq 5\,500$ 时，自制成本小于等于外购成本，所以自制合适；当 $5\,500 < x \leq 10\,000$ 时，外购成本小于等于自制成本，所以外购合适；当 $x > 10\,000$ 时，自制成本小于外购成本，所以自制合适。

6）不同生产工艺技术方案的决策

企业在组织生产某一种产品或零件时，如果采用的加工设备不同，其加工成本往往也会有很大差异。一般来说，采用技术含量较高的设备发生的固定成本较高，同时单位变动成本较低；采用技术含量较低的设备发生的固定成本较低，但同时单位变动成本较高。由于单位固定成本和产量成反比例变动，因此，采用哪种类型的设备取决于加工批量的大小。当加工批量较大时，一般采用技术含量高的设备合适；当加工批量较小时，采用技术含量较低的设备合适。对这类项目的决策即为不同生产工艺技术方案的决策。

不论采用何种设备加工产品，都不影响产品的应用和销售，因此只需要进行相关成本分析，哪种设备成本低就选择哪种设备。在加工批量不确定的条件下，可以采用成本无差别点分析法进行决策。

【例 8-23】某厂生产一种零件，可以用普通车床、专用车床或自动化车床进行加工，不同类型车床加工的成本资料见表 8-19。

表 8-19　　**不同加工设备生产的成本数据**　　单位：元

项目方案	一次调整的准备费用	一件零件的加工费用
普通车床	8.00	1.20
专用车床	15.00	0.85
自动化车床	25.00	0.60

分析：设加工量为 x，加工成本为 y，则自动化车床的成本函数为 $y_1=25+0.60x$；专用车床的成本函数为 $y_2=15+0.85x$；普通车床的成本函数为 $y_3=8+1.20x$。

设 x_1 为普通车床与专用车床之间加工批量的成本无差别点，x_2 为专用车床与自动化车床之间加工批量的成本无差别点，x_3 为普通车床与自动化车床之间加工批量的成本无差别点，那么就有：

$$\begin{cases} 8+1.20x_1=15+0.85x_1 \\ 15+0.85x_2=25+0.60x_2 \\ 8+1.20x_3=25+0.60x_3 \end{cases} \quad \text{计算可得：} \begin{cases} x_1=20 \\ x_2=40 \\ x_3=28 \end{cases}$$

可以借助图 8-1 分析这三个成本的大小变化关系。

通过图 8-1 可以看出，当 x 小于等于 20 台时，y_3 最小；当 x 大于 20 台小于等于 40 台时，y_2 最小；当 x 大于 40 台时，y_1 最小。

也就是说，一次加工的批量小于等于 20 台时，用普通车床进行加工为佳；一次加工的批量大于 20 台、小于等于 40 台时，用专用车床进行加工为佳；如果加工的批量超出 40 台，则用自动化车床进行加工为佳。

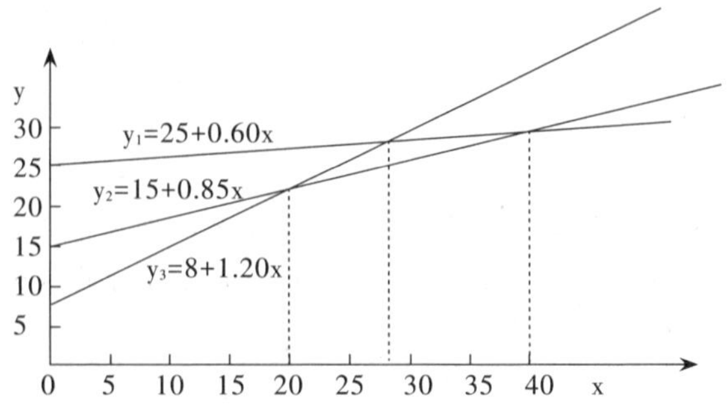

图 8-1　不同加工设备成本大小变化关系图

7）产品最优组合的决策

企业在生产多种产品时，常常会遇到产品的最优组合问题。产品最优组合就是通过产品品种的合理搭配，使企业有限的资源和生产能力得到最充分的利用，以提高企业的经济效益，一般应采用线性规划分析法。线性规划分析法的具体步骤如下：

（1）确定目标函数与约束条件，并列出代数式；

（2）根据约束条件在平面直角坐标系中制图，确定产品组合的可行解区域；

（3）在可行解区域里，确定能使目标函数得到最大值或最小值的产品最优组合。

【例 8-24】某企业生产 A、B 两种产品，市场的最大订货量分别为 2 400 件和 1 800 件，产品的单位边际贡献分别为 14 元和 8 元。A、B 两种产品需要经过第一、第二两个车间加工才能完成。两个车间的最大生产能力分别为 36 000 机器小时、26 400 机器小时。该企业生产 A、B 两种产品的有关资料见表 8-20。

表 8-20　　**A、B 两种产品的有关资料**

项目 \ 产品		A 产品（x_1）	B 产品（x_2）
加工时间（机器小时）	第一车间	15	5
	第二车间	6	12
单位边际贡献（元）		14	8
预测销售数量（件）		2 400	1 800

要求：确定该企业的最优产品组合。

分析：首先确定目标函数与约束条件方程。

设 x_1 和 x_2 是最优组合的 A、B 两种产品的产量，设 MC 为可提供的边际贡献，则目标函数为：

$MC=14x_1+8x_2$

约束条件为：

$15x_1+5x_2\leqslant 36\,000$

$6x_1+12x_2\leqslant 26\,400$

$x_1 \leqslant 2\ 400$

$x_2 \leqslant 1\ 800$

$x_1 \geqslant 0$

$x_2 \geqslant 0$

然后，根据约束方程在直角坐标系中绘制图式，确定产品组合的“可行性面积”，即解决问题的区域，在这个区域内任何组合都是可行的（如图 8-2 所示）。

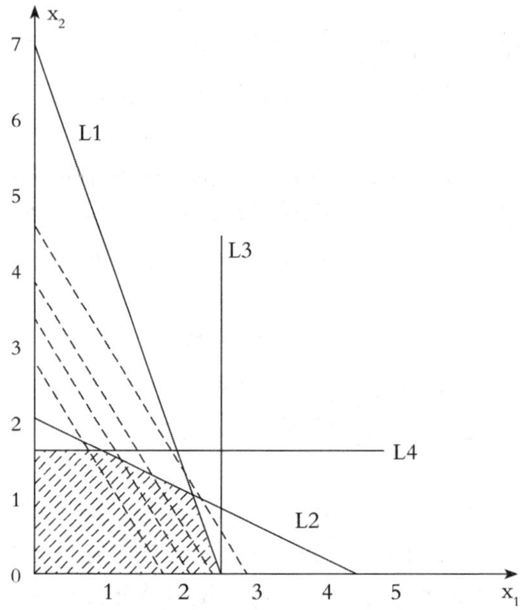

图 8-2　线性规划图（单位：千件）

最后，确定产品最优组合，即找出使目标函数值最大的点。根据目标函数特征可知，目标函数最大的点一定在边界上。

在图 8-2 的“可行性面积”内共有 5 个顶角，可以求出各个顶角的坐标分别为（0，0）、（0，1 800）、（800，1 800）、（2 000，1 200）、（2 400，0）。各点坐标代入目标函数，分别验证各点目标函数的值，取使目标函数最大的点即为最优组合。

各点的验证见表 8-21。

表 8-21　**边际贡献总额验证表**

顶角	产品组合		$MC=14x_1+8x_2$	MC
	x_1	x_2		
（0，0）	0	0	14×0+8×0	0
（0，1 800）	0	1 800	14×0+8×1 800	14 400
（800，1 800）	800	1 800	14×800+8×1 800	25 600
（2 000，1 200）	2 000	1 200	14×2 000+8×1 200	37 600
（2 400，0）	2 400	0	14×2 400+8×0	33 600

表 8-21 表明，点（2 000，1 200）的目标函数值最大，也就是说，当 A 生产 2 000 件、B 生产 1 200 件时，公司利润最大。

$MC=14x_1+8x_2$ 可以整理为：

$$x_2=-\frac{14}{8}x_1+\frac{MC}{8}$$

以-14/8 为斜率绘制一组平行线，其中经过可行性面积顶角上的截距最大的直线的利润就是目标函数的最大值，该顶角的坐标对应的产量组合就是产品的最优组合。

8.2.4 不确定型经营决策

1）不确定型经营决策的概念

不确定型经营决策是指决策所涉及的有关备选方案的各项条件具有某种程度的不确定性，每个备选方案都会出现两个或两个以上的不同结果，但无法预测其发生的概率。

2）不确定型经营决策的方法

这类决策常用的方法有：大中取大法、小中取大法、大中取小法和折中决策法。

（1）大中取大法

大中取大法又称最大的最大收益值法，或乐观决策方法，是在几种不确定的随机事件中，选择最有利的市场需求情况下的收益值最大的方案作为中选方案的决策方法。

大中取大法的决策程序如下：

①在每个备选方案中确定一个最大的收益值。

②从各备选方案的最大收益值中选出一个收益值最大的方案作为最优方案。

【例 8-25】已知：某公司准备开发一种新产品，根据市场调查提出三个不同产量方案，并预计销路好坏不同情况下的边际贡献总额，有关资料见表 8-22。

表 8-22 边际贡献资料 金额单位：元

方案 \ 销路	畅销	一般	滞销
2 000 件	40 000	29 000	17 000
2 500 件	49 000	28 000	21 500
3 000 件	58 500	33 600	18 600

要求：按大中取大法为该公司做出生产数量的决策。

解析：依题意编制收益分析表见表 8-23。

表 8-23 不同方案的最大与最小收益分析表 金额单位：元

方案 \ 销路	畅销	一般	滞销	最大收益值	最小收益值
2 000 件	40 000	29 000	17 000	40 000	17 000
2 500 件	49 000	28 000	21 500	49 000	21 500√
3 000 件	58 500	33 600	18 600	58 500√	18 600

从表 8-23 中可见，在大中取大法下，最大收益值均集中在“畅销”栏，而最

大收益值中的最大值是 58 500 元，因此产量为 3 000 件的方案为最优方案。

（2）小中取大法

小中取大法，也称悲观决策法，是指在几种不确定的随机事件中，选择最不利的市场需求状况下的收益最大值的方案作为中选方案的决策方法。

小中取大法的决策程序如下：

①在每个备选方案中确定一个最小的收益值。

②从各备选方案的最小收益值中选出一个收益值最大的方案作为最优方案。

【例 8–26】承【例 8–25】，条件不变。

要求：采用小中取大法进行生产数量的决策。

解析：从表 8–23 中可见，在小中取大法下，最小收益值均集中在“滞销”栏，而最小收益值中的最大值是 21 500 元，因此产量为 2 500 件的方案为最优方案。

（3）大中取小法

大中取小法，也称最小的最大后悔值决策法，是指在几种不确定的随机事件中，选择最大后悔值中的最小值的方案作为最优方案。

后悔值是指在各种不同市场需求状况下最优方案的收益值与所采取的方案收益值的差额，即如果选错方案可能发生的损失。

大中取小法的决策程序如下：

①确定不同市场需求状况下各个方案的最大收益值。

②计算不同市场需求状况下各个方案的后悔值。

③确定每个备选方案的最大后悔值，然后从中选取最小的后悔值对应的决策方案作为最优方案。

【例 8–27】承【例 8–25】，条件不变。

要求：采用大中取小法进行生产数量的决策。

解析：根据表 8–22 编制后悔值分析表，见表 8–24。

表 8–24　**各方案后悔值分析表**　金额单位：元

方案＼销路		畅销	一般	滞销	最大后悔值
最大收益值		58 500	33 600	21 500	—
后悔值	2 000 件	18 500	4 600	4 500	18 500
	2 500 件	9 500	5 600	0	9 500
	3 000 件	0	0	2 900	2 900√

从表 8–24 中可见，最大后悔值中的最小值是 2 900 元，因此产量为 3 000 件时的方案应作为最优方案。

（4）折中决策法

折中决策法是指在确定乐观系数 a 和各个方案预期价值的基础上，在不确定的各个备选方案中选择预期价值最大的方案作为中选方案的决策方法。决策者在确定乐观系数时，既不能过于乐观，也不能过于悲观，而应采取现实主义的态度，根据实际情况和自己的实践经验折中确定。

a 的取值范围：0~1，若接近 1，则比较乐观；若接近 0，则比较悲观。

每个备选方案的预期价值=a×最高收益值+（1−a）×最低收益值　　(8.4)

【例 8−28】承【例 8−25】，条件不变，假定乐观系数为 0.6。

要求：采用折中决策法进行生产数量的决策。

解析：预期收益分析表见表 8−25。

表 8−25　　**不同方案的预期收益分析表**　　金额单位：元

方案＼销路	畅销	一般	滞销	最大收益值	最小收益值	预期价值
2 000 件	40 000	29 000	17 000	40 000	17 000	30 800
2 500 件	49 000	28 000	21 500	49 000	21 500	38 000
3 000 件	58 500	33 600	18 600	58 500	18 600	42 540√

可以看出，生产 3 000 件的预期价值最大，因此选择生产 3 000 件。

8.2.5　风险型经营决策

概率分析法是运筹学中专门针对风险型经营决策的不确定因素进行分析的一种专门方法。它对企业经营中的诸多因素（如产品销售量、变动成本、固定成本等）在一定范围内的变动程度做出估计，从而把影响决策的各种情况都考虑进去，使决策更加接近于实际情况。

概率分析法的步骤如下：

（1）确定这项风险型经营决策可能出现哪些不确定因素，并找出或估计其发生的概率。估计概率可以会计、统计的历史数据为基础（客观概率）；也可以决策者的主观判断为基础（主观概率）。

（2）根据各种因素具体条件的金额，以及估计概率，编制"期望值计算分析表"。

期望值=$\sum$某事件的金额×概率　　(8.5)

（3）从"期望值计算分析表"中选出最优方案。

【例 8−29】假定无锡洗衣机厂今年销售给无锡市中百公司小天鹅洗衣机 1 000 台，售出时曾约定洗衣机卖给用户后可保修一年。该厂对洗衣机的保修工作有以下三个方案可供选择：

（1）委托甲修理厂承包全部维修及更换零件业务（维修次数不限），为期一年，共需一次性支付修理费 14 000 元。

（2）委托乙修理厂承担维护修理业务，但乙修理厂言明一年内只能接受维修 1 000 次，共需支付修理费 10 000 元；若超过 1 000 次，每次需另增加维修费 5 元。

（3）委托丙修理厂承担维护修理业务，但丙修理厂言明一年内只能接受维修 1 500 次，共需支付修理费 12 000 元；若超过 1 500 次，每次需另增加维修费 6 元。

根据无锡洗衣机厂过去 5 年的统计资料，将实际可能出现的维修次数及其相应的概率列表，见表 8−26。

表 8-26　　　　一年内洗衣机需维修的次数及其发生的概率

事件(维修次数)	估计事件发生概率
1 000次以下	0.4
1 000~1 300次	0.3
1 300~1 500次	0.2
1 500~2 000次	0.1
合计	1.0

要求：为无锡洗衣机厂做出最优保修决策的方案抉择。

解析：根据给定的资料，编制维修成本的预期价值计算分析表，详见表 8-27。

表 8-27　　　　维修成本的预期价值计算分析表　　　　金额单位：元

方案	维修次数(次)	维修费用 (1)	概率 (2)	预期成本 (1)×(2)
甲修理厂	维修次数不限	14 000	1.0	14 000
乙修理厂	1 000次以下	10 000	0.4	4 000
	1 000~1 300次	11 500	0.3	3 450
	1 300~1 500次	12 500	0.2	2 500
	1 500~2 000次	15 000	0.1	1 500
				11 450√
丙修理厂	1 500次以下	12 000	0.9	10 800
	2 000次	15 000	0.1	1 500
				12 300

根据表 8-27 的资料，无锡洗衣机厂应选择乙修理厂为其承担售后维修服务。

8.2.6　定价决策

定价决策是指企业为实现其定价目标而科学合理地确定商品的最合适价格的决策，主要包括定价决策策略和定价决策方法两部分。

1）定价决策策略

定价决策策略是指企业在充分考虑影响其定价的内外部因素的基础上，为达到企业预定的定价目标而采取的价格策略。制定科学合理的定价策略，不但要求企业对成本进行核算、分析、控制和预测，而且要求企业根据市场结构、市场供求、消费者心理及竞争状况等因素做出判断与选择。价格策略的选择是影响企业定价目标的重要因素。以下主要介绍弹性定价策略、新产品定价策略和心理定价策略。

（1）弹性定价策略（flexible pricing），主要是指根据价格弹性确定价格调整方向的原则或技巧。价格弹性是价格影响需求量的一个弹性系数，也叫需求的价格弹性系数，它反映需求量受价格变化影响的变动程度。

$$\text{价格弹性}=\frac{\text{需求量变化的百分比}}{\text{价格变化的百分比}} \tag{8.6}$$

其数学定义是：弹性（Q）=f′（p）·p÷x

式中的 x 为需求量，p 为价格，x=f（p）为需求函数。从数学意义上看，由于

$x=f(p)$ 是单调减函数，所以，价格弹性 $Q=f'(p)\cdot p\div x$ 恒为负值，表明价格每增加（或减少）1% 时，需求量所降低（或增加）的百分比。

在经济学上，价格弹性的绝对值可以反映需求量与价格变化水平的关系。若价格弹性的绝对值 $|Q|>1$，则表明价格以较小幅度变动时，可使需求量产生较大幅度的反弹，价格弹性大。若价格弹性的绝对值 $|Q|=1$，则表明需求量受价格变动影响的幅度与价格本身变动的幅度一致。若价格弹性的绝对值 $|Q|<1$，则说明价格变动幅度即使很大，需求量的变化幅度也不会太大，价格弹性小。

价格弹性的大小说明了商品价格与需求量之间反方向变动水平的大小，可以根据这一特点来对相关商品进行价格调整。一般来说，弹性大的商品价格稍微下降，需求量就会有较大的提高，因此应采取调低价格的方法，薄利多销；弹性小的商品，当价格发生较大幅度的变动时，需求量增减变动幅度相对较小，因此不仅不应调低价格，相反，在条件许可的范围内还可以适当调高价格；对于价格弹性的绝对值 $|Q|=1$ 的商品，如何调价应具体分析。

（2）新产品定价策略。新产品与其他产品相比，可能具有竞争程度低、技术领先的优点，但同时会有不被消费者认同和产品成本高的缺点，因此在为新产品定价时，既要考虑能尽快收回投资，获得利润，又要有利于消费者接受新产品。实践中，常见的新产品定价策略有以下三种：

①撇脂定价（skimming pricing）策略，也称高价策略，指企业以大大高于成本的价格将新产品投入市场，以便在短期内获取高额利润，尽快收回投资，然后逐渐降低价格的策略。索尼公司的电器产品在投入市场之初，大都采用了该策略。我们生活中的许多电子产品，高科技产品也都曾采取此做法。一般地，撇脂定价策略适合于市场需求量大且需求价格弹性小，顾客愿意为获得产品价值而支付高价的细分市场。或企业是某一新产品的唯一供应者时，采用撇脂定价策略可使企业利润最大化。但高价会吸引竞争者纷纷加入，一旦有竞争者加入，企业就应迅速降价。

②渗透定价（penetration pricing）策略，与撇脂定价策略恰好相反，是在新产品投放市场时，将价格定得较低，以吸引大量消费者，提高市场占有率。采取渗透定价策略不仅有利于迅速打开产品销路，抢先占领市场，提高企业和品牌的声誉，而且由于价低利薄，从而有利于阻止竞争对手的加入，保持企业一定的市场优势。通常，渗透定价策略适合于产品需求价格弹性较大的市场，首先低价可以使销售量迅速增加；其次要求企业生产经营的规模经济效益明显，成本能随着产量和销量的扩大而明显降低，从而通过薄利多销获取利润。

③试销价格（trial pricing）策略，是指企业在某一限定的时间内把新产品的价格维持在较低的水平，以赢得消费者对该产品的认可和接受，降低消费者的购买风险。如微软公司的 Access 数据库程序最初的短期促销价为 99 美元，而建议零售价则为 495 美元。试销价格策略有利于鼓励消费者试用新产品，而企业则希望消费者通过试用成为企业的忠实顾客，并建立起企业良好的口碑。该策略也经常被服务性企业所采用，如开业之初的特惠价等。但只有企业的产品或服务确实能使消费者感

到获得了很大的利益时，此种策略才能收到预期的效果。

（3）心理定价策略。心理定价策略是根据消费者不同的消费心理而灵活定价，以引导和刺激购买的价格策略，主要有：

①声望定价（prestige pricing）策略，是指对一些名牌产品，企业往往可以利用消费者仰慕名牌的心理而制定大大高于其他同类产品的价格。如国际著名的欧米茄手表，在我国市场上的销价从一万元到几十万元不等。消费者在购买这些名牌产品时，特别关注其品牌及标价所体现出的炫耀价值，目的是通过消费获得极大的心理满足。

②尾数定价（mantissa pricing）策略，是指在确定零售价格时，以零头数结尾，使用户在心理上有一种便宜的感觉，或是按照风俗习惯的要求，价格尾数取吉利数字，以扩大销售。对于日常用品，一般来说，消费者乐于接受带有零头的价格，这种尾数价格往往能使消费者产生一种似乎便宜，且定价精确的感觉。

③整数定价（integer pricing）策略，与尾数定价策略相反，即按整数而非尾数定价，是指企业把原本应该定价为零数的商品价格改定为高于这个零数价格的整数，一般以“0”作为尾数。这种舍零凑整的策略实质上是利用了消费者按质论价的心理、自尊心理与炫耀心理。一般来说，整数定价策略适用于那些名牌优质商品。由于消费者常常根据价格来辨别产品的质量，对价格较高的产品，如耐用品、礼品或服装等消费者不太容易把握质量的产品，实行整数定价策略反而会抬高产品的身价，从而达到扩大销售的目的。

④习惯性定价（customary pricing）策略，是指根据消费者在长期消费中形成的对某种商品价格的一种稳定性的价值评估进行定价的策略。有些商品如牛奶，消费者在长期的消费中，已在头脑中形成了一个参考价格水准，个别企业难以改变。如果企业定价低于该水准易引起消费者对品质的怀疑；高于该水准则可能受到消费者的抵制。企业定价时常常要迎合消费者的这种习惯心理。

⑤招徕定价（loss leader pricing）策略，又称特价商品定价策略，是一种有意将少数商品降价以招徕顾客的定价方式。商品的价格定得低于市价，一般都能引起消费者的注意，这是迎合消费者的“求廉”心理。零售商常利用消费者贪图便宜的心理，特意将某几种产品的价格定得较低以招徕顾客，或者利用节假日和换季时机举行大甩卖、限时抢购等活动，把部分商品打折出售，目的是吸引顾客，以促进全部商品的销售。

2）定价决策方法

产品的定价决策方法是指企业在进行产品的定价决策时，按照一定的程序和模型，最终做出特定价格定量选择分析的技术手段。按照定价决策所需要考虑的主要因素，产品的定价决策方法可分为以成本为导向的定价决策方法、以需求为导向的定价决策方法和以特殊要求为导向的定价决策方法三种。

（1）以成本为导向的定价决策方法（cost-oriented pricing），是指在集中考虑如何实现成本补偿的基础上，做出产品定价决策的方法。其基本思想是企业产品的价格应该在补偿成本的基础上还能为企业提供预期的收益，所依据的成本指标既可以是总成本，也可以是单位成本；既可以用完全成本法提供的成本参数，也可以利用变动成本法提供的成本参数。具体包括以下几种定价方法：

①总成本定价法，是指当企业只生产一种产品时，在已知的总成本资料的基础上加上一定的目标利润，并以之除以预计产销数量来做出定价决策的方法。其计算公式如下：

$$价格=\frac{预计总成本+目标利润}{预计产销量} \tag{8.7}$$

其中，总成本=产品成本+期间成本

不论在哪种成本法下，只要确定了总成本和目标利润，并能够正确预测出产销量就可以测定出价格。因此，这种方法比较简单。

该方法多适用于单品种生产的企业，如果企业生产多品种的产品，则必须将固定成本和目标利润在各产品之间进行合理分配，然后按照单品种的思路分析总成本和目标利润。如果固定成本、目标利润不能在各产品之间合理分配，则不适合此法。

②收益比率定价法，是指在单位产品成本及相关收益比率的基础上进行定价决策的方法，又分为完全成本法和变动成本法两种情况。

a）完全成本法下的收益比率定价法。

在完全成本法下，其价格计算公式为：

$$价格=\frac{单位产品成本}{1-销售毛利率}=\frac{单位材料成本+单位加工成本}{1-销售毛利率} \tag{8.8}$$

在完全成本法下，由于单位产品成本与产销量有关，如果预计产销量不准确，按照这种方法确定的价格的精确度也要差些。

【例 8-30】已知，某公司生产甲产品的单位生产成本为 60 元/件，销售毛利率为 40%。

要求：用收益比率定价法计算目标售价。

解析：目标售价=60÷（1-40%）=100（元）

b）变动成本法下的收益比率定价法。

在变动成本法下，其价格计算公式为：

$$价格=\frac{单位变动成本}{1-边际贡献率} \tag{8.9}$$

由于单位产品变动成本和边际贡献率指标可利用历史资料或有关规划目标等取得现成资料，因此这种方法比较简单，尤其适用于临时定价。

【例 8-31】已知：某公司生产甲产品的单位变动成本为 60 元/件，边际贡献率为 40%。

要求：用收益比率定价法计算目标售价。

解析：目标售价=60÷（1-40%）=100（元）

③成本加成定价法，是指以本企业的成本为基础，在单位产品成本的基础上按

一定的加成率计算相应的加成额，进而确定产品价格的一种方法，适用于非竞争性产品的定价。其计算公式如下：

价格=单位产品成本+成本加成额=单位产品成本×（1+成本加成率） （8.10）

其中，成本加成率=加成内容÷相关成本

成本加成定价法应用范围最广，因为加成率可以沿用标准成本的有关指标，故在长期定价时运用这种方法十分方便。成本加成定价法的关键在于，确定定价中采用什么成本以及最终加价多少。根据成本数据的不同，具体又包括完全成本加成定价法和变动成本加成定价法。

a）完全成本加成定价法。

在完全成本法下，单位产品成本就是生产成本，成本加成内容即成本毛利率。其计算公式如下：

成本加成率=成本毛利率=（目标利润+非生产成本）÷生产成本 （8.11）

价格=单位产品成本×（1+成本毛利率） （8.12）

【例 8-32】已知：某公司正在研究制定新产品的售价，在新产品上投资的总额为 50 万元，公司希望该新产品达到投资回报率 20%，计划生产 2 000 台新产品，成本有关资料见表 8-28。

表 8-28 **某公司成本相关资料** 单位：元

项目	总额	每单位
直接材料	200 000	100
直接人工	120 000	60
变动制造费用	80 000	40
变动生产成本	400 000	200
变动销管费用	50 000	25
固定制造费用	250 000	125
固定销管费用	100 000	50
产品生产成本	650 000	325
产品总成本	800 000	400

要求：用完全成本加成定价法计算目标售价。

解析：根据题目条件可知：

该公司目标利润=500 000×20%=100 000（元）

以产品生产成本为基础的加成率=［（100 000＋50 000＋100 000）÷650 000］×100%

=38.46%

则：

目标售价=325×（1＋38.46%）=450（元）

b）变动成本加成定价法。

在变动成本法下，单位产品成本就是单位变动生产成本，成本加成的内容包括固定生产成本、非生产成本和目标利润。其计算公式如下：

价格=单位变动生产成本×（1+变动成本加成率） (8.13)

其中：

变动成本加成率=变动成本贡献率

=（目标利润+非生产成本+固定生产成本）÷变动生产成本 (8.14)

【例 8-33】承【例 8-32】，要求：用变动成本加成定价法计算目标售价。

解析：以变动生产成本为基础的加成率

=［（100 000＋250 000＋50 000＋100 000）÷400 000］×100% =125%

即：

目标售价=200×（1＋125%）=450（元）

（2）以需求为导向的定价决策方法（demand-oriented pricing），是指企业在定价时不再以成本为基础，而是以消费者对产品价值的理解和市场需求强度为依据做出产品定价决策的方法，主要包括用于最优售价决策的边际分析法和用于调价决策的利润无差别点分析法。

①边际分析法，主要研究在一定产量水平下，每增加一单位产品对总利润的影响，主要考虑的指标是边际收入、边际成本和边际利润。

边际收入是指企业产销量每增加一个单位引起的销售收入的增加额，从数学意义上看，边际收入就是以产销量为自变量的销售收入函数的一阶导数。边际成本是指企业产销量每增加一个单位引起的总成本的增加额，从数学意义上看，边际成本就是以产销量为自变量的成本函数的一阶导数。边际利润就是以产销量为自变量的销售利润函数的一阶导数，又等于边际收入与边际成本之差，也可以看成产销量每增加一个单位所带来的利润增量，即边际利润=边际收入-边际成本。需要指出的是这里的单位产销量可以是一件产品，也可以是一批产品。

当边际收入大于边际成本，则边际利润大于 0，意味着增加单位产销量可使总利润增加，此时企业的产销量不是最优；当边际收入小于边际成本时，则边际利润小于 0，意味着增加单位产销量可使总利润减少，此时企业的产销量也不是最优。只有当边际收入等于边际成本时，边际利润等于 0，意味着总利润达到极大，产销量最优。

在实际分析过程中，如果成本函数和收入函数是连续函数，则可以直接运用公式对成本函数和收入函数求一阶导数，进而求得最优定价。如果成本函数和收入函数是离散函数，就可以通过比较边际收入和边际成本，确定边际收入大于边际成本但最接近零的那个价格为最优价格。

a）“连续型”函数的最优定价。

当收入函数和成本函数都是连续函数时，可以利用“边际收入=边际成本时，即边际利润为零时，销售利润最大”的结论求产品的最优定价。这种方法也叫公式法。

【例 8-34】已知：某产品的销售单价与销售量的关系为 $p=120-5x$；单位变动成本与销售量的关系是 $b=10+0.5x$，固定成本 $a=500$。

要求：计算产品的最优定价。

解析：依题意可知：

收入函数 $TR(x)=px=120x-5x^2$

成本函数 $TC(x)=bx+a=10x+0.5x^2+500$

所以，

边际收入 $MR=120-10x$

边际成本 $MC=10+x$

由“边际收入=边际成本”可得：

$120-10x=10+x$

解得，$x=10$

即利润最大时最优产销量为 10 件，代入价格函数可得此时的最优定价：

$p=120-5\times10=70$（元）

此时产品的单位变动成本 $b=10+0.5\times10=15$（元）

公司的最大利润 $P=(p-b)x-a=(70-15)\times10-500=50$（元）

即单价为 70 元时公司可以获得最大利润。

公式法的计算结果比较精确，但是相关收入、成本函数关系的确定较难。对于离散型函数不能用这种方法。

b）“离散型”函数的最优定价。

如果价格与成本不能用连续函数来表示，则只能通过编制表格来确定最优定价，通过比较不同的价格水平的边际收入、边际成本、边际利润来确定售价，即边际利润为正且最接近（等于）零的时候，对应的产销数量是最优产销量，同时价格是最优价格。

【例 8-35】已知：企业甲产品售价 20 元，现在每月销售 240 只，单位变动成本 10 元，固定成本共 400 元。根据目前情况，企业准备对价格进行调整，根据市场调查的情况得出如下几个方案：如果价格逐步下降到 18 元、16 元、14 元、12 元，预计销售量分别增加到 310 只、390 只、460 只、540 只。

要求：计算甲产品应定价多少元，使企业的利润最高。

解析：对于不连续的产品的最优定价，应该分别计算出各种情况下的边际利润，当边际利润为正数时，降价有利；当边际利润为零时，降价没有意义；当边际利润为负数，降价不利。根据计算结果可以编制边际分析表见表 8-29。

表 8-29 **甲产品边际分析表** 金额单位：元

销售单价	预计销量（只）	销售收入	变动成本	固定成本	成本合计	边际收入	边际成本	边际利润	总利润
20	240	4 800	2 400	400	2 800	—	—	—	2 000
18	310	5 580	3 100	400	3 500	780	700	80	2 080
16	390	6 240	3 900	400	4 300	660	800	-140	1 940
14	460	6 440	4 600	400	5 000	200	700	-500	1 440
12	540	6 480	5 400	400	5 800	40	800	-760	680

根据表 8-29 可知，当售价为 18 元时，边际利润为 80 元，降价使总利润增加 80 元，当价格为 16 元时，边际利润为-140 元，继续降价使总利润下降 140 元。所以最优售价为 18 元，预计销量可达 310 只，总利润为 2 080 元。

②利润无差别点分析法，是指利用调价后预计销量与利润无差别点销量之间的关系进行调价决策的一种方法。

利润无差别点销量是指某种产品为确保原有盈利能力在调价后应至少达到的销量指标。其计算公式见公式 8.3。

应用利润无差别点进行调价决策的原则是：若调价后预计销量大于利润无差别点销量，则可考虑调价；若调价后预计销量小于利润无差别点销量，则不能调价；若调价后预计销量等于利润无差别点销量，则调价与不调价效益一样。

在此类决策中，需要综合考虑最大生产能力、调价后预计销量、是否追加专属成本投入、绝对剩余生产能力是否能够转移等因素。

【例 8-36】某公司生产 A 产品，其售价为 20 元时，可销售 2 000 件。公司固定成本 6 000 元，单位变动成本为 12 元，企业现有最大生产能力 3 800 件。

要求：用利润无差别点分析法评价以下各不相关条件下的调价方案的可行性。

（1）若 A 产品售价调低为 17 元，预计销量可达到 3 310 件。

（2）若 A 产品售价调低为 16 元，预计销量可达到 4 000 件。

（3）若 A 产品售价调低为 16 元，预计最大销量可达到 4 600 件，但企业必须追加 1 000 元固定成本才能具备生产 4 600 件产品的能力。

（4）若 A 产品售价调高为 22 元，只能争取到 1 400 件订货，剩余生产能力无法转移。

（5）若 A 产品售价调高为 22 元，还是只能争取到 1 400 件订货，但是剩余生产能力可以转移，可获边际贡献 2 200 元。

解析：已知 p_0=20，x_0=2 000，b_0=12，a_0=6 000，x=3 800

P=（20-12）×2 000-6 000=10 000（元）

方案（1）：已知 p_1=17，x_1=3 310

利润无差别点销量（x）=（6 000+10 000）÷（17-12）=3 200（件）

因为最大生产能力 3 800 件>预计销量 3 310 件>利润无差别点销量 3 200 件，所以调价方案可行。

方案（2）：已知 p_1=16，x_1=4 000

利润无差别点销量（x）=（6 000+10 000）÷（16-12）=4 000（件）

因为利润无差别点销量 4 000 件=预计销量 4 000 件>最大生产能力 3 800 件，调价后最多只能销售 3 800 件，达不到调价前的利润，所以调价方案不可行。

方案（3）：已知 p_1=16，x_1=4 600，a_1=1 000+6 000=7 000，x=4 600

利润无差别点销量（x）=（7 000+10 000）÷（16-12）=4 250（件）

因为最大生产能力 4 600 件=预计销量 4 600 件>利润无差别点销量 4 250 件，调价后公司会获得更多利润，所以调价方案可行。

方案（4）：已知 p_1=22，x_1=1 400

利润无差别点销量（x）=（6 000+10 000）÷（22−12）=1 600（件）

因为预计销量 1 400 件<利润无差别点销量 1 600 件<最大生产能力 3 800 件，调价后最多销售 1 400 件，达不到调价前的利润，所以调价方案不可行。

方案（5）：由于转移剩余生产能力可以获得 2 200 元的边际贡献，所以销售产品只需要达到的利润为：P_1=10 000−2 200=7 800（元）。

已知 p_1=22，x_1=1 400，P_1=7 800

利润无差别点销量（x）=（6 000+7 800）÷（22−12）=1 380（件）

因为预计销量 1 400 件>利润无差别点销量 1 380 件，调价后公司会获得更多利润，所以调价方案可行。

（3）以特殊要求为导向的定价决策方法，是指在充分满足企业除社会需求或成本补偿以外的其他特殊要求的前提下，如企业面临的生产能力、市场需求发生了变化或者为了扩大或者维护企业的市场占有率，或参加订货会议以及投标活动过程中遇到强劲的竞争对手等环境下所采取的定价方法，属于“一次性”定价，通常采用本量利分析法进行，通常包括保本定价、保利定价和极限定价。

该定价法分析的思路可以通过表 8−30 展示：

表 8−30　**以特殊要求为导向的定价分析模式**

项目	金额	性质
单位变动成本：		
直接材料	××元	
直接人工	××元	
变动制造费用	××元	
变动销售及管理费用	××元	
单位变动成本合计	A 元	价格下限
成本加成：		
加：单位固定成本	××元	
	B 元	保本价格=单位成本（包括生产和非生产成本）
加：单位预期利润	××元	
目标价格	C 元	价格上限

通过表 8−30 可知，在有特殊要求进行定价决策时，价格应该在上下限之间进行选择。

①当企业存在闲置生产能力，且不能转移时，为了充分利用企业的闲置生产能力，占有市场，在不影响正常产品销售的情况下，在短期内，企业将产品价格定在 A 元以上就可以了，也就是说只要价格大于产品单位变动成本，就会给企业增加利润。这就是特殊订货决策的一种情形。

【例 8−37】某企业现有产品生产能力 7 500 件，正常售价 300 元/件，正常产量为 6 000 件，剩余产能不能够转移，单位变动成本为 210 元，固定成本总额为 180 000 元。现有客户报价 225 元追加订货 1 500 件，问能否接受订货？

解析：因为剩余产能不能转移，不用追加专属成本，没有机会成本，所以只要订货价格高于单位变动成本，就可以为公司带来利润增量。

因为 225>210，所以可以接受订货。

②从长期来看，企业要想保本，其产品价格至少应该定在 B 元，事实上这就是保本点的价格。

B=b+a÷x=A+a÷x

③企业的经营目标不仅仅是为了保本，而且是为了实现预期的利润。所以企业要实现目标利润，产品价格至少应该定在 C 元，事实上，这也是实现目标利润的价格水平。可以通过保利分析得到：

C=b+（a+TP）÷x=B+TP÷x

【例 8-38】假设某公司在生产能力范围内生产 A 产品的单位变动成本为 40 元，固定成本总额为 10 000 元，公司的销售部门准备参加商品交易会，此行的目的是实现目标利润 20 000 元。销售部门要求提供销售量在 500 件到 1 000 件之间（包括 500 件和 1 000 件）每隔 100 件的保本点价格和实现预期利润的价格，以便作为贸易洽谈的重要依据。

解析：根据题目资料和前面的分析，分别计算销售量为 500 件、600 件、700 件、800 件、900 件和 1 000 件时的保本点价格和保利点价格。详见表 8-31。

表 8-31　　不同情况下保本点和保利点报价单

销售量(件)	500	600	700	800	900	1 000
保本点价格(元)	60	56.67	54.92	52.25	51.11	50
保利点价格(元)	100	90	82.86	82.86	73.33	70

8.2.7 存货决策

存货是企业在生产经营过程中为销售或耗用而储存的各种有形资产，包括各种材料、燃料、包装物、委托加工材料、在产品、产成品和库存商品等。

企业持有存货的动机有两类：第一，企业需要储存必要的存货，保证生产和销售正常进行；第二，企业需要批量组织采购和生产，以取得规模效益。存货控制的关键问题是找出一个最佳存货数量，在保证销售和耗用正常的前提下，尽可能节约资金，降低存货成本。

1）企业持有存货的成本

（1）采购成本

采购成本是购置存货的价款及相关运杂费，其总额取决于单位采购成本（U）和采购数量（A）。如果采购单位成本不受采购数量变化的影响，则采购成本属于决策无关成本；但当存在采购数量达到一定规模可享受数量折扣等优惠条件时，采购成本就会成为决策相关成本。

（2）订货成本

订货成本是企业为组织进货而发生的各种订货费用，包括办公费、水电费、折旧费等采购部门一般性费用和差旅费、邮电费、检验费等采购业务费用。

订货成本按与订货次数是否相关可以分为固定订货成本和变动订货成本。采购部门一般性费用一般属于固定订货成本；采购业务费用一般属于变动订货成本。只有变动订货成本与决策相关，属于决策相关成本。在全年订货量一定的前提下，变动订货成本与订货次数成正比，与每次订货的数量成反比。

年决策订货成本=每批变动订货成本×全年订货次数

=每批变动订货成本×（全年订货量÷订货批量） (8.15)

（3）储存成本

储存成本是企业为储存存货而发生的各种费用，包括仓储费、按存货价值计价的保险费、陈旧报废损失、年度检查费以及企业自设仓库发生的各种费用等付现成本，还包括储存存货占用资金而发生的机会成本（一般按资本成本进行估算）。

储存成本按与存货储存数量和储存时间长短是否相关，可以分为固定储存成本和变动储存成本。保险费、陈旧报废损失、存货资本成本属于变动储存成本；自设仓库保管人员的工资、仓库折旧费属于固定储存成本。只有变动储存成本属于决策相关成本。在全年订货量一定的前提下，变动储存成本与订货次数成反比，与每次订货的数量成正比。

年决策储存成本=单位存货年变动储存成本×平均储存量

=单位存货年变动储存成本×（订货批量÷2） (8.16)

（4）缺货成本

缺货成本是指因存货供应中断而造成的损失，包括材料供应中断造成的停工损失、产成品库存缺货造成的拖延发货和丧失销售机会的损失（还应包括主观估计的商誉损失）。如果生产企业以紧急采购代用存货解决库存短缺问题，那么缺货成本变为紧急额外购入成本，紧急额外购入成本一般大于正常购入成本。

缺货成本属于机会成本，一般不容易准确估计。在企业管理不允许发生存货短缺的情况下，短缺成本属于决策无关成本；在企业管理允许发生存货短缺的情况下，缺货成本属于决策相关成本。

2）存货经济批量实务

存货经济批量是指使相关决策总成本最小时的订货批量和生产批量，分为经济订货批量和经济生产批量。

（1）经济订货批量

订货批量，也称采购批量，是指每次订购（采购）存货的数量。

经济订货批量（economic order quantity，EOQ），是指使一定时期内的存货订货成本与储存成本之和最低的订货批量。

经济订货批量基本模型的建立需要设立一定的假设条件，具体包括：

a）企业能够及时补充存货，即需要订货时便可立即取得存货。

b）能集中到货，而不是陆续入库。

c）没有缺货，即无缺货成本，这是因为良好的存货管理本来就不应该出现缺货成本。

d）年需求量和日需求量是固定不变的。

e）采购单价不变，即没有数量折扣。

f）企业现金充足，不会因现金短缺而影响进货。

g）所需存货市场供应充足，不会因买不到需要的存货而影响其他。

在上述假设条件下，存货年决策总成本的公式可以简化为：

$$T_c=\frac{Q}{2}\times C+\frac{A}{Q}\times K \tag{8.17}$$

式中：T_c——存货的全年决策总成本；

Q——存货的每批订货数量；

A——某年内存货的需求总量；

C——每单位存货的年变动储存成本；

K——每批的变动订货成本。

令 $T_c'=0$

存货的经济订货批量：$Q^*=\sqrt{\frac{2AK}{C}}$ （8.18）

此时，经济订货年决策总成本：$T_c^*=\sqrt{2AKC}$ （8.19）

（2）经济生产批量

经济生产批量（economic production lot，EPL），又称经济生产量（economic production quantity，EPQ）。由于生产系统调整准备时间的存在，在补充产品库存的生产中有一个一次生产多少最经济的问题，这就是经济生产批量。在经济订货批量模型中，相关成本最终确定为两项，即变动订货成本和变动储存成本，在确定经济生产批量时，以生产准备成本替代订货成本，而储存成本内容不变。

则有：每批生产时间 $t=\frac{Q}{p}$

最大储存量 $=t\times(p-d)=Q\times\frac{p-d}{p}=Q\times(1-\frac{d}{p})$

平均储存量 $=\frac{Q}{2}\cdot(1-\frac{d}{p})$

存货年决策总成本的公式可以简化为：

$$T_c=[\frac{Q}{2}\cdot(1-\frac{d}{p})]\times C+\frac{A}{Q}\cdot S \tag{8.20}$$

式中：p——每日生产量；

d——每日销售量；

t——每批生产时间；

S——每次生产的变动生产准备费。

令 $T_c'=0$

存货的经济生产批量：$Q^*=\sqrt{\frac{2AS}{C\cdot(1-\frac{d}{p})}}$ （8.21）

此时，经济生产年决策总成本：$T_c^*=\sqrt{2ASC(1-\frac{d}{p})}$ （8.22）

【例 8-39】C 公司生产中使用的甲标准件，全年共需耗用 9 000 件（一年按照 360 天计算），该标准件通过自制方式取得。其日产量为 50 件，单位生产成本为 50 元；每次生产准备成本为 200 元，固定生产准备成本每年为 10 000 元；变动储存成本每件为 5 元，固定储存成本每年为 20 000 元。

解：已知 p=50 件，d=9 000÷360=25（件），A=9 000 件，S=200 元，C=5 元。

经济生产批量 $Q^*=\sqrt{2AS\div[C(1-\frac{d}{p})]}$

$=\sqrt{2\times 9\,000\times\frac{200}{5\times(1-\frac{25}{50})}}$=1 200（件）

经济生产批次 $N^*=\frac{A}{Q^*}=\frac{9\,000}{1\,200}=7.5\approx 8$（批）

经济生产年决策总成本 $T_c^*=\sqrt{2ASC(1-\frac{d}{p})}$

$=\sqrt{2\times 9\,000\times 200\times 5\times(1-\frac{25}{50})}$=3 000（元）

【例 8-40】某生产企业使用 A 零件，可以外购，也可以自制。如果外购，单价为 4 元，一次订货成本为 10 元；如果自制，单位成本为 3 元，每次生产准备成本为 600 元，每日产量为 50 件。零件的全年需求量为 3 600 件，变动储存成本为零件价值的 20%，每日平均需求量为 10 件。问 A 零件是自制还是外购为宜？

解：

（1）外购零件：

已知：外购单价 U=4 元，A=3 600 件，C=4×20%=0.8（元），K=10 元

$Q^*=\sqrt{2AK\div C}=\sqrt{2\times 3\,600\times\frac{10}{0.8}}$=300（件）

$T_c^*=\sqrt{2AKC}=\sqrt{2\times 3\,600\times 10\times 0.8}$=240（元）

外购总成本=AU+T_c^*=3 600×4+240=14 640（元）

（2）自制零件：

已知：自制单位成本 V=3 元，p=50 件，d=10 件，A=3 600 件，C=3×20%=0.6（元），S=600 元

$Q^*=\sqrt{\frac{2AS}{C(1-\frac{d}{p})}}=\sqrt{2\times 3\,600\times\frac{600}{0.6\times(1-\frac{10}{50})}}$=3 000（件）

$T_c^*=\sqrt{2ASC(1-\frac{d}{p})}=\sqrt{2\times 3\,600\times 600\times 0.6\times(1-\frac{10}{50})}$=1 800（元）

自制总成本=AV+T_c^*=3 600×3+1 800=12 600（元）

由于自制的总成本（12 600 元）低于外购总成本（14 640 元），所以自制为宜。

3）ABC分类库存控制法

当企业的存货品种繁杂、单价高低悬殊、存量多少不一时，为了能够突出存货重点、区别管理，采用ABC分类库存控制法是最简单易行的。ABC分类库存控制法的基本原理是对生产经营或销售所需存货按其重要程度、价值高低、资金占用或消耗数量等技术或经济方面的主要特征，进行分类排队，分清重点（A类）和一般（B类和C类），从而有区别地确定管理方式的一种分析方法。

（1）ABC分类库存控制法的实施

ABC分类库存控制法的基本做法是将每一种库存的年需用量乘以单价，然后按照价值高低或其百分比，依据一定分类标准排序，从中确定重点的少数和次要的多数，其具体步骤如下：

第一步，按分析对象和分析内容，收集有关数据，如企业所需的各种存货的名称、规格、年需用量、单价等数据。收集计算每一种存货的金额。

第二步，对收集来的数据资料进行整理，按要求计算和汇总，编制库存ABC分类分析表（见表8-32）。首先计算每一种存货金额，按照金额由大到小排序并列成表格；其次计算每一种存货金额占库存总金额的比率和累计比率，以及每一种存货数量占库存品种总数量的比率和累计比率。

表8-32 库存ABC分类分析表

序号	材料名称	料号	种类	年需用量	单价	金额	占总数量比率	累计比率	占总金额比率	累计比率	分类
1	A						6%	6%	29%	29%	A类
2	B						5%	11%	20%	49%	
3	C						3%	14%	11%	60%	
4	D						10%	24%	3.8%	63.8%	B类
5	E						7%	31%	2.9%	66.7%	
6	F						2%	33%	1.3%	68%	
7	G										
8	H							40%		85%	
9	I										C类
10	J										
11	K							100%		100%	
	合计						100%		100%		

第三步，分类管理。依据一定的标准进行ABC分类。对A类存货进行重点规划和控制，对B类存货进行次重点管理，对C类存货只进行一般管理。分类标准如下：

A类存货：金额累计比率在0~60%、数量累计比率在0~15%；

B类存货：金额累计比率在60%~85%、数量累计比率在15%~40%；

C类存货：金额累计比率在85%~100%、数量累计比率在40%~100%。

(2) 具体的控制方法

在企业库存管理中应用ABC分类库存控制法只是一种手段，其真正的目的是针对不同的类别采取不同的措施，对控制程度、配置、管理重点、订货方式、记录检查方式、保管条件等方面给予不同的规划，使库存管理更加合理、更加优化。

A类存货（见表8-32的序号1~3）通常是控制工作的重点，应该严格控制其计划与采购、库存储备量、订货量和订货时间。在保证生产的前提下，应尽可能地减少库存，节约流动资金；在保管方面，它们应被存放在更安全的地方；为了保证记录的准确性，应对它们进行定期与不定期相结合的盘点。

B类存货（见表8-32的序号4~8）可以适当控制，在力所能及的范围内，适度减少库存。

C类存货（除了A类与B类）可以放宽控制，采用经济批量进行控制。

具体策略见表8-33。

表8-33 **策　略**

类别	A	B	C
价值	高	中	低
管理重点	准确的需求预测和详细的采购计划；严格的库存控制；严格的物流控制和后勤保障；对突发事件的准备；供应商的合作	供应商选择；建立采购优势；目标价格管理；订购批量优化；最小库存；供应商的竞争与合作	物品标准化；订购批量优化；库存优化；业务效率；供应商的竞争与合作
订货量	少	较多	多
订货方式	定期按经济批量订货	定量订货	按经验订货，可采用订货双堆法管理库存
检查方式	经常检查和盘存	一般检查和盘存	按年度或季度检查、盘存
记录	最准确、最完整	正常记录	简单记录
统计方法	详细统计，按品种规格等细项进行统计	按大类进行统计	按金额统计
保险储备量	低	允许较高	高

【实践应用】

通过本实践应用，使学生回顾有关经营决策的基本知识和决策方法，理解短期经营决策的相关收入、相关成本和相关业务量，提高学生分析问题、解决问题的能力。

麦斯有限公司刚停止生产一款时钟。这款时钟只接受定制，因此并没有存货。麦斯有限公司的其中一位客户咨询可否定制最后一批该款式的时钟，数量是1 000个。公司的营业部门为此编制了如表8-34所示的计价表。但客户却表示这个售价远远超出了他的预算。

表 8-34　　　　该款时钟的标准成本信息表　　　　金融单位：元

项目	金额
零部件A	9
零部件B	6
人工：0.5小时，每小时16元	8
变动间接成本：0.5小时，每小时6元	3
固定间接成本：0.5小时，每小时24元	12
生产成本总额	38
利润加成：成本的35%	13.3
每个时钟的售价	51.3

营业经理要求你计算每个时钟的保本价并向你提供了以下资料：

（1）零部件A只可用作生产此款时钟，库存中有足够生产2 000个时钟的零部件A。麦斯有限公司在收到这位客户电话垂询前已经安排了出售此批零部件，单位售价2元，共计4 000元。市场对该零部件的要求是无限制的，因此把零部件脱手并不困难。

（2）零部件B在麦斯有限公司内部广泛使用。供应商刚发出价格提升5%的通知，即时生效。则B零件的单位成本为6.3元（6×（1+5%））。

（3）完成本次订单无须增添额外的工人，但一半的工作量须于加班时间进行。加班费按正常工资的150%计算，则单位产品的加班费为6元（8÷2×150%）。

（4）变动间接成本由组长的工资和包装成本这两项组成，组长的月薪为2 400元，不会另发加班费。客户要求的特别包装的额外成本为每个时钟1元。

（5）这个订单并不会引起任何额外的固定成本。用作生产此款时钟的一台机器的每月折旧额为1 400元。公司也会把该台机器的维修合同延长一个月，费用为500元（专属固定成本）。

要求：

（1）计算这个订单的保本价。解释你所使用的相关成本及相关金额和为何某些成本未被计入。

（2）指出在上述保本价的计算过程中所引发的问题并讨论所做的假设。指出保本分析的其中三个限制。

（3）讨论营业经理在决定是否接受这个客户订单和应收取的价格时应考虑的其他因素。

解析：（1）时钟订单的保本价分析见表8-35。

表 8-35　　　　时钟订单的保本价分析表　　　　金额单位：元

项目	金额
零部件A	2 000
零部件B(1 000×6.3)	6 300
人工(1 000×6)	6 000
变动间接费用——包装(1 000×1)	1 000

续表

项目	金额
固定费用——维修	500
订单的相关成本总额	15 800
每个时钟的成本	15.8
利润加成：成本的35%	5.53
每个时钟的售价	21.33

注释：①A 零部件的机会成本是售价总额的 50%；

②B 零部件重置成本含 5% 的提价；

③基本的人工成本不变，但是 500 个工时中的一半将按照正常工资的 150% 支付，这是由接受订单引起的增量成本；

④这个订单并不会引起组长的加班费，所以组长的工资是无关成本；

⑤特别的包装成本是增量成本，也是订单的相关成本；

⑥机器的折旧费用是无关成本；

⑦额外的维修费是增量成本，是相关成本。

（2）客户提出的时钟订单引发的两个问题：应该收取的价钱是多少？公司是否希望接受这个订单？前述（1）的计算显示保本价为 15 800 元，远低于标准计价 38 000 元。这个保本计价中有几个假设：①余下的一半零部件 A，公司仍能够把它们出售，否则机会成本就是 4 000 元；②这项工作所需的工时中一半可在正常的工作时段完成，没有任何影响，而且假设员工可以完成 250 小时的加班，同时还需查看在这个时段内是否有其他活动进行，不进行这些活动是否会引起一些成本的发生（如培训或维修）；③组长的加班时间也有如②所述的问题；④很难确保不会引起额外的固定成本：如加班是否会增加电力费或保安人员的额外成本，假设了机器停机时间的减少不会出现问题，例如缺乏维修导致日后生产量的降低等。

保本分析中的限制：①很难把固定成本分类为固定和变动成本；②固定成本不变的假设不一定是对的，因为当生产量超过相关范围时，固定成本变成阶梯式上升；③基本的保本分析模型把每一单位的变动成本看作不变数值，这一假设不一定是对的，如数量折扣的问题。

（3）按照 15 800 元接受此订单肯定是不明智的，因为在计算报价时必然会出现一些不能准确量化的成本。然而，公司可收取的价钱范围也很广（15 800~51 300 元），最重要的是要熟悉客户愿意支付的价钱。如果客户认为他是购买一些麦斯有限公司不需要的存货，那么客户的出价一定会很低。但是，如果这个订单对客户来说很重要，那么客户便愿意支付一个较高的价钱。麦斯有限公司也需要知道市场上的供应商是否提供类似的产品。如果取得了这些资料，麦斯有限公司对于价格的制定便会更有信心。

另一种情况是考虑该客户是不是麦斯有限公司的长期重要客户，取得此订单是否可提高商誉，是否有利于未来的生意。取得该订单也可能是取得长期新客户的第一步。按较低的价格出售这批时钟也可能为公司将来带来一些盈利较高的订单。

麦斯有限公司也需要考虑希望从这个订单中赚取的利润数额。如果不用理会公司的战略目标，则这类订单应该能够赚得一个接近正常利润率的数字。在此情况下，考虑上述的各项因素，单位成本约为 20 元，按 30% 的利润加成率计算，最后定价为 26 元，而不是之前的 51.3 元。如果不受公司战略的影响，在可能的情况下麦斯有限公司也应收取较高的价格。如果订单对公司有长期影响，则公司可能接受任何价格，甚至低于单位成本 15.8 元。

8.3 长期投资决策

8.3.1 长期投资决策的概念、特征和程序

1）长期投资决策的概念

长期投资决策是指拟定长期投资方案，用科学的方法对长期投资方案进行分析、评价，选择最佳长期投资方案的过程。长期投资决策是涉及企业生产经营全面性和战略性问题的决策，其最终目的是提高企业总体经营能力和盈利能力。因此，长期投资决策的正确进行，有助于企业生产经营长远规划的实现。

2）长期投资决策的特征

与企业其他类型的投资决策相比，长期投资决策具有以下几个特点：

（1）回收时间长。长期投资决策项目发挥作用的时间较长，几年、十几年甚至几十年才能收回投资。长期投资决策对企业未来的生产经营活动和财务状况将产生重大影响，其投资决策的成败对企业未来的命运具有决定性的作用。

（2）投资数额大。长期投资，特别是战略性的扩大生产能力投资一般都需要较多的资金，其投资数额往往在企业的总资产中占有较大的比重。因此，长期投资决策对企业未来的现金流量和财务状况都会产生重大的影响。

（3）变现能力差。长期投资在短期内的变现能力很差。因此，长期投资一旦完成，要想改变是相当困难的，不是无法实现，就是代价太大。

（4）发生频率低。企业长期投资一般不会频繁发生，特别是大规模的、具有战略意义的投资，一般要几年甚至几十年才发生一次。

（5）风险大。由于长期投资时间长、投资额大，在进行投资决策时，需要考虑的因素比较多，需对各种影响因素进行预测，包括市场情况、销售、成本、价格、竞争对手和政治经济环境等。由于未来是不确定的，预测值和实际值难免发生偏差。因此，在长期投资时必须充分考虑这些不确定因素。

3）长期投资决策的程序

（1）确定目标。项目投资决策首先要明确所进行的项目投资所要达到的目的或需要解决的问题。例如产品设备需要更新，或是生产技术需要改进，或是能使企业效益提高的投资机会出现等。

（2）提出备选方案。投资决策目标确定后，就要提出备选方案。提出备选方案是投资决策分析中的重要环节。假若不提出备选方案，决策分析就无从谈起。

（3）搜集可计量信息。提出备选方案后，需要就每一个方案尽可能多地搜集可计量的信息，如投资项目未来的营业收入、付现成本等。

（4）比较分析。在搜集可计量信息的基础上，选择并利用适宜的项目投资决策方法，计算各备选方案的相关指标，判断各方案是否可行。

（5）最终决策。根据各备选方案的相关指标，选出最优方案。

8.3.2 长期投资决策基础——资金的时间价值

1）资金时间价值的含义

资金时间价值是指货币经过一定时间的投资与再投资所产生的增值，也称为货币时间价值。我们知道，把 1 元放在口袋里，一年后还是 1 元钱。但若是把 1 元钱存入银行，假定一年期存款利率为 4%，则一年后变成 1.04 元。这多出的 0.04 元的利息，从形式上看是银行给予存款人的报酬，是对存款人放弃一年中使用 1 元的补偿，实质上是银行把存款人的货币借给了货币的使用者，货币作为社会生产的资本，经过一定时间的运用后带来的利润，使自身价值实现了增值。从表面上看，不同时点的等量货币具有不同的价值，似乎是时间因素使得货币增值，而实际上，货币只有作为资本或者生产的手段，通过劳动者的劳动才能创造价值，所以，货币作为资本的使用才是货币增值的真正原因。

资金的时间价值使等量资金在不同时点上具有不同的经济价值。长期投资项目的投资金额较大，时间跨度也较长，且投资支出和投资回收又不在同一个时间点上，所以在决策时不能简单地将投资支出和若干年后的投资收入直接相比，需要先将不同时点的资金流入量和资金流出量都换算到相同的时点上再比较大小。

资金时间价值从理论上讲，就是资金的机会成本。资金的投放有各种各样的机会，可以投资于不同的行业、项目，投资于相同的项目也可能有不同的方案，资金不同的投向产生的效益也各不相同。因此，资金的机会成本也就不同。人们在进行长期投资决策时可以采用不同的机会成本，而利息则是最常见、最基本的机会成本。

2）资金时间价值的计算

（1）单利与复利

利息有单利和复利两种计算方法。按单利计算，各期的利息均以最初的本金为计息基础来求得，所以各期的利息是固定不变的。按复利计算，各期的利息是以上期的本利和为计息基础来求得，也就是不仅要计算本金的利息，还要计算利息的利息，所以各期的利息是递增的。

比较单利和复利可知，复利计算充分体现了资金的时间价值，所以在进行长期投资决策时，一般采用复利计息。

（2）复利现值和复利终值

现值，又称本金，是指未来某一时点上的一定量的现金折算到现在所对应的金额，通常记作 P；终值，又称将来值，是一定量的资金折算到未来某一时点上的价值，俗称本利和，通常记作 F。

现值和终值是相对的。一定时点上的价值既可能是现值，也可能是终值。相对于该时点以前的时点的价值来说，该时点的价值是终值；相对于该时点以后的时点的价值来说，该时点的价值是现值。现值和终值概念的范围可以推广至所分析的任何一段时间。在任意时间段中，现值可以被认为是资金在起始点的价值量，终值可以被认为是资金在终结点的价值量。在不考虑风险和通货膨胀的情况下，一定量资金的终值与现值的差额即为资金的时间价值；连接现值和终值并实现两者相互换算的百分数称为折现率，又称贴现率。

为计算方便，本章假定有关字母的含义如下：P 为现值；F 为终值；i 为利率（折现率）；n 为计息期数；I 为利息。

①复利终值的计算。

复利终值是指一定量的本金按复利计算若干期后的本利和。其计算公式为：

$$F=P(1+i)^n \tag{8.23}$$

上式中，$(1+i)^n$ 被称为复利终值系数，用符号（F/P，i，n）表示。例如，（F/P，5%，4）表示利率为 5% 的 4 期的复利终值系数。在实际工作中，可查阅“复利终值系数表”（见本书附表一）。该表的第一行是利率 i，第一列是计息期数 n，相应地，$(1+i)^n$ 在其纵横相交处。通过附录一可查出，（F/P，5%，4）= 1.2155。也就是说，在资金时间价值率为 5% 的情况下，现在的 1 元和 4 年后的 1.2155 元在经济上是等效的。根据复利终值系数可以把现值换算成终值。需要注意的是，i 和 n 的计息期间是统一的，如 i 为年利率，则 n 表示的计息期数为年；如 i 为月利率，则 n 表示的计息期数为月，以此类推。

从复利终值系数表中，可以看出，复利终值系数都大于 1，即（F/P，i，n）>1，且随着 i 和 n 的增加，终值系数增大，即终值系数与 i 和 n 是正相关关系。因此在 i>0 时，终值总是大于现值。

该表不仅可以在已知 i 和 n 时查找 1 元的复利终值，而且可以在已知 1 元复利终值和 n 时查找 i，或在已知 1 元复利终值和 i 时查找 n。

【例 8-41】某人将 100 万元存入银行，年利率 2%，3 年后复利终值为多少？

解：$F=P(1+i)^n=100\times(1+2\%)^3=106.12$（万元）

②复利现值的计算。

复利现值是指未来一定时间的资金按复利计算现在的价值，或者说为取得将来一定的本利和现在所需要的本金。其计算公式为：

$$P=F\times\frac{1}{(1+i)^n} \tag{8.24}$$

上式中，$\frac{1}{(1+i)^n}$ 被称为复利现值系数，用符号（P/F，i，n）表示。例如，（P/F，5%，4）表示利率为 5% 的 4 期的复利现值系数。在实际工作中，为了便于计算，可编制“复利现值系数表”（见本书附表二）以备查阅。该表的使用方法与“复利终值系数表”相同。

从复利现值系数表中，可以看出，复利现值系数都小于 1，即（P/F，i，n）<1，且随着 i 和 n 的增加，现值系数减少，即现值系数与 i 和 n 是负相关关系。因此在 i>0 时，现值总是小于终值。

【例 8-42】某公司拟在 8 年后获得本利和 100 000 元。假设投资报酬率为 10%，该公司现在应投入多少元？

解析：$P=F\times\frac{1}{(1+i)^n}=100\,000\times\frac{1}{(1+10\%)^8}=46\,650$（元）

（3）年金终值与年金现值

年金是指等额、定期的系列款项，通常记作 A。年金的形式多种多样，如分期付款赊购、发放养老金、分期支付工程款、每年相同的销售收入等。年金具有等额性、定期性、系列性的特征。

年金按每次收付发生的时点不同，可以分为普通年金、即付年金、递延年金、永续年金。凡在每期期末收入或支出的年金称为普通年金；凡在每期期初收入或支出的年金称为即付年金；当年金的开始期不是第一期时称为递延年金；当年金的期限为无限时称为永续年金。由于普通年金形式最为普遍，故这里只介绍普通年金的终值与现值的计算方法。

普通年金的收付形式如图 8-3 所示。横线代表时间的延续，用数字标出各期的顺序号；竖线的位置表示收付的时刻，竖线下端字母表示收付的金额。

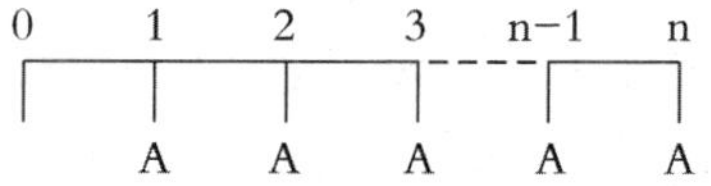

图 8-3 普通年金示意图

①年金终值的计算。

普通年金终值指每期期末等额收付的系列款项的复利终值之和。

例如，假定一普通年金，一共 3 期，年利率为 10%，在第一期期末的 100 元，应赚得 2 期的利息，因此到第 3 期期末其值为 121 元；在第 2 期期末的 100 元，应赚得 1 期的利息，其在第 3 期期末的值为 110 元；在第 3 期期末的 100 元，没有计息，其期末值为 100 元。整个年金终值为 331 元，如图 8-4 所示。

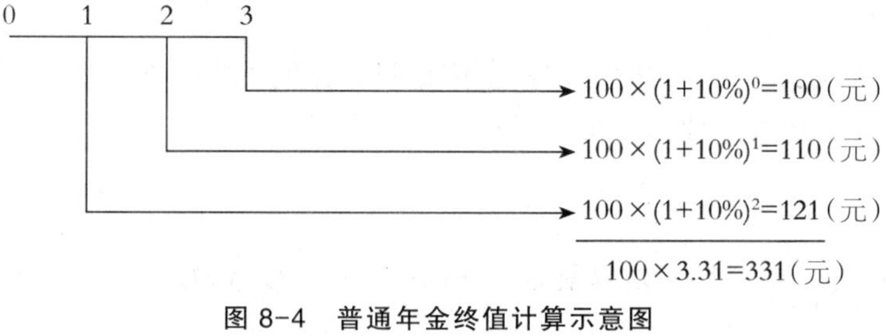

图 8-4 普通年金终值计算示意图

如果年金的期数很多，用上述方法计算终值显然相当烦琐。由于每期收付款项是相等的，因此可以找出规律，得出简便的计算方法。设每期收付金额为 A，利率为 i，期数为 n，复利计算的普通年金终值计算原理如图 8-5 所示。

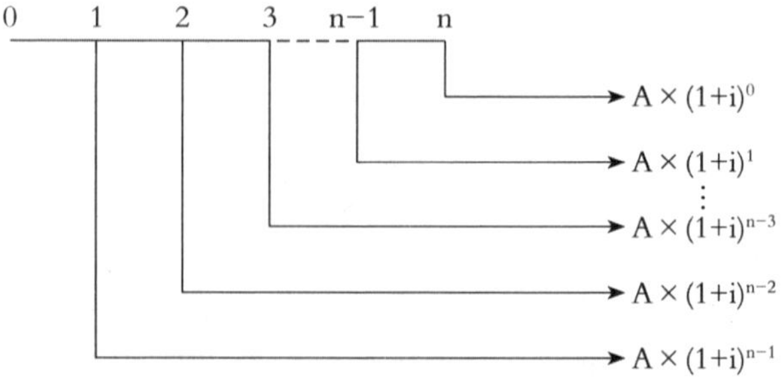

图 8-5　普通年金终值计算示意图

由图 8-5 可知，普通年金终值的计算公式及其推导如下：

$F=A\times(1+i)^{0}+A\times(1+i)^{1}+A\times(1+i)^{2}+\cdots+A\times(1+i)^{n-1}$ ①

将等式两边同乘（1+i），得：

$F\times(1+i)=A\times(1+i)^{1}+A\times(1+i)^{2}+A\times(1+i)^{3}+\cdots+A\times(1+i)^{n}$ ②

用②式减去①式得：

$$F=A\frac{(1+i)^{n}-1}{i} \tag{8.25}$$

式中，$\frac{(1+i)^{n}-1}{i}$ 称为“年金终值系数”，记作（F/A，i，n），可查阅“年金终值系数表”（见本书附表三）。

【例 8-43】某公司在 8 年内每年年末向银行借款 100 万元，借款年利率为 10%，则该公司在第 8 年年末应付银行的本息和为多少？

解：

$F=A\frac{(1+i)^{n}-1}{i}$=100×（F/A，10%，8）=100×11.436=1 143.6（万元）

②年金现值的计算。

普通年金现值是指为在每期期末取得相等金额的款项，现在需要投入的金额。其计算原理如图 8-6 所示。

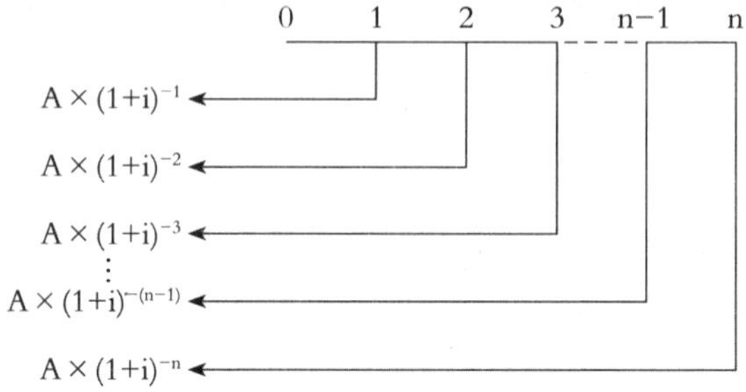

图 8-6　普通年金现值计算示意图

由图 8-6 可知，普通年金现值的计算公式及其推导如下：

$P=A\times(1+i)^{-1}+A\times(1+i)^{-2}+A\times(1+i)^{-3}+\cdots+A\times(1+i)^{-(n-1)}+A\times(1+i)^{-n}$ ①

将等式两边同乘（1+i），得：

$P\times(1+i)=A+A\times(1+i)^{-1}+A\times(1+i)^{-2}+\cdots+A\times(1+i)^{-(n-2)}+A\times(1+i)^{-(n-1)}$ ②

用②式减去①式得：

$$P=A\frac{1-(1+i)^{-n}}{i} \tag{8.26}$$

式中，$\frac{1-(1+i)^{-n}}{i}$称为“年金现值系数”，记作（P/A，i，n），可查阅“年金现值系数表”（见本书附表四）。

【例 8-44】某人现要出国，出国期限为 10 年。在出国期间，其每年年末需支付 1 万元的房屋物业管理等费用，已知银行利率为 2%，求现在需要向银行存入多少万元？

解：

$$P=A\frac{1-(1+i)^{-n}}{i}=1\times8.9826=8.9826\text{（万元）}$$

③不等额的系列收付款项现值计算。

在计算货币时间价值时，经常遇到每次收付款项不相等的情况，也即不等额的系列收付款项。由于每次收付的款项不等，因此不能直接按年金终值和现值公式计算，只能依靠复利的计算公式计算。

【例 8-45】某人准备在第 1 年年末存 1 000 元，第 2 年年末存 2 000 元，第 3 年至第 6 年每年年末存 3 000 元，若利率为 10%。问这笔存款的现值为多少？

解：

P=1 000×（P/F，10%，1）+2 000×（P/F，10%，2）+3 000×（P/A，10%，4）×（P/F，10%，2）

=1 000×0.9091+2 000×0.8264+3 000×3.1699×0.8264

=10 420.72（元）

8.3.3 长期投资决策基础——现金流量

1）现金流量的概念

现金流量是指投资项目在整个期间（包括建设期和经营期）所产生的现金流入和现金流出的总称。这里的“现金”是广义的现金，不仅包括各种货币资金，还包括项目需要投入的非货币资源的变现价值。如一个投资项目需要使用公司原有的设备、材料等资源，则相关的现金流量是指这些资源的变现价值，而不是账面价值。

2）现金流量的构成

长期投资的现金流量按不同的划分标准，其包含的内容也不同。按现金流动的方向划分，现金流量包括现金流入量、现金流出量和净现金流量；按现金流动的时间划分，现金流量主要包括初始现金流量、营业现金流量和终结点现金流量。

（1）初始现金流量。

初始现金流量是指为使项目建成并投入使用而发生的有关现金流量，主要包括：

①建设投资，是指在建设期内按一定生产经营规模和建设内容进行的投资，包括固定资产投资、无形资产投资、其他资产投资。固定资产投资是指项目用于购置

或安装固定资产应当发生的投资，包括固定资产的购建成本、安装费用、运杂费等现金流出。无形资产投资是指项目用于取得无形资产发生的投资。其他资产投资是指建设投资中除固定资产投资和无形资产投资以外的投资，主要是开办费投资。

②流动资产投资，是指项目投产前后分次或一次投放于流动资产项目的投资增加额，又称垫支流动资金或营运资金投资。如由于项目投入生产而发生的购置原材料、在产品等流动资产的现金流出。

③机会成本，是指某原有资产用于该项投资而不能用于其他用途而失去的收入。机会成本虽不需付出现金，但相对减少了现金收入，应视同现金流出。如某企业兴建厂房，需要用到自有的一块土地，土地市价 100 万元。虽然企业不必购置这块土地，但是如果不兴建厂房，企业就可将这块土地卖掉，获得 100 万元的收入。土地的市场价值 100 万元就是兴建厂房的一项机会成本。

④其他投资费用，是指与投资项目有关的筹建费、职工培训费、谈判费等现金流出。

⑤原有固定资产变价收入和清理费用，主要是指固定资产更新时变卖原有固定资产所发生的现金流量。

（2）营业现金流量。

营业现金流量是指投资项目完成并投入生产后，经过整个经营寿命期间的生产经营活动而产生的现金流入和流出的数量。一般以年为单位进行计算，主要包括营业收入、付现成本、税金。营业收入主要是指投资项目的产品或服务销售所得的现金流入。付现成本是指除了固定资产折旧和无形资产、开办费的摊销等非付现成本外的各项费用，如原材料的购置费用、燃料动力费用、销售费用、管理费用等成本。税金支出主要是指所得税支出。

（3）终结点现金流量。

终结点现金流量是指投资项目终结（报废或转让）时所发生的各种现金流量。这主要包括固定资产的残值收入或变价收入、投资时垫支的营运资金的收回等。

3）现金流量的计算

在决策分析中，我们预测的是税后现金流量。因此，所得税支出是一种现金流出。此外，企业发生的费用支出，也会使所得税支出减少，也就是发生的费用支出实际上会产生减少所得税税负的作用，即税收抵免作用。所以，当判断某项费用支出对企业现金流量的影响时，还应考虑其税收抵免作用。所得税的大小取决于利润大小和所得税税率的高低，而折旧是影响利润大小的重要因素。因此，讨论现金流量问题会涉及所得税问题，所得税问题又必然会涉及折旧问题。折旧的税负减少额为：折旧的税负减少额=折旧额×所得税税率。无形资产、开办费的摊销额、计入财务费用的利息等都具有和折旧类似的抵税作用。

（1）建设期现金流量的计算。

若全部原始投资均在建设期内投入，则建设期净现金流量可按以下简化公式计算：

建设期某年的现金流量=-该年发生的原始投资额

$$NCF_t=-O_t\ (t=0,\ 1,\ \cdots,\ s,\ s\geqslant 0) \tag{8.27}$$

式中：O_t——第 t 年原始投资额；

s——建设期年数。

由上式可知，当建设期不为零时，建设期现金流量的数量特征取决于其投资方式（分次投入还是一次投入）。

（2）营业现金流量的计算。

考虑所得税和折旧、摊销及预提计入财务费用的利息费用等非付现成本对现金流量的影响后，企业营业现金流量的计算公式为：

营业现金流量（NCF）

=营业收入-付现成本-所得税

=营业收入-（营业成本-非付现成本）-所得税

=营业利润+非付现成本-所得税

=税后净利润+非付现成本

=（收入-成本）×（1-所得税税率）+非付现成本

=（收入-付现成本-非付现成本）×（1-所得税税率）+非付现成本

$$=\text{收入}\times(1-\text{所得税税率})-\text{付现成本}\times(1-\text{所得税税率})-\text{非付现成本（折旧）}\times(1-\text{所得税税率})+\text{非付现成本（折旧）}$$

$$=\text{收入}\times(1-\text{所得税税率})-\text{付现成本}\times(1-\text{所得税税率})+\text{非付现成本（折旧）}\times\text{所得税税率}$$

=税后收入-税后付现成本+非付现成本节税额（折旧） （8.28）

（3）终结点现金流量计算。

终结点现金流量一般考虑以下几个方面：固定资产的残值收入或变价收入、资产残值的税收（税收抵免）、收回的营运资金。收回营运资金由于不涉及利润的增减，因此不受所得税的影响。固定资产的残值收入如果等于预计的固定资产残值，那么也不受所得税的影响；如果残值收入大于预计的固定资产残值，则大于的部分需要缴纳所得税；如果残值收入小于预计的固定资产残值，则小于的部分可抵减所得税，即：

$$\text{项目终结点现金流量}=\text{固定资产残值收入}+\text{预计垫付的营运资金}-(\text{残值收入}-\text{预计残值})\times\text{所得税税率} \tag{8.29}$$

【例 8-46】某公司在项目结束时设备预计残值为 11 200 元。假设所得税税率为 25%，要求计算以下两种情况的终结点现金流量：

（1）该设备可按 20 000 元卖出；

（2）该设备可按 10 000 元卖出。

解：（1）处置固定资产净收益=20 000-11 200=8 800（元）

需支付的所得税=8 800×25%=2 200（元）

终结点现金流量=20 000-2 200=17 800（元）

（2）处置固定资产净损失=11 200-10 000=1 200（元）

可抵减的所得税=1 200×25%=300（元）

终结点现金流量=10 000+300=10 300（元）

【例 8-47】某投资项目的初始固定资产投资额为 100 万元，流动资产投资为 20 万元，建设期 1 年。固定资产使用年限为 5 年，按照直线法计提折旧，终结时处置固定资产残值收入为 10 万元。初始时投入的流动资金在项目终结时可全部收回。另外，预计项目投入运营后每年可产生 50 万元的销售收入，并发生 10 万元的付现成本。同时，税法规定，固定资产的残值为零，所得税税率为 25%。要求计算投资项目每年的现金流量。

解：项目计算期=1+5=6（年）

固定资产原值=100 万元

年折旧额=$\frac{100}{5}$=20（万元）

每年的现金流量计算如下：

第 1 年年初的现金流量：NCF_0=−100 万元

第 1 年的现金流量：NCF_1=−20 万元

第 2 年至第 5 年每年的现金流量：$NCF_{2\sim5}$=（50−10）×（1−25%）+20×25%=35（万元）

第 6 年的现金流量：NCF_6=（50−10）×（1−25%）+20×25%+20+10×（1−25%）

=62.5（万元）

需要注意的是：在本书中，“$NCF_{2\sim5}$”这种符号表示的含义是第 2 年至第 5 年每年的现金流量，而不是指第 2 年至第 5 年各年的现金流量之和。类似地，“$NCF_{3\sim8}$”符号表示第 3 年至第 8 年每年的现金流量，以此类推。

8.3.4 长期投资决策基础——长期投资决策的其他因素

1）项目计算期

项目计算期（通常用 n 表示）是指投资项目从投资建设开始到最终清理结束整个过程的全部时间，即该项目的有效持续期间，包括建设期和运营期。建设期是指从项目资金正式投入开始到项目建成投产为止所需要的时间，建设期的第 1 年年初称为建设起点，建设期的最后 1 年年末称为投产日。通常将建设期的第 1 年年初定义为第 0 年。在实践中，通常应参照项目建设的合理工期或项目的建设进度计划合理确定建设期。建设期不满 1 年按 0 计，即没有建设期。项目计算期的最后 1 年年末称为终结点。从投产日到终结点之间的时间间隔称为运营期，运营期一般应根据项目主要设备的经济使用寿命确定。通常将项目计算期（运营期）的最后 1 年的年末定义为第 n 年。

项目计算期、建设期和运营期的关系可用下式表示：

项目计算期=建设期+运营期　　(8.30)

2）项目折现率

在项目评价中正确地选择折现率至关重要，它直接影响项目评价结论。如果选择的折现率过低，则会导致一些经济效益较差的项目得以通过，从而浪费了有限的社会资源；如果选择的折现率过高，则会导致一些效益较好的项目不能通过评价，从而使有限的社会资源不能充分发挥作用。在实务中，一般有以下几种方法可以用来确定项目的折现率：（1）以投资项目的资本成本作为折现率；（2）以企业要求的最低资金利润率作为折现率；（3）以投资的机会成本作为折现率；（4）不同阶段采用不同的折现率，例如在计算项目建设期净现金流量现值时，以贷款的实际利率作为折现率，而在计算项目经营期净现金流量现值时，以全社会平均收益率作为折现率；（5）以行业平均收益率作为折现率。

3）投资与回收时间的确定

为便于利用货币时间价值的形式，不论现金流量具体内容所涉及的价值指标实际上是时点指标还是时期指标，均假设按年初或年末的时点指标处理。其中，建设期投资在建设期期内有关年度的年初或年末发生，流动资金投资在建设期期末发生；经营期内各年的收入、成本、折旧、摊销、利润、税金等项目的确认均在年末发生，项目最终报废或清理均发生在终结点（但更新改造除外）。

8.3.5 长期投资决策的基本方法

在项目投资决策中，估算项目的现金流量固然是最重要的工作，但仅仅知道现金流量的多少，并不能知道项目是否可行。要判断项目是否可行，企业还需要采用一定的项目投资评价方法，根据各种评价指标做出决策。项目投资评价有许多种方法，在不考虑风险时，根据是否考虑货币时间价值因素，将其区分为两类：一类是贴现现金流量法，即计算时考虑货币时间价值因素的方法，主要包括净现值法、现值指数法、内含报酬率法等；另一类是非贴现现金流量法，即没有考虑货币时间价值因素的方法，主要包括投资回收期法、会计收益率法等。

1）贴现现金流量法

（1）净现值法，是指运用投资项目的净现值进行投资评估的基本方法。所谓净现值（net present value，NPV），是指特定方案未来现金流入的现值与未来现金流出的现值之间的差额。按照这种方法，所有未来现金流入和流出都要按预定折现率折算为它们的现值，然后计算它们的差额。如果净现值为正数，即折现后现金流入大于现金流出，该投资项目的报酬率大于投资者的期望投资报酬率，该项目为公司创造财富；如果净现值为零，即折现后现金流入等于现金流出，该投资项目的报酬率等于投资者的期望投资报酬率；如果净现值为负数，即折现后现金流入小于现金流出，该投资项目的报酬率小于投资者的期望投资报酬率，该项目在毁损财富。

①净现值的计算。

计算净现值的公式为：

$$NPV=\sum_{t=0}^{n}\frac{I_t}{(1+i)^t}-\sum_{t=0}^{n}\frac{O_t}{(1+i)^t} \tag{8.31}$$

式中：I_t——各年现金流入；

O_t——各年现金流出；

i——折现率；

n——项目计算期。

由于特定方案未来现金流入的现值与未来现金流出的现值之间的差额，即等于该方案未来现金净流量的现值，因此净现值的计算公式也可表示为：

$$NPV=\sum_{t=0}^{n}\frac{NCF_t}{(1+i)^t} \tag{8.32}$$

式中：NCF_t——各年现金净流量；

i——折现率；

n——项目计算期。

【例 8-48】设贴现率为 10%，有三个投资方案，有关数据见表 8-36。

表 8-36 **A、B、C 方案投资情况表** 单位：元

期间	A方案		B方案		C方案	
	净收益	现金净流量	净收益	现金净流量	净收益	现金净流量
0		-20 000		-9 000		-15 000
1	2 000	12 000	-1 800	1 200	600	5 600
2	3 000	13 000	3 000	6 000	600	5 600
3			3 000	6 000	600	5 600

要求：计算各方案的净现值。

解：

$$NPV_A=\sum_{t=0}^{n}\frac{NCF_t}{(1+i)^t}=\frac{12\,000}{1+10\%}+\frac{13\,000}{(1+10\%)^2}-20\,000=1\,653\text{（元）}$$

$$NPV_B=\sum_{t=0}^{n}\frac{NCF_t}{(1+i)^t}=\frac{1\,200}{1+10\%}+\frac{6\,000}{(1+10\%)^2}+\frac{6\,000}{(1+10\%)^3}-9\,000=1\,557\text{（元）}$$

$$NPV_C=\sum_{t=0}^{n}\frac{NCF_t}{(1+i)^t}=\frac{5\,600}{1+10\%}+\frac{5\,600}{(1+10\%)^2}+\frac{5\,600}{(1+10\%)^3}-15\,000=-1\,074\text{（元）}$$

A、B 两个投资方案的净现值为正数，说明这两个方案的报酬率超过了 10%。如果企业的资本成本或要求的报酬率是 10%，这两个方案是有利的，因而是可以接受的。C 方案净现值为负数，说明该方案的报酬率达不到 10%，因而应放弃。如果资金供应不受限制，A 和 B 相比，A 方案更好些。

②净现值法的决策规则。

净现值法的决策规则是：在只有一个备选方案时，净现值大于或等于零，该方案为可行方案；净现值小于零，该方案为不可行方案。在有多个备选方案的互斥项目选择决策中，应选用净现值是正值中的最大者。

③净现值法的优缺点。

净现值法的优点是：考虑了货币时间价值因素，增强了投资经济性的评价；考虑了项目计算期的全部现金流量，体现了流动性与收益性的统一；考虑了投资风险。折现率的大小与风险大小有关，风险越大折现率越高。

但净现值法也存在明显的缺点：不能从动态的角度直接反映投资项目的实际收益率水平；当各项目投资额不等时，仅用净现值法无法评价投资方案的优劣；折现率的确定比较困难，而它们的准确性对计算净现值有着重要影响。

（2）现值指数法。现值指数（profitability index，PI）又称获利指数、现值比率、折现后收益-成本比率、利润指数，是指未来现金流入量的现值与现金流出量的现值的比率。

①现值指数的计算。

现值指数的计算公式为：

$$PI=\frac{\sum_{t=0}^{n}\frac{I_t}{(1+i)^t}}{\sum_{t=0}^{n}\frac{O_t}{(1+i)^t}} \tag{8.33}$$

式中：I_t——第 t 年的现金流入量；

O_t——第 t 年的现金流出量。

根据【例 8-48】的资料，三个方案的现值指数为：

$$PI_A=\frac{\sum_{t=0}^{n}\frac{I_t}{(1+i)^t}}{\sum_{t=0}^{n}\frac{O_t}{(1+i)^t}}=\frac{\frac{12\ 000}{1+10\%}+\frac{13\ 000}{(1+10\%)^2}}{20\ 000}=1.08$$

$$PI_B=\frac{\sum_{t=0}^{n}\frac{I_t}{(1+i)^t}}{\sum_{t=0}^{n}\frac{O_t}{(1+i)^t}}=\frac{\frac{1\ 200}{1+10\%}+\frac{6\ 000}{(1+10\%)^2}+\frac{6\ 000}{(1+10\%)^3}}{9\ 000}=1.17$$

$$PI_C=\frac{\sum_{t=0}^{n}\frac{I_t}{(1+i)^t}}{\sum_{t=0}^{n}\frac{O_t}{(1+i)^t}}=\frac{\frac{5\ 600}{1+10\%}+\frac{5\ 600}{(1+10\%)^2}+\frac{5\ 600}{(1+10\%)^3}}{15\ 000}=0.93$$

A、B 两个投资方案的现值指数大于 1，说明其收益超过成本，即投资报酬率超过预定的折现率，可以接受；C 方案的现值指数小于 1，说明其报酬率没有达到预定的折现率，不予采纳；如果现值指数为 1，说明折现后现金流入量等于现金流出量，投资的报酬率与预定的折现率相等，也可接受。

②现值指数法的决策规则。

现值指数法的决策规则是：在只有一个备选方案时，现值指数大于或等于 1，该方案为可行方案；现值指数小于 1，该方案为不可行方案。在有多个方案的互斥选择决策中，应采用现值指数超过 1 最多的投资项目。

③现值指数法的优缺点。

现值指数可以看作 1 元的初始投资额渴望获得的现值净收益。该方法的优点是：考虑了货币时间价值，能够真实地反映项目的盈利能力。由于现值指数是用相对数来表示的，所以现值指数法有利于比较初始投资额不同的投资方案的优劣。

现值指数法的缺点是：现值指数只代表获得收益的能力而不代表实际可能获得的财富，它忽略了互斥项目之间投资规模上的差异，所以在多个互斥项目的选择中，可能会得到错误的答案。

（3）内含报酬率法。内含报酬率（internal rate of return，IRR），又称内部报酬率，是能使未来现金流入现值等于未来现金流出现值的折现率，是使投资项目的净现值等于零的折现率。

①内含报酬率的计算。投资方案现金流量的特点不同，内含报酬率的求解方法也不同，具体分两种：

a）如果投资方案各年的现金流量不同，则用内插法求解。

其测试过程是：先设一个折现率，计算其净现值，如果净现值为零，结束测试过程，所设的折现率就是项目的内含报酬率；如果净现值为正数，则提高折现率再测试；如果净现值为负数，则降低折现率再测试；经过反复测试，直到找到正负两个接近于零的净现值的折现率，再用内插法计算其精确的内含报酬率。

根据【例 8-48】的资料，已知 B 方案的净现值为正数，说明它的内含报酬率大于 10%，因此，应提高折现率进一步测试。假设以 18% 的折现率进行测试，其净现值为-22 元。净现值为负数，说明折现率已高于内含报酬率，下一步降低到 16% 重新测试，结果净现值为 337 元。这说明内含报酬率在 16%~18% 之间。用内插法进行估算，则：

$$\frac{IRR_B-16\%}{18\%-IRR_B}=\frac{0-337}{-22-0}$$

得 IRR_B=17.87%

利用同样的方法，可计算出：IRR_A=16.02%。

b）如果投资方案各年的现金流量相等，用查表的方法求解。可按下述步骤计算：

ⓐ计算年金现值系数。

$$\text{年金现值系数}=\frac{\text{初始投资额}}{\text{每年现金净流量}} \tag{8.34}$$

ⓑ查“年金现值系数表”，在相同期数内，找出与上述年金现值系数接近的较小的和较大的两个折现率。

ⓒ根据上述两个邻近的折现率和已求得的年金现值系数，采用内插法计算该投资方案的内含报酬率。

该法所要求的充分且必要的条件是：项目的全部投资均于建设起点一次性投入，建设期为零，建设起点第 0 期净现金流量等于原始投资额的负值，即 NCF_0=-I；投产后每年净现金流量相等，第 1 期至第 n 期每期净现金流量是普通年金的形式。

根据【例 8-48】的资料，C 方案各期现金流入量相等，符合年金形式，内含报酬率可直接利用年金现值系数表来确定，不需要进行逐步测试。

$$\text{年金现值系数}=\frac{\text{初始投资额}}{\text{每年现金净流量}}=\frac{15\,000}{5\,600}=2.6786$$

查“年金现值系数表”，当 n=3 时，与 2.6786 接近的现值系数 2.7232 和 2.6243 分别指向 5% 和 7%，再用内插法确定 C 方案的内含报酬率为：

$$IRR_C=5\%+2\%\times\frac{2.6786-2.7232}{2.6243-2.7232}=5.90\%$$

②内含报酬率法的决策规则。

内含报酬率法的决策规则是：在只有一个备选方案时，如果投资方案的内含报酬率大于或等于资本成本或必要报酬率，该方案为可行方案；反之，该方案为不可行方案。如果【例 8-48】中资本成本或必要报酬率为 10%，则 A、B 方案可以接受，C 方案则应放弃。在有多个备选方案的互斥选择决策中，选择内含报酬率超过资本成本或必要报酬率最多的投资项目。

③内含报酬率法的优缺点。

内含报酬率法的优点是考虑了货币时间价值，考虑了项目计算期的全部现金流量，反映了投资项目的真实报酬率。

内含报酬率法的缺点是其计算过程较复杂，当各年现金净流量不等时，一般要经过多次测算才能算出，而且当经营期大量追加投资时，内含报酬率法往往会出现多重解的问题，缺乏实际意义。内含报酬率法不适于互斥方案的分析评价，因为内含报酬率是相对量指标，只能说明项目报酬率的相对水平，反映不出项目未来全部报酬规模的大小，因此，内含报酬率大的项目获得的总报酬不一定就大。另外，净现值随资本成本变动而变动，而内含报酬率法不考虑经济环境的变化。也就是说，企业的资本成本在内含报酬率上没有反映，这显然不符合实际。

（4）贴现现金流量指标的比较。

净现值越高，企业的收益越大，越符合企业的最大化利益的要求。而现值指数只反映投资回收的程度，而不反映投资回收的多少。在没有资金限制情况下的互斥选择决策中，应选用净现值较大的投资项目。也就是说，在没有资金限制的情况下，当根据现值指数与净现值得出不同结论时，应以净现值为准。在没有资金限制的情况下，利用净现值法在所有的投资评价中都能做出正确的决策。然而在有资金限量的情况下，由于初始投资额受到限制，净现值大的项目可能初始投资额也大，因而不一定是较好的项目。

总之，在没有资金限制的情况下，利用净现值法在所有的投资评价中都能做出正确的决策，而利用内含报酬率法和现值指数法在独立项目评价中也能做出正确的决策，但在互斥选择决策或非常规项目中有时会得到错误的结论。因而，在这三种方法中，净现值法仍然是最好的方法。

2）非贴现现金流量法

非贴现现金流量法，也称静态法，即没有考虑货币时间价值因素的方法，主要包括投资回收期法、会计收益率法等。

（1）投资回收期法。

投资回收期（payback period，PP）是指在不考虑货币时间价值的情况下，收回原始投资所需要的时间。

①投资回收期的计算。

投资回收期的计算分为两种情况：

a）当项目经营期各年的净现金流量不相等时：

$$\sum_{k=1}^{n} I_k=\sum_{k=0}^{n} O_k \tag{8.35}$$

式中：n——投资涉及的年限；

I_k——第 k 年的现金流入量；

O_k——第 k 年的现金流出量。

【例 8-49】承【例 8-48】，其中 A、B 两方案属于这种情况，A 方案的投资回收期计算见表 8-37。

表 8-37　**A 方案现金流量表**　单位：元

项目 \ 年份	0	1	2
现金净流量	-20 000	12 000	13 000
累计现金净流量	-20 000	-8 000	5 000

从表 8-37 可见，A 方案的投资回收期应在 1～2 年之间。在第 1 年年末尚有 8 000 元未回收，在第 2 年年末不但原始投资完全收回，而且还有 5 000 元的现金净流量。

因此 A 方案的投资回收期为：$PP_A=1+\frac{8\,000}{13\,000}=1.62$（年）

同理，可计算 B 方案的投资回收期为：$PP_B=2+\frac{1\,800}{6\,000}=2.3$（年）

b）当经营期现金净流量都相等时：

$$投资回收期=\frac{原始投资额}{每年现金净流入量} \tag{8.36}$$

需要注意的是，用该公式计算的投资回收期不包括建设期。包括建设期的投资回收期=不包括建设期的投资回收期+建设期。

【例 8-50】承【例 8-48】，C 方案属于这种情况，其投资回收期计算如下：

$PP_C=\frac{15\,000}{5\,600}=2.68$（年）

②投资回收期法的决策规则。

在只有一个备选方案时，当投资回收期小于或等于基准投资回收期时，可接受该项目；反之，应拒绝该项目。基准投资回收期通常以项目可用年限的一半来确定。因为回收期越长，市场未来不确定性因素越多，风险也就越大，所以在有多个方案的互斥选择中，应选择投资回收期最短的方案。

显然【例 8-48】中的三个方案的投资回收期都大于项目可使用年限的一半，投资回收期都偏长。

③投资回收期法的优缺点。

投资回收期概念容易理解，计算简单。但该指标没有考虑货币时间价值，没有考虑回收期满后的现金流量状况，因而不能充分说明问题。事实上，实际工作中的很多固定资产投资往往在早期的现金流入量小，而在中后期的现金流入量大，因此投资回收期法有可能选择了早期现金流入量大的方案而放弃了长期更加成功的投资方案。该方法是过去评价投资方案最常用的方法，目前仅作为辅助方法使用，主要用来测定方案的流动性而非盈利性。

（2）会计收益率法。

会计收益率（accounting rate of return，ARR），是项目经营期内年平均净收益与原始投资额之比。其计算公式为：

$$ARR=\frac{年平均净收益}{原始投资额}\times 100\% \tag{8.37}$$

【例 8-51】承【例 8-48】，A、B、C 三个方案的会计收益率分别为：

$$ARR_A=\frac{\frac{2\ 000+3\ 000}{2}}{20\ 000}=12.5\%$$

$$ARR_B=\frac{\frac{-1\ 800+3\ 000+3\ 000}{3}}{9\ 000}=15.56\%$$

$$ARR_C=\frac{\frac{600+600+600}{3}}{15\ 000}=4\%$$

当会计收益率大于或等于必要报酬率时，可接受该项目；反之，当会计收益率小于必要报酬率时，应拒绝该项目。在有多个方案的互斥选择中，应选择会计收益率最高的方案。

如果公司确定的必要报酬率为 10%，A、B 两个投资方案的会计收益率大于必要报酬率，因而是可行的。C 方案的会计收益率小于必要报酬率，不可行。若 A 方案和 B 方案是互斥方案，应选择会计收益率较高的方案，即 B 方案。

会计收益率计算简单，但该法没有考虑货币时间价值，不能正确反映建设期的长短及投资方式不同对项目的影响；该指标无法利用净现金流量信息；必要报酬率的确定具有很大的主观性。

在对投资项目进行评价时，动态评价指标为主要决策指标，静态评价指标为辅助指标，当它们出现矛盾时，以动态评价指标为准。

8.3.6 长期投资决策的应用

1）独立方案投资决策

独立方案又称单一方案，是指与其他投资方案完全互相独立、互不排斥的一个或一组方案。在方案决策过程中，选择或拒绝某一独立方案与其他方案的选择毫无关系。在只有一个项目可供选择的条件下，主要根据净现值、内含报酬率来判断项目的可行性。如果净现值大于零，内含报酬率大于设定的折现率，则项目是可行的；反之，应拒绝这一投资项目。

【例 8-52】某企业购入机器一台，价值 24 000 元，可用 5 年。每年销售收入为 48 000 元，付现成本为 38 000 元。期末残值为 0，按直线法折旧。所得税税率为 25%。假定折现率为 10%，计算该项目的净现值、现值指数、内含报酬率，并判断该项目是否可行。

解析：年折旧=24 000÷5=4 800（元）

NCF_0=0-24 000=-24 000（元）

NCF_{1-5}=（48 000-38 000）×（1-25%）+4 800×25%=7 500+1 200=8 700（元）

NPV=8 700×（P/A，10%，5）-24 000=8 700×3.791-24 000=8 982（元）

现值指数=8 700×3.791÷24 000×100%=137.42%

年金现值系数（净现值为零）=24 000÷8 700=2.7586

查表可得：（P/A，23%，5）=2.8035，（P/A，24%，5）=2.7454

$$内含报酬率=23\%+\frac{2.7586-2.8035}{2.7454-2.8035}\times 1\%=23.77\%$$

由于净现值大于零，内含报酬率大于设定的折现率10%，因此该项目是可行的。

2）多个互斥方案投资决策

（1）原始投资额相等，计算期也相等。

在对项目计算期相等并且投资额相等的互斥方案进行评价时，一般可计算净现值，哪个方案的净现值大，哪个方案中选。净现值大的方案，其他几个指标的计算值也大，不影响结论的判断。

【例8-53】某企业面临着两个投资方案的选择，投资额均为24万元，项目计算期都是4年。A方案每年的现金净流入量均为9万元，B方案每年的现金净流入量分别为0、5万元、10万元、35万元。由于资金有限，只能两者取其一，如果折现率为10%。请计算两个方案的净现值、现值指数和内含报酬率指标，并做出选择。

计算过程略，计算结果见表8-38。

表8-38　A、B方案NPV、PI、IRR计算结果

评价指标	NPV	PI	IRR
A方案	4.53万元	1.1888	18.5%
B方案	11.545万元	1.4810	23.68%

计算结果表明，A方案的净现值、现值指数和内含报酬率指标均小于B方案，所以选择B方案。

（2）原始投资额不相等，计算期相等。

当多个互斥方案的计算期相等，投资额不相等时，根据净现值和内含报酬率、现值指数指标计算结果可能会得出不同的结论。因此当投资额不等，计算期相等时，通常采用差量投资净现值法或差量投资内含报酬率法来评判方案的优劣。

【例8-54】已知A、B两个项目的各期现金流量见表8-39，已知折现率为10%。

表8-39　A、B项目各期现金流量　金额单位：万元

项目	0	1	2	3	IRR	NPV
A项目	-1 000	505	505	505	0.24	256
B项目	-11 000	5 000	5 000	5 000	0.17	1 435

显然，如果项目A、B都可行，根据NPV指标，最优是B项目，根据IRR指标，最优是A项目。

用差量分析法，首先计算差量净现金流量，比如计算 B 项目的现金流量减去 A 项目的现金流量，然后分析（B−A）的可行性。分析结果见表 8−40。

表 8−40　　**差量净现金流量分析表**　　金额单位：万元

项目	0	1	2	3	IRR	NPV
A 项目	−1 000	505	505	505	0.24	256
B 项目	−11 000	5 000	5 000	5 000	0.17	1 435
（B−A）	−10 000	4 495	4 495	4 495	0.166	1 179

（B−A）的差量内含报酬率为 0.166，大于资本成本 0.10，差量净现值为 1 179 万元，大于 0，根据内含报酬率指标和净现值指标的决策标准，（B−A）是可以接受的，表明投资 B 项目要优于投资 A 项目。

（3）原始投资额不相等，计算期不相等。

在原始投资额不相等、项目计算期也不相等的多方案比较时，可用年等额净回收额法。所谓年等额净回收额法，是指通过比较所有投资方案的年等额净回收额（记作 NA）指标的大小来选择最优方案的决策方法。在此法下，年等额净回收额最大的方案为优。

某方案的年等额净回收额等于该方案净现值与相关回收系数（或年金现值系数的倒数）的乘积。其计算公式为：

某方案年等额净回收额=该方案净现值 × 回收系数

或　　$$=\text{该方案净现值}\times\frac{i}{1-(1+i)^{-n}} \qquad (8.38)$$

【例 8−55】某企业拟投资建设一条新生产线。现有三个方案可供选择：A 方案的原始投资额为 1 250 万元，项目计算期为 11 年，净现值为 958.7 万元；B 方案的原始投资额为 1 100 万元，项目计算期为 10 年，净现值为 920 万元；C 方案的净现值为−12.5 万元。行业基准折现率为 10%。根据上述资料，按年等额净回收额法做出最终投资决策的程序如下：

（1）判断各方案的财务可行性：

∵ A 方案和 B 方案的净现值都大于零，

∴ 这两个方案都具有财务可行性。

∵ C 方案的净现值小于零，

∴ 该方案不具有财务可行性。

（2）计算各个具有财务可行性方案的年等额净回收额：

$$\text{A 方案的年等额净回收额}=958.7\times\frac{10\%}{1-(1+10\%)^{-11}}\approx 147.60\text{（万元）}$$

$$\text{B 方案的年等额净回收额}=920\times\frac{10\%}{1-(1+10\%)^{-10}}\approx 149.72\text{（万元）}$$

（3）比较各方案的年等额净回收额，做出决策：

∵ 149.72>147.60，

∴B 方案优于 A 方案。

8.3.7 长期投资的敏感性分析

1）敏感性分析的意义

敏感性分析是指从众多不确定因素中找出对投资项目经济效益指标有重要影响的敏感性因素，并分析、测算其对项目经济效益指标的影响程度和敏感程度，进而判断项目承受风险能力的一种不确定性分析方法。

敏感性分析有助于确定哪些风险对项目具有最大的潜在影响。它把所有其他不确定因素保持在基准值的条件下，并考察项目的每项要素的不确定性对目标产生多大程度的影响。

敏感性分析的基本做法是：固定除某一用于分析的变量外的其他所有变量，然后改变所选定的分析变量的值，观察投资结果随这一变量变化的情况。如果投资结果对这一变量的微小变化有较大的反应，说明这一变量对投资结果有较大的影响，这一变量预测值的准确与否对投资决策非常关键，即这一变量的预测风险较高；反之，如果投资结果对某一变量的变化反应不明显，则说明这一变量对投资结果的影响不大，其预测值即使出现了较大的偏差，也不会对投资的最终结果产生根本性的影响，其预测风险较低。

2）敏感性分析的应用

项目投资的敏感性分析，可以从两个方面进行：一是分别计算有关因素变动对净现值和内含报酬率的影响程度；二是计算有关因素的变动极限。

（1）因素变动对净现值和内含报酬率影响程度的分析。

计算因素变动对净现值和内含报酬率的影响程度可分别采用总量法和差量法两种方法。

①总量法，是指利用因素变动后形成的新数据重新计算净现金流量，计算因素变动后的净现值和内含报酬率，然后和已知的净现值和内含报酬率进行比较，来判断因素变动对净现值和内含报酬率的影响大小，确定敏感性因素。

②差量法，是指在计算各有关因素变动对净现金流量或年金现值系数影响差量的基础上，直接计算因素变动对净现值和内含报酬率的影响程度的一种方法。此法比总量法简单。

【例 8-56】已知某企业固定资产项目原始投资 1 800 000 元，当年投产，生产经营期为 15 年，按直线法计提折旧，期末无残值。该项目投产后每年可生产新产品 10 000 件，产品售价为 100 元，单位变动成本为 40 元，固定成本为 240 000 元。所得税税率为 25%，基准折现率为 10%。

经过计算，该项目经营期每年折旧为 120 000 元，年付现成本为 520 000 元，年净利润为 270 000 元。各年的净现金流量分别为：NCF_0=−1 800 000 元，$NCF_{1\sim15}$=390 000 元，NPV 为 1 166 379 元，IRR 为 20.25%。

假定销售量、售价分别变动−10%，付现成本、原始投资额分别增长 10%，折现率降低 1%。

要求：

（1）分别计算售价、销售量、付现成本、原始投资额和折现率变动后达到的水平及变动量。

（2）计算上述因素分别变动对项目计算期净现金流量的影响。

（3）按差量法进行投资敏感性分析。

解析：各因素的变动量及变动后对净现金流量的影响数据见表 8-41。

表 8-41　**各因素的变动量及变动后对净现金流量的影响**

有关因素	变动情况			对 NCF_0 的影响	对 $NCF_{1\sim15}$ 的影响（元）		
	因素基数	变动率	变动量		年净利润	年折旧	$NCF_{1\sim15}$
售价（元）	100	-10%	-10	—	-75 000	—	-75 000
销售量（件）	10 000	-10%	-1 000	—	-45 000	—	-45 000
付现成本（元）	520 000	+10%	+52 000	—	-39 000	—	-39 000
原始投资额（元）	1 800 000	+10%	+180 000	-180 000	-9 000	+12 000	+3 000
折现率	10%		-1%	—	—	—	—

有关因素单独变动对项目净现值和内含报酬率的影响见表 8-42。

表 8-42　**有关因素单独变动对项目净现值和内含报酬率的影响**

有关因素	NCF_0 的变动量（元）	$NCF_{1\sim15}$ 的变动量（元）	对年金现值系数的影响	对 NPV 的影响		变动后的 IRR
				变动量（元）	变动率	
售价（元）	—	-75 000	—	-570 457.5	-48.91%	15.05%
销售量（件）	—	-45 000	—	-342 274.5	-29.35%	17.48%
付现成本（元）	—	-39 000	—	-296 637.9	-25.43%	17.85%
原始投资额（元）	-180 000	+3 000	—	-157 181.7	-13.48%	18.26%
折现率	—	—	0.4546	177 294	15.20%	20.25%

由表 8-42 可知，各因素对 NPV 和 IRR 的影响程度由大到小依次是售价、销售量、付现成本和原始投资额，折现率只影响净现值，不影响内含报酬率。

（2）因素变动极限的分析。

在实际工作中，各因素逐一分析比较麻烦，采用各因素不利变动的临界限度分析，可以简化计算。

【例 8-57】已知某企业设备投资 15 000 元，可回收年限为 5 年，折现率为 10%，年现金净流入量为 5 000 元。

要求：确定年现金净流入量的下限、折现率的上限和项目可回收年限的上限。

解析：（1）年现金净流入量的下限实际上就是使得净现值为零的年现金净流入量。设年现金净流入量的下限为 x，则有：

x·（P/A，10%，5）-15 000=0，解得 x=3 957 元。

即每年的现金净流量不能低于 3 957 元，否则该项目就不可行。

（2）确定折现率的上限就是求内含报酬率。查表并利用内插法可得：

内含报酬率=18%+（3.127−3）÷（3.127−2.991）×（20%−18%）=20.87%

也就是说，折现率不能高于20.87%，否则项目就由可行转为不可行。

（3）实际上，确定可回收年限的下限就是求投资回收期。

使得净现值为零的年金现值系数=15 000÷5 000=3

查表并利用内插法可得投资回收期=3+（3−2.487）÷（3.17−2.487）=3.75（年）

也就是说，可回收年限不能少于3.75年，否则项目就由可行转为不可行。

由年现金净流量的下限可以进一步求出售价、销售量、付现成本的下限和变动率极限。在此不再论述。

【实践应用】

通过本实践应用，使学生回顾有关长期投资评价的基本知识和评价方法，理解折旧、摊销、年利息费用等对项目现金流量分析的影响，提高学生分析问题、解决问题的能力。

某企业计划进行某项投资活动，现有甲、乙两个方案可供选择，有关资料如下：

甲方案原始投资为150万元，其中，固定资产投资100万元，流动资金投资50万元，全部资金于建设起点一次性投入，该项目经营期5年，到期残值收入5万元，预计投产后每年息税前利润为30万元。

乙方案原始投资为210万元，其中，固定资产投资120万元，无形资产投资25万元，流动资金投资65万元，固定资产和无形资产投资于建设起点一次性投入，流动资金投资于完工时投入，固定资产投资所需资金通过银行借款取得，年利率为8%，期限为7年，单利计息，利息于每年年末支付。该项目建设期为2年，经营期为5年，到期残值收入为8万元，无形资产自投产年份起分5年摊销完毕。该项目投产后，预计每年息税前利润为71万元，该企业按照直线法计提折旧，全部流动资金于终结点一次收回。若所得税税率为25%，该企业要求的最低投资报酬率为10%。

要求：

（1）计算甲、乙方案的净现值。

（2）采用年等额净回收额法确定该企业应选择哪一投资方案。

解析：（1）计算甲、乙方案的净现值。

甲方案：

年折旧额=（100−5）÷5=19（万元）

第5年年末的回收额=5+50=55（万元）

$$\text{某年所得税后净现金流量}=\text{息税前利润}\times\left(1-\text{所得税税率}\right)+\text{该年折旧额}+\text{该年摊销额}+\text{该年回收额}$$

NCF_0=−150万元

$NCF_{1\text{-}4}$=30×（1−25%）+19=22.5+19=41.5（万元）

NCF_5=30×（1−25%）+19+55=96.5（万元）

甲方案的净现值NPV=96.5×（P/F，10%，5）+41.5×（P/A，10%，4）−150

=96.5×0.6209+41.5×3.1699−150=41.47（万元）

乙方案：

每年付利息=120×8%=9.6（万元）

建设期资本化利息=120×8%×2=19.2（万元）

固定资产原值=120+19.2=139.2（万元）

年折旧额=（139.2−8）÷5=26.24（万元）

无形资产年摊销额=25÷5=5（万元）

第7年年末的回收额=回收固定资产余值+回收流动资金=8+65=73（万元）

因此，各年的净现金流量为：

NCF_0=−145 万元

NCF_1=0

NCF_2=−65 万元

NCF_{3-6}=（息税前利润−利息）×（1−所得税税率）+该年折旧额+该年摊销额

=（71−9.6）×（1−25%）+26.24+5=77.29（万元）

NCF_7=（息税前利润−利息）×（1−所得税税率）+该年折旧额+该年摊销额+该年回收额

=77.29+73=150.29（万元）

乙方案的净现值 NPV=150.29×（P/F，10%，7）+77.29×［（P/A，10%，6）−（P/A，10%，2）］−145−65×（P/F，10%，2）

=150.29×0.5132+77.29×（4.3553−1.7355）−145−65×0.8246

=81.01（万元）

（2）计算甲、乙方案的年等额净回收额。

甲方案年等额净回收额=41.47÷（P/A，10%，5）=10.94（万元）

乙方案年等额净回收额=81.01÷（P/A，10%，7）=16.64（万元）

由于乙方案的年等额净回收额 16.64 万元大于甲方案的年等额净回收额 10.94 万元，所以应选择乙方案。

本章小结

本章主要介绍决策的有关知识，重点是如何运用合适的方法做出正确的决策。本章首先介绍了决策的概念、特征、分类、程序和影响决策的成本信息等基本理论和概念。然后重点介绍了短期经营决策的内容和常用决策方法，通过各种实例分析介绍如何运用单位资源边际贡献法、相关损益法、边际贡献分析法、差量损益分析法、成本无差别点法等做出正确的生产决策。企业有哪些定价策略和定价方法，如何运用利润无差别点法、弹性分析法、边际分析法、成本加成法等做出合适的价格决策。如果企业面临的是不确定型决策，如何运用大中取大法、小中取大法、大中取小法和折中分析法做出正确决策。如果企业面临风险型决策，如何运用概率分析法进行分析。最后介绍了长期投资决策的含义和特征，在此基础上介绍了货币时间价值的概念及换算、项目建设期、经营期和终结点现金流量的分析和计算，介绍了长期投资决策的动态法和静态法等评价方法，并通过实例分析了各种动态评价方法和静态评价方法在长期投资决策中的运用，指出动态法的主导评价地位和净现值法的重要评价地位，并介绍了长期投资决策的敏感性分析，通过敏感性分析判别影响决策的各因素的影响程度及其重要性，为后期有关因素的变化对决策的影响进行判断提供帮助。

常用术语

1. 短期经济决策	2. 生产决策	3. 价格决策
4. 不确定型决策	5. 风险型决策	6. 成本加成定价法
7. 决策成本	8. 机会成本	9. 边际成本
10. 付现成本	11. 沉没成本	12. 差量成本
13. 共同成本	14. 可延缓成本	15. 可避免成本
16. 不可延缓成本	17. 不可避免成本	18. 相关成本
19. 无关成本	20. 特殊订货	21. 成本无差别点分析法
22. 经济批量	23. 经济订货批量	24. 经济生产批量
25.ABC 分类库存控制法	26. 货币时间价值	27. 年金
28. 现金流量	29. 资本成本	30. 投资回收期
31. 净现值	32. 内含报酬率	33. 获利指数
34. 年等额净回收额法	35. 偿债基金系数	36. 投资回收系数

思考题

1. 为什么要区分决策的相关成本和无关成本？决策的相关成本有哪些？

2. 在进行特殊订货决策过程中，除了考虑财务因素外，还应该考虑哪些非财务因素？

3. 在进行零部件的自制和外购决策中，除了考虑财务因素外，还应该考虑哪些非财务因素？

4. 年金有哪几种形式，如何计算它们的现值与终值？

5. 为什么在进行投资决策时需要利用现金流量指标而不是利润指标？

6. 投资项目现金流量包括哪些内容？

7. 分析项目现金流量时应注意哪些问题？

8. 企业的税负、折旧、摊销、利息费用对项目经营现金流量分析有什么影响？

练习题

一、单项选择题

1. 在有关产品是否进行深加工决策中，深加工前的半成品成本属于（　　）。

A. 估算成本　　B. 重置成本　　C. 机会成本　　D. 沉没成本

2. 将决策分为确定型决策、风险型决策和不确定型决策是按（　　）进行的分类。

A. 决策本身的重要程度　　B. 决策条件的肯定程度

C. 决策规划时期的长短　　D. 决策解决问题的内容

3. 在价格决策中，某产品的有关资料见表 8-43。

表 8-43　**产品资料**

销售单价(元/件)	36	35	34	33	32	31
预计销量(件)	400	440	480	520	540	570
利润增加额(元)	280	200	120	40	-280	-210

则该产品的最优售价为（　　）元/件。

A.31　　B.32　　C.33　　D.36

4. 企业去年生产某亏损产品的边际贡献为 3 000 元，固定成本为 1 000 元，假定今年其他条件不变，但生产该产品的设备可对外出租，当一年增加的边际贡献为（　　）元时，应停产该种产品。

A.2 001　　B.3 100　　C.1 999　　D.2 900

5. 在短期经营决策中，企业不接受特殊价格追加订货的原因是买方出价低于（　　）。

A. 正常价格　　B. 单位产品成本

C. 单位变动成本　　D. 单位固定成本

6. 在管理会计的定价决策中，利润无差别点法属于（　　）。

A. 以成本为导向的定价方法　　B. 以需求为导向的定价方法

C. 以特殊要求为导向的定价方法　　D. 定价策略

7. 在零部件自制或外购的决策中，如果零部件的需用量尚不确定，应当采用的决策方法是（　　）。

A. 相关损益分析法　　B. 差量损益分析法

C. 相关成本分析法　　D. 成本无差别点法

8. 在经济决策中应由中选的最优方案负担的、按所放弃的次优方案潜在收益计算的资源损失，即（　　）。

A. 增量成本　　B. 加工成本　　C. 机会成本　　D. 专属成本

9. 某公司购入一批价值 30 万元的专用材料，因规格不符无法投入使用，拟以 20 万元变价处理，并已找到购买单位。此时，技术部门完成一项新产品开发，并准备支出 60 万元购入设备。当年投产。经化验，上述专用材料完全符合新产品使用，故不再对外处理。在评价该项目时第一年的现金流出应按（　　）万元计算。

A.60　　B.90　　C.80　　D.110

10. 企业投资 18.9 万元购入一台设备，预计使用年限为 10 年，预计净残值为 0.9 万元，该设备按直线法计提折旧。设备投产后预计每年可获得净利 1.2 万元，则投资回收期为（　　）年。

A.3.56　　B.4.09　　C.5.62　　D.6.3

11. 对投资项目的内含报酬率指标大小不产生影响的因素是（　　）。

A. 投资项目的原始投资额　　B. 投资项目的现金流量

C. 投资项目的有效年限　　D. 投资项目设定的折现率

12. 某投资方案的年营业收入为 100 000 元，年营业成本为 60 000 元，其中年折旧额为 10 000 元，所得税税率为 25%，则该方案每年的营业现金流量为（　　）元。

A.30 000　　B.40 000　　C.37 500　　D.32 500

13. 某投资方案，当折现率为 16% 时，其净现值为 9 元，当折现率为 18% 时，其净现值为-499 元。则该方案的内含报酬率为（　　）。

A.15.88%　　B.16.12%　　C.16.04%　　D.18.14%

14. 普通年金是指（　　）。

A. 后付年金　　B. 先付年金　　C. 永续年金　　D. 递延年金

15. 当某方案的净现值大于零时，其内含报酬率（　　）。

A. 可能小于零　　B. 一定等于零

C. 一定大于设定折现率　　D. 可能等于设定折现率

16. 在生产能力有剩余的情况下，下列各项成本中，适合作为增量产品定价基础的是（　　）。

A. 固定成本　　B. 制造成本　　C. 全部成本　　D. 变动成本

17. 下列各项因素中，不影响存货经济订货批量计算结果的是（　　）。

A. 存货年需要量　　B. 单位变动储存成本

C. 保险储备　　D. 每次订货变动成本

18. 采用静态回收期法进行项目评价时，下列表述错误的是（　　）。

A. 若每年现金净流量相等，则静态回收期等于原始投资额除以每年现金净流量

B. 静态回收期法没有考虑货币时间价值

C. 若每年现金净流量不相等，则无法计算静态回收期

D. 静态回收期法没有考虑回收期后的现金流量

19. 关于项目决策的内含报酬率法，下列表述正确的是（　　）。

A. 项目的内含报酬率大于 0，则项目可行

B. 内含报酬率指标有时无法对互斥方案做出正确决策

C. 内含报酬率指标没有考虑货币时间价值因素

D. 内含报酬率不能反映投资项目可能达到的收益率

20. 某投资项目只有第一年年初产生现金净流出，随后各年均产生现金净流入，且其动态回收期短于项目的寿命期，则该投资项目的净现值（　　）。

A. 大于 0　　B. 无法判断　　C. 等于 0　　D. 小于 0

21. 如果某投资项目在建设起点一次性投入资金，随后每年都有正的现金净流量，在采用内含报酬率对该项目进行财务可行性评价时，下列说法正确的

是（　　）。

A. 如果内含报酬率大于折现率，则项目净现值大于 1

B. 如果内含报酬率大于折现率，则项目现值指数大于 1

C. 如果内含报酬率小于折现率，则项目现值指数小于 0

D. 如果内含报酬率等于折现率，则项目动态回收期小于项目寿命期

22. 在对某独立投资项目进行财务评价时，下列各项中，并不能据以判断该项目具有财务可行性的是（　　）。

A. 以必要报酬率作为折现率，计算的项目现值指数大于 1

B. 以必要报酬率作为折现率，计算的项目净现值大于 0

C. 项目静态投资回收期小于项目寿命期

D. 以必要报酬率作为折现率，计算的净现金流量大于 0

23. 某投资项目需在开始时一次性投资 50 000 元，其中固定资产投资为 45 000 元，营运资金垫支 5 000 元，没有建设期。各年营业现金净流量分别为 10 000 元、12 000 元、16 000 元、20 000 元、21 600 元和 14 500 元。则该项目的静态投资回收期是（　　）年。

A.3.35　　B.4.00　　C.3.60　　D.3.40

24. 某公司存货年需求量为 36 000 千克，经济订货批量为 600 千克，一年按 360 天计算，则最佳订货期为（　　）天。

A.100　　B.1.67　　C.60　　D.6

25. 某公司全年（按 360 天计）材料采购量预计为 7 200 吨，假定材料日耗均衡，从订货到送达正常需要 3 天，鉴于延迟交货会产生较大损失，公司按照延误天数 2 天建立保险储备。不考虑其他因素，材料再订货点为（　　）吨。

A.80　　B.40　　C.60　　D.100

二、多项选择题

1. 下列成本属于无关成本的有（　　）。

A. 专属成本　　B. 共同成本　　C. 差额成本

D. 不可避免成本　　E. 机会成本

2. 当剩余生产能力无法转移时，亏损产品不应停产的条件有（　　）。

A. 该亏损产品的变动成本率大于 1

B. 该亏损产品的变动成本率小于 1

C. 该亏损产品的边际贡献大于 0

D. 该亏损产品的单位边际贡献大于 0

E. 该亏损产品的边际贡献率大于 0

3. 生产经营能力具体包括（　　）表现形式。

A. 最大生产经营能力　　B. 剩余生产经营能力

C. 追加生产经营能力　　D. 最小生产经营能力

E. 正常生产经营能力

4. 下列项目中，属于年金的有（　　）。

A. 按直线法计提的折旧　B. 按产量法计提的折旧　C. 定期支付的租金

D. 定期上交的保险费　　E. 开办费的每年摊销额

5. 在单一的独立投资项目中，当一个投资方案的净现值小于零时，表明该方案（　　）。

A. 现值指数小于 1　　B. 不具备财务可行性

C. 净现值率小于 0　　D. 内含报酬率小于行业基准收益率

E. 投资回收期短于基础回收期

6. 一般情况下，下列表述中不正确的有（　　）。

A. 净现值大于 0，方案可行

B. 内含报酬率大于 0，方案可行

C. 净现值大于 0，净现值率必定大于 0，方案可行

D. 投资回收期大于投资有效期的一半时，投资回收期法的结论是方案可行

E. 净现值大于 0，表明投资报酬率大于资本成本，方案可行

7. 如果某项目投资方案的内含报酬率大于必要收益率，则（　　）。

A. 净现金流量大于原始投资额现值　　B. 现值指数大于 1

C. 净现值大于 0　　D. 静态回收期小于项目寿命期的一半

8. 下列属于年金特点的有（　　）。

A. 每次发生的金额相等

B. 每次发生的时间间隔相同

C. 每次发生的金额必须相等，但每次发生的时间间隔可以不同

D. 每次发生的金额可以不相等，但每次发生的时间间隔必须相同

9. 净现值法与现值指数法的共同之处在于（　　）。

A. 都是相对数指标

B. 都没有考虑货币时间价值因素

C. 都不能反映投资方案的实际投资收益率

D. 都必须按预定的折现率折算现金流量的现值

10. 采用净现值法评价投资项目的可行性时，所采用的折现率通常有（　　）。

A. 投资的机会成本　　B. 行业平均资金收益率

C. 投资项目的资本成本　　D. 投资项目的内含报酬率

11. 下列各项投资评价指标中，属于动态指标的有（　　）。

A. 现值指数　　B. 净现值　　C. 投资利润率　　D. 内含报酬率

12. 短期经营决策常用的方法有（　　）。

A. 差量损益法　　B. 相关成本分析法

C. 利润无差别点法　　D. 边际贡献分析法

13. 短期经营决策必须通盘考虑的因素有（　　）。

A. 相关利润　　B. 相关成本　　C. 相关业务量　　D. 相关收入

14. 下列有关边际分析定价法的描述，正确的有（　　）。

A. 边际利润等于零时，价格是最优销售价格

B. 边际分析定价法是基于微分极值原理进行定价决策的分析方法

C. 不论函数是否可微，直接对利润函数求一阶导数可得到最优售价

D. 当边际收入不等于边际成本时，利润将达到最大值

15. 下列关于机会成本的描述，正确的有（　　）。

A. 如果接受追加订货，由于加工能力不足而占用正常订货所放弃的有关收入为接受追加订货方案的机会成本

B. 如果不接受追加订货，由于加工能力不足所放弃的有关收入为不接受追加订货方案的机会成本

C. 不接受追加订货可将设备出租，接受追加订货就不能出租设备，则设备出租租金为接受追加订货方案的机会成本

D. 亏损产品如果停产，可以转产其他产品，转产可以获得的边际贡献是继续生产亏损产品方案的机会成本

三、判断题

1. 在现值及期限一定的情况下，利率越高，终值越大；在终值及期限一定的情况下，利率越高，现值越小。（　　）

2. 项目计算期等于建设期与经营期之和。（　　）

3. 如果没有特殊说明，均假定回收的流动资金等于原垫支的流动资金。（　　）

4. 在对单一投资方案进行评价时，利用净现值法、现值指数法、内含报酬率法会得出完全相同的结论，而采用投资回收期法则有可能得出与前述结论相反的结论。（　　）

5. 内含报酬率的大小与事先设定的折现率的高低无关。（　　）

6. 机会成本是指目前从市场上购买同一项原有资产所需支付的成本，亦可称为“现时成本”。（　　）

7. 全部成本费用加成定价法是根据预期目标利润和产品销售量、产品成本、适用的税率等因素来确定产品销售价格的方法。（　　）

8. 进行短期价格决策不需要区分相关成本与无关成本。（　　）

9. 凡变动成本都是相关成本，凡固定成本都是无关成本。（　　）

10. 在管理会计的调价决策中，如果调高价格后预计销量超过利润无差别点的销量，那么就应当进行调价。（　　）

四、业务处理题

1. 某项目按 14% 的设定折现率计算的净现值为 80 万元，按 16% 的设定折现率计算的净现值为-8 万元。行业基准折现率为 12%。

要求：

（1）不用计算，直接判断该项目是否具备财务可行性，并说明理由。

（2）用内插法计算该项目的内含报酬率，并评价该方案的可行性。

2. 已知：某企业只生产一种产品，全年最大生产能力为 1 200 件。年初已按 100 元/件的价格接受正常任务 1 000 件，该产品的单位完全生产成本为 80 元/件（其中，单位固定生产成本为 25 元）。现有一客户要求以 70 元/件的价格追加订货。

要求：请考虑以下不相关情况，用差量损益分析法为企业做出是否接受低价追加订货的决策，并说明理由。

（1）剩余生产能力无法转移，追加订货量为 200 件，但因有特殊要求，企业需追加 1 000 元专属成本。

（2）同（1），但剩余生产能力可对外出租，可获租金收入 5 000 元。

（3）剩余生产能力无法转移，追加订货量为 300 件；因有特殊要求，企业需追加 900 元专属成本。

3. 已知：某企业生产需用的某部件以前一直从市场上采购。采购量在 5 000 件以下时，单价为 8 元；达到或超过 5 000 件时，单价为 7 元。如果追加投入 12 000 元专属成本，就可以自行制造该部件，预计单位变动成本为 5 元。

要求：用成本无差别点法为企业做出自制或外购该部件的决策，并说明理由。

4. 某固定资产投资项目需在建设起点一次性投入 1 000 万元，建设期为 1 年。该项目寿命期为 10 年，期满无残值，按直线法计提折旧。投产后每年可获利 100 万元。设定折现率为 10%。（已知（P/A，10%，10）=6.14457，（P/A，10%，11）= 6.49506，（P/A，10%，1）=0.90909，（P/F，10%，1）=0.90909）

要求：

（1）计算每年折旧。

（2）计算建设期净现金流量。

（3）计算经营期净现金流量。

（4）计算投资回收期。

（5）计算净现值。

（6）评价该项目的财务可行性。

5. 永生公司准备开发新产品，现有 A、B 两种产品可供选择，其有关售价与成本资料见表 8-44。

表 8-44　**有关售价与成本资料**　单位：元

项目	A 产品	B 产品
销售单价（p）	310	283
单位变动成本（b）	280	250
固定成本总额（a）	25 000	25 000

经过市场调查，A、B 两种产品的销售量及其发生概率见表 8-45。

表 8-45　　**A、B 两种产品的销售量及其发生概率**

销售量(件)	概率	
	A 产品	B 产品
700		0.1
900	0.1	0.2
1 000	0.1	0.2
1 100	0.3	0.4
1 300	0.3	0.1
1 500	0.2	
合计	1.0	1.0

要求：为永生公司做出开发哪种新产品较为有利的决策。

6. 南洋公司生产孔雀牌衬衫，目前年产销量为 50 000 件，只达到生产能力的 50%，最近收到一份来自国外的订单，要求订购 30 000 件，单价为 6 元，接受这一特殊订单后，总的销售量将从 50 000 件增加到 80 000 件。预计产品成本见表 8-46。

表 8-46　　**产品成本计算表**　　金额单位：元

销售量(件)	50 000		80 000	
项目	总成本	单位成本	总成本	单位成本
直接材料	75 000	1.5	120 000	1.5
直接人工	75 000	1.5	120 000	1.5
间接费用	200 000	4	260 000	3.25
总成本	350 000	7	500 000	6.25

销售科长认为，这批订单价格每件 6 元，虽然每件亏本 1 元（7-6），仍应该接受这批订单，理由是能够挤入国外市场，为今后打开销路。

生产科长认为售价还不够成本，不应接受。

会计科长做了一番计算分析，认为不但不亏本，反而能够盈利。

要求：

（1）说明为什么销售量从 50 000 件增加到 80 000 件时，单位成本从 7 元下降到 6.25 元。

（2）用数据说明生产科长有理还是会计科长有理。

7. 已知：某企业每年生产 1 000 件甲半成品。其单位完全生产成本为 18 元（其中单位固定制造费用为 2 元），直接出售的价格为 20 元。企业目前已具备将 80% 的甲半成品深加工为乙产成品的能力，但每深加工 1 件甲半成品需要追加 5 元变动加工成本。乙产成品的单价为 30 元。假定乙产成品的废品率为 1%。

要求：请考虑以下不相关的情况，用差量损益分析法为企业做出是否深加工甲半成品的决策，并说明理由。

（1）深加工能力无法转移。

（2）深加工能力可用于承揽零星加工业务，预计可获得边际贡献 4 000 元。

（3）同（1），如果追加投入 5 000 元专属成本，可使深加工能力达到 100%，并使废品率降低为零。

8. 某厂生产 A、B 两种产品，有关资料见表 8-47。该厂现有生产能力 20 万小时，根据市场预测，A 产品最多只能销售 8 万件，B 产品无限制，固定成本总额为 6 万元。

表 8-47　　**A、B 产品资料**

项目	A 产品	B 产品
单价	8 元	10 元
贡献毛益率	25%	50%
单位产品工时	2 小时	10 小时

要求：确定如何安排 A、B 产品的生产才能使利润最大？

9. 假定达成机床厂的加工车间有三条生产线，加工同一类型的 A 零件。甲生产线的机械化程度低，乙生产线的机械化程度比较高，而次于丙生产线，丙生产线的自动化程度最高。三条生产线的固定成本不一样，单位变动成本也不一样，它们的有关历史资料见表 8-48。

表 8-48　　**三条生产线的有关历史资料**　　金额单位：元

生产线名称	每月固定成本	加工 A 零件的单位变动成本
甲	2 000	3
乙	3 500	2
丙	8 000	0.5

要求：请判断在多少产量情况下、安排哪条生产线最为合适，生产成本最低。

10. 公司试销某种新产品，确定该产品价格与销量的函数关系式为 p=-x+2 400，总成本的数学模型为 y=1 000x+350 000。

要求：

（1）计算该产品的最佳销量和最优价格。

（2）计算最佳销量和最优价格条件下的安全边际率。

11. 甲公司拟购置一套监控设备。有 X 和 Y 两种设备可供选择，二者具有同样的功能，X 设备的购买成本为 480 000 元，每年付现成本为 40 000 元，使用寿命 6 年，该设备采用直线法计提折旧，年折旧额为 80 000 元，税法规定的净残值为 0，最终报废残值为 12 000 元。Y 设备使用寿命为 5 年，经测算，年金成本为 105 000 元，投资决策采用的折现率为 10%。公司适用的所得税税率为 25%，有关货币时间价值系数为：（P/F，10%，6）=0.5645；（P/A，10%，6）=4.3553；（F/A，10%，6）=7.7156。

要求：

（1）计算 X 设备每年的税后付现成本。

（2）计算 X 设备每年的折旧抵税额和最后一年年末的税后残值收入。

（3）计算 X 设备的年金成本。

（4）运用年金成本方式判断公司应选哪一设备。

12. 丙公司原只生产 L 产品，现计划投产一种新产品，现有 M、N 两个品种可供选择，相关资料如下：L 产品单位售价为 600 元，单位变动成本为 450 元，预计年产销量为 2 万件；M 产品的预计单价 1 000 元，边际贡献率为 30%，年产销量为 2.2 万件，开发 M 产品需增加一台设备，将导致固定成本增加 100 万元；N 产品的年边际贡献总额为 630 万元，生产 N 产品需要占用原有 L 产品的生产设备，将导致 L 产品的年产销量减少 10%。丙公司采用本量利分析法进行生产产品的决策，不考虑增值税及其他因素的影响。

要求：

（1）计算 M 产品的边际贡献总额。

（2）计算开发 M 产品对丙公司息税前利润的影响。

（3）计算开发 N 产品导致原有 L 产品的边际贡献减少额。

（4）计算开发 N 产品对丙公司息税前利润的影响。

（5）在投产 M 产品或 N 产品之间做出选择并说明理由。

第 8 章练习题参考答案

第9章

全面预算管理

学习目标

通过本章的学习，了解全面预算的概念及框架，掌握全面预算的编制方法，理解在企业中如何实施预算。

导入案例 全面预算管理助力石油石化企业节能减排

2008年发生了金融海啸，我国石化行业遭受了前所未有的困境，国际原油价格持续攀升，而成品油价格未能与国际油价接轨，导致成品油市场倒挂现象呈现历史性严重水平；2009年是金融危机对中国实体经济影响严重的一年，是我国经济发展形势严峻的一年。在严峻形势下，中石油、中石化、中海油三大石油企业纷纷提出通过上马全面预算管理信息系统，实现精细化财务管理，全面开展节能减排。

截至2009年6月底，中石化集团炼油事业部、化工事业部及下属45家企业建立了全面预算管理信息系统，共建立预算管理指标9 200多个，系统用户5 800多个，报表数量平均每家1 400多张，成为事业部、企业部重要的日常管理信息系统。该系统包括预算编制、预算监控、预算分析、预算考核四大功能模块，实现事前预算编制、事中预算监控、事后分析考核的闭环管理。

中石化炼油事业部总会计师孙明荣表示，集团总部通过全面预算管理信息系统界面方便地对旗下众多子孙企业的预算编制数据进行审批，并按照运行情况对下属企业进行考核，大大减少了预算控制的难度，使集团企业控制力量加强，预算反馈时间缩短，大大促进了节能减排、成本控制精细化工作的顺利进行。

扬子石化财务处陈宁说："以前月度预算，每月要事业部对接，特别是年度预算，从每年的9月开始编制，一直到来年3月发布，中间要对接多次，光差旅费都要花掉一大笔，还很耽误时间。现在好了，年度预算先在网上提交，并经专业部门审核，既方便、又准确，效率大幅度提高。"

"一台大型炼油装置每月用水不如一个家庭每月用水多，这是全面预算管理创造的奇迹。2009年，中石化集团公司实现挖潜增效预计超过150亿元。切实体现了干毛巾再拧出三滴水的节约精神"，中石化集团企业某负责人形象地说出了全面预算管理在企业节能减排、节约成本方面的成效。

从全国几十家石化企业实施全面预算信息化所取得的成绩来看，全面预算管理在节能、减排，实现企业集约化管理、切实实现"先算后干"的目标管理制度等方面取得了明显的成效。

资料来源：PChome.net. 全面预算管理助力石油石化企业节能减排［EB/OL］.［2010-04-28］. http://www.techweb.com.cn/news/2010-04-28/591316.shtml.

9.1 全面预算概述

9.1.1 全面预算的定义

预算（budget）的概念产生于公共事务的财务计划，它表示预测性的收入与支出的对比。在企业管理中，预算是对企业未来一定时期内的经营活动用价值指标或非价值指标进行量化的表现形式。

全面预算（master budget）是指涉及企业全方位、全过程和全员的整体的综合财务计划，是对未来一定期间企业全部资源取得和运用的具体计划，是经营目标、经营决策的货币数量说明。完整的预算过程包括预算编制、预算控制和预算分析三个环节，发挥三项职能。

管理会计应用指引第200号——预算管理

预算与企业战略规划的关系密不可分。企业制定了战略目标后，有必要将战略规划转换成详细的经营计划，该计划通常就是预算。预算将战略规划的可能效果反馈给管理者，管理者根据此信息对战略规划进行修正。所以，预算是从战略规划中产生的，是落实企业战略的工具，通过预算，明确企业资源的运用，为改善决策提供有关资源的信息，同时为经营控制提供依据和标准。因而，预算连接了战略计划与经营控制，是企业管理中必不可少的工具。

预算本身不是最终目的，更多的是充当一种在企业战略与经营绩效之间建立联系的工具，主要用于衡量与监控企业及各部门的经营绩效，以确保最终实现企业的战略目标。预算管理是与企业发展战略相配合的战略保障体系，是一种控制机制，预算作为“标杆”，使所有预算执行主体都知道自己的目标是什么、应如何去完成预算、预算完成与否、如何与自身利益挂钩等，从而起到一种自我约束和自我激励的作用。

9.1.2 全面预算的特点

1）预测性

全面预算反映的是企业在未来预算期内经过努力可以达到的状况或可实现的经营成果，是在预算年度开始之前根据周密预测制定的，它是对企业未发生的经济行为的预测，因此，企业全面预算与将来实际经济行为的发生与结果会有一定的差异。

2）综合性

全面预算是企业全方位、全过程、全员参与的综合性的预算。因此，在一定时期内的所有经济业务都应包括到全面预算之中。

3）规范性

企业全面预算已经编制完毕，企业中任何人都应该遵照执行而不能轻易更改或因人而变。如果要发生变动也要按规定的程序进行更改。

4）公开性

全面预算是全员性的预算，预算的编制与执行都要依靠企业每个成员的自觉执行。因此，企业全面预算的编制与控制的整个过程都应该向企业所有有关人员公开。信息公开、透明是企业全面预算成功推行的前提。

9.1.3 全面预算期限

预算按编制时间的长短分为长期预算和短期预算两种。

长期预算又称资本预算，是指适用的时间范围超过一年的预算，时间跨度一般在三五年到几十年之间，是关系到企业生产经营战略目标的长期资金收支的预算，如有关厂房和大型设备的购置、新建和改扩建的长期投资预算。由于长期预算适用的时间跨度长，对执行期内许多不确定因素无法准确预测，它只是一种规划性质的预算，数字较为概括。但长期预算对较长时间内的企业经营成果有着重要作用，应该得到足够重视。

短期预算是指适用的时间范围不超过一年或一个经营周期的经营业务和财务方面的预算，如销售预算、生产预算、成本预算、现金收支预算以及有关财务报表预算等。短期预算的数字比较具体，便于控制与执行。一般短期预算的期间与会计年度一致，以便与会计年报提供的实际数据相比较。由于预算时间越短，执行期间偶然因素的影响越能够被准确预测，预算执行和控制就越有效。因此，常常可以结合具体业务的要求，在年度预算之下设立季度和月度预算。本章主要讨论短期预算。

9.1.4 全面预算编制的程序

1）全面预算组织的确立与责任分工

企业全面预算组织一般是根据企业组织结构的设置而设置的、职责权利相应明晰的组织体系，包括预算决策机构、预算咨询机构、预算组织机构、预算编制执行机构、预算监控机构（如图 9-1 所示）。

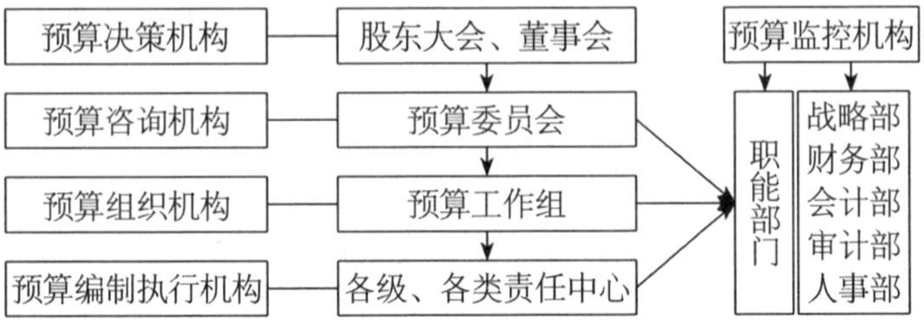

图 9-1 预算组织体系框架

预算决策机构一般由企业股东大会或董事会组成，拥有对预算战略、目标、方案的最终决策权、决算权和监督权。

预算咨询机构一般由企业预算委员会构成，主要对全面预算管理过程中的问题提供解决思路，以确保全面预算工作的科学性、规范性和有效实施。

预算组织机构一般指预算工作组，是指在预算委员会的领导下，主管企业预算编制、预算监督、预算协调、预算信息反馈等日常管理工作的执行机构。在实务中，预算工作组要么单独设立，要么直接挂在财务部。

预算编制执行机构是指预算的执行机构，也就是预算执行的责任主体或责任中心。

预算监控机构是对预算编制与执行过程进行监控的机构。一般来说，预算监控机构由多个职能部门组成。

2）预算编制程序的选择

预算的编制程序有自上而下、自下而上、上下结合三种。

（1）自上而下。企业依靠管理集权，自上而下分解指标，下达任务，预算执行人被动地执行上级“强加”的硬指标、硬任务。这种程序的预算编制效率高，花费时间短，但预算执行难度大，阻力大，效果相对差。一般来说，企业规模小、集权管理的企业经常采用这种预算程序。

（2）自下而上。由企业基层单位提报预算期内的预算目标或预算草案，逐级汇总到企业管理层，然后，由上级部门对下级部门提报的预算目标或预算草案进行综合平衡，最终确定预算方案的编制程序。这种程序的预算编制花费时间较长，效率不高，而且各级单位容易出现打口舌、打埋伏的现象，但预算执行效果好。一般来说，规模大、分权管理的企业相对偏向采用这种预算程序。

（3）上下结合，也叫参与式预算，是自上而下、自下而上两种程序的组合。一般首先由管理者提出各个预算目标或预算草案，自上而下地分配到各个基层单位；然后各个基层单位根据实际情况，对管理层下达的预算目标或预算草案进行分解、落实，并将预算草案完善、修改后反馈给管理层；最后管理层根据基层单位的反馈意见，经过综合平衡后最终确定预算方案的编制程序。这种预算编制程序效率不高，时间也长，但预算效果好，既能激发基层单位的创造性和积极性，又能实现企业战略目标，现为大多数企业所采用。

需要说明的是：不管企业选择哪种预算编制程序，全面预算的编制都要经过一个上下沟通、反复协调、几上几下的复杂流程，才能最终形成正式的预算草案，切不可一蹴而就，简单了事。

3）全面预算编制程序

以编制年度预算为例，说明编制全面预算的程序。

（1）下达预算目标。企业预算管理委员会根据公司董事会制定的企业发展战略和经营目标，经过对预算期内市场情况、企业自身情况等因素的科学预测，一般于每年 9—10 月份提出下一年度的企业全面预算目标，包括销售目标、成本费用目标、利润目标和长期投资方案等。然后，由企业预算管理部门编写“年度预算编制大纲”、设计预算表格、分解各项预算指标，通过召开专门预算会议的形式，将预算指标下达给下属各预算编制部门。

（2）编制草案上报。各预算编制部门按照企业下达的预算目标和预算编制大纲，结合自身特点以及预测的执行条件，经过认真测算后提出本部门的预算草案，于当年 11 月中旬上报给企业预算管理部门。

（3）审查平衡。企业预算管理部门会同有关职能部门对各预算编制部门上报的预算草案进行审查、汇总，提出综合平衡的建议。在审查、平衡过程中，企业预算管理部门要进行充分协调、沟通，对发现的问题和偏差，提出初步调整意见，并反馈给有关预算编制部门予以修正。对经过多次协调仍达不成一致的，应在充分调研的基础上，向企业预算管理委员会汇报，以确定是否调整有关预算编制部门的预算目标，并最终达到综合平衡。

（4）审议批准。企业预算管理部门在有关预算编制部门修正、调整预算草案的基础上，汇总编制出整个企业的全面预算方案，报企业预算管理委员会审议；预算管理委员会召集专门会议，审议企业全面预算方案，对于不符合企业发展战略或经营目标的事项，预算管理委员会要责成企业预算管理部门进行修正和调整；在反复修正、调整的基础上，企业预算管理委员会编制正式的年度全面预算草案，提交企业最高决策机构——企业董事会或股东（大）会审议批准。

（5）下达执行。企业预算管理部门将已经审议批准的年度全面预算，在次年 1 月份之前，逐级下达到各预算部门执行。

9.1.5 全面预算编制的起点

在预算实务中，受企业产品在市场上的供求关系的影响，预算的编制起点主要有两种。

1）以生产为起点编制全面预算

在产品处于卖方市场的情况下，产品供不应求，企业生产多少产品就能销售多少，生产决定销售，在这种情况下，预算编制的起点必然是生产。这种情形在计划经济时期比较普遍；在市场经济条件下，由于市场规律的影响，该情形只出现在垄断行业或个别领域，以及个别产品的某个时期。例如，当电力供不应求时，各发电企业需要开足马力、满负荷生产，这时就会以发电量指标作为预算编制的起点，首先，确定发电的数量，然后，以产定销，确定销售预算、采购预算、人工预算、费用预算、成本预算、利润预算、财务状况预算等。以生产为起点编制全面预算的流程如图 9-2 所示。

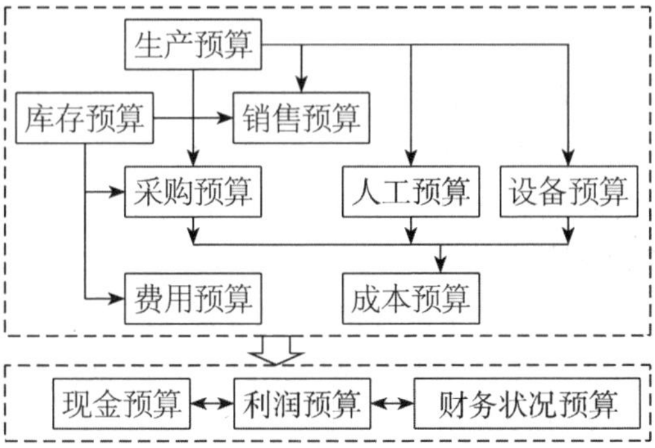

图 9-2 以产定销的预算

2）以销售为起点编制全面预算

在产品处于买方市场的情况下，产品供过于求，销售决定生产。这时，企业的生产必须贴近市场、适应市场，就必然以销售预算作为预算编制的起点，首先，确定产品的销售数量，然后，以销定产，确定企业的生产预算、采购预算、人工预算、费用预算、利润预算、财务状况预算等。以销售为起点编制全面预算的流程如图 9-3 所示。

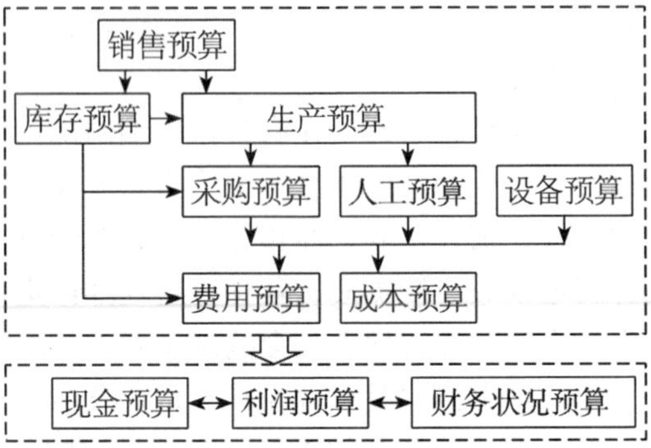

图 9-3　以销定产的预算

9.2　全面预算的编制

9.2.1　全面预算的内容

全面预算是由一系列预算构成的体系，一般包括经营预算、财务预算和专门决策预算三大类。

1）经营预算

经营预算是指对企业创造利润的各项日常业务的预算，主要包括销售预算、生产预算、直接材料预算、直接人工预算、制造费用预算、单位生产成本和期末存货预算、销售及管理费用预算。

2）财务预算

财务预算是指与企业现金收支、经营成果和财务状况有关的预算，主要包括现金收支预算、预计利润表、预计资产负债表。

3）专门决策预算

专门决策预算是指企业为不经常发生的长期投资决策或其他一次性专门决策业务所编制的预算，如资本支出预算，资金筹措手段预算，董事会决定预算期内股息、红利支出预算，根据税法规定在预算期间企业所得税缴纳预算等。

9.2.2　全面预算的编制方法

全面预算涉及预算期企业的全部经济活动与成果。为保证预算目标的科学性和各预算数字之间的协调性，在具体编制这些预算时，应按照全面预算体系表明的前后顺序和相互关系，逐步进行编制。

1）经营预算

（1）销售预算。销售预算是编制预算的起点与关键，因为产品产量、材料、人工、制造费用的支出，以及销售及管理费用和存货量，都是由产品销售量决定的。

销售预算是以经营目标（即目标利润）为基础，根据市场需求、单价及成本等因素制定的。销售预算的内容主要是销售数量、单价和销售收入等。其中，销售数量是根据市场预测或销售合同并结合生产能力确定的；单价是根据市场供求关系决定的；销售收入是两者的乘积。在编制销售预算的同时，要编制应收账款收入预算，以反映各期销售额的应收数和实收数，为编制现金预算提供依据。

【例 9-1】凯瑞公司 2019 年度各季度的销售预算见表 9-1，其中各季度的销货款 50% 当季收到，还有 50% 下一季收到。假设应收账款期初余额为 108 000 元。

表 9-1

销售预算

2019 年度

金额单位：元

摘要		一季度	二季度	三季度	四季度	全年
预计销售量(件)		2 700	3 600	2 700	3 600	12 600
预计销售单价		180	180	180	180	180
预计销售收入		486 000	648 000	486 000	648 000	2 268 000
预计现金收入	应收账款期初余额	108 000				108 000
	一季度销售收入	243 000	243 000			486 000
	二季度销售收入		324 000	324 000		648 000
	三季度销售收入			243 000	243 000	486 000
	四季度销售收入				324 000	
	应收账款期末余额					324 000
	合　计	351 000	567 000	567 000	567 000	2 052 000

（2）生产预算。销售预算确定以后，即可编制生产预算。产品的生产量是由预计销售量、预计期末存货量和期初存货量共同决定的。其计算公式如下：

$$预计生产量=预计销售量+预计期末存货量-期初存货量 \tag{9.1}$$

值得一提的是，生产预算受到存货量和销售预算的影响，销售量受到市场条件因素的影响，存货量又受到下期销售预算的影响。倘若预算期的预计销售量增加，则必须在上期保持相应的期末存货量；若预算期的预计销售量减少，则上期应保持较低的期末存货量，这样才能满足销售的需要。所以，生产预算既要考虑销售量的要求，又要考虑存货量的要求。

【例 9-2】依【例 9-1】，假定各季度的期末存货量按下一季度销售量的 10% 计算，已知期初存货为 270 件，公司的生产预算见表 9-2。

表 9-2

生产预算

2019 年度

单位：件

摘要	一季度	二季度	三季度	四季度	全年
预计销售量	2 700	3 600	2 700	3 600	12 600
加：预计期末存货	360	270	360	180 （估计数）	180 （估计数）
合　计	3 060	3 870	3 060	3 780	12 780
减：期初存货	270	360	270	360	270
预计生产量	2 790	3 510	2 790	3 420	12 510

（3）直接材料预算。生产量确定以后，就可以编制材料的耗用和采购预算。材料的耗用量取决于生产量的大小及材料库存量。材料采购量的计算公式如下：

预计材料采购费=预计材料耗用量+预计期末材料库存量−期初材料库存量　　（9.2）

在编制材料采购预算的同时，必须编制应付购货款的支出预算，反映各季度应付购货款的应付数和实付数，为编制现金预算提供依据。

【例 9-3】承前例，假定该公司单位产品的材料消耗额为 3 千克，计划单价为 12 元。各季度的期末材料库存量按下一季度材料耗用量的 20% 计算，已知期初库存量为 1 674 千克，年末预计库存量为 2 050 千克。每季度的购料款当季付 50%，其余下一季度付讫。该公司的直接材料预算见表 9-3。假设应付账款期初余额为 52 000 元。

表 9-3　　**直接材料预算**

2019 年度　　金额单位：元

<table>
<tr><th colspan="2">摘要</th><th>一季度</th><th>二季度</th><th>三季度</th><th>四季度</th><th>全年</th></tr>
<tr><td colspan="2">预计生产量(件)</td><td>2 790</td><td>3 510</td><td>2 790</td><td>3 420</td><td>12 510</td></tr>
<tr><td colspan="2">单位产品材料消耗定额(千克/件)</td><td>3</td><td>3</td><td>3</td><td>3</td><td>3</td></tr>
<tr><td colspan="2">预计材料耗用量(千克)</td><td>8 370</td><td>10 530</td><td>8 370</td><td>10 260</td><td>37 530</td></tr>
<tr><td colspan="2">加:期末库存量(千克)</td><td>2 106</td><td>1 674</td><td>2 052</td><td>2 050</td><td>2 050</td></tr>
<tr><td colspan="2">合　计</td><td>10 476</td><td>12 204</td><td>10 422</td><td>12 310</td><td>39 580</td></tr>
<tr><td colspan="2">减:期初库存量(千克)</td><td>1 674</td><td>2 106</td><td>1 674</td><td>2 052</td><td>1 674</td></tr>
<tr><td colspan="2">预计材料采购量(千克)</td><td>8 802</td><td>10 098</td><td>8 748</td><td>10 258</td><td>37 906</td></tr>
<tr><td colspan="2">单价(元/千克)</td><td>12</td><td>12</td><td>12</td><td>12</td><td>12</td></tr>
<tr><td colspan="2">预计材料采购成本</td><td>105 624</td><td>121 176</td><td>104 976</td><td>123 096</td><td>454 872</td></tr>
<tr><td rowspan="7">预计现金支出</td><td>应付账款期初余额</td><td>52 000</td><td></td><td></td><td></td><td>52 000</td></tr>
<tr><td>一季度采购金额</td><td>52 812</td><td>52 812</td><td></td><td></td><td>105 624</td></tr>
<tr><td>二季度采购金额</td><td></td><td>60 588</td><td>60 588</td><td></td><td>121 176</td></tr>
<tr><td>三季度采购金额</td><td></td><td></td><td>52 488</td><td>52 488</td><td>104 976</td></tr>
<tr><td>四季度采购金额</td><td></td><td></td><td></td><td>61 548</td><td></td></tr>
<tr><td>应付账款期末余额</td><td></td><td></td><td></td><td></td><td>61 548</td></tr>
<tr><td>合　计</td><td>104 812</td><td>113 400</td><td>113 076</td><td>114 036</td><td>445 324</td></tr>
</table>

（4）直接人工预算。直接工人预算编制的基础是生产预算中的每季生产量、单位产量的工时定额以及单位小时的工资率。其计算公式如下：

预计直接人工成本=预计生产量×单位产品工时定额×单位小时工资率　　（9.3）

【例 9-4】承前例，该公司预算期内单位产品工时定额为 5 小时/件，单位小时工资率为 5 元，直接人工预算见表 9-4。

表 9-4 **直接人工预算**

2019 年度

摘要	一季度	二季度	三季度	四季度	全年
预计生产量(件)	2 790	3 510	2 790	3 420	12 510
单位产品工时定额(小时/件)	5	5	5	5	5
预计产品工时总数(小时)	13 950	17 550	13 950	17 100	62 550
单位小时工资率(元/小时)	5	5	5	5	5
预计直接人工成本(元)	69 750	87 750	69 750	85 500	312 750

(5) 制造费用预算。制造费用是指生产成本中除直接材料、直接人工以外的其他一切费用。它包括变动制造费用和固定制造费用两部分。编制预算时，变动制造费用根据预计生产总工时和预计变动制造费用分配率计算；固定制造费用预算按照零基预算的方法确定。另外，在预算表中还要计算以现金支付的费用数，为现金预算提供资料。

【例 9-5】承前例，该公司的制造费用预算见表 9-5。

表 9-5 **制造费用预算**

2019 年度 金额单位：元

摘要		一季度	二季度	三季度	四季度	全年
变动制造费用	预计产品工时总数（小时）	13 950	17 550	13 950	17 100	62 550
	费用分配率（元/小时）	2	2	2	2	2
	小计	27 900	35 100	27 900	34 200	125 100
固定制造费用		30 000	30 000	30 000	30 000	120 000
合计		57 900	65 100	57 900	64 200	245 100
减：折旧数		9 000	9 000	9 000	9 000	36 000
预计现金支出数		48 900	56 100	48 900	55 200	209 100

(6) 单位生产成本和期末存货预算。产品生产成本由直接材料、直接人工、制造费用组成。若采用变动成本计算法，产品生产成本和存货成本应该只包括变动生产费用。

【例 9-6】依【例 9-1】，该公司采用变动成本计算法计算产品成本，则单位生产成本和期末存货预算见表 9-6。

表 9-6 **单位生产成本和期末存货预算**

2019 年度 金额单位：元

成本项目	单耗定额	分配率	单位成本
直接材料	3 千克/件	12 元/千克	36
直接人工	5 小时/件	5 元/小时	25
变动制造费用	5 小时/件	2 元/小时	10
单位产品变动生产成本	—	—	71

(7) 销售及管理费用预算。销售及管理费用预算，亦称营业费用预算。销售及管理费用是指制造业务范围以外所发生的各种费用，包括销售人员薪金和佣金、运

输费用、广告费、差旅费、办公费、保险费、财产税等。其预算的编制方法与制造费用相同。

【例 9-7】依【例 9-1】，公司的销售及管理费用均以现金支出，已知销售及管理费用的单位变动成本为 5 元，固定费用预计每季为 18 000 元，销售及管理费用预算见表 9-7。

表 9-7　销售及管理费用预算

2019 年度　金额单位：元

摘要	一季度	二季度	三季度	四季度	全年
预计销售量（件）	2 700	3 600	2 700	3 600	12 600
单位变动成本	5	5	5	5	5
变动费用	13 500	18 000	13 500	18 000	63 000
固定费用	18 000	18 000	18 000	18 000	72 000
	31 500	36 000	31 500	36 000	135 000

2）资本支出预算

资本支出预算是专门决策预算的一种，它是根据企业管理层做出的长期投资决策项目编制的预算。

【例 9-8】凯瑞公司在预算期的一季度以自有资金购置设备一台，价值 80 000 元，预计可使用 10 年，期满残值为原价的 10%。购入后，预计每年可为公司创造 20 000 元净现金流量。该公司的资本支出预算见表 9-8。

表 9-8　资本支出预算

2019 年度

项目	购置时间	价值	估计使用年限	期满残值	资金来源	资本成本	每年回收额	回收期
购置设备一台	一季度	80 000 元	10 年	8 000 元	自有	12%	20 000 元	4 年

3）财务预算

（1）其他现金收支预算，是指企业日常财务管理活动中所发生的各项收支预算，主要包括企业筹集资金的预算、用多余资金进行短期投资的预算以及发放股利、支付所得税的预算。

【例 9-9】承前例，该公司有关其他现金收支预算见表 9-9。

表 9-9　其他现金收支预算

2019 年度　单位：元

摘要	一季度	二季度	三季度	四季度	全年
预付所得税	50 000	150 000	250 000	350 000	800 000
支付股利	3 000	3 000	8 000	20 000	34 000

（2）现金预算，是全面预算编制的重点，是反映企业在预算期内现金收支详细情况的预算。编制该预算可以加强企业对预算期现金收支的控制，合理使用和调度资金，保证企业财务活动的正常进行。

现金预算一般包括四个部分：

①现金收入。这是指预算期内可能发生的所有现金收入的来源，如现金销售收入、应收账款回收等。

②现金支出。这是指预算期内可能发生的所有现金支出，如支付采购材料价款、直接人工费用、制造费用、销售及管理费用、偿还应付账款、购买设备款、预付税金和支付股利等。

③现金冗余或短缺。将现金收支相抵，若收入大于支出，则有剩余，可用来归还借款或进行短期投资；若收入小于支出，则出现现金短缺，应设法向银行借款或采用其他方法筹集资金。

④现金的筹集与运用。根据预算期现金收支差额和企业有关资金管理的各项政策，确定筹集或运用资金的数量。这有助于管理者确定是否有必要在现有信用额度以外寻求特殊的借款安排。

这四部分的基本关系是：

期初现金金额+现金收入=当期可动用现金合计 (9.4)

当期可动用现金合计-现金支出=现金冗余或短缺 (9.5)

现金冗余或短缺+资金筹集或运用=期末现金余额 (9.6)

【例 9-10】承前例，该公司预算期内每季度现金的最低库存金额为 30 000 元，假定银行借款年利率为 10%，企业季初借入款项，季末归还借款。该公司的现金预算见表 9-10。假设现金期初余额为 35 000 元。

表 9-10 **现金预算**

2019 年度 单位：元

摘要	一季度	二季度	三季度	四季度	全年
期初余额	35 000	33 038	117 038	162 812	35 000
现金收入：					
销售收入及应收账款收回（见表9-1）	351 000	567 000	567 000	567 000	2 052 000
可动用现金合计	386 000	600 038	684 038	729 812	2 087 000
现金支出：					
直接材料（见表9-3）	104 812	113 400	113 076	114 036	445 324
直接人工（见表9-4）	69 750	87 750	69 750	85 500	312 750
制造费用（见表9-5）	48 900	56 100	48 900	55 200	209 100
销售及管理费用（见表9-7）	31 500	36 000	31 500	36 000	135 000
购置设备（见表9-8）	80 000				80 000
预付所得税（见表9-9）	50 000	150 000	250 000	350 000	800 000
支付股利（见表9-9）	3 000	3 000	8 000	20 000	34 000
现金支出合计	387 962	446 250	521 226	660 736	2 016 174
现金冗余或短缺	-1 962	153 788	162 812	69 076	70 826
银行借款	35 000				35 000
偿还借款		(35 000)			(35 000)
支付利息（年利率10%）		(1 750)			(1 750)
期末余额	33 038	117 038	162 812	69 076	69 076

（3）预计利润表，反映了企业在预算期内全部经营活动的最终成果。

【例 9-11】承前例，该公司的预计利润表见表 9-11。

表 9-11 **预计利润表**

2019 年度 单位：元

项目	金额
销售收入（12 600×180）（见表 9-1）	2 268 000
变动成本：	
制造成本（12 600×71）（见表 9-6）	894 600
销售及管理费用（见表 9-7）	63 000
贡献毛益	1 310 400
固定成本	
制造成本（见表 9-5）	120 000
销售及管理费用（见表 9-7）	72 000
营业净利	1 118 400
利息支出（见表 9-10）	1 750
税前利润	1 116 650
所得税（见表 9-9）	800 000
税后净利润	316 650

（4）预计资产负债表，反映了企业预算期期末有关资产、权益及其相互关系的状况。在期初资产负债表的基础上，依据经营预算和现金预算，即可编制预计资产负债表。

【例 9-12】承前例，该公司的预计资产负债表见表 9-12。

表 9-12 **预计资产负债表**

2019 年 12 月 31 日 单位：元

资产			权益		
流动资产：	上年年末余额①	期末余额	流动负债：	上年年末余额	期末余额
货币资金	35 000	69 076②	应付账款	52 000	61 548⑨
应收账款	108 000	324 000③	合计		
库存材料	20 088	24 600④	股东权益：		
库存产成品	19 170	12 780⑤	股本	90 000	90 000
合计	182 258	430 456	留存利润	250 258	532 908⑩
固定资产：			合计	340 258	622 908
厂房及建筑物	300 000	300 000⑥			
机器设备	10 000	90 000⑦			
累计折旧	（100 000）	（136 000）⑧			
合计	210 000	254 000			
资产总计	392 258	684 456	权益总计	392 258	684 456

表中各项目说明：

①根据上年 12 月 31 日资产负债表数字填列。

②见现金预算表。

③见销售预算表。

④见直接材料预算表。

⑤见单位生产成本和期末存货预算表。

⑥见年初数，预计未变化。

⑦年初数 10 000 元，加上预计购置设备 80 000 元，共计 90 000 元。

⑧年初数 100 000 元，加上预计数 36 000 元，共计 136 000 元。

⑨见直接材料预算表。

⑩预计年度利润分配：

年初累计盈余	250 258
加：预计净利润（预计利润表）	316 650
小计	566 908
减：支付股利（其他现金收支预算表）	34 000
年末累计盈余	532 908

9.3 预算编制方法的改进

固定预算是依据预算期内正常的可实现的某一业务量水平编制的预算。增量预算是以上年度发生的实际业务量水平为基础，结合预算期内业务量水平及降低要求与措施，调整以后编制的预算。这些基本预算编制方法较为简单，是大部分企业目前采用的方法。但是固定预算的缺陷之一就是当实际业务量水平与预算业务量水平有较大差异时，实际结果与预算没有可比性，业绩评价会不合理，预算目标会失去控制意义；而增量预算的主要缺陷是容易造成预算的不足或浪费。

企业所处的环境复杂多样，瞬息万变，使得编制预算的基本方法力不从心，难以有效实现计划与控制职能。为了弥补预算基本方法的缺陷，实践中对基本预算方法进行了改进，比较成熟的有弹性预算、零基预算、滚动预算和不确定预算。

9.3.1 弹性预算

管理会计应用指引第 203 号——弹性预算

弹性预算亦称变动预算，是指能适应企业预算期内任何业务量水平的预算。在编制时，预先考虑预算期内业务量水平的变化，其预算数额可随业务量的变化作相应的调整，有一定的弹性，从而使实际情况与预算具有可比性，这一点正好弥补了固定预算的缺陷。因此，弹性预算方法应用得比较广泛。

弹性预算主要用于成本弹性预算和利润弹性预算的编制。弹性预算编制的基本前提是，必须将所有的费用按成本习性划分为变动成本和固定成本。在编制预算时，只需要将变动成本按不同业务量水平作相应调整，其计算公式为：

成本弹性预算=固定成本预算数+单位变动成本预算数×业务量预计数　(9.7)

如果生产多种产品，为了便于比较不同业务量水平下的变动成本，可按下列公式计算：

成本弹性预算=固定成本预算数+$\sum$(单位变动成本预算数 × 业务量预计数)　(9.8)

编制弹性预算的步骤如下：(1) 选择和确定各种经营活动的计量单位，如消耗量、人工小时、机器工时等。(2) 预测和确定可能达到的各种经营活动业务量。在确定经营活动业务量时，要与各业务部门共同协调，一般可按正常经营活动水平的70%~120% 确定，也可以过去历史资料中的最高业务量和最低业务量为上下限，然后在其中划分若干等级，这样编制出的弹性预算较为实用。(3) 根据成本性态和业务量之间的依存关系，将企业生产成本划分为变动和固定两个类别，并逐项确定各项费用与业务量之间的关系。(4) 计算各种业务量水平下的预测数据，并用一定的方式表示，形成某一项的弹性预算。

1) 成本弹性预算

成本弹性预算编制的基本程序是：首先，按产品类别分别制定其单位消耗量；其次，以预算期内预计生产量分别乘以单位消耗量，即可得到不同生产水平下的弹性预算。产品生产成本中制造费用的预算是一个重点，相对来说较为复杂。

【例 9-13】成飞公司的 A 车间 2019 年 1 月份的预计业务量水平为 16 500 人工小时，其费用构成见表 9-13。

表 9-13　**费用构成表**　金额单位：元

项目	每人工小时分配率	固定成本总数
变动费用：		
间接原料	0.28	
间接人工	0.48	
燃料和动力	0.09	1 500
照明用电	0.15	900
修理费	0.08	2 400
小计	1.08	4 800
固定费用：		
保险费		400
折旧费		12 500
租金		1 600
小计		14 500
合计	1.08	19 300

根据上述资料，编制业务量水平分别为 20 000 人工小时、25 000 人工小时、30 000 人工小时的制造费用弹性预算，见表 9-14。

表 9-14 **A 车间制造费用弹性预算**

2019 年 1 月份 金额单位：元

业务量水平(人工小时) 费用项目	20 000	25 000	30 000
变动费用：			
间接原料	5 600	7 000	8 400
间接人工	9 600	12 000	14 400
燃料和动力	3 300	3 750	4 200
照明用电	3 900	4 650	5 400
修理费	4 000	4 400	4 800
小计	26 400	31 800	37 200
固定费用：			
保险费	400	400	400
折旧费	12 500	12 500	12 500
租金	1 600	1 600	1 600
小计	14 500	14 500	14 500
合计	40 900	46 300	51 700

如果该车间 1 月份的实际耗用水平为 25 000 人工小时，那么把实际费用同该水平上的预算数进行比较，就可合理地评价预算的执行情况，其结果见表 9-15。

表 9-15 **A 车间制造费用预算执行情况报告** （业务量水平：25 000 人工小时）

2019 年 1 月份 单位：元

费用项目	实际数	预算数	差异
变动费用:			
间接费用	7 200	7 000	200
间接人工	12 310	12 000	310
燃料和动力	3 500	3 750	-250
照明用电	4 600	4 650	-50
修理费	4 380	4 400	-20
小计	31 990	31 800	190
固定费用:			
保险费	500	400	100
折旧费	12 600	12 500	100
租金	1 650	1 600	50
小计	14 750	14 500	250
合计	46 740	46 300	440

2）利润弹性预算

利润弹性预算是指预算期内各种业务量水平下利润的预算。它以预算期内预算的各种可能实现的销售收入为出发点，扣除变动成本、期间成本预算数，确定相应的利润或亏损。

【例 9-14】成飞公司甲产品预计销售单价为 24 元，单位变动成本为 18 元，固定制造费用为 3 600 元，固定销售费用为 960 元，可能实现的销售量分别为 1 000 件、1 200 件、1 400 件。甲产品可实现利润的弹性预算见表 9-16。

表 9-16　　**利润的弹性预算**　　金额单位：元

销售量（件）	1 000	1 200	1 400
销售收入	24 000	28 800	33 600
变动成本	18 000	21 600	25 200
贡献毛益	6 000	7 200	8 400
固定制造费用	3 600	3 600	3 600
固定销售费用	960	960	960
税前净利润	1 440	2 640	3 840

弹性预算的优点是适用于不同业务量水平下的预算，扩大了预算的使用范围；能正确评价预算的执行结果，充分发挥预算的控制作用。

9.3.2　零基预算

1）编制零基预算的意义

零基预算，全称是“以零为基础的计划和预算编制法”，即在编制费用支出预算时，不考虑历史的费用支出水平，一切以零为起点，从根本上研究各项费用支出的必要性及数额。

管理会计应用指引第202号——零基预算

零基预算是 20 世纪 60 年代末由美国德州仪器公司的彼得·派尔首先提出的一种预算编制方法。美国前总统卡特在担任佐治亚州州长时，曾在该州极力推广此法。卡特当选总统后，曾要求联邦政府全面实行零基预算。现在，此法被西方发达国家公认为是企业管理中的一种新的有效的方法。

传统的预算编制方法是以上期的预算为基础，结合预算期费用可能发生变化的数据，加以适当的调整而编制的。但是，如果上期预算不尽合理，就会影响到本期的预算，造成预算的浪费或不足。

零基预算的特点是：

（1）零基预算的编制是从零开始的。

（2）零基预算对所有的费用开支比较讲究其必要性和成本效益。

（3）零基预算从业务角度来考虑问题，对每一项费用都要进行分析，按主次来确定其费用水平。

（4）零基预算不是根据预算增加与否来拓展新业务，而是根据该业务重要与否来决定并相应增减预算数。

2）零基预算的编制方法

零基预算的具体编制方法，基本上分三步：

（1）确定决策单位，是实施零基预算编制法的基础，是为了一揽子决策所做的必要准备。企业应该在研究现行预算结构的基础上，根据零基预算编制方法的需要，从实际出发，通过考虑企业规模的大小、活动范围和会计数据的可获得性等因素来决定。从理论上讲，应该尽可能小地确定决策单位，因为需要独立考察单个计划，如果决策单位过大，包含多种活动和较大的预算项目，将达不到这一目的。

（2）制定一揽子决策，是实行零基预算编制方法的第二个步骤，也是关键的一个步骤，它能够系统地说明各种有益的选择。在制定一揽子决策时，应遵循以下几点要求：

①选择完成本部门任务或所从事工作的方案。管理者应该对所有有益的选择进行评估，然后选择其中最好的方案。

②预测不同结果。一旦管理者从各种方案中选择了最好的方案，就应该选择具体实施这一方案的不同方法所产生的结果以及所需要的资金量。

③对每一个服务水平进行分析，并将分析结果写入一揽子决策中。该决策是针对服务水平所做的分析报告，每一个管理者都可以向最高决策者提供多种选择内容，以便最高决策者做出决策。管理者对每一项费用进行必要性和成本效益分析，即以其成本或费用与业务量进行比较，亦可与收益相比较，以便对各项费用预算进行控制，一般考虑下面几个方面：a. 该项业务是否有必要，能否避免；b. 如该项业务确属不可避免，是否由其他部门附带完成，不必专设一个部门；c. 如非得专设部门完成，则要想方设法节约开支，提高效率。然后将每项业务按重要性排列成序，确定费用大小。

（3）排序，实际上包括了零基预算编制方法中的两个过程：一是对各个一揽子决策按照轻重缓急顺序进行排列；二是确定截止线，即决定哪些一揽子决策可以分配到资金。因此，可以说，排序是零基预算编制过程中最终决定预算方案的重要一步。一般步骤是：设计排序的表格并填写表格，确定可分配资金的总额，最高管理者进行审议并做出资金分配的决定。

【例 9-15】海利公司拟采用零基预算法编制 3 月份的费用预算。

（1）该公司组成的预算委员会预计 3 月份将会发生的费用见表 9-17。

（2）对上述费用进行成本效益分析。

（3）对上述费用按重要性排列成序。

第一类：办公费、差旅费、房租、销售佣金、销售人员工资等属于约束性固定成本，无法节省，在预算期内必须全额得到保证。

第二类：销售佣金属于变动销售费用，随着销售业务量的变化而变化。在预算期内费用估计为 1 040 万元。

表 9-17　　**费用表**　　单位：万元

项目	金额
办公费	1 560
差旅费	2 600
房租	3 250
销售佣金	1 040
销售人员工资	650
广告费	1 300
合　计	10 400

第三类：广告费，属于酌量性固定成本，可根据公司的财务状况进行适当调整。

（4）假定该公司在预算期内可动用的资金为 9 800 万元，根据上面的分析，具体预算见表 9-18。

表 9-18 预算表 单位：万元

项目	资金分配情况	备注
办公费	1 560	保证
差旅费	2 600	保证
房租	3 250	保证
销售人员工资	650	保证
销售佣金	1 040	保证
广告费	700	压缩

表 9-18 中，由于可动用资金为 9 800 万元，而预计的费用 10 400 万元，广告费属于酌量性固定成本，因此，此项目压缩 600 万元。

零基预算是对传统预算编制方法的挑战，其优点是一切从零开始，可以排除前期预算的不良影响，节约费用支出，可以合理有效地进行资源分配，提高资金的使用效果，并充分发挥各级管理人员的积极性和创造性，特别适用于产出较难辨认的服务性部门预算的编制与控制。但是，在编制预算时，工作量比较大，因而可两三年编制一次。

9.3.3 滚动预算

滚动预算，又称连续预算或永续预算，是指预算期为一年，每过去 1 个月（季、年）就在期末增加一个月（季、年）的预算，以此类推，从而使预算期一直保持为 12 个月。

管理会计应用指引第 201 号——滚动预算

在编制滚动预算的过程中，应随时根据市场情况、企业内部情况的变化，对预算进行调整。它一般适合用于年度预算和长期预算的编制。用滚动预算编制年度预算可按月或按季编制。如按季编制预算，一般第一季度按月列出明细预算数，后面三个月只需要列出季度总数，在第一季度结束时，再将第二季度按月列出明细预算数，第三、第四季度还是总数，最后增加下一年的第一季度总数。以此类推，使企业在任何时候都能了解一年的预算情况。

滚动预算的优点是：预算和生产一致，让企业预算保持连续性；能促使企业管理人员对未来经营活动做出全面的、长远的规划，从而保证企业经营管理工作有条不紊地进行。

9.4 预算管理中的行为问题

预算是由企业的全部成员参与的：有人编制预算，有人使用预算来做决策，还有人要通过预算来得到评价。预算管理的目的就是影响人们的行为。然而，人们并不总是如期待的那样做出反应，他们的反应可能受到预算编制的方式、预算编制参与的方式、沟通交流的方式、预算目标本身的挑战性，以及预算实施方式等方面的影响。预算成功的一个重要的原因是管理人员能够正确认识和解决预算管理中的行为问题。

9.4.1 预算过程参与

1）强加性预算

许多企业预算是由较高层次的管理者编制，然后下达给下级人员执行的。这样的预算对下级人员而言，是上级压给他们的任务，他们没有资格对预算提出任何异议，只能被动接受。这种预算方法符合道格拉斯·麦格雷戈（Douglas McGregor）的 X 理论的观点。该观点认为，人的本性是好逸恶劳，怕负责任，且受经济实力驱使。所以，对企业员工的行为应进行严格的监督与控制。预算人员扮演着监督人的角色，且面临着各种挑战，总是要为预算中确定的更高目标而奋斗。而这些挑战对下层管理人员而言，是其无法体会到的。预算执行报告一般只给出了结果而没有原因，且不利差异被高度重视，过度渲染，但并没有明确指出其是可控的还是不可控的，从而影响预算执行者的积极性。

2）参与性预算与预算松弛

麦格雷戈的 Y 理论认为，人们对于自己参与制定的目标会进行自我指导和自我控制以完成目标；在适当条件下，人们不仅能承担责任，而且能主动承担责任。

参与预算可以将预算目标内在化，即将自我融于工作中。由于在制定预算过程中，每位员工均发挥了各自的作用，从而增加员工对预算的忠诚度。预算参与者体验到工作范围扩大带来的满足感，使他们比不参与者的责任心更强，会对企业持有更肯定的态度，这将促使他们以更高的热情来执行预算。参与制对员工需求之上的满足感超过了生理、安全和社会方面，工作范围扩展可满足其更高层次的需求——尊重的需要。

按照期望理论（expectancy theory），参与制因员工对预算过程的贡献，可以提高其固有的价值，更有可能完成其参与制定的目标。

为了真正达到参与性预算的目的，高层经理人要全心全意地支持，这要求他们花更多的时间和精力与高层管理部门和员工进行沟通、讨论。如果没有这样的支持，容易产生虚假参与。

参与性预算也有自身的缺点，主要是经理人可能利用讨论的机会将自己负面的那部分预算编制得过于宽松，高估成本，低报收入，即所谓的预算松弛。

预算松弛（budget slack）是指在编制预算时，未来预算执行者压低预算标准，使预算有较多余地。例如，企业行政部门的负责人估计下一年度的行政管理费用为 15 万元，但却编出了 18 万元的预算，从而产生了 3 万元的预算松弛。出现这种现象的主要原因有：

（1）人们认为如果压低预算标准，将会使结果产生一个有利差异，经营业绩显得更好一些。

（2）企业制定的奖惩制度也在一定程度上促使某些人从个人利益出发，制定出含有水分的预算，以获得一定的奖励或避免惩罚。

（3）预算松弛可以减轻人们执行预算的压力。

（4）部门上报的预算（特别是经费预算）往往会被削减，所以事先多报一些最后才可拿到期望的预算。

预算松弛有时被用于应付不确定情况，将可能会发生的影响到预算的因素事先考虑在内，一旦将来发生影响（如停工待料），可以抵消其带来的额外开支。

预算松弛的现象对企业的影响究竟如何，要具体分析。如果将预算松弛作为激励人们更好地执行预算的方式，则它的存在可以产生正面影响。然而，如果将预算松弛作为企业预测或决策的依据，那将会产生负面的影响，可能无法做出最优的决策，这时，应采取措施尽量避免预算松弛。

9.4.2 预算目标的挑战性与可实现性

期望理论研究显示，当一个人能够轻而易举地实现目标或实现目标的可能性不大时，他的行为动力是很微弱的，而在只有一半成功机会的情况下，动力是最大的。这个理论适用于管理控制过程中的预算阶段。

预算为企业各部门和员工确立了目标，确立目标的根本原则是既具有挑战性，又具有可实现性。其意义在于：

（1）如果预算目标太难，管理人员可能采取不符合企业长远利益的短期行为，如操纵会计方法。

（2）如果预算是可实现的，则高级管理人员可向股东和其他外部人员宣传具有合理预期的利润目标。

（3）过于乐观的预算目标可能导致企业各种资源不能有效配置，而且如果实际业绩达不到预算目标，会导致许多不理智行为。

可实现目标的缺陷是，一旦预算目标达到了，部门经理就有可能对工作不做进一步努力了。通过提高为实际业绩超过预算目标给予的奖励，可以缓解这一局限性。另外须注意的是，如果部门经理或员工超额完成预算目标，那么高层经理不应该在下一预算期盲目地提高预算目标，否则部门经理可能不会发挥他们的最大潜力。

9.4.3 预算的反馈作用

反馈是预算控制循环的一部分。在预算执行过程中，各级预算单位应定期召开预算例会，比较实际业绩和预算，计算差异，分析原因，并将其结果报告给相关经理人，让负责完成预算业绩的经理知道实际业绩的进展，经理人根据反馈的信息可随时掌握实际业绩的最新情况，采取纠正措施或要求修改不切实际的原始预算。

反馈程序的建立不应只是作为对责任单位奖勤罚懒的手段，应能够用于激励经理人提高其工作效率。良好的反馈信息应当准确、及时和容易理解，并与预算控制对象紧密相关。

9.4.4 预算约束对经理决策行为的影响

预算作为一种约束员工行为的手段，可能会受到员工的抵制。

预算作为绩效评价指标，会对预算执行者的行为产生约束作用，使经理人轻易不会超出预算来行事。但这会带来一个问题——约束使经理人的决策行为发生变化。理性的决策遵循边际原则：边际收益超过边际成本时，经营活动会给企业创造价值。但在预算约束下，他们不会再根据边际原则决策，而是会放弃预算之外的、能为企业创造价值的投资机会。有实验表明，在预算约束的条件下，大部分（78%）经理人会放弃有净利润但超过预算的投资项目。

9.4.5 预算仲裁

在预算执行过程中，企业内部各责任单位常常会发生利益冲突。当各预算单位发生利益冲突导致经营业务无法正常运行时，首先应由各预算单位领导之间进行协调，协调无效时，报预算委员会主任仲裁。

预算委员会做出仲裁决议后，由预算工作组下达“预算仲裁决议书”给有关预算单位。仲裁一经完成，各预算单位必须无条件执行。

9.4.6 预算调整

企业下达预算，一般不予调整。但由于市场形势发生重大变化、国家有关政策发生重大变化、企业领导交办追加任务或突发事件，致使预算的编制基础不再成立或将导致预算执行结果产生重大偏差时，运用原先的预算进行控制考核就会失去合理性。

对于不影响预算目标的业务预算、资本预算、筹资预算之间的调整，企业可以按照内部授权批准制度执行，鼓励预算执行单位及时采取有效的经营管理对策，保证预算目标的实现。

【实践应用】　　银光集团全面预算管理应用案例

甘肃银光聚银化工有限公司（简称聚银公司）是根据国家债转股的有关政策，经国家经贸委同意，报请国务院批准后，由甘肃银光化学工业公司、中国华融资产管理公司、中国信达资产管理公司、中国长城资产管理公司和甘肃省聚氨酯工程技术研究中心等五家具有法人资格的股东共同发起成立的。聚银公司的TDI生产线是由中国兵器工业集团公司、甘肃省人民政府和甘肃银光化学工业公司三家联合兴建的国家“七五”计划重点项目，是我国首次从国外引进的一套大型TDI生产装置，项目的建成填补了国内TDI生产的空白。

一、全面预算系统的实施背景

TDI作为生产泡沫塑料、优质涂料、合成橡胶等系列产品的重要原料，广泛被应用于石油化工、造船、航空、建筑、汽车、包装、家具等多个领域。

TDI市场的一个很突出的特点就是产品价格波动较大。由于TDI受制于多种因素，TDI生产企业除了每年定期的1—2月份的检修外，还要时不时地面对突发事故带来的设备检修造成的停产难题，TDI市场的供应常常会因某些重要生产企业的暂时停产造成波动，这也成为影响整个TDI市场价格的主要因素。

对TDI生产企业来说，一方面要面对突发事故对企业经营的冲击，比如事故后的设备维修、停产后的产品持续供应等；另一方面还要对整个TDI市场产能与价格的变动做出及时、准确的经营调整，从而保证企业的稳定运行，实现企业的整体战略目标。

作为国内产能最大的TDI生产商，甘肃银光化工公司（以下简称甘肃银光）也面临着上述问题的困扰。与很多手工编制预算的企业类似，甘肃银光花大力气编制的预算与实际情况往往相差甚远，失去了指导公司经营活动的意义。甘肃银光管理层在深刻分析问题根源后，做出了大力推进财务资金集中管理、全面预算管理、财会信息化管理、财会队伍管理“四大”工程建设的决定，并以预算为突破口，推动公司预算管理工作，保障企业又快又好发展。

甘肃银光管理层在对市场上的全面预算系统供应商进行反复考察后，决定引入有着专业能力与丰富实践经验的诺亚舟咨询，对公司原有的预算体系进行大刀阔斧的改造。

二、全面预算管理系统的设计与实施

甘肃银光财务部与诺亚舟咨询各派出精兵强将组成了全面预算项目组，项目组对预算产生巨大偏差的原因作了剖析：

（1）TDI产品市场价格波动大，不易预测；TDI生产线不够稳定，大量不确定因素影响产能，这些客观因素是导致预算偏离实际的主要原因。

（2）原有手工编制预算的局限性，与业务结合松散，无法针对企业经营活动的变化做出及时调整，工作量庞大，效率低下；预算编制内容粗放，不利于预算控制。

（3）对预算的控制和考核力度不够，无法引起各个部门、车间的高度重视，主观上对预算的编制不够认真和严谨，从而导致编制的预算质量差。预算质量差又会导致预算无法成为管理控制和考核的尺度，相互间形成恶性循环。

在对产能与价格的大幅波动难以准确预测问题的解决上，项目组认识到目前最理想的办法是以准确、灵活的全面预算管理体系来指导企业的经营活动，实现既定的战略目标。全面预算管理体系的设计要实现两个主要功能：第一，要准确预测企业整个年度甚至季度的TDI产能与价格情况；第二，要有灵活性，能够针对企业内部经营和外部环境的变化做出及时调整，指导企业的经营活动。

项目组决定在全面预算管理体系中实现多套预算版本的编制，建立一套更加完善、科学的预测模型。通过编制多个预算版本，根据市场环境的变化来选择预算执行的版本，这种方式可以增强预算的弹性，随机应变。具体来说，分为乐观、一般、悲观三个版本，以公司过去几年经营情况的历史数据为基准，确定三个版本各自的标准，以准确反映企业的实际情况。

在预测模型的建立上，项目组则通过细化预算编制内容，对影响TDI产能与价格的多个重要维度进行了细分，比如具体到生产天数一项，可以细分为工作日历天数、大修停工天数、故障停产天数等；再根据以往的历史数据对这些维度进行分析，找出其中的规律，以最大限度地与企业实际情况相吻合。通过科学预测模型的建立，甘肃银光的TDI产能与价格有了更详尽的反映，预测准确度得到大大提高。

系统的实施实现了两个关键内容：对编制的多版本预算提供完美支持；实现预

算编制的精细化，多角度分析数据，大大提高了预测的准确性。如销售收入预算，过去主要从产品和区域等角度来编制，想从更多角度来反映，但工作量很大，通过系统的实施，收入预算可以从产品、区域、部门、行业等更多的角度来编制。

在对预算控制与考核问题的解决上，项目组并没有“头疼医头”，而是深入挖掘问题的根源。预算控制与考核力度缘于预算编制与企业实际相差悬殊，以及控制手段的薄弱，预算编制偏差的原因已经阐述，对于控制手段的薄弱，甘肃银光在引入专业预算管理系统后，问题得到了解决。

预算的考评具有客观量化的特点，需要及时地搜集实际经营数据进行对比分析，获取客观的评价结果。通过系统，实现了预算分析的自动化和分析角度的多样化。通过预算系统与业务系统的接口，实现自动获取实际发生数，并实现从不同角度进行分析，包括：预算与实际对比分析、近几年实际数的趋势分析、实际业务数据按不同角度进行分析等。预算分析的及时性、准确性、全面性大大提高，加强了对企业管理层决策的支持并提供了对各责任中心主要责任指标的实时考核。

此外，通过预算控制系统，甘肃银光业务部门在发生业务活动时，首先填制业务申请单。根据业务申请单中的预算项目信息，控制系统可以自动获取这项业务的预算总金额、目前实际累计发生数以及预算余额，并自动提示审批人员如批准这项业务，是否超出此项业务预算。从而甘肃银光的预算执行控制实现了实时、事前控制，加强了企业对现金流的管理，使公司能够高效、准确地衡量与监控企业及各战略经营单位的经营绩效。

三、全面预算管理控制系统实施的效果分析

甘肃银光全面预算管理系统实现了从战略规划、业务计划、预算编制、预算执行控制、预算考核、预算调整的全面预算管理循环，总结其对于甘肃银光的具体价值，体现在五个方面：

（1）实现了多版本预算，灵活应对 TDI 市场变化；

（2）模拟企业状况，建立准确、科学的预测模型，降低决策风险；

（3）预算分析的及时性、准确性、全面性大大提高，加强了对企业管理层决策的支持；

（4）以预算为标准，对实际资金支付进行事前实时控制，解决企业预算控制滞后的难题；

（5）适应企业管理思路，对市场与生产线等研究作了引导，改善了企业的管理工作，为管理层制定战略提供支持。

全面预算管理系统的实施，适应了甘肃银光“四大”工程建设的管理思路，实现了预算管理信息化，全面预算体系不仅对企业自身 TDI 产能与价格有了准确的预测，为企业经营提供了指导，而且对行业变化也能及时应对，为甘肃银光稳定发展提供了有力支撑。同时，在新预算体系的建立中，咨询组还通过编制内容等加强了对市场和生产线等研究的引导，并通过系统使之固化，为甘肃银光管理层制定战略和目标提供了支持。

本章小结

全面预算（master budget）是指涉及企业全方位、全过程和全员的整体的综合性财务计划，是对未来一定期间企业全部资源取得和运用的具体计划，是经营目标、经营决策的货币数量说明。完整的预算过程包括预算编制、预算控制和预算分析三个环节，发挥三项职能。

全面预算是由一系列预算构成的体系，一般包括经营预算、财务预算和专门决策预算三大类。

在全面预算中，销售预算是编制预算的起点与关键，现金预算是重点，是以各项业务预算和资本预算为基础的。

为了弥补预算基本方法的缺陷，实践中对基本预算方法进行了改进，比较成熟的有弹性预算、零基预算、滚动预算和不确定预算。

预算松弛（budget slack）是指在编制预算时，未来预算执行者压低预算标准，使预算有较多余地。

常用术语

1. 全面预算　2. 经营预算　3. 现金预算　4. 弹性预算
5. 零基预算　6. 滚动预算　7. 固定预算　8. 增量预算
9. 预算约束　10. 预算松弛　11. 预算仲裁　12. 预算调整
13. 预计资产负债表

思考题

1. 简述全面预算的作用。
2. 简述全面预算体系的构成及各组成部分之间的关系。
3. 什么是现金预算？其组成内容是什么？
4. 在运用弹性预算法时，业务量范围应如何选择？
5. 零基预算的优点有哪些？

练习题

一、单项选择题

1. 编制全面预算的基础是（　　）。

A. 直接材料预算　B. 直接人工预算　C. 生产预算　D. 销售预算

2. 资本支出预算是（　　）。

A. 财务预算　B. 生产预算　C. 专门决策预算　D. 业务预算

3. 随着业务量的变动进行机动调整的预算是（　　）。

A. 滚动预算　B. 弹性预算　C. 增量预算　D. 零基预算

4. 滚动预算的基本特点是（　　）。

A. 预算期是相对固定的　　B. 预算期是连续不断的

C. 预算期与会计年度一致　　D. 预算期不可随意变动

5. 编制弹性预算首先应当考虑及确定的因素是（　　）。

A. 业务量　　B. 变动成本　　C. 固定成本　　D. 计量单位

6. 全面预算按其涉及的业务活动领域分为财务预算和（　　）。

A. 业务预算　　B. 销售预算　　C. 生产预算　　D. 现金预算

7. 可以概括了解企业在预算期间盈利能力的预算是（　　）。

A. 专门决策预算　　B. 现金预算　　C. 预计利润表　　D. 预计资产负债表

8. 下列项目中，能够克服定期预算缺点的是（　　）。

A. 固定预算　　B. 弹性预算　　C. 滚动预算　　D. 零基预算

9. 编制弹性成本预算的关键在于（　　）。

A. 分解制造费用

B. 确定材料标准耗用量

C. 选择业务量计量单位

D. 将所有成本划分为固定成本与变动成本两大类

10. 相对于增量预算，下列关于零基预算的表述中，错误的是（　　）。

A. 以零为起点编制预算　　B. 预算编制成本相对较高

C. 预算编制工作量相对较少　　D. 不受历史期不合理因素的影响

11. 企业每季度预计期末产成品存货为下一季度预计销售量的 10%，已知第二季度预计销售量为 2 000 件，第三季度预计销售量为 2 200 件，则第二季度产成品预计产量为（　　）件。

A.2 020　　B.2 000　　C.2 200　　D.2 220

12. 某企业各季度销售收入有 70% 于本季度收到现金，30% 于下季度收到现金。已知 2019 年年末应收账款余额为 600 万元，2020 年第一季度预计销售收入 1 500 万元，则 2020 年第一季度预计现金收入为（　　）万元。

A.1 650　　B.2 100　　C.1 050　　D.1 230

13. 某公司在编制生产预算时，2018 年第四季度期末产成品存货量为 13 万件，2019 年四个季度的预计销售量依次为 100 万件、130 万件、160 万件和 210 万件，每季度末预计产成品存货量占下季度销售量的 10%，则 2019 年第三季度预计生产量为（　　）万件。

A.210　　B.133　　C.100　　D.165

14. 某公司按弹性预算法编制销售费用预算。已知预计业务量为 5 万小时，单位变动销售费用为 1.5 元，固定销售费用总额为 30 万元，则按预计业务量的 80% 编制的销售费用预算总额为（　　）万元。

A.30　　B.7.5　　C.36　　D.37.5

15. 在用公式法编制财务预算时，固定制造费用为 1 000 元，如果业务量为 100% 时，变动制造费用为 3 000 元；如果业务量为 120%，总制造费用为（　　）元。

A.3 000　　B.4 000　　C.4 600　　D.3 600

16. 下列各项中，不属于销售预算编制内容的是（　　）。

A. 销售收入　　B. 单价　　C. 销售费用　　D. 销售量

17. 某企业当年实际销售费用为 6 000 万元，占销售额的 30%。企业预计下年销售额增加 5 000 万元，于是就将下年销售费用预算简单地确定为 7 500 万元（6 000+5 000×30%）。从中可以看出，该企业采用的预算编制方法为（　　）。

A. 弹性预算法　　B. 零基预算法　　C. 滚动预算法　　D. 增量预算法

18. 某公司 2019 年第四季度预算生产量为 100 万件，单位变动制造费用为 3 元，固定制造费用总额为 10 万元（含折旧费 2 万元），除折旧费外，其余均为付现费用。那么，2019 年第四季度制造费用的现金支出预算为（　　）万元。

A.292　　B.308　　C.312　　D.288

19. 制造业企业在编制预计利润表时，"销售成本"项目数据来源是（　　）。

A. 销售预算　　B. 生产预算　　C. 直接材料预算　　D. 产品成本预算

20. 某企业 2019 年度预计生产某产品 1 000 件，单位产品耗用材料 15 千克。该材料的期初存量为 1 000 千克，预计期末存量为 3 000 千克，则全年预计采购量为（　　）千克。

A.18 000　　B.16 000　　C.15 000　　D.17 000

21. 某公司在编制成本费用预算时，利用成本性态模型（Y=a+bX）测算预算期内各种可能的业务量水平下的成本费用，这种预算编制方法是（　　）。

A. 零基预算法　　B. 固定预算法　　C. 弹性预算法　　D. 滚动预算法

22 下列各项中，不属于经营预算的是（　　）。

A. 资金预算　　B. 销售预算　　C. 销售费用预算　　D. 直接材料预算

23. 下列预算中，不直接涉及现金收支的是（　　）。

A. 销售与管理费用预算　　B. 销售预算

C. 产品成本预算　　D. 直接材料预算

24. 某公司预计第一季度和第二季度的产品销量分别为 140 万件和 200 万件。第一季度期初产品存货量为 14 万件，预计期末产品存货量为下季度预计销量的 10%，则第一季度的预计生产量为（　　）万件。

A.146　　B.154　　C.134　　D.160

25. 公司编制下一年的生产预算，每季度末产成品存货按照下季度销量的 20% 予以安排，预计第二季度和第三季度的销量分别为 150 件和 200 件，则第二季度的预计生产量为（　　）件。

A.190　　B. 140　　C. 160　　D. 170

二、多项选择题

1. 编制预算的方法按其业务量基础的数量特征不同，可分为（　　）。

A. 固定预算　　B. 零基预算　　C. 滚动预算
D. 弹性预算　　E. 增量预算

2. 在下列预算中，属于业务预算内容的有（　　）。

A. 资本支出预算　　B. 销售预算　　C. 生产预算
D. 现金预算　　E. 零基预算

3. 在管理会计中，构成全面预算内容的有（　　）。

A. 业务预算　　B. 财务预算　　C. 专门决策预算
D. 零基预算　　E. 滚动预算

4. 财务预算的主要内容包括（　　）。

A. 现金预算　　B. 预计利润表　　C. 预计资产负债表
D. 投资决策预算　　E. 销售预算

5. 下列各项中，属于编制现金预算依据的有（　　）。

A. 销售预算和生产预算　　B. 直接材料预算
C. 直接人工预算和制造费用预算　　D. 产品成本预算
E. 销售及管理费用预算

6. 编制弹性预算所用业务量可以是（　　）。

A. 产量　　B. 销售量　　C. 直接人工工时
D. 机器台时　　E. 材料消耗量

7. 全面预算的作用概括起来包括（　　）。

A. 明确工作目标　　B. 协调各职能部门的关系
C. 控制各部门日常经济活动　　D. 考核各部门工作业绩
E. 组织各部门的工作

8. 零基预算与传统的增量预算相比较，其不同之处在于（　　）。

A. 一切从可能出发　　B. 以零为基础
C. 以现有的费用水平为基础　　D. 一切从实际需要出发
E. 不考虑以往会计期间所发生的费用

9. 在编制现金预算时，（　　）是决定企业是否进行资金融通以及资金融通数额的依据。

A. 期初现金余额　　B. 期末现金余额
C. 预算期内发生的现金收入　　D. 预算期内发生的现金支出
E. 企业既定的现金余额范围

10. 在预算执行过程中，可能导致预算调整的情形有（　　）。

A. 主要产品市场需求大幅下降　　B. "营改增"导致公司税负大幅下降
C. 原材料价格大幅度上涨　　D. 公司进行重点资产重组

三、判断题

1. 在预算编制过程中，企业销售预算一般应当在生产预算的基础上编制。（　　）

2. 增量预算有助于增加预算编制透明度，有利于进行预算控制。 (　　)

3. 编制弹性预算时，以手工操作为主的车间，可以选用人工工时作为业务量的计量单位。 (　　)

4. 在产品成本预算中，产品成本总预算金额是将直接材料、直接人工、制造费用以及销售与管理费用的预算金额汇总相加而得到的。 (　　)

四、业务处理题

1. 假设 ABC 企业期末现金最低库存为 15 000 元，现金短缺主要以银行借款解决，贷款最低起点 1 000 元，企业于季初贷款，于季末归还贷款本息。贷款利率为 5%。

要求：将表 9-19 中的空缺项①~⑮填列出来。

表 9-19　　ABC 企业现金预算　　单位：元

摘要	第一季度	第二季度	第三季度	第四季度	全年合计
期初现金余额	18 000	④	15 691	⑩	18 000
加：现金收入	120 500	140 850	⑥	121 650	526 250
可动用现金合计	①	156 591	158 941	140 002	544 250
减：现金支出					
直接材料	25 424	34 728	34 576	⑪	126 976
直接人工	13 200	15 600	12 900	13 900	55 600
制造费用	6 950	7 910	6 830	7 230	28 920
销售费用	1 310	1 507	1 358	1 075	5 250
管理费用	17 900	17 900	17 900	17 900	71 600
购置设备	48 000	33 280	—	—	81 280
支付所得税	27 125	27 125	27 125	27 125	108 500
支付股利	10 850	10 850	10 850	10 850	43 400
现金支出合计	150 759	148 900	111 539	110 328	521 526
现金余缺	②	7 691	47 402	⑫	22 724
银行借款	③	8 000	—	—	36 000
借款归还	—	—	⑦	⑬	(36 000)
支付利息	—	—	⑧	⑭	(1 350)
合计	28 000	8 000	29 050	8 300	(1 350)
期末现金余额	15 741	⑤	⑨	21 374	⑮

2.ABC 企业 2019 年度现金预算部分数据见表 9-20。假设该企业规定各季末必须保证最低的现金余额 5 000 元。

要求：将表 9-20 中的空缺项逐一填列出来。

表 9-20　　**ABC 企业现金预算**　　单位：元

摘要	第一季度	第二季度	第三季度	第四季度	全年合计
期初现金余额	8 000				
加：现金收入		70 000	96 000		321 000
可动用现金合计	68 000	75 000		100 000	
减：现金支出					
直接材料	35 000	45 000		35 000	
制造费用		30 000	30 000		113 000
购置设备	8 000	8 000	10 000		36 000
支付股利	2 000	2 000	2 000	2 000	
现金支出合计		85 000			
现金余缺	（2 000）		11 000		
银行借款（期初）		15 000	—	—	
归还本息（期末）	—	—		（17 000）	
合计					
期末现金余额					

3.ABC 公司只生产 A 产品，2019 年度 A 产品预计销售量为：第一季度 10 000 件，第二季度 9 000 件，第三季度 11 000 件，第四季度 12 000 件。年初实际存货量和年末存货量资料见表 9-21。

表 9-21　　**ABC 公司 2019 年度预计产品存货资料**　　单位：件

品种	年初产成品数量	年末产成品数量	年初在产品数量	年末在产品数量	预计期末产成品占下期销售量的百分比
A 产品	1 200	1 500	0	0	10%

要求：根据上述资料编制 ABC 公司 2019 年度生产预算。

4.ABC 公司预计 2019 年 10 月份的现金收支情况如下：

（1）第三季度末的现金余额为 4 500 元。

（2）9 月份实际销售收入为 50 000 元；预计 10 月份销售收入为 56 000 元。该公司的收款条件是当月收入 60%，其余下月收讫。

（3）9 月份实际购料款为 18 000 元，预计 10 月份购物料 16 000 元。该公司的付款条件是当月付现 55%，其余下月付讫。

（4）该公司预计 10 月份的制造费用和期间费用总额为 12 000 元，其中包括折旧费 4 000 元。

（5）预计 10 月份支付直接人工 10 000 元。

（6）预计 10 月份购置机器设备支付 20 000 元。

（7）预计 10 月份支付所得税税款 2 000 元。

（8）该公司财务经理规定，期末现金最低库存限额为 4 000 元，不足部分可向银行借款，借款额一般应为千元的倍数。

要求：根据上述资料，为 ABC 公司编制 2019 年 10 月份的现金预算。

第 9 章练习题参考答案

第四篇

评价与考核会计

第 10 章

业绩评价与考核

学习目标

通过本章的学习，了解分权管理下责任中心的含义，包括收入中心、成本中心、利润中心和投资中心的特征，重点掌握四个责任中心的考核指标，简要了解经济附加值的含义；了解平衡计分卡的内容。

导入案例

高绩效企业“赢”的秘密

雀巢、百事饮料、本田汽车、贝莱德、美铝、德意志银行、沃达丰、迪士尼、金佰利、美泰……这些企业有什么共同特征？在过去的15年中，这些高绩效企业被合益咨询（Hay Grop）效能研究中心所跟踪，其5年平均资产收益率、投资回报率、净资产收益率等指标，几乎是同行业其他公司的2倍。在15年中都出类拔萃，这些企业靠什么“赢”？合益咨询东北亚区总裁陈玮表示，通过比较全球50家高绩效企业和其他普通绩效企业，合益咨询集团发现前者领先的秘密即在于它们在三个维度做得与众不同，并且善于与时俱进。

这三个维度包括：战略效能、组织效能和领导效能。

战略效能，指的是组织需要对战略方向和重点达成共识，以此塑造持久的核心竞争优势，同时能做到上下同欲。

组织效能，指的是组织能够根据环境和战略重点的变化，持续不断地优化组织模式，使之高效敏捷，同时能够营造卓越的工作环境，激励员工在组织中高效地工作。

领导效能，指的是企业重要的各级领导人，能否随需应变地调整领导风格，以形成高绩效的组织气氛。

陈玮说，合益咨询的研究数据显示，持续高绩效的企业在战略效能、组织效能和领导效能三方面是全能冠军。在这个“赢”模式中，战略效能、组织效能和领导效能互相依赖，互为整体。

调研显示，当一家企业拥有高战略效能、组织效能和领导效能时，其在资产回报率上将达到40%~60%的提升，并能减少54%的员工主动离职率。知己知彼，百战不殆。陈玮认为，中国企业花费了大量时间和精力去“知彼”，比如去了解市场、客户、竞争者，但在“知己”方面做得还很不够，对自己的组织特性的了解主要靠直观的判断，而缺乏必要的工具和方法论。借助这样一套整合了战略效能、组织效能和领导效能的“赢”模式的工具和方法，企业可以获得对自己企业优势和弱势的真知灼见，并采取系统性的行动提升组织绩效。

资料来源：张凌.高绩效企业“赢”的秘密 [J]. 世界经理人，2013（6）.

10.1 业绩评价与考核体系

业绩评价，是指运用数理统计和运筹学的方法，通过建立综合评价指标体系，对照相应的评价标准，将定量分析与定性分析相结合，对企业一定经营期间的盈利能力、资产质量、债务风险以及经营增长等经营业绩和努力程度等各方面进行的综合评判。

科学地评价企业业绩，可以为出资人行使经营者的选择权提供重要依据；可以有效地加强对企业经营者的监管和约束；可以为有效激励企业经营者提供可靠依据；还可以为政府有关部门、债权人、企业职工等利益相关方提供有效的信息支持。

管理会计应用指引第600号——绩效管理

10.1.1 业绩评价与考核系统的构成要素

企业业绩评价与考核系统是指为达到一定的目的、运用特定的指标、比照统一的标准、采取规定的方法，对经营者业绩作出评判，并与激励措施相结合的考评制度。

企业业绩考核与评价系统可以分为两个层次的内容：一是对企业整体层次的业绩评价，按评价对象的不同分为企业业绩评价和管理者业绩评价；二是对企业内部各层级、各子公司、各经营单位的业绩评价，按评价对象的不同分为分部业绩评价和员工业绩评价。无论对哪一个层次的评价，业绩评价系统都由以下几个要素构成：

（1）业绩评价主体是业绩评价的行为主体，可以是特定的组织机构，也可以是自然人；

（2）业绩评价客体是业绩评价的行为对象，是根据不同的需要和目的而确定的；

（3）业绩评价目标是业绩评价的立足点和目的地；

（4）业绩评价指标体系是业绩评价系统的核心部分，其中业绩评价指标是对业绩评价客体实施业绩评价的重要依据，业绩评价标准是业绩评价的参照系，业绩评价方法是具体实施业绩评价的技术规范；

（5）激励机制是评价行为的延伸和反馈，有利于评价客体行为是否得到改善。

业绩评价与考核系统各构成部分之间的关系如图 10-1 所示。评价主体依据一定的评价目标，通过一定的评价指标体系进行业绩评价，形成评价结论，并通过一定的激励机制来影响评价客体的行为，使之更好地为满足评价主体的评价目标而工作。

各层次的业绩评价与考核系统要素都有各自的特点，其中评价指标体系的构建和激励机制的选择是业绩评价与考核系统的两个核心要素。

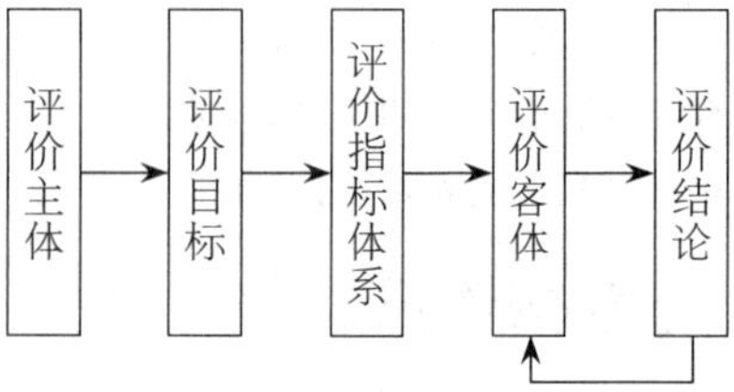

图 10-1 业绩评价系统各构成部分之间的关系图

10.1.2 业绩评价主体

业绩评价主体是指业绩评价的组织者和实施者。从管理会计角度讲，业绩评价主体分为两个层次：一是企业所有者对企业最高管理层进行的业绩评价，此时业绩评价的主体是企业的所有者；二是企业上级管理层对企业下级管理层进行的业绩评价，此时业绩评价的主体是企业的所有者——企业上级管理层。

作为第一层次业绩评价主体的企业所有者，依据以产权关系为基础的委托代理关系对企业最高管理层进行业绩评价。在西方典型的股份有限公司中，所有者仅保留重要的表决权，而把大部分决策权委托给他们的代表——董事会，对管理者的业绩评价和奖惩措施的制定都由董事会来完成。董事会广泛地参与公司的内部治理，对股东财产负有经营管理责任，其最大的职责是实现公司财产的保值增值，同时要维护其他利益相关者的利益，他们不仅与公司利益相关，而且具有参与监督的动机，也有参与监督评价的能力。

作为第二层次业绩评价主体的企业上级管理层，依据以管理权关系为基础的委托代理关系对企业下级管理层进行业绩评价。这一层次的关系比第一层次的关系复杂得多，是管理会计确定内部责任单位、进行业绩评价的重点。

在选择业绩评价主体的时候，应该注意下面三个基本的原则：

（1）业绩评价主体必须与公司的利益紧密相关；

（2）业绩评价主体的选择便于降低代理成本；

（3）要有监督的动机和能力。

10.1.3 业绩评价客体

业绩评价客体即评价的对象。由于业绩评价分为两个层次，因此业绩评价客体自然也就分为最高管理层和下级管理层。

那么谁能作为企业最高管理层的代表呢？经营权有两个层次的含义：一是对企业生产经营活动的管理权；二是对企业的生产、营销、分配等方面的大政方针的决策权。在公司制的企业中，董事会是主要的管理者，经理层是分享管理者角色的管理者。谁是下级管理层呢？自然是指企业管理组织结构中的各个层次，如纵向组织结构中的分厂、车间、工段、班组等，横向组织结构中的供应、生产、销售等职能部门和计划、财务、人事等管理部门。当然，下级管理层未必一定服从企业管理组织结构的要求，如按可控性划分责任单位、按成本动因划分作业单位等。作为评价客体的下级管理层，应根据管理的要求设置。

10.1.4　业绩评价目标

业绩评价目标解决为什么进行评价的问题。目标代表一个组织努力追求的一些未来预期的业绩，从当前业绩衡量结果来评价企业未来目标的实现情况。

管理者业绩评价的目标应该由企业目标决定。企业的目标可以从多个方面加以描述：股东财富最大化、投资收益最大化、职工工资增长最大化、利润最大化等。这说明企业目标是多样的，企业不可能同时追求上述多个目标的最大化，因此，企业只能达到多种目标之间的协调。对于企业相关利益主体的不同目标的折中，可以用实现企业的长期稳定发展、企业总价值的最大化来表述。长期稳定发展包含以下内容：（1）为股东提供回报。（2）关心企业职工利益，创造优美和谐的工作环境。（3）关心客户的利益，在新产品的研制和开发上有较多投入，不断推出新产品来满足客户需求。（4）保持对债权人债务的按期偿付，不拖欠。（5）关心社区建设，注重社会贡献。

企业的管理者也有其自身所追求的目标，他们追求自身效用的最大化，主要包括两方面，即货币收入和非货币方面的利益。非货币方面的利益包括政治地位和社会地位等。将企业目标与管理者自身目标相比，可以发现，企业与管理者都有经济利益追求，这是一致的方面。但也有不一致的方面，管理者对个人经济利益的追求可能导致其在追求企业目标时的差异性，另外，管理者也有对非经济利益的追求。而企业实际追求的目标是由管理者确定的，隐含在管理者的管理行为中。对管理者进行业绩评价的目标就是要衡量管理者实现企业目标的程度。正因为管理者的目标与企业目标不完全一致，所以对管理者进行业绩评价才有其必要性。

10.1.5　业绩评价内容

业绩评价由财务业绩定量评价和管理业绩定性评价两部分组成。

1）财务业绩定量评价

财务业绩定量评价，是指对企业一定期间的盈利能力、资产质量、债务风险和经营增长四个方面进行定量对比分析和评判。

（1）企业盈利能力分析与评判主要通过资本及资产报酬水平、成本费用控制水平和经营现金流量状况等财务指标，综合反映企业的投入产出水平以及盈利质量和现金保障状况。

（2）企业资产质量分析与评判主要通过资产周转速度、资产运行状态、资产结构以及资产有效性等财务指标，综合反映企业所占用经济资源的利用效率、资产管理水平和资产的安全性。

（3）企业债务风险分析与评判主要通过债务负担水平、资产负债结构、或有负债情况、现金偿债能力等财务指标，综合反映企业的债务水平、偿债能力及其面临的债务风险。

（4）企业经营增长分析与评判主要通过销售增长、资本积累、效益变化以及技术投入等财务指标，综合反映企业的经营增长水平及发展后劲。

2）管理业绩定性评价

管理业绩定性评价，是指在企业财务业绩定量评价的基础上，通过采取专家评议的方式，对企业一定期间的经营管理水平进行定性分析和综合评判。

10.2 基于收益的业绩评价与考核体系

10.2.1 以企业为主体的业绩评价与考核

以企业为主体的业绩评价与考核最初以考核利润为目标，后来以考核净资产利润率为目标，往往追求企业利润最大化或股东财富最大化。这种评价主要用于企业所有者对企业最高管理层进行的业绩评价，此外还可以用于企业上级管理层对下级管理层的业绩评价。

1）基于利润的业绩评价与考核

由于利润是企业一定期间经营收入和经营成本、费用的差额，反映了当期经营活动中投入（所费）与产出（所得）对比的结果，在一定程度上体现了企业经济效益的高低，因而，追求利润最大化往往可以给企业利益相关者带来好处。

基于利润的业绩考核与评价指标往往根据考核的需要而定，主要包括营业利润率、成本费用利润率、总投资报酬率、净资产收益率和总资产报酬率等，而上市公司则经常采用每股收益、每股股利等指标。

（1）营业利润率，是企业一定时期营业利润与营业收入的比率。其计算公式为：

$$\text{营业利润率}=\frac{\text{营业利润}}{\text{营业收入}}\times 100\% \tag{10.1}$$

营业利润率越高，表明企业的市场竞争力越强，发展潜力越大，盈利能力越强。在实务中，也经常使用销售毛利率、销售净利率等指标来分析企业经营业务的获利水平。其计算公式分别为：

$$\text{销售毛利率}=\frac{\text{销售毛利额}}{\text{销售收入}}\times 100\% \tag{10.2}$$

$$\text{销售净利率}=\frac{\text{净利润}}{\text{销售收入}}\times 100\% \tag{10.3}$$

（2）成本费用利润率，是企业一定时期利润总额与成本费用总额的比率。其计算公式为：

$$\text{成本费用利润率}=\frac{\text{利润总额}}{\text{成本费用总额}}\times 100\% \tag{10.4}$$

成本费用利润率越高，表明企业为取得利润而付出的代价越小，成本费用控制得越好，盈利能力越强。

（3）总投资报酬率，又称投资报酬率，是指达产期正常年份的年息税前利润或运营期年均息税前利润占项目总投资的百分比。

$$总投资报酬率=投资报酬率=\frac{年平均息税前利润}{项目投资总额}\times 100\% \tag{10.5}$$

总投资报酬率的决策原则：

①总投资报酬率≥基准投资报酬率，项目可行；

②指标越大越好。

（4）净资产收益率，又称股东权益收益率，是净利润与平均净资产的百分比，是公司税后利润除以净资产得到的百分比。该指标反映净资产的收益水平，用以衡量公司运用自有资本的效率。该指标值越高，说明投资带来的收益越高。净资产收益率可衡量公司对股东投入资本的利用效率。它弥补了每股税后利润指标的不足。其计算公式为：

$$净资产收益率=\frac{净利润}{平均净资产总额}\times 100\% \tag{10.6}$$

（5）总资产报酬率，又称总资产利润率、总资产回报率、资产总额利润率，是指企业一定时期内息税前利润与平均资产总额的比率，用以评价企业运用全部资产的总体盈利能力，是评价企业资产运营效益的重要指标。总资产报酬率的计算公式如下：

$$总资产报酬率=\frac{净利润+利息费用+所得税}{平均资产总额}\times 100\% \tag{10.7}$$

总资产报酬率越高，表明资产利用效率越高，说明企业在增加收入、节约资金使用等方面取得了良好的效果；该指标越低，说明企业资产利用效率越低，应分析差异原因，提高销售利润率，加速资金周转，提高企业经营管理水平。

2）基于净资产收益率的业绩评价与考核

对所有者、债权人、投资者及政府来说，分析和评价企业的盈利能力对其决策是至关重要的。采用传统的比率分析法分析企业的偿债能力、营运能力、盈利能力，从某一特定的角度对企业经营的某一方面进行了分析，但都不足以全面地评价企业的总体财务状况以及经营成果。为了弥补这一不足，需要有一种方法能够全面地了解和评价企业的财务状况和经营成果，利用若干相互关联的指标对营运能力、偿债能力及盈利能力等进行综合性的分析和评价。杜邦财务分析法就是应此要求而产生的。

杜邦财务分析体系正是利用几种主要财务指标之间的内在联系综合分析企业财务状况和经营成果的一种综合性财务分析方法。杜邦分析法是美国杜邦（DUPONT）公司率先采用的用以分析企业财务状况和经营成果的一种财务分析方法。它以净资产收益率为核心，利用主要财务比率指标之间的内在联系，对企业财务状况和经营成果进行综合分析和评价，重点揭示企业盈利能力及其前因后果，从而为企业的有效运行提供决策依据。该体系以净资产收益率为主体指标，分别反映营运能力、偿债能力及盈利能力，并将它们按其内在联系有机结合起来，从而形成一个将资产负债表、利润表的数据综合在一起的指标分析体系（如图 10-2 所示）。

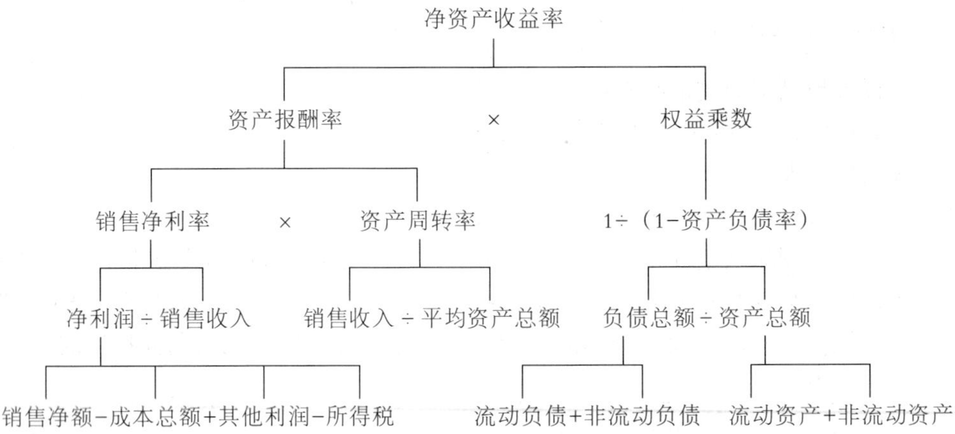

图 10-2　杜邦财务分析体系

净资产收益率（rate of return on common stockholders' equity，ROE/profit margin on net assets），又称股东权益报酬率、净值报酬率、权益报酬率、权益利润率、净资产利润率，是衡量上市公司盈利能力的重要指标，是利润额与平均股东权益的比值。

净资产收益率越高，说明投资带来的收益越高；该指标越低，说明企业所有者权益的盈利能力越弱。该指标体现了自有资本获得净收益的能力。

企业资产包括两部分：一部分是股东的投资，即所有者权益（它是股东投入的股本、企业公积金和留存收益等的总和）；另一部分是企业借入和暂时占用的资金。企业适当地运用财务杠杆可以提高资金的使用效率。借入的资金过多会增加企业的财务风险，但一般可以提高盈利，而借入的资金过少会降低资金的使用效率。净资产收益率是衡量股东资金使用效率的重要财务指标。

（1）净资产收益率反映所有者投入资本的盈利能力，取决于企业的资产报酬率和权益乘数。一般来说，负债增加会导致净资产收益率上升。

资产报酬率反映企业运用资产进行生产经营活动的效率高低，而权益乘数则主要反映企业的筹资情况，即企业资金来源结构。

（2）资产报酬率是反映企业盈利能力的一个重要财务比率，它揭示了企业生产经营活动的效率，综合性也极强。企业的销售收入、成本费用、资产结构、资产周转速度以及资金占用量等各种因素，都直接影响资产报酬率的高低。资产报酬率是销售利润率与资产周转率的乘积。因此，可以从企业的销售活动与资产管理两个方面来进行分析。

（3）销售净利率反映企业净利润与销售净额之间的关系。一般来说，销售收入增加，企业的净利润会随之增加，但是，要想提高销售净利率，必须一方面提高销售收入，另一方面降低各种成本费用，这样才能使净利润的增长高于销售收入的增长，从而使销售净利率得到提高。

（4）分析企业的资产结构是否合理，即流动资产与非流动资产的比例是否合理。

资产结构不仅影响企业的偿债能力，还影响企业的盈利能力。一般来说，如果企业流动资产中货币资金占的比重过大，就应当分析企业现金持有量是否合理，有无现金闲置现象，因为过量的现金会影响企业的盈利能力；如果流动资产中的存货与应收账款过多，就会占用大量的资金，影响企业的资金周转。

（5）结合销售收入分析企业的资产周转情况。资产周转速度直接影响企业的盈利能力。如果企业资产周转较慢，就会占用大量资金，增加资本成本，减少企业的利润。

对资产周转情况进行分析，不仅要分析企业资产周转率，还要分析企业的存货周转率与应收账款周转率，并将其周转情况与资金占用情况结合起来进行分析。

（6）基于利润的业绩考核与评价的缺点：

①业绩考核与评价依赖的是历史信息，无法体现企业未来的发展状况。

②业绩考核与评价仅反映财务数据，无法全面反映企业的经营状况。

③业绩考核与评价可能造成短视行为，无法全面反映企业的长远利益。

④业绩考核与评价没能有效地考虑风险，无法正确反映企业目标。

10.2.2 以责任中心为主体的业绩评价与考核

所谓责任中心，是指分权管理型企业内部具有的一定经济权力，需要承担相应的经济责任，并能够严格控制经济责任指标的部门。

现代公司制企业的一个重要特点是多元化和分部规模的不断扩大，利用整体预算或成本报告来集中规划、控制各部门的业务变得日益困难，因此。许多公司采用分权化来对公司进行扁平化的管理，把每个部门视为一个责任中心，按不同责任中心的职能由分部经理进行自主管理，而总部仅负责其业绩考核和经营目标的制定。

根据控制区域和责任范围的不同，责任中心可以分三种：成本中心、利润中心和投资中心。

1）成本中心

成本中心是指只对成本发生状况承担责任的责任中心。通常，成本中心是没有收入来源的，只能控制成本，因而无须对收入、收益或投资负责，只对成本负责。

（1）成本中心分类

成本中心有狭义和广义之分。

狭义的成本中心，是指对产品生产或劳务提供所消耗的资源负责的责任中心，主要指生产产品或提供劳务的责任中心。例如，企业里的分公司、分厂、事业部、车间和部门等都是成本中心，而它们是由各单位下面所属的若干工段、班组，甚至个人等许多小的成本中心组成的。这样，各个较小的成本中心又共同组成一个较大的成本中心，各个较大的成本中心又共同构成一个更大的成本中心，从而形成一个逐级控制并层层负责的成本中心体系。

广义的成本中心，是指除狭义成本中心外还包括那些非生产性的以控制经营管理费用为主的责任中心，即费用中心，如总务部门、财会部门、人事部门等。成本中心的范围最为广泛。只要企业内部有成本或费用发生的地方，或对成本或费用负有责任并需要进行控制的地方都可以建立成本中心。本书讲的成本中心，指广义的成本中心。

成本中心还可以按照产品成本是否可以度量，每单位产品的投入量是否可以确认，分为标准成本中心和酌量性费用中心。如果所生产的产品已经明确，且成本可度量，又已知生产每单位产品所需要的投入量，即可建立标准成本中心。通常情况下，标准成本中心主要是在制造过程。因为在制造过程中，对于每一种产品而言，原材料、人工和间接制造费用的投入量和价格一般都有明确的标准。酌量性费用中心则是指所生产的产品不能用财务指标来衡量的企业，或者耗费的资源和成果之间没有密切关系的企业。费用中心一般而言都属于这种类型。

（2）责任成本与可控成本

成本中心的主要任务是在完成本职工作的前提下尽可能地控制、降低成本，尽管各成本中心的责任层次和内容不同，成本计算和考核范围不同，但成本中心计算和考核的成本应该是责任成本。

责任成本和产品成本是不同的成本概念。产品成本是以产品为计算对象。归集产品生产耗费，归集的原则是“谁受益，谁承担”；而责任成本是以责任中心为计算对象，归集生产或经营管理耗费，归集的原则是“谁负责，谁承担”。责任成本和产品成本的区别和联系可以用图 10-3 来表示。

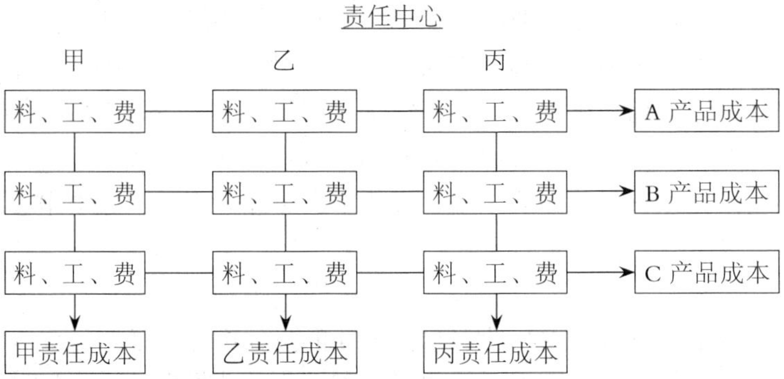

图 10-3　责任成本和产品成本的区别和联系

从图 10-3 可以看出，生产费用横向按产品品种归集，构成了产品成本；纵向按责任中心归集，构成了责任成本。分清产品成本和责任成本是责任中心核算的一个前提。

为了计算责任成本，必须首先将成本按其可控性分为“可控成本”和“不可控成本”两类。所谓可控成本通常应符合以下特征：责任中心能够预知各种费用的发生；责任中心能够计量发生的各种损耗；责任中心对成本发生与否和发生多少是能够控制和调节的。不符合上述三个条件的就是不可控成本。属于某个成本中心的各项可控成本之和，即该中心的责任成本。由于各个成本中心只应对其能直接控制的成本负责，故编制责任预算应以该成本中心的可控成本为限，不可控成本通常作为参考资料列示。

（3）成本中心的业绩评价指标

对成本中心业绩的评价与考核应以责任成本为重点，即衡量责任成本发生的实际数究竟与预算数有多大的差异，并分析研究其产生的原因。可以通过责任成本节约额和责任成本节约率来衡量。

$$\text{责任成本节约额}=\text{责任成本预算数}-\text{责任成本实际数}$$

$$\text{责任成本节约率}=\frac{\text{责任成本节约额}}{\text{责任成本预算数}}\times 100\% \tag{10.8}$$

责任中心还可以通过编制绩效报告来分析差异形成的原因和责任。但是，当实际产量与预算产量不一致时，因为成本中心对该业务活动水平的变化情况并不负责任，它们只对达到外部决策所要求的效率负责，因此，对成本中心考核时应该按照弹性预算的方法调整预算指标，然后计算上述指标并编制绩效报告。

成本中心编制的“业绩报告”，通常只需按该中心可控成本的各明细项目，解释其“预算数”、“实际数”和“差异数”三栏，指标可用金额、实物或时间度量反映。在实际工作中，“差异”栏后面，可再加上“差异原因分析”一栏，主要是为今后改正缺点、巩固成绩或修改预算等进行信息反馈服务的。

2）利润中心

（1）利润中心及其适用范围

利润中心是指对利润负责的责任中心。它的责任是控制收入和成本费用。该中心的管理人员同时具有生产和销售两个职能。因此，利润中心需要对下列活动做出决策：生产哪种产品，如何生产，产品的质量如何控制，价格的制定以及产品销售。管理者需要权衡价格、产量、质量和成本，使利润中心的经营达到最优。

企业内部有独立经济来源的部门都可成立利润中心，例如，分公司、分厂或者有独立经营权的各部门。各个利润中心相对独立、自成一体，但也相互协调。它和成本中心的重要区别就是利润中心产生收入，有独立经营决策权，可以自行决定原材料的来源、生产产品的数量，以及产品的销售对象和销售数量等。因此，利润中心是比成本中心更高一层的责任中心。

（2）利润中心的两种形式

利润中心按收入来源的性质不同，又可以分为自然利润中心和人为利润中心两类。

自然利润中心是直接对外销售产品或者提供劳务，取得实际收入的利润中心，如分公司、分厂等。这种利润中心一般有独立的产品销售权、价格控制权、材料采购权及生产决策权，它和独立企业一样可以在外界市场销售商品或者提供劳务，并取得收入、赚取利润。

人为利润中心是不直接对外销售商品或者提供劳务，而是在企业内部各责任中心之间相互提供产品和劳务，从其他责任中心取得内部销售收入作为其收入实现的利润中心。人为利润中心的销售收入是按照内部转移价格计算的内部销售收入，并不是真正的销售收入。设立这种虚拟的利润中心可以方便衡量各责任中心的工作成果。大型工厂的各个成本中心，只要对其提供的产品和劳务制定转移价格，就可以转为人为利润中心。

（3）利润中心成本计算的两种方式

①只计算其可控成本，不分担其不可控的共同成本。按照这种方法计算出来的盈利，实际上是“边际贡献”。采用这种方式的“利润中心”，实质上是“边际贡献”中心。它一般适用于人为利润中心。

②不仅计算可控成本，还要计算不可控成本。按照这种方式计算，若采用变动成本法，利润中心先计算出边际贡献，再减去期间费用；若采用完全成本法，利润中心就可直接计算出税前利润。它一般适用于自然利润中心。

（4）利润中心的业绩评价指标

对利润中心进行评级与考试时，应以销售收入边际贡献与税前净利为重点，也就是应衡量中心的实际销售收入、销售成本及营业利润是否达到各自的目标水平。其中，利润是最终的、最具综合性的指标。除了可控性原则外，还要考虑利润的计量原则。利润计量涉及两方面的问题：一是对共同收入和共同成本进行分配；二是为各部门间的成品或劳务的转移制定转移价格。

①共同收入的分配问题

有些收入的形成涉及多个利润中心，不能清楚划归某一中心所有，这就是共同收入。在评价利润中心业绩时，需要将这些共同收入在不同的利润中心之间进行分配，如果处理不好就会产生矛盾。因为若某一个部门不能从销售给其他部门的产品中得到利益，它将缺乏继续这样做的动力。企业应建立一种补偿机制来解决这类问题。

②共同成本的分配问题

利润中心发生的“固定成本”项目要区别对待。因为其中一部分是利润中心负责人（部门经理）可控的专属固定成本，但还有一部分专属固定成本并不属于利润中心负责人的可控范围。按照可控性原则，使业绩评价更为公平合理，可在“边际贡献”项目下，再引申出“部门经理可控边际”和“部门边际”两个项目。其计算公式如下：

部门经理可控边际=销售收入总额-变动成本总额-部门经理可控的专属固定成本总额

=边际贡献-部门经理可控的专属固定成本总额　（10.9）

部门边际=部门经理可控边际-部门经理不可控的专属固定成本总额　（10.10）

部门税前利润=部门边际-分摊的公司费用　（10.11）

很明显，公式（10.9）衡量了部门管理者在其控制和权限下的资源的使用效率，是用来评价利润中心责任人（部门经理）的经营业绩的；公式（10.10）则是用来评价与考核利润中心（部门）的业绩的。公式（10.11）提醒部门管理人员注意这些公共成本，因为只有当各个生产收入部门都产生了足够的边际贡献来弥补这些成本的时候，整个公司才有可能获利。

利润衡量指标的计算和作用见表 10-1。

表 10-1　　**利润衡量指标**

利润指标	计算	作用
部门经理可控边际	=边际贡献-部门经理可控的专属固定成本总额	评价部门经理营业业绩
部门边际	=部门经理可控边际-部门经理不可控的专属固定成本总额	评价部门业绩
部门税前利润	=部门边际-分摊的公司费用	提醒部门经理注意共同成本

采用利润作为评价指标存在两个缺陷：一是利润只是一个概括性的指标，它只是概括地反映了部门对公司所作的贡献，但无法直接地让组织成员知道应该如何行动才能提高公司的业绩；二是利润是一个短期指标，而且容易被操纵，容易造成管理人员注重眼前利益而牺牲公司长期利益，如不充分提供研究所开发基金和员工培训，会降低质量控制和维护水平等。

3）投资中心

（1）投资中心及其适用范围

投资中心是对投资负责的责任中心，不仅用其收益来衡量，还需将其收益与投资的资本结合起来加以考虑。投资中心在生产经营和投资决策方面享有充分的自主权，能够独立地运用所掌握的资金。投资中心需要做出的决策不仅仅包括产品的组合、价格的制定和生产方法等短期经营决策，而且包括投资规模和投资类型的决策，购买和处理固定资产的决策，扩大和缩小生产能力的决策等，所以投资中心控制的区域和职权范围比一般的利润中心要大得多。

投资中心是分权管理模式最突出的表现。投资中心是最高的责任中心，它具有最大的决策权，也承担最大的责任。其适用范围通常仅限于规模和经营管理权限较大的单位，如大型集团公司下面所属的子公司、分公司都是投资中心。

为了准确地计算出各投资中心的经济效益，必须将各投资中心共同使用的资产划分清楚；将共同发生的成本按适当的标准进行分配；各投资中心之间相互调剂使用的现金、存货、固定资产等，均应实行“有偿使用”。

（2）投资中心的业绩评价

在投资中心，业绩的考核不仅仅要衡量利润，而且要将利润和它所占用的资本联系起来。由于资本是可选择使用的，所以企业的管理人员不仅受关心资本回报是否实现，还要关心资本回报是否高于资本成本。投资中心一般将投资报酬率和剩余收益作为评价和考核投资中心业绩的主要指标。

①投资报酬率（ROD），是投资中心所获得的利润和投资额之间的比率。其计算公式如下：

投资报酬率=利润÷投资额×100%　　　　（10.12）

需要指出的是，这里投资额的概念可以有两种含义：一种是投资总额，在这里就是总资产，即企业在营业活动中所使用的全部资产；另一种是投资者权益，在这里就是所有者权益，即投入资本加上经营过程中形成的留存收益。

当采用资产总额作为投资额来计算投资报酬率时，评价和考核的主要是由投资中心掌握、使用的全部资产总体的盈利能力，所以，在计算利润的时候，利润应该采用息税前利润（EBIT）来计算。息税前利润是一个时期指标，分母的资产总额最好采用平均资产总额，即年初数和年末数的平均数来计算。

当采用所有者权益作为投资额来计算的时候，主要是为了说明投资中心运用公司股东的资金所取得的利润对企业整体利润贡献的大小，所以，利润应该采用扣除贷款利息后的税后净利润。

投资报酬率的计算还经常被分解成两部分：一部分被称为投资周转率；另一部分被称为利润率。即：

投资报酬率=投资周转率×利润率　（10.13）

其中：

投资周转率=销售收入÷投资额

利润率=净利润÷销售收入

对投资报酬率指标的分解可以提示管理人员不仅应该控制费用及销售收入，还应该控制投资规模，使得投资额得到有效的周转。

投资报酬率作为一个评价考核指标，综合反映了投资中心的经营业绩。它有以下优点：首先，它是一个相对数指标，考虑了投资规模，剔除了因投资额不同而导致的利润差异的不可比因素，具有很强的横向可比性，有利于不同规模的部门之间和不同行业之间的比较。其次，投资报酬率有利于调整资本流量和存量。资产运用的任何不当行为都会降低投资报酬率，所以，采用这个指标作为评价指标，有利于正确引导投资中心的管理活动。但投资报酬率也有局限性：投资报酬率重视短期的业绩评价，容易导致投资中心的短期行为。依据投资报酬率对投资中心内部进行评价与考核，往往会使一些投资中心只顾本身利益，而放弃对整个企业有利的投资项目，或接受有损整个企业利益的投资项目，造成投资中心的近期目标与整个企业的长期目标相背离。

【例 10-1】某个投资中心拥有资产 100 000 元，税前净利是 20 000 元。有一个新的投资项目需要投入资本 50 000 元，该项目每年可以得到 9 000 元的收益，投资报酬率是 18%。问该投资中心是否应接受新项目。假定企业的资本成本为 15%。则：

接收前的投资报酬率=税前净利÷净资产×100%=20 000÷100 000×100%=20%

接收后的投资报酬率=（20 000+9 000）÷（100 000+50 000）×100%=19.33%

如果采用投资报酬率来衡量部门的业绩，部门管理人员肯定不会进行此项投资，因为尽管投资后投资收益超过了资本成本能产生的效益，但该项投资却降低了部门的投资报酬率。为了保证自己部门的投资报酬率，尽管很多投资项目的收益高于资本成本，但因为它们低于部门目前的投资报酬率，因此会造成部门管理人员可能放弃很多有利可图的投资机会。

在处置资产的情况下也是一样的。由于计算投资报酬率的基础是投资中心的营业资产，因此，投资中心的业绩可以通过尽量降低其固定资产的账面净值而得到提高。如果一项资产的年收益高于资本成本，但该项资产的投资报酬率低于部门管理人员所要求的投资报酬率，他们会为了提高投资报酬率而将该项资产出售。这种短期行为不利于企业的长足发展。而且，通货膨胀的影响会使资产的账面价值失实，从而使得各部门每年少计折旧，虚增利润，使投资报酬率偏高。另外，上级所设定的投资报酬率如果过高，下级无法达到，将打击他们的工作积极性。

②剩余收益（residual income），是投资中心获得的收益减去其资产按规定的最低投资报酬率或资本成本计算的投资报酬后的余额。其计算公式如下：

剩余收益=收益-规定的最低投资报酬率×投资额　　　　(10.14)

式中的收益是指营业收入，投资额指的是经营总资产。企业规定的最低投资报酬率的选择，通常是以企业的贷款成本、目标资本回报率或企业加权平均资本成本等为参照。

【例 10-2】依【例 10-1】的资料，通过计算发现，如果采用剩余收益这个指标来衡量部门业绩，情况则完全不同。

接收前剩余收益=剩余收益=收益-投资额×资本成本=20 000-100 000×15%=5 000（元）

接收后剩余收益=（20 000+9 000）-（100 000+50 000）×15%=6 500（元）

投资新项目以后，剩余收益从 5 000 元增加到了 6 500 元，部门管理人员会采用这个投资方案。可见，只要增量报酬率高于资本成本的投资项目，部门的剩余收益总是增加的，在资产减少的情况下，只要减少的资产项目的投资报酬率低于资本成本，部门的剩余收益就会增加。采用剩余收益作为评价指标，只要是有利于部门剩余收益增加的经济活动，管理人员都乐于采用。这样可以使得对部门的业绩评价和企业的整体利益达到一致，因为企业总是希望部门有较高而不是较低的剩余收益。

剩余收益也适用于评价责任中心或整个企业的财务业绩的综合性指标，它在一定程度上克服了投资报酬率的缺陷。剩余收益指标与投资报酬率指标的比较如下：

a. 剩余收益指标能促进责任中心管理者更多地考虑投资风险与投资收益的匹配关系。如果仅仅用投资报酬率来评价，并对管理人员进行奖惩，则可能会激励中心管理者过多地进行风险性较高的投资。使用剩余收益来评价，管理者可以通过选择合适的最低报酬率来体现投资风险与收益的匹配性。

b. 剩余收益指标能促进责任中心管理者从企业整体利益出发，而非仅仅从本部门利益出发考虑投资。使用投资报酬率，会导致责任中心管理者放弃那些投资报酬率高于企业总体要求的最低回报率（如资本成本）但低于本中心平均投资报酬率的投资机会。

c. 剩余收益指标也有它的缺点。首先，它是一个绝对数指标，不利于不同规模企业之间的比较，以这种指标为业绩衡量标准时，对于规模较大的企业来说，由于其投资金额基数较大，因此计算的剩余收益也较大，评价结果会更加有利。其次，它与投资报酬率一样，是个年度指标，只能反映当前行为对企业或中心未来价值的影响。同时，这一指标未能反映现金的增量流入，而对于企业来说，其决策的标准不仅是增加账面上的会计利润，更重要的是能够带来实际的现金增量流入。

10.3 基于EVA的业绩评价与考核体系

经济增加值（economic value added，EVA），也称经济附加值，是由美国学者Stewart提出，并由美国著名的思腾思特咨询公司（Stern Stewart & Co.）注册并实施的一套以经济增加值理念为基础的财务管理系统、决策机制及激励报酬制度。它是基于税后营业净利润和产生这些利润所需投入总成本的一种企业绩效财务评价方法。

10.3.1 EVA 产生的背景

经济增加值的产生源于对企业经营目标的讨论。早期，大家普遍认为企业经营的目标是利润最大化，即追逐经营利润。这个观点是与当时的社会经济环境相适应的。那个时候的企业，大概在19世纪到20世纪初，规模很小，一般都是私人经营、自负盈亏，投资者和管理者往往是一个人，不存在委托代理机制的问题。到了20世纪，随着资本市场的发展以及社会经济的进步，企业的规模越来越大，经营企业的难度进一步加大，原来的企业所有者开始聘请职业经理人管理经营企业，而自己只负责提供资金等各项资源。企业的经营权和所有权出现分离，这个时候委托代理机制开始形成。

委托代理机制产生以后，就有了股东与经理人的概念。此时，企业经营的目标就变成了给股东创造更多的财富，而不是仅仅追求利润最大化。股东投入很多资源，当然要求获得更多的回报，这就是资源使用效率问题，要综合考虑资源的投入与产出。

因此，评价一家企业的好坏，要看这家企业是否能给股东带来更多的财富，于是1989年思腾思特咨询公司提出了EVA的概念。他们认为，股东投入的资源是有成本的（机会成本），只有企业的盈利超过投入资源的机会成本，才能为股东创造价值。

现代管理学之父彼得·德鲁克在《哈佛商业评论》发表的一篇文章中指出："作为一种度量全要素生产率的关键指标，EVA反映了管理价值的所有方面。"EVA不仅是一个全面的绩效衡量指标，还是一个全面财务管理的框架，一种经理人的薪酬激励机制。从本质上说，EVA管理是基于价值管理，解释价值创造的途径，指出了创造财富的关键所在，是一种变革型战略。它通过影响一家企业从董事会到基层上上下下的所有决策，改善组织内部每一个人的工作环境，改变每一位员工的行为方式和企业文化，帮助管理者为股东、客户和自己带来更多的财富。

10.3.2 EVA 的计算

EVA 衡量的是企业资本收益和为企业带来经营利润的所有资本的成本之间的差额。其简略的计算公式如下：

$$\text{经济增加值(EVA)}=\text{税后净营业利润(NOPAT)}-\text{加权平均资本成本(WACC)}\times\text{投入资本(C)} \tag{10.15}$$

管理会计应用指引第602号——经济增加值法

仔细研究经济增加值的计算公式，也可以说这并不是一个新的观点，它来源于剩余收益。如果将税后净营业利润作为剩余收益计算公式中的收入，将加权平均资本成本作为公式中的利率，将投入资本作为公式中的投资，那么剩余收益的公式就变成了 EVA 的计算公式。所以，我们可以说 EVA 是剩余收益的一种变形和拓展。

经济增加值的另一种表现形式是：

$$\text{经济增加值(EVA)}=\text{资本效率}\times\text{资本} \tag{10.16}$$

式中，资本效率是指每单位资本所能产生的超过单位资本成本的收益，它是资本回报率和资本成本的差额，代表了单位资本创造财富的能力，只有单位资本效率为正时，企业才真正为投资人创造了新的财富。

经济增加值计算的进步之处就在于它从不同角度扩展了传统的剩余收益评价方法。首先，它基于金融经济学的最新发展，特别是通过“资本资产定价模型（CAPM）”可以推导出体现该行业的资本成本和部门风险特征。其次，它必须对按照公认会计原则编制的财务报告信息进行调整。在其计算过程中，权益成本被作为企业成本的一项而从收益中扣除。而在公认会计原则中则不把权益资本作为费用项目，因此，经济增加值计算的净收益要少于向股东报告的会计净收益。

经济增加值具有剩余收益的所有特点，同时克服了剩余收益的缺点，尽量剔除了会计信息失真的影响。剩余收益是按照公认会计原则计算得出的，在一定程度上存在信息失真的情况，而经济增加值计算公式中的税后净营业利润是针对公认会计原则中存在的缺陷进行调整后得出的，从而可以减少对企业真实的经济业绩的曲解。

10.3.3 EVA 的调整

经济增加值计算基本模型揭示了企业经济利润的本质，但其最终数值还需要以传统会计利润为基础对影响价值的相关项目进行调整，以消除根据会计准则编制的财务报表对企业真实情况的扭曲。

1）税后净营业利润的确定

经济增加值计算中的税后净营业利润，不同于利润表中的税后净利润，是对税后净利润进行一系列调整后得到的。国资委规定，税后净营业利润按下列公式调整计算：

$$\text{税后净营业利润}=\text{净利润}+(\text{利息支出}+\text{研究开发费用调整项}-\text{非经常性收益调整项}\times 50\%)\times(1-25\%) \tag{10.17}$$

会计调整项目说明：

（1）税后利润是营业利润减去所得税后的余额；而我国现行制度中的税后利润则是指利润总额减去应交所得税后的余额。

（2）营业利润是指息税前利润，即营业利润中包括利息费用，而我国现行制度中的营业利润却不包括利息费用，利润总额中也不含利息。因此，利息支出是指企业财务报表中“财务费用”项下的“利息支出”。

（3）关于研发费用的调整，会计准则中的规定是研发过程分成两个阶段：研究阶段和开发阶段；研究阶段产生的费用全部费用化，开发阶段的费用有条件的资本化。而 EVA 认为，这种划分涉及人的主观判断，结果不可靠，因此计算 EVA 的时候要对研发费用做调整，即发生的费用全部都资本化，然后按年分摊。类似的处理包括市场开拓费用和员工培训费用等。这样处理的目的就是，减少人为干预。因此，研究开发费用调整项是指企业财务报表中“管理费用”项下的“研究与开发费”和当期确认为无形资产的研究开发支出。对于为获取国家战略资源，勘探投入费用较大的企业，经国资委认定后，将其成本费用情况表中的“勘探费用”视同研究开发费用调整项按照一定比例（原则上不超过 50%）予以加回。

（4）非经常性收益调整项包括：

①变卖主业优质资产收益：减持具有实质控制权的所属上市公司股权取得的收益（不包括在二级市场增持后又减持取得的收益）；企业集团（不含投资类企业集团）转让所属主业范围内且资产、收入或者利润占集团总体 10% 以上的非上市公司资产取得的收益。

②主业优质资产以外的非流动资产转让收益：企业集团（不含投资类企业集团）转让股权（产权）收益，资产（含土地）转让收益。

③其他非经常性收益：与主业发展无关的资产置换收益、与经常活动无关的补贴收入等。

2）总资本的确定

总资本是西方经济学中的资本含义，相当于我们通常所说的总资产，而不是会计平衡公式（资产=负债＋资本）中的资本含义。

投入总资本是指投入企业的全部资本，包括权益资本和债务资本，但不是两者的简单相加，也需要做相应的调整，如扣除无息流动负债、在建工程等。

$$\text{调整后资本}=\text{平均所有者权益}+\text{平均负债}-\text{平均无息流动负债}-\text{平均在建工程} \tag{10.18}$$

调整项说明：

（1）无息流动负债是指企业财务报表中“应付票据”、“应付账款”、“预收款项”、“应交税费”、“应付利息”、“其他应付款”和“其他流动负债”；对于因承担国家任务等原因造成“专项应付款”“特种储备基金”余额较大的，可视同无息流动负债扣除。

（2）在建工程是指企业财务报表中的符合主业规定的“在建工程”。

3）加权平均资本成本的确定

加权平均资本成本是以资本（或股本）成本和负债成本为基数，以资本构成率和负债构成率为权数的一个加权平均数，正确确定资本（或股本）成本及负债成本是计算加权平均资本成本的关键。

加权平均资本成本=负债资本成本×负债资本权重+股权资本成本×股权资本权重　(10.19)

按照国资委的要求，资本成本应分情况而定：

（1）中央企业资本成本原则上定为5.5%。

（2）承担国家政策性任务较重且资产通用性较差的企业，资本成本定为4.1%。

（3）资产负债率在75%以上的工业企业和80%以上的非工业企业，资本成本上浮0.5个百分点。

（4）资本成本确定后，3年保持不变。

【实践应用】　EVA在青岛啤酒的应用分析

青岛啤酒股份有限公司的前身为国有青岛啤酒厂，始建于1903年，是中国历史最为悠久的啤酒生产厂。1993年6月16日公司注册成立，7月15日在香港联合交易所有限公司（“联交所”）上市，同年7月公司在国内发行A种股票并于8月27日在上海证交所上市。到2001年年底已基本上完成了在中国市场的战略布局，其产品覆盖了中国的主要市场，并已行销世界四十余个国家和地区，成为一家覆盖17个省市、拥有40多家啤酒生产企业和3家麦芽厂的全国龙头啤酒集团企业。但是，2001年的年报却显示，青岛啤酒当年的净利润为10 289万元，与预计实现净利润17 051万元尚有一段不小的差距。在庞大的集团组织体系与利润逐渐下滑的双重压力下，整合现有资源，重组青岛啤酒管理模式迫在眉睫。为此，2001年年底，在经过管理层的慎重考虑之后，青岛啤酒决定采纳思腾思特咨询公司提出的以EVA为核心的管理重组方案，建立一个更加合理、科学的激励与约束机制。

一、EVA在青岛啤酒的实施

（1）在员工中形成对EVA价值管理的认同。建立了以EVA为中心的目标管理体系，要求整个财务体系按照EVA来做财务报表，年底以这些指标来考核业绩，改变了公司历年来表达财务目标的方法多而混乱的局面。同时，EVA也为各个营运部门的员工提供了相互交流的统一标准，使得所有管理决策变得更有效。

（2）激励与EVA价值挂钩。传统激励方式是单纯以会计利润为中心的考核办法，忽略了资本成本的投入，使其公平性和有效性大打折扣。青岛啤酒将EVA与年薪制挂钩，建立了以EVA为中心的激励制度，弥补了青岛啤酒现有年薪制的漏洞，使经理层更加注重资本利用率，理智地使用资本。考核指标设定更为科学合理，保障了经理人利益和股东利益相联系。由于考虑了资本成本的问题，管理者将更为理智合理地利用资本，而且资本成本直接和他们的激励挂钩，管理者会更多地考虑投资的风险性，使管理者每次决策都会更加理智谨慎。

（3）改革组织结构。为了适应EVA的薪酬激励模式和改革青岛啤酒现有的组织结构，青岛啤酒根据思腾思特EVA绩效评价方案，经过一系列的重组整合，建立了一个基于EVA的扁平化的组织结构，先后成立了8个统一市场管理与财务核算的事业部，并成立了青岛啤酒在区域运行的策划中心、市场营销中心和利润中心，从而彻底改变了公司原有的管理体系和模式，公司变得更具透明度。

二、EVA 在青岛啤酒的应用效果及分析

（1）EVA 价值管理体系明显改善了经营成果。经过一年的 EVA 绩效评价的实施，青岛啤酒 2002 年盈利水平比 2001 年有了大幅提升，年报显示，该公司全年实现主营业务收入 69.37 亿元，主营业务利润 21.63 亿元，净利润 2.3 亿元，分别同比增长 31%、38.58% 和 124%，经营现金流量也由 2001 年的 5.3 亿元上升到 2002 年的 11.06 亿元，增长了 108.68 个百分点。每股收益（EPS）为 0.231 元，净资产收益率为 6%，分别同比增加 130% 和 123.34%，并在今后几年也保持了增长。

（2）青岛啤酒引入 EVA 的理念和考核办法后，使原来以效益为中心转变为以资本增值为中心，对青岛啤酒的业绩而言，最直接的变化就是资产的流动性和资金的周转率提高了。

（3）EVA 的价值管理理念也逐步为企业所接受，人人都谈 EVA，做什么都以 EVA 为评判标准，符合企业做强做大的目标。

（4）强化了企业的品牌形象，EVA 让人们对企业的业绩情况一目了然，消除人们的疑虑和猜想，使信息更加透明，极大地增强了人们对企业的信心。

（5）形成效率较高的组织结构。形成基于 EVA 的扁平化的组织结构，改变了公司原有的管理体系和模式，使企业变得更加透明，有利于股东和社会的监督。

三、EVA 在青岛啤酒应用的案例启示

EVA 和会计利润等指标相比，注重了企业股权和债务的资本成本，考虑了这些资本的机会成本，更能准确地反映企业是否为股东创造了价值、创造了多少价值，能更为科学、有效、全面地反映经营者的业绩。同时，EVA 能够保持管理层和股东之间利益的一致性。对于管理层而言，以 EVA 为基础的薪酬激励计划，能规范管理者的行为。对于所有者而言，EVA 的应用既有管理监督的作用，也有吸引和留住人才的作用，为企业创造更多的财富。而且，EVA 指标体系能够反映公司的抗风险能力，从而提高企业的公信力。

当然，通过对青岛啤酒应用 EVA 进行薪酬激励的案例分析，我们也发现在应用 EVA 的时候存在的困难。

第一，宏观环境的影响。EVA 指标体系对会计信息质量的要求高，但我国的资本市场并不完善，监管力度还不够，在计算 EVA 的过程中或多或少地存在偏差。

第二，企业内部治理机构的影响。董事会容易被操纵，监事会不能完全履行该有的职责，不利于企业方针政策的有效实施。

第三，缺少必要的中介机构。EVA 对我国来说，毕竟还是个新事物，在实务界并未有全面的认识，从而在实施的过程中效果往往不太理想。

四、结语

EVA 不仅仅是一种管理体系，更是一种评价激励机制。作为管理体系，EVA 对公司的治理结构能起到优化的作用，能够规范企业的投资行为。作为评价激励机制，EVA 对业绩的评价更全面科学，对激励更为有效合理，更能吸引和留住人才。

所以说，随着我国资本市场的不断完善、公司治理结构的逐步改善和中介机构的建立，EVA 的管理激励理念将深入人心，在我国应该有较大的应用空间。

10.4 基于战略的业绩评价与考核体系

10.4.1 平衡计分卡的设计思想

管理会计应用指引第603号——平衡计分卡

传统绩效评价系统仅仅将指标“兜售”给管理者，无论是财务的还是非财务的，人们从中很少看到指标彼此之间的关联以及对企业最终目标的影响。但是，平衡计分卡则不同，它的各个组成部分是以一种集成的方式来设计的，公司现在的努力与未来的情景之间有着一种“因果”关系，在企业目标和业绩指标之间有一条“因果链”。从平衡计分卡中，管理者能够看到并分析影响企业整体业绩的各种关键因素，而不单单是短期的财务结果。它有助于管理者对这个业务活动的发展过程始终保持关注，并确保现在的实际经营业绩与公司的长期战略保持一致。

平衡计分卡由四个部分组成：财务（finance）、客户（customer）、内部经营过程（internal business process）、学习与成长（learning and growth）。其框架如图 10-4 所示。

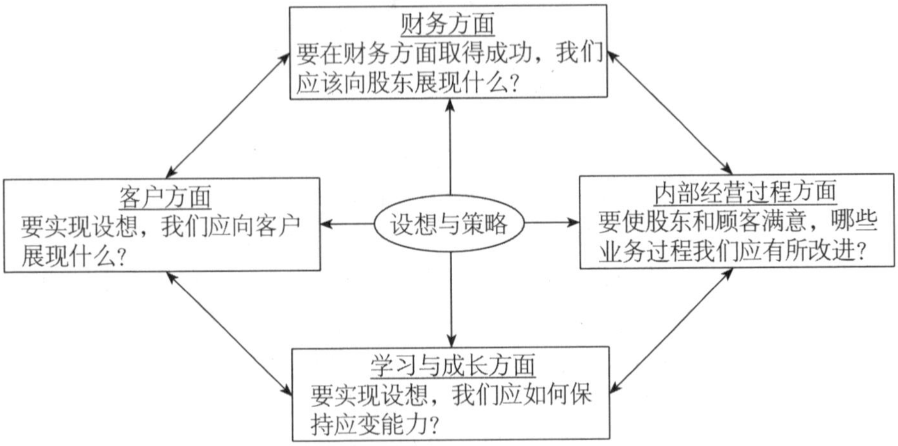

图 10-4　平衡计分卡示意图

与以前单一的标准不同，实施平衡计分卡的管理者可以从四个重要方面来观察企业：

（1）客户如何看我们（客户角度）？

（2）我们必须擅长什么（内部经营角度）？

（3）我们能否继续提升并创造价值（学习与成长角度）？

（4）我们怎样满足股东利益（财务角度）？

根据这四个角度，平衡计分卡包括以下四个方面的指标：

①外部评价指标：如股东和客户对企业的评价。

内部评价指标：如内部经营过程、新技术学习、创新与成长等方面的指标。

②成果评价指标：如财务指标中的利润、市场占有率等。

导致成果出现的驱动因素评价指标：如新产品开发投资、员工培训和设备更新等。

③客观评价指标：如利润、员工流动率、客户抱怨次数等。

主观评价指标：如客户满意度、员工忠诚度等。

④短期评价指标：如利润指标。

长期评价指标：如客户满意度、员工培训成本和次数等。

平衡计分卡主要由以上四个方面的平衡组成。此外还有定性指标和定量指标、财务指标与非财务指标之间的平衡。这些部分紧密联系，相互作用。

在平衡计分卡系统中，财务指标说明了已采取的行动所产生的结果，同时它通过顾客满意度、内部程序及组织创新等业务指标来补充。这些业务指标是未来财务绩效的驱动器。图 10-5 是对四者关系的概括。“学习与成长”直接决定着其他三个因素，“内部经营过程”对“客户”和“财务”有着制约作用，而“财务”受其他三个因素的直接影响。

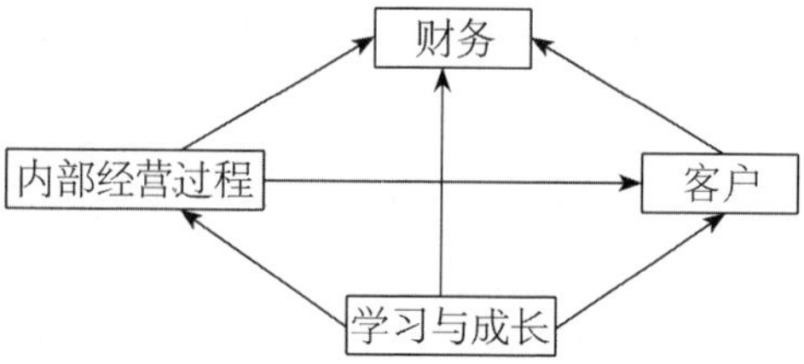

图 10-5　平衡计分卡四个方面的关系

从国外大型公司的管理实践经验看，这种方法能满足管理上的若干需要：

首先，平衡计分卡使公司能够将那些可以增强其自身竞争能力的不同事项同时放在一份管理报告中，以客户为导向，缩短反应时间，提高质量，重视团队合作，缩短新产品投放市场的时间，以及面向长远进行管理。

其次，平衡计分卡促使管理人员把所有重要业绩考核指标放在一起考虑，从而使其能注意到，某一方面的改进是否以牺牲另一方面为代价，从而防止了企业的次优化行为。

我们也可以用图 10-6 来表示四者之间的具体关系。

平衡计分卡这种业绩评价系统，将内部与外部、成果与动因、客观与主观，以及短期与长期等各方面进行了综合与平衡，能够显示有助于企业发展和获得成功的关键因素，突出管理者决策的重点，并能使企业所有部门和人员努力完成相应的目标，致力于实现企业的战略性发展，以体现自己的重要性并获得奖励，从而齐心协力为实现企业的整体目标而努力。

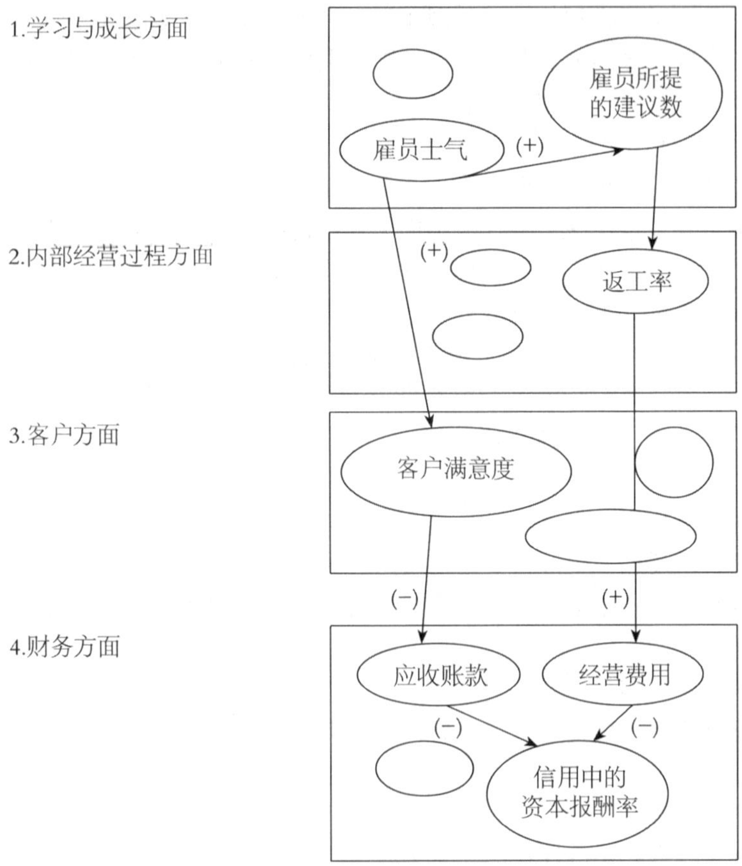

注：(−) 表示负相关，(+) 表示正相关。

图 10-6　平衡计分卡四个方面之间的联系

10.4.2　平衡计分卡的主要内容

1）财务方面

平衡计分卡之所以保留财务方面的内容，是因为财务指标能够集中反映企业的财务状况和经营成果。企业经营的最终目的是追求利润，财务指标能够反映公司的经营策略对于利润的提高是否有帮助。财务方面是其他各个方面的落脚点，否则无论其他方面怎样完美，如果不能切实转化成财务成果，也无济于事。传统业绩评价体系采用单纯的财务指标衡量方法具有局限性，而平衡计分卡突破了这些局限性，弥补了其不足，因而，平衡计分卡并不是对财务指标衡量方法的否定，而是继续并更加注重财务衡量指标。

企业应该根据自己具体的发展阶段、经营战略来确定具体采用什么财务衡量指标。例如，美国的 Metro Bank 采用了四个财务衡量指标：(1) 投资报酬率；(2) 收入成长率；(3) 储蓄服务成本降低额；(4) 各项服务收入百分比。美国的一家半导体公司采用了三个财务衡量指标：(1) 现金流入；(2) 各销售部门的销售增长额和营业净利；(3) 市场投资报酬率的增长比率。

这些财务衡量指标对外主要体现了财务会计的功能，即通过按照公认会计原则要求编制的会计报表向公众及投资者反映企业的盈利情况，而对于企业内部管理者而言则体现了一种财务控制的思想。

2）客户方面

在平衡计分卡的客户方面，管理者要确定本部门所要争取的竞争性客户对象以及市场份额，并计量在这个目标范围内的业绩情况。其核心指标包括在目标范围内的市场份额和客户保持率、客户获得率、客户满意度，以及客户获利能力。

（1）市场份额（市场占有率）。

该指标是经营单位在市场上所占的业务比例（可以以客户数量、产品销售量进行计算）。这个指标显示了一家企业在目标市场上的占有情况。市场份额最大化只有建立在利润目标的基础上才有意义。片面追求市场份额，不利于企业的长远发展。

（2）客户保持率。

该指标可以通过考察经营单位与客户的关系程度来计量。它反映企业保留或维持同现有客户关系的比率。显然，在目标客户群中增加现有客户能够保持或提高市场占有率。

（3）客户获得率。

该指标反映和衡量企业赢得新客户和业务的比率。客户获得率既可以用新客户的数量来计算，又可以通过统计对新客户的销售额来计算。

（4）客户满意度。

该指标是典型的评价性指标，主要是客户的一种心理感受。只有当客户对他们的购买经历完全或特别满意时，企业才能指望他们再次购买自己的产品。要想保持现有客户并获得更多新客户，一个关键方面是提高客户对企业的满意程度。同时，因为该指标的主观性非常强，因此，它应与更为客观的客户保持率和获得率相结合使用。

（5）客户获利能力。

该指标是指企业从单个客户或客户总体处获利的水平。前述四个指标是企业从客户处获利的基础，但并不能保证企业一定能从客户处获利。企业不仅希望得到对公司满意的客户，更希望获得有利可图的客户。它能防止企业陷入完全以客户为主并被客户的各种要求所困扰的极端情况。

应该注意的是，这五个指标也有传统财务衡量指标的一些缺陷，即企业不能及早了解客户的满意程度以及能否保留现有的客户，等企业知道情况时可能已为时过晚，因而无法改进工作。为使这些指标向有利于企业的方向发展，企业应提供优质优价的产品和服务，在客户心目中建立良好的形象和声誉并保持同客户的良好关系。

除了上述主要的五个指标外，我们还可以考虑一些其他指标，如服务水准和服务态度、服务速度、产品的品质等。

3）内部经营过程方面

传统业绩评价体系对企业内部经营过程所确定的目标往往是控制和改善现有职能部门的工作效率，而且仅仅根据财务指标来评价这些部门的经营业绩，或者是在财务评价的同时，附加评价产品质量、投资报酬率和生存周期等指标，但也仅仅是强调单个部门的业绩，而不是综合地考虑改善企业的经营过程。与其相比，平衡计分卡则强调评价指标的多样化，不仅包括财务指标，还包括非财务指标，同时为企业整体定义了一个完整的内部过程价值链，协调各部门的工作，以激励管理者全面改善企业的内部经营过程。

每家企业都有自己独特的内部经营过程，总体来看，企业内部经营过程一般可分为三个阶段，创新阶段、经营阶段和售后服务阶段。其链接关系如图 10-7 所示。

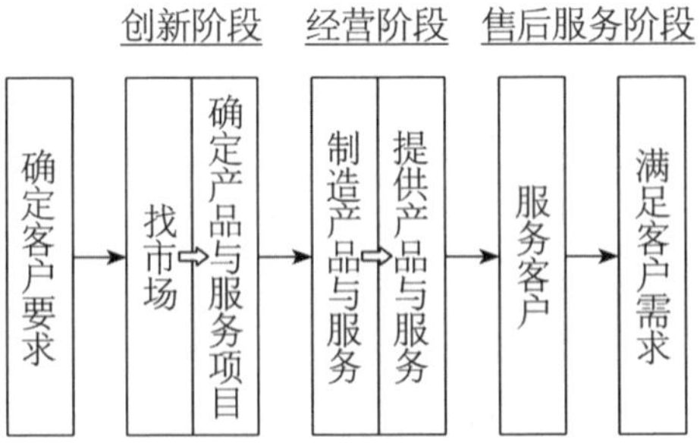

图 10-7　企业内部经营过程价值链

（1）创新阶段。

创新过程由两部分组成。首先，管理者通过进行市场调查来确定市场的规模、客户的喜好、目标产品及服务的价格。其次，企业扩展所能提供的产品和服务以及潜在的机会和市场。企业的创新能力也决定了企业在未来的生存和发展能力。

产品的设计和开发在创新阶段占有重要地位。现代理念认为，创新过程比良好的日常经营表现得更为重要，因为在研究和开发阶段就已确定了大部分必须发生的生产成本，而在下一个阶段不大可能大幅度削减成本。可供选择的评价这一阶段的指标有：新产品在销售额中所占比例、专利产品在销售额中所占比例、在产品设计交付生产前需要被修改的次数、能否在竞争对手之前推出新产品、能否比原计划提前推出新产品、开发下一代新产品所需的时间等。

（2）经营阶段。

经营阶段指的是从收到客户订单到向客户出售产品和提供服务的过程。这一阶段强调向客户及时、有效、连续地提供产品和服务。平衡计分卡对经营阶段进行考核，所采取的衡量指标一般有三个：时间、质量、成本。时间主要指的是对客户需求的反应时间，也就是经营阶段的长短，企业应尽量缩短这段时间。提高经营阶段的质量一般意味着提高经营阶段的安全性，降低一定数量产品中的次品率，减少浪费情况，减少返工产品的数量等。通常完成一个经营阶段需要多个职能部门的合作，因此，企业应该使用以经营活动为中心的成本衡量体制，这样才有利于经理人员对经营阶段成本的把握。企业可采用作业成本分析法，尽量减少无附加值的作业。

（3）售后服务阶段。

售后服务阶段是企业内部经营过程的最后一个阶段。售后服务阶段包括提供担保、对产品进行修理和帮助客户完成结算过程等服务。此阶段可以采用时间（接到客户请求到最终解决问题的时间）、质量（一般用售后服务一次成功的比率来衡量）、成本（指用于售后服务过程的人力和物力成本）等方面指标进行评价。

通过对内部经营过程的指标说明，我们可以看出，平衡计分卡与传统的业绩计量系统有两个显著性的差别：其一，传统方法是监督和改进现在的经营过程，而平衡计分卡则着眼于为了达到企业财务目标、满足客户要求而对企业整个业务流程进行改造；其二，平衡计分卡重点考虑了创新的过程，将其结合到内部经营过程中，因为对许多公司来讲，创新过程是未来企业财务结果的重要动因。也正因为综合考虑了创新、质量等因素，平衡计分卡比传统的业绩计量方法更加注重企业的长期业绩。

4）学习与成长方面

学习与成长方面应关注三个方面的内容：（1）员工能力管理方面：注重员工能力的提高，激发员工主观能动性和创造力。可用的指标有员工满意度、员工保持率、员工的劳动生产率等。（2）信息系统方面：做到信息沟通，使员工获得足够信息，以便及时、准确、全面了解客户的需求以及企业产品和服务的反馈信息，从而不断改进生产和服务过程。评价信息系统灵敏度的标准有：成本信息及时传递给一线员工所用的时间以及一线员工了解信息的途径是否多样化等。（3）调动员工积极性和员工参与程度方面：企业的内部环境是否有利于激励员工发挥积极性，或者企业是否授权给员工。这一方面也可通过多种指标来衡量，如员工建议数量、员工建议质量、被采纳或执行建议的数量等。

财务、客户、内部经营过程、学习与成长四个方面构成了平衡计分卡的基础框架，可以说这是制定平衡计分卡时至少应该考虑的四个方面。但具体企业可根据其行业状况和自身目标，结合内外环境，增加一些其他方面的指标。其原则是，凡是有利于企业建立长期优势、稳定发展、实现长期目标的方面，都可以予以考虑并制定衡量指标。具体方面和各方面的具体指标都是各不相同的。平衡计分卡不是一个控制系统，不是用来使个人和部门服从于一个事先制订好的计划，而是一个用来交流、沟通和学习的系统，从而使得从上到下不同层次的业绩评价主体明确评价目标，知道自己该如何为实现企业整体目标，做出自己的贡献。

10.4.3 平衡计分卡的有效编制

1）平衡计分卡与企业战略管理的关系

战略管理是企业管理发展的高级阶段，它立足于企业的长远发展，根据外界环境及自身特点，围绕战略目标，采取独特的竞争策略，树立竞争优势，以取得经营上的成功。企业战略具有多元结构特征，不仅包括企业整体意义上的战略，而且包括事业部层次或职能层次上的战略。

平衡计分卡是把企业的战略与一整套财务与非财务指标联系在一起的手段，是进行战略管理的基石。建立平衡计分卡，明确了企业的远景目标，能协助管理人员建立一个得到大家认同的远景和战略，并将这些远景和战略转化为一系列相互联系的衡量指标，确保组织各个层面了解长期战略，驱动各部门采取有利于实现远景和战略的行动，将部门和个人目标与长期战略相联系。

平衡计分卡与战略管理之间的关系如图 10-8 所示。一方面，战略规划所制定的目标是平衡计分卡考核的一个基准；另一方面，平衡计分卡是一个有效的战略执行系统，它通过引入四个程序，使管理者能够把长期战略与短期行为联系在一起。

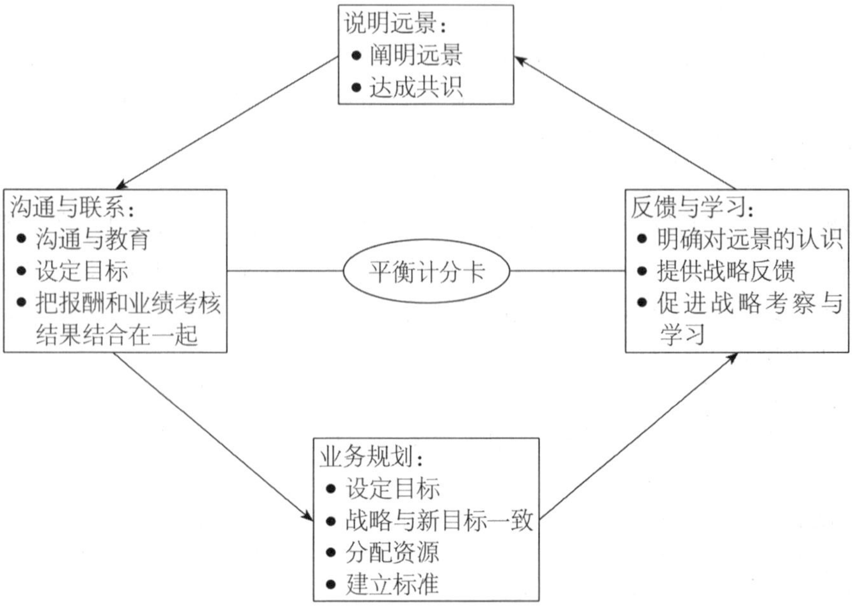

图 10-8　平衡计分卡与战略管理之间的关系

第一个程序是说明远景。所谓远景，我们可以把它简单地理解为企业所需要达到的远期目标。有效地说明远景，可使其成为组织中所有行为的共同愿望和目标，从而有助于管理者对组织的使命和战略达成共识，使其成为推动成功的长期因素。

第二个程序是沟通与联系。它使组织中各级管理者能够对企业的战略进行相互沟通，从而能够把战略与各部门及个人的目标联系起来。

第三个程序是业务规划。它使公司能实现业务计划与财务计划的一体化。

第四个程序是反馈与学习。它使整个公司获得战略型学习与改进的能力。

2）平衡计分卡与企业战略管理的结合

为了使平衡计分卡更好地与企业战略结合，必须做到以下几点：

（1）平衡计分卡的四个方面应互为因果关系，最终结果是实现战略。一个能发挥有效作用的平衡计分卡，不应仅仅是业绩衡量指标的结合，而应该使各个衡量指标之间相互联系、相互补充，围绕企业战略建立完整的因果关系链，并贯穿于平衡计分卡的四个方面。这条因果关系链的最终目标和结果就是实现企业战略。

（2）平衡计分卡中不能只有具体业绩衡量指标，还要包括具体衡量指标的驱动因素，即如何实现这些指标。否则无法说明怎样行动才能实现目标，也不能及时显示战略是否得到顺利实施。出色的平衡计分卡应该把企业的战略结果（滞后指标）和驱动因素（先行因素）适当地结合起来，既界定战略目标，又界定实现目标的方法。

（3）平衡计分卡应该最终和财务指标联系起来，因为企业的最终目标是实现良好的经济利润。平衡计分卡必须强调经营成果，特别是同财务目标联系在一起的经营成果，如资本报酬率等，这关系到企业的未来生存和发展。

基于上述三点，平衡计分卡四个维度之间形成了一系列因果关系链以及各维度衡量指标形成的逻辑链，从而将企业战略所期望的结果和获得这些结果的驱动因素结合起来。将这些关系链条整合在一起就形成了基于平衡计分卡的战略管理地图。

战略管理地图可以帮助企业用系统、整体和连贯的方式看待企业战略，帮助管理层与员工进行沟通，帮助公司全体成员认识到公司实现盈利的路径，有助于企业更精确地定义顾客价值取向，增进内部运营活动能力，增强学习与成长能力，最终达成股东价值最大化目标。

当然，处于不同行业或不同生命周期的企业，所采用的战略也会不一样，形成的战略管理地图也是千差万别的。总体说来，比较统一的结构如图 10-9 所示。

3）平衡计分卡的编制程序

平衡计分卡对于企业来说不只是一套业绩指标，更重要的是一个战略管理系统，它的制定与实施是一个复杂的过程，需要综合考虑诸多因素，并获得从企业最高层管理人员到实际操作员工的全面支持。

要编制一套有效的平衡计分卡，关键在于将公司的使命、战略、长期与短期目标、策略、计划、预算、奖励制度等相结合。平衡计分卡的编制应遵循以下七个步骤：

（1）确定公司的使命、蓝图与战略。公司的使命、蓝图与战略应简单明了，对每个部门都有实际意义，使每个部门都可以采用一些绩效衡量指标去达成公司的使命、蓝图与战略。

（2）建立平衡计分卡小组或委员会，解释公司的使命、蓝图和战略，并建立财务、客户、内部经营过程、学习与成长四类具体的目标。

（3）为四类具体目标找到最贴切的绩效衡量指标。

（4）公司内部沟通与教育。利用各种不同的沟通渠道，如定期或不定期的刊物、信件、公告、标语和会议等，让各阶层管理人员了解公司的使命、蓝图、战略和绩效衡量指标。

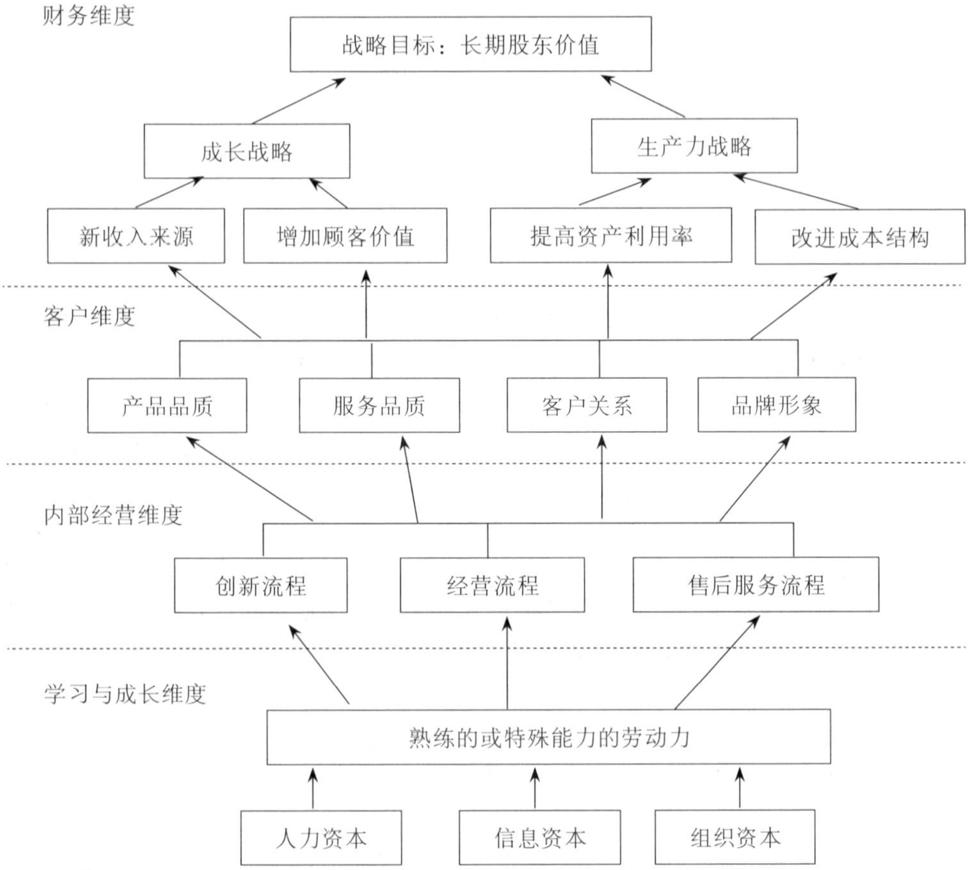

图 10-9 战略管理地图

（5）确定每年、每季、每月的绩效衡量指标的具体数字，并与公司的计划和预算相结合，注意各类指标间的关联性。

（6）将每年的报酬奖励制度与平衡计分卡挂钩，如对应各类别指标，设计不同的权数，最后求出加权分数，并作为奖励考核的基础。

（7）采用员工的意见，修正平衡计分卡指标并改进公司策略。

一般来说，上述七个步骤中，难度最大的是建立公司战略、找到最贴切的评价指标和进行内部沟通。

制定公司的战略需要经过一系列的分析过程，在综合考虑了企业所面对的外部环境和自身的内部能力后得出。目前，最常用的仍然是美国学者迈克·波特所提出的竞争优势模型（如图 10-10 所示）。它通过对潜在的进入者、供应商、客户、企业所提供的产品或服务的替代品、产业内对手及产业竞争强度等五个方面，结合应用“SWOT”分析来寻找适合自己的战略，分析自己的战略，分析自己的长处和短处，发现成长的机会、目前的处境、可能的威胁，进而确定关键的成功因素以及测评方法。

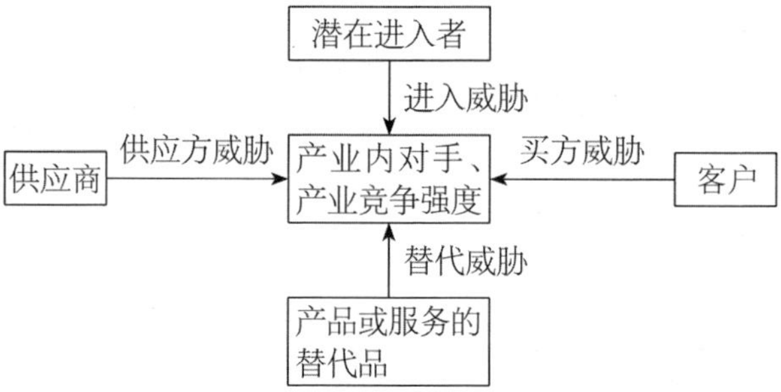

图 10-10　波特五力分析法

在“SWOT”分析中的“S”代表的是“strength”，“W”代表的是“weakness”，“O”代表的是“opportunity”，“T”代表的是“thread”，从字面上的意思直观地说，就是对企业本身所具有的优势和劣势，以及它所面对的机会和威胁，而 SWOT 分析法就是对企业面临的上述情况进行打分，并将记分结果列一张优势对比表，根据对比表显示的结果，为公司制定合适的战略。

综合来说，制约成功的因素主要是公司在竞争中所具有的优势和与其他同行业的企业相比有哪些不足，以及企业发展面临的主要机遇和挑战。我们尤其需要关注企业在竞争时面对的威胁。威胁是来自多方面的，比如现有竞争者和行业中新进入的竞争者的威胁、供应商供货是否正常、客户或供应商是否继续保持良好关系等。一般情况下，一家企业要取得成功，首先，应该拥有物美价廉、具有个性化的产品；其次，应拥有良好的客户关系，产品市场具有发展潜力，客户群能够不断增加；最后，企业所拥有的技术水平在同行业里应处于领先地位。

当战略目标确定后，具体到各个部门、各个工作小组和个人时，选择指标就非常关键了。所选的指标需贴切、可行，既能充分体现战略意图并能有效地衡量工作成果，又要具有可行性，即数据是可以采集到的、可以拿来分析的。例如，美国一家半导体公司在确定“客户”类具体目标和指标时，选择了四个目标：①推出新产品；②应客户要求交货；③选择优良供应商；④客户参与。应对的绩效衡量指标则是：①新产品销售额占总销售额的比例；②及时送达产品的交货次数或比例；③主要供应商金额占总购货额的比例；④客户参与本公司产品改进工作的程度。这些指标是否都十分贴切呢？并不尽然。譬如，对于第四个目标的衡量指标，“客户参与本公司产品改进工作的程度”就是一个无法具体量化或者说主观性很强的指标。另外，“新产品销售额占总销售额的比例”反映的是新产品的销售状况，与“推出新产品”之间似乎没有完全对应。如果推出新产品这一目标是指新产品不断被创造，既有时间要求，又有种类要求，那么销售额比例就不能完全反映这一点，因为有可能出现 10 种新产品的销售额总和与总销售额的比例都不及某一种新产品的销售额比例的情况。

正是因为平衡计分卡可以将战略和具体指标挂钩，才使得其除了作为业绩评价工具、战略管理工具外，还可以作为企业内部沟通工具。通过平衡计分卡，各个层次的员工都可以了解自己所做的工作的意义，以及自己在企业这个“棋盘”中所处的位置。但在实践中，由于存在前面所说的那些问题，如果企业战略、策略和目标不是很明确，业绩评价指标无法恰当地反映企业战略，或者说，在战略与指标之间不存在连续的“因果链”时，战略和具体指标就可能“脱节”，从而使企业内部的相互理解和沟通出现问题。一些来自企业和咨询机构的经验告诉我们，在大多数情况下，平衡计分卡的实施会伴随其他各个方面的变化，从而带来内部理解和沟通上的困难，如人员有所调整（包括工作性质和权限）、引入新的业务过程、提出以前从未有过的要求，甚至改变或制定许多新的规章制度。这也就是说，要破除一些原有的习惯和框架。破旧立新需要每个人去调整、去适应，需要每个人花费“成本”去“学习”。当然，它会遇到来自各方面的阻力。因此，在平衡计分卡的实施过程中，理解和沟通方面出现一些问题是很常见的。

【实践应用】　　　　　　平衡计分卡应用案例分析

一、案例背景

这是一家跨国食品公司，在中国生产和销售自己的国际品牌产品，在过去4年里取得了飞速增长。他们的产品定位是高端市场、高价格、高质量。通过努力，公司在第3年实现了收支平衡，从第4年开始盈利。

公司在平衡计分卡项目刚启动的时候面临的挑战非常大，不仅有来自其他跨国食品公司日益加剧的竞争，也有来自中国的食品公司的竞争，而且中国本地的竞争对手生产与他们相类似的产品，质量也不错，价格又低很多。很显然，如果公司再不制定一个有效的策略来应对竞争，公司现有产品的增长速度将会放慢。

一方面，管理层意识到销售自己的核心产品对公司保持成功很重要，公司需要降低报价，以保持市场竞争力，同时需要降低运营成本，以保证利润率。另一方面，管理层也清醒地知道打价格战并不能使公司取得长期成功，关键是要有新产品，通过本地队伍的创新或把海外的技术转化为本地所用，生产出竞争对手不能提供的产品。

至此，管理层心中已经有了一个比较清晰的战略：公司需要实现优异运作以降低运营成本，从而能够使现有产品的价格具备市场竞争力；需要实施产品领先战略，继续开发满足客户需求的新产品。

然而，新战略出台后的6个月，管理层没有看到任何成本降低或产品开发方面的成果：一件重要的新产品的开发周期延长了，成本与去年同期相比上升了。到底哪里不对呢？

公司采纳了咨询公司的建议，从财务层面、客户和消费者层面、内部经营过程层面以及组织学习与成长四个层面来测量其战略行动，推行平衡计分卡管理系统项目。

二、问题与分析

项目推广组与高级管理层一起工作，找出了以下一些比较重要的问题：

（1）新战略没有在组织内清晰地传达给每一个人；

（2）没有具体的实施计划；

（3）一些主管对战略的执行没有全力投入，因为他们要忙于“救火”：处理销售和日常管理事务；

（4）公司的绩效标准和目标没有与战略紧密连接；

（5）缺少一个有效的绩效考评系统来跟踪考察目标绩效；

（6）员工不知道他们哪些地方需要改变；

（7）没有一个有效的基础架构来考察绩效并根据变革来调整战略和重组组织。

对此，公司的高层管理人员开了3天战略研讨会，会上明确了企业的远景和战略：

（1）公司的优势在哪里？公司的长久竞争优势是什么？

（2）要成功实施商业战略，哪些方面需改进？

（3）什么是我们可能的机会？

（4）哪些是我们应该聚焦的关键业务区？

（5）运用迈克·波特的竞争优势模型，分析五种竞争优势，如何防止一些重要的威胁？

（6）我们未来的战略重点应该是什么？

明确了公司的战略以后，项目推广组和高级管理层一起设计了公司平衡计分卡的制定框架：

在开发公司战略目标、考评方法、考评目标和行动计划的时候，我们尽量做到：精确反映影响公司战略成功的主要因素；揭示每个指标之间的因果联系，指明非财务指标是如何影响长期财务目标的。指标包括：（1）成果和驱动指标：成果指标用以说明战略结果，一般属于滞后指标，它告诉管理人员发生了什么。驱动指标属于超前指标（或领先指标），它揭示实施战略时关键领域的进展，并用以影响组织中的行为。（2）财务和非财务指标。（3）内部和外部指标。

以下所列的是公司平衡计分卡，其中只有15个平衡计分指标：

1. 财务角度

（1）由于新产品开发是公司的关键战略要素，因此高级管理层没有把总营业额作为一个关键的平衡计分指标，而是特别指定了将现有产品和新产品的营收比例作为一个财务指标，同时包括每一类产品的预期营业额和增长目标。

（2）将考评指标和人均创收相关联，不仅指出了公司员工的成本意识和效率意识的重要性，而且把员工的精力集中放在了那些能够为公司带来价值的活动上，比如新产品开发和销售活动。新产品的价格可以适当定高一些，为公司带来更高的收入，这样人均创收值也会相应提高。

（3）高级管理层设定了一个适度的利润目标，以便他们可以把资金用于那些能够引领公司走向长期成功的活动上。他们意识到过去几年他们盈利心切，设定的利润目标过高，从而忽略了对研发和市场调研活动的投入。结果导致由于市场信息不充分和研发力量不够，延长了产品开发周期。

2. 客户角度

（1）高级管理层意识到要维持现有产品的市场份额，他们需要提高客户满意度，以留住老客户。他们对20/80原则理解得很透彻。因此，从客户角度来看，客户保持率和满意度就是两个重要的战略目标。管理层先设定考评指标，然后就产品/服务品质、客户关系和公司品牌/形象几个方面制订几个行动方案，以实现目标。

（2）由于公司的战略是产品领先，因此新产品的市场份额是公司的一个重要战略目标。

3. 内部经营过程角度

（1）公司为每一项产品都设定了开发周期。新产品进入市场的时间仍然是公司战略的一个关键因素。

（2）其余三个指标可以帮助公司降低成本和提高客户满意度，同时揭示了它们和财务以及客户两个角度的考评指标之间的因果关系。

4. 学习与成长角度

（1）这个角度的重点是那些能够驱动公司学习与成长的目标和考评指标，指明了公司需要在哪些地方优于竞争对手，实现业绩突破。第一个战略目标“被考评的新产品创意数量”和公司的产品领先战略紧密地联系在一起。

（2）其余三个指标显示了管理层在保留关键员工、发展员工能力以及改进信息系统方面的工作重点。

从这15个平衡计分卡指标中能够看清该公司的竞争战略。战略明确了，公司的平衡计分卡也就开发出来了。但是，平衡计分卡只停留在公司层面的话，公司的战略实施是不会成功的。

开发出包含关键考评指标的平衡计分卡后，公司必须把这些目标逐层分解、落实到各个部门和每一位员工，构建“平衡计分卡+绩效管理+激励系统”的战略管理体系。

第一步，部门根据公司的平衡计分卡设定部门平衡计分卡，每位员工再根据部门的平衡计分卡设定自己的平衡计分卡。这个方法帮助公司所有员工清楚公司目前的状态，并激发他们实现公司既定目标的积极性。

第二步，开发或重新设计公司的绩效管理系统，使其和平衡计分卡、能力发展模型和薪酬体系相结合。绩效管理系统包括两个评估方面：平衡计分卡目标和能力发展目标。绩效管理系统还需要和浮动薪酬相挂钩，这样员工才会更多地关注部门绩效，在平时无形的工作中，逐步朝着正确的目标去发展，明白自己的努力将会帮助企业达到目标。

此外，还需用IT系统辅助平衡计分卡的运行。平衡计分卡对于企业提高业绩是个非常有用的工具，但是有一点需要注意，关键指标考评数据的采集和绩效工资的计算，将给考评领导小组带来非常大的工作量，甚至将影响员工的日常工作。为了解决这一问题，该企业决定使用某咨询公司在中国设计，为中国公司开发的一套电子系统。该系统基于网络，无须在客户端进行安装，只要将平时考评数据输入，系统就会显示公司、部门以及个人的平衡计分卡；跟踪员工的能力发展目标，自动计算个人、部门的绩效分数，并最终计算出员工的绩效奖金。由于系统允许权限设置，员工和员工之间具有保密性。

企业成功地实施了和业务全面挂钩的IT系统，能够灵活地存取数据并生成报告，由客户灵活控制。该系统能够使高级管理层定期检查公司的战略和平衡计分卡（按月或按季度），并且能够根据市场环境的变化及时调整战略和目标。由于外部环境因素（客户、竞争和合作伙伴）随时在变化，企业要想做“常胜将军”，应具有灵活应变能力，及时调整战略和目标以迎接市场的新挑战。

三、评价

这个案例中有几个关键的成功要素：

（1）总经理和高级管理层都亲自参与了平衡计分卡的整个运用过程，并保证了过程的系统性和规范性。这向全体员工表明，这个项目非常重要，将会给公司带来有益的改进。

（2）目标不但被纵向联结起来（贯穿于组织的各个级别），还被横向联结起来（横跨各部门的业务流程）。

（3）每个人都知道公司在向哪里走以及到达目的地的战略是什么。这是因为高层管理人员先明确了战略，并以多种方式清晰地传达给员工。平衡计分卡的目标设定流程，同时辅以每月的绩效回顾，对实现上面这些成就特别有帮助。

（4）明确的战略方案对经理和员工实施战略提供了很大帮助，并且通过每月的绩效回顾会议使员工明确应该往哪个方向努力。

（5）由于公司上下都把重点放在运营成本降低与新产品开发上，使得关键领域的工作成效都得到了提高，促进了公司战略的成功实施。

（6）由于使用了平衡计分卡软件，减少了实施中大量的手工操作。这套软件是专为中国的文化和商业实践设计的，更容易定义和执行公司战略、提高整个组织的透明度、建立以提高绩效为导向的企业文化、加强对市场变化的应变速度和能力。

简而言之，平衡计分卡系统是一个战略管理系统，而不只是一个人力资源项目。

成功实施平衡计分卡最重要的因素是管理层的决心、支持和推动，其责任是要确保平衡计分卡系统得到成功的实施。而人力资源管理专员则需提升到战略高度，使之成为企业管理层的合作伙伴，保证平衡计分卡的成功实施。其他重要的成功因素还包括设定与企业战略目标相连接的合适的战略目标、指标、行动计划和任务，这需要跨部门团队合作，连接企业战略和绩效管理、能力发展以及浮动薪资；还需要一个有效的IT系统以减少行政性事务，因为有效的IT系统能够及时跟踪三个层面的绩效——公司、部门和个人，让管理层可以分析绩效并对企业战略和平衡计分卡进行适当调整，以实现既定业绩目标。

本章小结

业绩评价，是指运用数理统计和运筹学的方法，通过建立综合评价指标体系，对照相应的评价标准，将定量分析与定性分析相结合，对企业一定经营期间的盈利能力、资产质量、债务风险以及经营增长等经营业绩和努力程度等各方面进行的综合评判。

企业业绩考核与评价系统是指为达到一定的目的、运用特定的指标、比照统一的标准、采取规定的方法，对经营者业绩做出判断，并与激励结合的考评制度。

以企业为主体的业绩考核与评价最初以考核利润为目标，后来以考核净资产收益率为目标，往往追求企业利润最大化或股东财富最大化。这种评价主要用于企业所有者对企业最高管理层进行的业绩评价，此外可以用于企业上级管理层对下级管理层的业绩评价。

以责任中心为主体的业绩考核与评价源于在分权管理下承担与其经营决策权相适应的经济责任部门的考评。根据计量产品的难度和下级管理人员的权责，可以把责任中心分为收入中心、成本中心、利润中心和投资中心。

收入中心是对收入或边际贡献额负责的责任中心，其特点是不对成本负责，只考核其收入实现情况。

成本中心是一个归集成本的责任中心。它的财务责任就是控制和报告成本。

利润中心是对利润指标负责的责任中心。它的责任是控制收入和成本费用。

投资中心是对投资负责的责任中心，其业绩不仅用其收益来计量，还要将其收益与投入的资本结合起来加以考虑，即用收益与所占用的资本额的比率来计量。

在以上四个责任中心的考核指标中，以投资中心考核指标为重点。

收入中心的考核指标包括销售收入目标完成百分比、销售回款率、销售回款平均天数、坏账发生率等。

成本中心的主要任务是在完成本职工作的前提下尽可能控制和降低成本。

利润中心对收入和成本（费用）的差额即利润负责。

投资中心一般采用投资报酬率和剩余收益作为评价和考核业绩的主要指标。

投资报酬率的局限性是重视短期的业绩评价，容易导致投资中心的短期行为。他们可以通过增大分子或减小分母来使这个比率变大。而剩余收益考虑了权益资本成本的补偿，可以防止投资中心的短期行为。

经济附加值是剩余收益的一种形式，它的基本模型是：

经济附加值（EVA）=税后净营业利润-加权平均资本成本×投入资本

经济附加值具有剩余收益的所有优点，同时克服了剩余收益的缺点。它尽量剔除了会计信息失真的影响。

平衡计分卡是将财务指标与非财务指标相结合，综合评价企业经营业绩的方法。它由四个部分组成：财务、客户、内部经营过程、学习与成长。

常用术语

1. 杜邦分析法　2. 责任中心　3. 成本中心　4. 利润中心
5. 人为利润中心　6. 自然利润中心　7. 投资中心　8. 内部转移价格
9. 剩余收益　10. 投资报酬率　11. 经济增加值　12. 平衡计分卡
13. 战略管理地图

思考题

1. 你对业绩评价要兼顾财务指标和非财务指标是怎样看的?
2. 你认为以经济附加值(EVA)为企业业绩评价指标有什么优缺点?
3. 利润中心是如何进行业绩评价的?
4. 投资中心应设置哪些业绩评价指标?这些指标之间是什么关系?
5. 如果某企业的利润率由10%提高到15%,作为投资人,你将如何进行评价?
6. 考核评价指标从利润率到净资产收益率再到EVA的发展,说明了什么?

练习题

一、单项选择题

1. 计算投资报酬率时,其经营资产采用(　　)计价。
A. 原始价值　B. 账面价值　C. 评估价值　D. 市场价值
2. 责任会计的主体是(　　)。
A. 管理部门　B. 责任中心　C. 销售部门　D. 生产中心
3. 投资中心的利润与其投资额的比率是(　　)。
A. 内部收益率　B. 剩余收益　C. 部门边际贡献　D. 投资报酬率
4. 责任会计中确定责任成本的最重要的原则是(　　)。
A. 可避免性　B. 因果性　C. 可控性　D. 变动性
5. 成本中心的责任成本是指该中心的(　　)。
A. 固定成本　B. 产品成本　C. 可控成本之和　D. 不可控成本之和
6. 下列项目中,不属于利润中心负责范围的是(　　)。
A. 成本　B. 收入　C. 利润　D. 投资效果
7. 以获得最大净利为目标的组织单位是(　　)。
A. 责任中心　B. 成本中心　C. 利润中心　D. 投资中心
8. 对于成本中心来说,考核的主要内容是(　　)。
A. 标准成本　B. 可控成本　C. 直接成本　D. 可变成本
9. 为了使部门经理在决策时与企业目标协调一致,应该采用的评价指标为(　　)。

A. 投资报酬率　　B. 剩余收益　　C. 现金回收率　　D. 销售利润率

10. 以下对投资中心利润率计算没有影响的是（　　）。

A. 资产周转率　　B. 营业利润　　C. 销售收入　　D. 最低报酬率

11. 对于成本中心而言，某项成本成为可控成本的条件不包括（　　）。

A. 该成本是成本中心可以计量的

B. 该成本的发生是成本中心可以预见的

C. 该成本是总部向成本中心分摊的

D. 该成本是成本中心可以调节和控制的

12 . 下列关于投资中心业绩评价指标的说法中，错误的是（　　）。

A. 使用投资收益率和剩余收益指标分别进行决策可能导致结论冲突

B. 计算剩余收益指标所使用的最低投资收益率一般小于资本成本

C. 在不同规模的投资中心之间进行比较时不适合采用剩余收益指标

D. 采用投资收益率指标可能因追求局部利益最大化而损害整体利益

13. 在责任绩效评价中，用于评价利润中心管理者业绩的理想指标是（　　）。

A. 部门税前利润　　B. 可控边际贡献

C. 边际贡献　　D. 部门边际贡献

二、多项选择题

1. 分权管理的主要优点有（　　）。

A. 有利于企业做出正确的决策　　B. 有利于提高企业的应变能力

C. 有利于提高企业的竞争能力　　D. 有利于激励基层管理人员

2. 责任中心根据其控制区域和权责范围的大小，一般可分为（　　）。

A. 成本中心　　B. 收入中心　　C. 利润中心　　D. 投资中心

3. 与财务报告相比，责任报告的特征主要表现在（　　）等几个方面。

A. 报告对象　　B. 报告内容　　C. 报告时间　　D. 报告形式

4. 建立责任会计制度应遵循的原则有（　　）。

A. 一致性原则　　B. 可控性原则　　C. 重要性原则　　D. 反馈性原则

5. 在责任成本管理体制下，下列关于成本中心的说法错误的有（　　）。

A. 成本中心对利润负责　　B. 成本中心对可控成本负责

C. 成本中心对边际贡献负责　　D. 成本中心对不可控成本负责

6. 下列指标中适用于对利润中心进行业绩考评的有（　　）。

A. 投资报酬率　　B. 部门边际贡献

C. 剩余收益　　D. 可控边际贡献

7. 可控成本的基本特征包括（　　）。

A. 可以预计　　B. 可以计量　　C. 可以避免　　D. 可以控制

8. 责任中心按其所负责任和控制范围不同，分为（　　）。

A. 成本中心　　B. 费用中心　　C. 投资中心

D. 收入中心　　E. 利润中心

9. 企业综合绩效评价可分为财务绩效定量评价与管理绩效定性评价两部分，下列各项中，属于财务绩效定量评价内容的有（　　）。

A. 资产质量　　B. 盈利能力　　C. 债务风险　　D. 经营增长

10. 对投资中心考核的重点包括（　　）。

A. 边际贡献　　B. 销售收入　　C. 营业利润

D. 投资报酬率　　E. 剩余收益

三、业务处理题

1.ABC 投资中心投资额为 1 000 000 元，年息税前利润为 180 000 元，企业为该投资中心规定的总投资报酬率为 15%。

要求：计算该投资中心的总投资报酬率和剩余收益。

2. 甲公司 2021 年的销售收入为 40 000 元，营业资产为 16 000 元；乙公司 2021 年的销售收入为 1 000 000 元，营业资产为 20 000 元。如果两家公司均希望其 2021 年的投资报酬率达到 15%。

要求：分别计算甲、乙公司在 2021 年的销售利润率。

3.ABC 公司某投资中心 M 原投资报酬率为 18%，营业资产为 500 000 元，营业利润为 100 000 元。现有一项业务，需要借入资金 200 000 元，可获利 68 000 元。

要求：

（1）若以投资报酬率作为评价和考核投资中心 M 工作成果的依据，做出 M 投资中心是否愿意投资这项新业务的决策。

（2）若以剩余收益作为评价和考核投资中心 M 工作成果的依据，新业务要求的最低报酬率为 15%，做出 M 投资中心是否愿意投资这项新业务的决策。

4. 假定风影公司 2021 年的销售收入为 20 000 元，营业资产为 8 000 元；卓越公司 2021 年的销售收入为 50 000 元，营业资产为 10 000 元。若两家公司希望 2021 年的投资报酬率均要达到 20%。

要求：分别计算风影公司和卓越公司在 2021 年的销售利润率。

5. 美好公司有一个投资中心，本年一月份的销售收入为 15 000 元，期初营业资产余额为 7 000 元，期末营业资产余额为 9 000 元，本月营业利润为 1 500 元。

要求：试计算其投资报酬率。

6. 甲公司是一家以软件研发为主要业务的上市公司，X 是甲公司下设的一个利润中心，2021 年 X 利润中心的营业收入为 600 万元，变动成本为 400 万元，该利润中心负责人可控的固定成本为 50 万元。由该利润中心承担的但其负责人无法控制的固定成本为 30 万元。Y 是甲公司下设的一个投资中心，年初已占用的投资额为 2 000 万元，预计每年可实现利润 300 万元，投资报酬率为 15%，2022 年年初有一个投资额为 1 000 万元的投资机会，预计每年增加利润 90 万元，假设甲公司投资的必要报酬率为 10%。

要求：

（1）计算 X 利润中心的边际贡献、可控边际贡献和部门边际贡献，并指出以上哪个指标可以更好地评价 X 利润中心负责人的管理业绩。

（2）①计算接受投资机会前 Y 投资中心的剩余收益；②计算接受投资机会后 Y 投资中心的剩余收益；③判断 Y 投资中心是否应接受新投资机会，为什么？

第 10 章练习题参考答案

第 11 章

管理会计报告

学习目标

通过本章学习，了解管理会计报告的概念、掌握管理会计报告与财务会计报告的区别，了解管理会计报告的分类及其与前述章节内容的关联性，了解管理会计报告的不同形式，掌握不同管理会计报告的内容和作用。

导入案例　管理会计报告——海油发展管理报告体系的构建

据《2016 年度中国总会计师优秀论文选》，海油发展基于价值最大化及责任会计理论，提炼构建出“横向业财联动、纵向分级管理”的管理报告体系，为多元化集团管理报告体系构建提供了有益的经验。其具体做法有：

第一，基于企业价值最大化搭建管理报告框架。海油发展以价值管理为驱动，通过建立通用分析和专业分析的视角，横向将战略计划管理、投资管理、人力资源管理、生产经营管理集成在一起，支撑管理层及职能部门的分析决策工作，同时增加专业线的核心产业及核心能力分析，实现横向打通、纵向钻取的报告框架。

第二，引入责任会计理论搭建分层级的管理报告体系。公司通过建立与集团管理相适应的责任报告模式，体现各专业线的业务特点及整体的分层管理原则，设计不同业态管理报告分析方案，以及体现不同层级的个性化管理需求。

第三，通用和专业双管齐下选取分析指标。通用分析从增收增利、提高效率等视角按价值树的方法进行指标分解，确定通用分析指标。专业分析从“行业贴合”和“管控重点”出发，依据不同产业特点和管理定位，对专业分析指标进行差异化分析设计。

第四，选取丰富的分析方法和展现形式。公司采取了明细分析、结构分析、标杆分析、趋势分析、交叉分析等各种分析方法，对每种方法列明分析用途和适用场景，保证对不同分析主题、分析维度选取合适的分析方法。同时，采取恰当、丰富的展现形式，如瀑布图、双圈图等复杂图形帮助使用者更好地理解报告观点。

第五，构建四位一体的管理报告内容体系。价值分析报告主要分为整体分析报告、核心指标分析及投资分析报告；责任分析报告主要分为整体运营分析报告和专业线运营分析报告；重点专项报告由资金报告、税保报告、人力资源报告、例外事项报告等组成。高管层分析报告的内容全部来源于管理报告框架中的内容，但基于重要性、相关性的原则进行了简化。

11.1 管理会计报告概述

11.1.1 管理会计报告的定义

财政部 2017 年发布的《管理会计应用指引第 801 号——企业管理会计报告》将管理会计报告定义为：管理会计报告是指企业运用管理会计方法，根据财务和业务的基础信息加工整理形成的，满足企业价值管理和决策支持需要的内部报告。

管理会计报告试图去归纳、设计、规范管理会计的信息输出，以更好地实现管理会计工作的目标。管理会计报告的边界与管理会计的边界相同，管理会计覆盖哪些内容和方面，作为管理会计工作呈现方式之一的管理会计报告就需要努力去覆盖那些内容和方面。管理会计的目标就是管理会计报告的终极目标。企业可以通过管理会计报告去设计和打造一个上下联通的信息沟通和控制渠道，使管理者的决策能力和员工的执行能力在瞬息万变的经营环境下始终与公司战略保持一致，从而持续地提升公司价值。

管理会计应用指引第801号——企业管理会计报告

11.1.2 管理会计报告与财务会计报告

1）管理会计报告与财务会计报告的联系

（1）两者均以企业整体经营活动为基础，通过财务信息以及非财务信息为企业内外的利益相关者提供决策支持，是现代会计信息系统中两个核心子系统。

（2）管理会计报告弥补了财务会计报告的不足。财务会计报告有一套规范的概念、准则、原则体系，一方面使得不同企业的会计信息可比，便于信息使用者比较分析，另一方面却妨碍了内部管理者根据管理的需要从新的维度来进行分析和阐释信息。管理会计报告作为企业内部自用的报告，以业务与财务信息作基石，以管理会计为工具，重新汇总再分析使之成为可以维持企业运转并良好发展的报告，更详尽和具体地揭示了公司运营管理、战略实施，乃至风险管理的各个方面。管理工作所需要的机动性和动态性，使得管理者对信息的要求也机动、动态、多维度。管理会计报告与财务会计报告结合，可以为内部管理者和外部信息使用者提供更综合的信息。

（3）管理会计报告与财务会计报告互相影响和促进。内部与外部的划分是相对的，有些本属于内部管理会计报告的内容在对外披露时，也会作为财务会计报告的附属部分。外部信息使用者对信息的诉求会使信息披露规则发生变化，原本管理会计报告的内容也可能会进入对外披露之列。企业也会出于种种考虑，自愿披露一些管理会计报告的信息。企业管理者在进行管理会计决策时，也会利用财务会计报告，此时财务会计报告也变成了管理会计报告的一部分。

2）管理会计报告与财务会计报告的区别

（1）使用主体和反映时间。财务会计报告主要反映过去的信息，而且使用主体大多是外部的利益相关者，比如股东等；而管理会计报告涵盖了过去、现在和未来整个时间，主要是反映未来，使用主体是内部的利益相关者，比如管理层等。

（2）报告内容。财务会计报告主要反映企业整体的财务状况、经营成果和现金流量情况。目前，对于大多数的管理层来说还是更能够接受财务会计报告，认为财务信息是最重要的，但财务信息是相对有限制性的：其一，它只反映财务信息，格式已经比较成熟，不能直观地提供与决策相关的信息；其二，财务信息往往反映上一个会计期间的信息，不能及时反映当期的情况。而管理会计报告不限于反映企业整体的经营活动情况，可以根据决策需要针对某个局部、某个细节、某个流程、某个产品、某个责任人等编报各类相关信息，报告提供的信息不仅仅包括财务信息，也包括非财务信息；不仅仅包括内部信息，也可能包括外部信息；不仅仅包括结果信息，也可以包括过程信息，更应包括剖析原因、提出改进意见和建议的信息。

（3）报告格式要求。由于财务会计报告已经发展多年，所以其已经形成了完善的固定格式；而管理会计报告没有统一的格式和规范，根据企业（或组织）内部的管理需要来提供，相对于报告形式，更注重报告的实质内容。管理会计报告如果涉及会计业绩的报告，比如责任中心报告，其主要的报告格式应该是边际贡献格式，不是财务会计准则中规范的对外财务报告格式。

（4）报告的期间。财务会计报告受会计准则等相关制度的规范，需要定期编制，以月份、季度、年度作为会计报告期间。而管理会计报告的编制较为灵活，可以根据管理的需要和管理会计活动的性质设定报告期间。一般应以日历期间（月份、季度、年度）作为企业管理会计报告期间，也可以根据特定需要设定企业管理会计报告期间。

11.1.3 管理会计报告的编制原则

管理会计报告的编制原则，是指在管理会计报告的设计、编制、传递等过程中需要遵循的基本原则，一般包括：目标导向原则、相关性原则、及时性原则、可比性原则与成本效益原则。

1）目标导向原则

发现问题、分析问题和解决问题是管理会计报告的职责所在。管理会计报告的使用者是企业内部各层级的管理者，他们依据其管理权限承担不同的经济责任，管理会计报告必须满足管理人员的不同会计信息需求，因而管理会计报告应遵循问题或目标导向从报告使用者的视角来设计与提供，根据企业（或组织）内部需要解决的具体管理问题来组织、编制、审批、报送和使用。

2）相关性原则

管理会计报告所提供信息的价值与其相关性直接相关。管理是一个复杂而系统的工程，局部的有效性无法代替全局的有效性。作为管理的重要工具，管理会计报告必须重视信息的相关性，确保对决策有用、有效。相关性强调三点：①例外原则，即管理会计报告应该将那些进展符合预期，比较顺利的情况与进展不符合预期、需要管理者关注的情况加以区分，重点报告例外事项，避免管理者信息过载；②比较原则，即管理会计报告应该揭示趋势和联系，将实际发生数据与预测值、标准值、历史数据、行业数据等参照对象进行比较，使信息使用者更好地对情况做出判断；③清晰原则，即管理会计报告信息必须如实准确地反映与之相关的业务活动，同时报告信息应该简单明晰，避免使用过多的术语，应便于理解，能够让报告使用者付出最小的努力就可掌握所有的重要情况。

3）及时性原则

管理会计报告不是事后的报账工作，它提供的信息是战略决策的重要参考。鉴于管理决策本身的动态性，支持管理决策的信息应该及时提供，因此需要确定管理会计报告提供的频率，针对不同类型的信息采取不同的报告方式和频率，使决策时间更充足。

4）可比性原则

可比性是指管理会计信息可与其他单位的相似信息相比较，并可与同一单位不同时期的相似信息相比较。这就要求管理会计信息既具有同一基础又具有一致的内涵，从而便于使用者使用。同时，可比性也是国家和单位为实施宏观经济管理对会计信息的需要。可比性包括统一性和一贯性两个方面的内容。统一性是发挥管理会计信息在宏观经济管理中的价值的必要条件。一贯性是指管理会计信息在时间上前后各期必须连贯一致，可以互相比较。

5）成本效益原则

成本效益原则是指管理会计报告的使用效益应大于信息的制造、存储与使用成本。该原则主要在报告设计环节应用，常规性的定期报告编制是一个程序化的过程，而对于涉及特殊情况的特殊报告，是否提供报告，提供何种详略程度和准确度的报告，都应该考虑其成本和相关收益。

11.2 管理会计报告的分类

管理会计报告按照标准的不同分类有很多种：按照使用主体层次的不同可分为战略层管理会计报告、经营层管理会计报告和业务层管理会计报告；按内容综合程度的不同可分为综合公司管理会计报告和专项公司管理会计报告；按照管理层的要求不同可分为管理规划报告、管理决策报告、管理控制报告和管理评价报告；按照报告主体整体性程度不同可分为整体报告和分部报告。

管理会计报告的实质是为企业各个层级提供战略制定、经营计划与后期评价整个过程的相关信息。不同层级的管理者不仅需要的信息内容不同，需要信息的繁简程度和报告形式也不同。因此，按照企业管理会计报告使用主体层次的不同进行分类是最能体现不同管理、不同需求的基本分类。

11.2.1 战略层管理会计报告

战略层是指企业的最高决策层，部署企业的整体战略，如企业市场定位、重大投融资决策、商业模式选择、经营战略等，其决策直接影响企业的成败，且影响会长期存在。战略层管理者更多地关注宏观经济环境和产业政策，重视企业资源的有效配置，分析企业资源的优势，把握企业未来的发展前景，需要的是全局的、综合的信息，因此战略层管理会计报告应精练、简洁、易于理解，报告主要结果、主要原因，虽然使用频率不高，但对报告质量要求很高。

战略层管理会计报告是为满足战略层进行战略规划、战略制定、战略执行、战略评价以及其他方面的管理活动提供相关信息的对内报告。战略层管理会计报告的报告对象是企业的战略层，包括股东大会、董事会和监事会等。战略层管理会计报告包括但不限于战略管理报告、综合业绩报告、价值创造报告、经营分析报告、风险分析报告、重大事项报告、例外事项报告等。这些报告可以独立提交，也可以根据不同需要整合后提交。

（1）战略管理报告。报告的内容一般包括内外部环境分析、战略选择与目标设定、战略执行及其结果以及战略评价等。战略管理报告一般是在SWOT分析、价值链分析等战略分析基础上，侧重于本企业与竞争对手的优劣对比，列示竞争优势获取的要素（如产品、市场份额、定价、成本、产量等方面的信息），并依此制定企业竞争战略、设定竞争目标、规划战略执行的路径和方法、进行战略评价。

（2）综合业绩报告。报告的内容一般包括关键绩效指标预算及其执行结果、差异分析以及其他重大绩效事项等。综合业绩报告是在设定竞争目标的基础上，基于竞争优势获取的要素确定关键绩效指标，依此编制战略预算（通常表现为企业的资本预算），在战略执行中对预算执行结果进行差异分析，并修订和完善战略。

（3）价值创造报告。报告的内容一般包括价值创造目标、驱动价值的财务因素与非财务因素、内部各业务单元的资源占用与价值贡献，以及提升公司价值的措施等。

（4）经营分析报告。报告的内容一般包括过去经营决策执行情况回顾、本期经营目标执行的差异及其原因、影响未来经营状况的内外部环境与主要风险分析、下一期的经营目标及管理措施等。

（5）风险分析报告。报告的内容一般包括企业全面风险管理工作回顾、内外部风险因素分析、主要风险识别与评估、风险管理工作计划等。

（6）重大事项报告。这是针对企业的重大投资项目、重大资本运作、重大融资、重大担保事项、关联方交易等事项进行的报告。

（7）例外事项报告。这是针对企业发生的管理层变更、股权变更、安全事故、自然灾害等偶发性事项进行的报告。

12.2.2 经营层管理会计报告

经营层是指企业的中层管理人员，其决策是对企业整体战略的分解和落实，负责将战略层的宏伟战略落实执行。经营层对接战略层，依据战略层的战略意图进行本层级的管理，保证本部门的顺畅运营和资源合理使用，对有关成本、收入、资产、投资、绩效等方面的信息都很关注，既需要概括性的总体信息，也需要细节性的信息。经营层的管理决策具有日常性，因此经营层管理会计报告使用频率较高，内容也更为细致和详尽。

经营层管理会计报告是为经营层进行规划、决策、控制和评价等管理活动提供相关信息的对内报告。经营层管理会计报告的报告对象是经营管理层。经营层管理会计报告包括但不限于全面预算管理报告、投资分析报告、项目可行性报告、融资分析报告、盈利分析报告、资金管理报告、成本管理报告、业绩评价报告等。

（1）全面预算管理报告的内容一般包括预算目标制定与分解、预算执行差异分析以及预算考评等。

（2）投资分析报告的内容一般包括投资对象、投资额度、投资结构、投资进度、投资效益、投资风险和投资管理建议等。

（3）项目可行性报告的内容应包括项目概况、市场预测、产品方案与生产规模、厂址选择、工艺与组织方案设计、财务评价、项目风险分析，以及项目可行性研究结论与建议等。

（4）融资分析报告的内容应包括融资需求测算、融资渠道与融资方式分析及选择、资本成本、融资程序、融资风险及其应对措施和融资管理建议等。

（5）盈利分析报告的内容应包括盈利目标及其实现程度、利润的构成及其变动趋势、影响利润的主要因素及其变化情况，以及提高盈利能力的具体措施等。企业还应对收入和成本进行深入分析。盈利分析报告可基于企业集团、独立企业，也可基于责任中心、产品、区域、客户等进行。

（6）资金管理报告的内容应包括资金管理目标、主要流动资金项目（如库存现金、应收票据、应收账款、存货）的管理状况、资金管理存在的问题以及解决措施等。企业集团资金管理报告的内容还应包括资金管理模式（集中管理还是分散管理）、资金集中方式、资金集中程度、内部资金往来等。

（7）成本管理报告的内容一般包括成本预算、实际成本及其差异分析，成本差异形成的原因以及改进措施等。

（8）业绩评价报告的内容一般包括绩效目标、关键绩效指标、实际执行结果、差异分析、考评结果以及相关建议等。业绩评价报告可以以企业或责任中心为主体编制，其关键绩效指标可以是利润、利润率、EVA 等，编制方法可以基于财务指标也可以基于财务指标和非财务指标的结合（如平衡计分卡）。

11.2.3　业务层管理会计报告

业务层是指企业的基层管理人员，其决策具体，即时性很强。该层级的管理者是最终执行企业的各项政策和战略，真正决定企业产品的销售、设备的利用、成本的耗费等的人员，所需要的信息非常具体细致，因此业务层管理会计报告非常具体，甚至需要反映每个生产工人、每个销售人员、每条生产线、每台设备的详细信息。因此，业务层管理会计报告应做到内容具体，数据翔实充分。

业务层管理会计报告是为企业日常业务或作业活动提供相关信息的对内报告。业务层管理会计报告的对象是企业的职能部门、业务部门以及车间、班组等。业务层管理会计报告应根据内部价值链进行构造，包括但不限于研究开发报告、采购业务报告、生产业务报告、配送业务报告、销售业务报告、售后服务业务报告、人力资源报告等。

（1）研究开发报告。研究开发报告的内容应包括研发背景、主要研发内容、技术方案、研发进度、项目预算等。

（2）采购业务报告。采购业务报告的内容应包括采购业务预算、采购业务执行结果以及差异分析等。采购业务报告要重点反映采购质量、数量以及时间、价格等方面的内容。

（3）生产业务报告。生产业务报告的内容应包括生产业务预算、生产业务执行结果以及差异分析等。生产业务报告要重点反映生产成本、生产数量以及产品质量、生产时间等方面的内容。

（4）配送业务报告。配送业务报告的内容应包括配送业务预算、配送业务执行结果以及差异分析等。配送业务报告要重点反映配送的及时性、准确性以及配送损耗等方面的内容。

（5）销售业务报告。销售业务报告的内容应包括销售业务预算、销售业务执行结果以及差异分析等。销售业务报告要重点反映销售的数量结构和质量结构等方面的内容。

（6）售后服务业务报告。售后服务业务报告的内容应包括售后服务业务预算、售后服务业务执行结果以及差异分析等。售后服务业务报告重点反映售后服务的客户满意度等方面的内容。

（7）人力资源报告。人力资源报告的内容应包括人力资源预算、人力资源执行结果以及差异分析等。人力资源报告重点反映人力资源使用及考核等方面的内容。

11.3 企业管理会计报告流程

企业管理会计报告流程包括报告的编制、审批、传递、使用、反馈、评价等环节。管理会计报告由管理会计信息归集、处理并报送的责任部门编制。企业应根据报告的内容、重要性和报告对象等，确定不同的审批流程，经审批后的报告方可报出。企业管理会计报告可以根据报告性质、管理需要进行逐级传递或直接传递。由于管理会计报告比对外报告揭示更多细节，出于商业机密保护的需要，企业应建立企业管理会计报告使用的授权制度，报告使用人应在权限范围内使用企业管理会计报告。随着信息化、数字化的发展，企业应当充分利用信息技术，强化企业管理会计报告及相关信息的集成和共享，将企业管理会计报告的编制、审批、传递和使用等纳入企业统一信息平台。

管理会计报告提供的信息通过自下而上的业务活动及经营管理活动的不断汇总、归纳、精练，并流畅地传递到企业的战略层（高层）、经营层（中层）和作业层（基层）后，将结果自上而下进行反馈，从而保证了信息的完整性、真实性和有效性。

11.3.1 管理会计报告编制规范

报告是信息的载体，因此完整地收集信息是管理会计报告工作的起点。与企业相关的信息不仅仅能够从运营资料、财务报告中获得，还可以从外部的一些途径获取，包括银行、政府部门、信用机构等。

管理会计报告的编制就是要将收集到的管理会计信息进行筛选，依据各层级人员对管理会计报告的不同需求和企业内部制定的管理会计报告标准，进行分析，撇掉无效信息，提取有效数据，编制内容全面、简洁易懂的管理会计报告，最终形成总结性结论，并提出与结论相匹配的建议，为企业的绩效分析及单位各管理层掌握相关信息、正确履行职责提供有力保障。

企业应该合理设计管理会计报告编制的相关内部控制体系，以提升编制效率，保证完善的报告能够及时提供给相应的使用者。同时要制定相应的应急机制，当在信息收集的过程中遇到重大突发事件时，编制管理会计报告应以速度为先，及时地编制高层管理会计报告，将所遇到的情况向企业的最高管理层汇报。

11.3.2 管理会计报告审批规范

管理会计报告编制完成后，为了保证提交的管理会计报告的质量，不影响信息的准确性，应该有一个审批程序，以此对管理会计报告进行审核。所以，应当在企业的内部控制流程中设立相应的报告审批机制，确保审批人、审核内容和审批流程，明确管理会计报告的责任人，最终保证签发的管理会计报告的质量。

企业应根据报告的内容、重要性和报告对象等，确定不同的审批流程。经审批后的报告方可报出。

11.3.3 管理会计报告传递规范

报告传递机制普遍存在于管理会计报告的整体流程当中，企业应合理设计报告传递路径，确保企业管理会计报告及时、有效地送达报告对象。传递机制将管理会计报告的提供者和使用者联系在一起，有效的报告传递机制能够将管理会计报告的作用发挥到最高水平。管理会计报告的信息有各种各样的通报方式，可以将管理会计报告传递路线分成三种方式：上行、下行、平行。

上行的管理会计报告信息传递机制主要是指由经营层管理者传递到管理层管理者，最终送到决策层管理者。这是目前主要的管理会计报告信息传递的方式。报告的信息主要包括企业的交易信息、相应成本、企业的盈利情况等。

下行的管理会计报告信息传递机制主要是指从决策层管理者传递到管理层管理者，再由管理层管理者传递给经营层管理者。报告内容包括经营层预期达到的经营目标，各部门的详细任务等信息。但有些报告信息则需要将上行报告和下行报告结合多次，才能具体落实。比如为了保证企业的预算报告信息的准确、合理，就需要经过自上而下、自下而上的多次传递。

平行的管理会计报告信息传递机制是指同级的各部门之间传递。企业应当通过不同的途径和方式来跨过部门之间的物理隔阂实现信息传递，保证有关会计信息在部门之间的实时传递。除此之外，企业更需要优化管理会计信息有关的传递流程，使管理会计报告能够按既定的流程进行，以提高信息的传递效率。

11.3.4 管理会计报告使用与反馈规范

企业管理会计报告属于内部报告，应在允许的范围内传递和使用。相关人员应遵守保密规定。企业应建立管理会计报告使用的授权制度，报告使用人应在权限范围内使用企业管理会计报告。

反馈是指信息接受者在收到信息之后将对信息的理解和态度再度回馈给信息发出者，以便让信息的发出者知道信息接受者是否已经正确地理解了发送的信息。信息能够得到及时确切的反馈在管理会计报告的整个信息沟通过程中也很重要。企业管理层的各位成员不仅仅是信息的发出者，也是信息的反馈者，经理层在中间起到承上启下的作用，需要同时对操作层和管理层提供的信息进行反馈、操作层需要对上级的经理层和管理层传送的信息进行反馈，不仅不同层级的成员之间信息要进行反馈，同一部门人员之间也要进行信息的反馈。

管理会计报告的反馈是指对管理会计报告接受者提出问题的解决状态的跟进与追踪，企业可根据管理会计报告的编制频率和所含内容建立反馈机制，据此形成的管理会计报告的反馈内容可以提交给管理会计报告办公室，这样能够及时地把对企业生产经营可能产生影响的相关信息予以反馈，以便后续进行整改。

11.3.5 管理会计报告评价规范

管理会计报告对企业的生产经营具有重大影响，企业应当制定管理会计报告的评价机制，并将评价结果与绩效考核挂钩。通过对管理会计报告使用效果的评价，掌握管理会计报告的运行状况。评价内容主要包括对管理会计报告的操作流程和对战略决策影响效果两个方面，如管理会计报告的质量、传递的及时性、信息的有效性以及使用的安全性等。

管理会计报告的评价机制应当定期启动，企业可以依据自己的实际编制频率对管理会计报告进行评价，经过评价发现管理会计报告有问题存在的，应及时进行改正和完善，保证管理会计报告可以充分地满足管理者的不同需要。

11.4 管理会计报告的应用

11.4.1 管理会计报告的形式

管理会计报告作为企业内部一种重要的、正式的沟通媒介，有效的呈报形式有助于对信息的理解和阅读，加深对信息的记忆，提高决策速度。

管理会计报告的形式是为内容服务的。有时相同的内容，用不同形式、不同语气表述，会带来截然相反的效果。管理者的偏好与信息交互的紧迫性是影响报告形式的重要因素，有的管理者偏好数字细节，有的则觉得图表形式更直观。报告时间较宽松时表格对决策有利，时间紧迫时则图形有利。呈报形式的多样性能增强信息的交互效率，有助于提升决策价值。

管理会计报告的形式要件没有法定要求，视需求的不同而不同，一般包括报告的标题、报告期间或时间、报告对象、报告内容以及报告人等。常见的管理会计报告形式有：

1）图形式报告

图形式报告是指利用统计图来展示报告内容。它比单纯使用数字更直观，使得数字间的关系变化或者发展趋势更为清晰，加深阅读者的印象和记忆，不论阅读者是否专业，都能直击要害，更快、更准确地区分与把握重大变动事项，有利于整体任务的决策。曲线图、折线图、柱状图、饼形图、鱼骨图等都是较好的选择。图 11-1 是订单总体达成情况分析折线图，图 11-2 是加工中心取消订单饼状分析图，图 11-3 是收入预算执行情况柱状图。

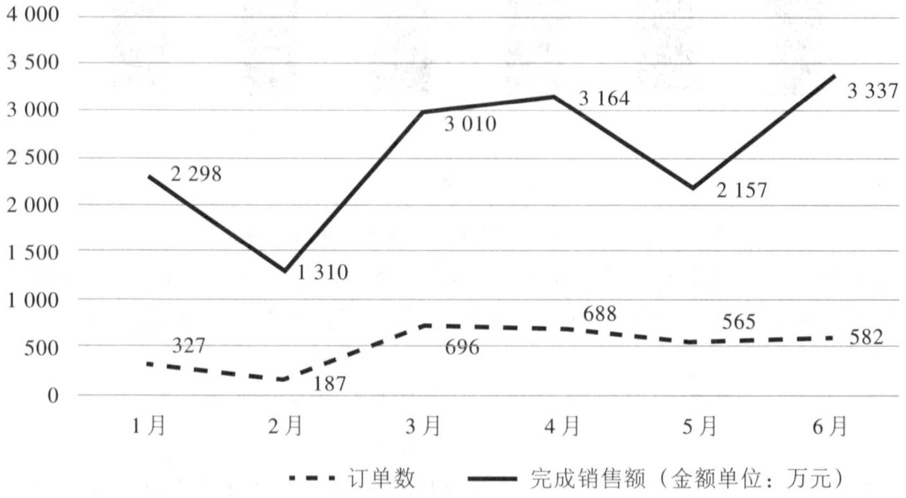

图 11-1　订单总体达成情况分析折线图

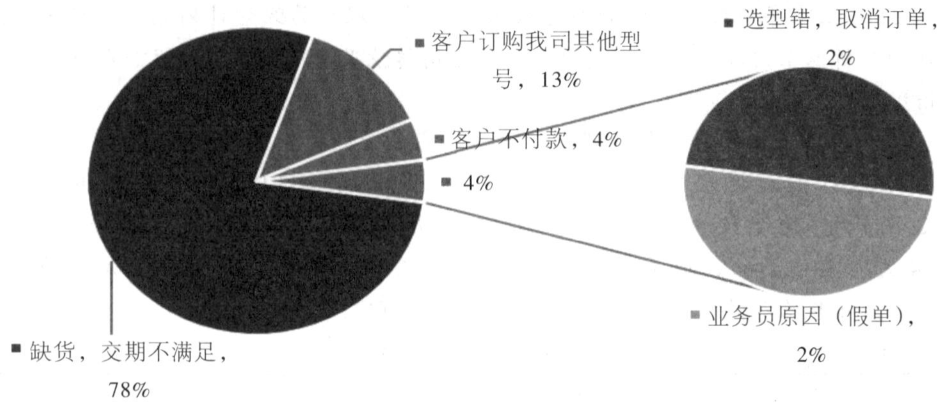

图 11-2　截至 6 月份加工中心取消订单饼状分析图

2）摘要式报告

摘要式报告是针对管理层关注需要，有选择地报告数据。它虽然没有提供所有的细节，但保证了重要信息不被淹没在细节之中。一般来说，其具体形式可采用表格展示，也可采用纯文字叙述，文字在数据信息的逻辑表达上更具有优势。

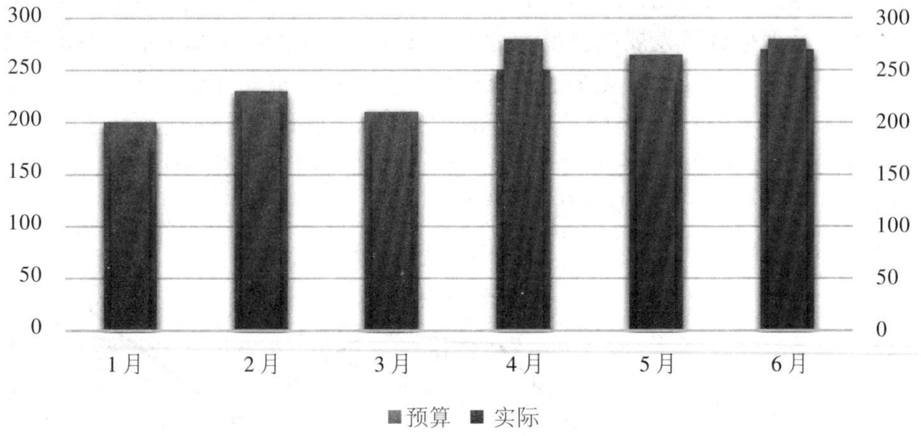

图 11-3 收入预算执行情况柱状图（单位：万元）

下面是××公司营销管理部 2021 年上半年经营计划完成情况的分析报告，主要采取文字叙述形式，说明了订单、库存、客户、收入预算等各方面的相关完成情况。

2021 年上半年营销管理部经营状况分析报告

2021 年 7 月 18 日

营销管理部作为营销后台，直接为公司的经营活动提供资源支持，是仅次于营销中心的增值部门。营销管理部意图用营销统计数字以外的数据来客观反映××公司 2021 年上半年的经营效率和经营成果。营销管理部的经营计划完成情况将重点统计和分析以下内容：订单完成情况、库存周转情况、客户满意情况、收入预算执行情况。

一、2021 年上半年营销管理部订单总体完成情况的分析

表 11-1 的数据表明，2021 年上半年共完成订单 3 045 单，完成销售总额 15 276 万元。订单数量从 1 月开始呈加速上升趋势（2 月份农历假期除外），在 3—4 月份达到高峰，但是从 5—6 月份开始呈缓慢下降趋势，应当引起营销中心的注意。销售收入的增长与订单数量的增长成正比。

表 11-1 **订单总体达成情况表**

时间	单位	1 月	2 月	3 月	4 月	5 月	6 月
订单数量	单	327	187	696	688	565	582
完成销售额	万元	2 298	1 310	3 010	3 164	2 157	3 337

造成接单数量收紧的原因分析大概有：市场的周期性饱和；受国家政策的影响（如国家出台对终端市场不利影响的政策等）；订单交期长，客户取消订单，转为购买其他供应商产品；订单交期太长，业务员不敢谈单、签单、下单；ERP 优化流程以来，审单时需要提供客户的合同等信息，以往业务员下虚单的情况有所减少。

二、对已经完成订单和未完成订单情况的分析

2021 年上半年四大类主要产品中，自产铣床已完成订单 1 415 单，未完成订单 946 单，完成率约 60%；自产加工中心已完成订单 362 单，未完成订单 127 单，完成率约 74%；自产普机产品已完成订单 670 单，未完成订单 66 单，完成率约 91%；外购产品已完成订单 598 单，未完成订单 58 单，完成率约 91%。未完成订单比例最大的是自产铣床（40%），其次是自产加工中心（26%）。

造成 40% 自产铣床订单无法交货的原因大概如下：铣床的市场刚性需求较大；铣床的市场影响力较好，客户宁愿等待，也不愿转购其他品牌铣床；货少单多，业务员担心排货等待时间长，不排除下虚单的可能性；最根本的原因是供应商供货跟不上，而深层次原因是铣床无利可图，供应商放弃扩大再生产，造成产能压缩，目前公司的供货数量明显小于市场的需求。

三、2021 年库存周转率分析

表 11-2　2021 年存货周转率　金额单位：万元

月份	存货月底结存	销货成本	平均库存	周转率	周转次数（次）	月库存周转天数（天）
1	3 151	1 701	3 151	53.98%	194	56
2	2 995	1 051	3 073	34.20%	123	88
3	2 770	2 468	2 882.5	85.62%	308	35
4	2 782	2 279	2 776	82.10%	296	37
5	2 888	1 935	2 835	68.25%	246	44
6	3 435	2 289	3 161.5	72.40%	261	41

表 11-2 显示，2021 年上半年平均月周转天数为 50.2 天，2020 年同期数据为 58.5 天。对比数字来看，2021 年的库存周转率明显优于 2020 年。原因分析如下：订单缺货严重，物料到货即进入生产环节，库存环节积压少；2019 年之前积压的外购设备，也尽可能销售一空；仓库对呆滞物料的处理初见成效。

但是，目前的轻库存，也反映出供货不充分、订单达成率不高的现象。有消息报道，国家将对 800 家钢铁企业进行整顿，调整至 200 家。应当警惕上游资源价格上调，造成进一步缺货的可能。因此，需要结合现金流状况，做出是否有选择地囤货，来应对行业的不确定性调整。

……

3）表格式报告

表格式报告集中于提供详细的数据，有利于呈现数据信息的细节，注重从数据出发来说明经营管理中的问题。它不追求直观，不停留于概要方面，而是通过详尽的数据来说明问题。

表 11-3 是××公司铣床车间订单达成分析报告。表内数据显示，铣床订单在当月下单达成率上，1 月份和 2 月份最糟糕，当月下的订单，交期最长达 6 个月；从 3、4 月份开始好转，最迟的交期在 3 个月之内；5、6 月份进一步缩短至 30~45 天。

表 11-3 铣床的订单达成分析报告

时间	指标	1 月份完成	2 月份完成	3 月份完成	4 月份完成	5 月份完成	6 月份完成	合计
1 月份下单	订单准时完成率	0	0	69%	6%	12.5%	12.5%	100%
	完成数量	0	0	11	1	2	2	16
2 月份下单	订单准时完成率	—	0	68%	18%	10%	4%	100%
	完成数量	—	0	112	30	16	6	164
3 月份下单	订单准时完成率	—	—	37%	33%	18%	12%	100%
	完成数量	—	—	300	266	150	102	818
4 月份下单	订单准时完成率	—	—	—	28%	29%	43%	100%
	完成数量	—	—	—	79	81	118	278
5 月份下单	订单准时完成率	—	—	—	—	8%	92%	100%
	完成数量	—	—	—	—	10	109	119
6 月份下单	订单准时完成率	—	—	—	—	—	100%	100%
	完成数量	—	—	—	—	—	20	20

表 11-4 是××公司客户满意度中有关投诉单发生情况的分析报告，侧重点是对投诉发生的区域和产品类型做比较，对投诉内容和投诉客户做分类。从三大区域来看，深圳区域的普机投诉服务明显高于其他区域。从客户投诉的产品来看，自产铣床和加工中心虽然位居前两位，但是由于销售基数大，尚属正常范围，值得注意的是：外购设备、自产火花机和自产线切割三种设备的投诉一直居高不下，需要进一步分析查明原因，采取相应措施。

表 11-4 **上半年企业客户满意度分析——投诉单分析**

分别从投诉区域、投诉产品类型、投诉内容、投诉客户类型对投诉单的发生情况进行比较分析，查明管理重点。

项目		区域						产品类型(台数)									投诉内容(单数)				客户类型(户数)	
		普机服务部			技术服务部			自产铣床	加工中心	外购设备	走刀器	自产火花机	自产线切割	数控铣床	雕铣机	自产磨床	质量问题	服务不及时	重复维修	客户其他投诉(收费贵、保修期短)	大客户投诉	一般客户投诉
		深圳	长安	顺联	深圳	长安	顺联															
2021年	投诉量	27	3	3	8	6	3	16	12	7	3	3	3	3	2	1	39	8	0	3	7	43
	比例	82%	9%	9%	47%	35%	18%	32%	24%	14%	6%	6%	6%	6%	4%	2%	78%	16%	0	6%	14%	86%
2020年	投诉量	7	1	1	2	3	0	2	3	1	0	3	2	2	0	1	2	9	3	0	6	8
	比例	78%	11%	11%	40%	60%	0	14%	21%	7%	0	21%	14%	14%	0	7%	14.3%	64.3%	21.4%	0	43%	57%

注：计算有尾差。

11.4.2 管理会计报告的作用

管理会计报告的边界与管理会计的边界相同，管理会计覆盖哪些内容和方面，作为管理会计工作呈现方式之一的管理会计报告就需要努力去覆盖哪些内容和方面。管理会计的目标就是管理会计报告的终极目标。管理会计报告试图去归纳、设计、规范管理会计的信息输出，以有效的信息为基础，将不同指标进行分解，落实具体责任，逐级追溯原因，最终逐级传递压力与活力，以更好地实现管理会计工作的目标。企业可以通过管理会计报告去设计和打造一个上下联通的信息沟通和控制渠道，使管理者的决策能力和员工的执行能力在瞬息万变的经营环境下始终与公司战略保持一致，从而持续地提升公司价值。

【实践运用】 基于平衡计分卡的管理会计报告体系

管理会计报告面向未来，从战略高度及时向企业决策层提供对战略决策有用的信息，如年度目标完成情况、成本费用管控情况。企业想要长远发展，实现制定的战略目标，需要管理会计报告体系的支持，这种报告体系依赖于平衡计分卡。

平衡计分卡体现了“将战略落地”的思想，价值创造的过程就是实现企业战略目标的过程，根据价值创造过程可以实时衡量和监督企业战略的实现过程。平衡计分卡与管理会计报告的有机结合，形成以平衡计分卡为基础的管理会计报告体系，可以解决信息收集、审核、传递等过程中存在的滞后性以及孤立性等问题，改善经营状况，提升企业价值创造，最后满足企业价值管理和决策支持的需要。

根据各层级管理层对各维度信息的需求以及企业战略地图，构建基于平衡计分卡的管理会计报告体系。体系中的管理会计报告一定不是单独存在的，而是相辅相成、相互影响的，财务维度是企业经营的基础，盈利是首要目标；客户维度是财务维度的来源，有了买家才会有现金的流入；内部流程维度直接影响客户维度的体验度——体验度好，客户才会多；学习与成长维度为整个企业的发展奠定了一个基调。不断成长的企业在各方面一定是表现非常优异的，因此管理会计报告中各维度相互结合一定会达到非常好的效果。同时将管理会计报告与企业的战略目标相结合，可以避免目光不够长远。因为它对未来有预测功能，依据当前的数据能够对当下的形势做出及时的判断，随着不断地调整策略能够带领企业走上正确的道路，发展得更加健康。

在设计的管理会计报告体系中，各个维度的信息有重叠的地方，但反映的侧重点不一样。每个维度的信息都环环相扣，相互支撑，缺一不可，不仅印证了整个数据链的可靠性，也为企业的生产运营提供了强有力的保证。

基于平衡计分卡各维度、各层级的管理会计报告体系如图 11-4、图 11-5 所示。不同层级与不同维度之间的管理会计报告是存在联系的，基于平衡计分卡的管理会计报告体系是以各维度报告为基础整合形成的报告。

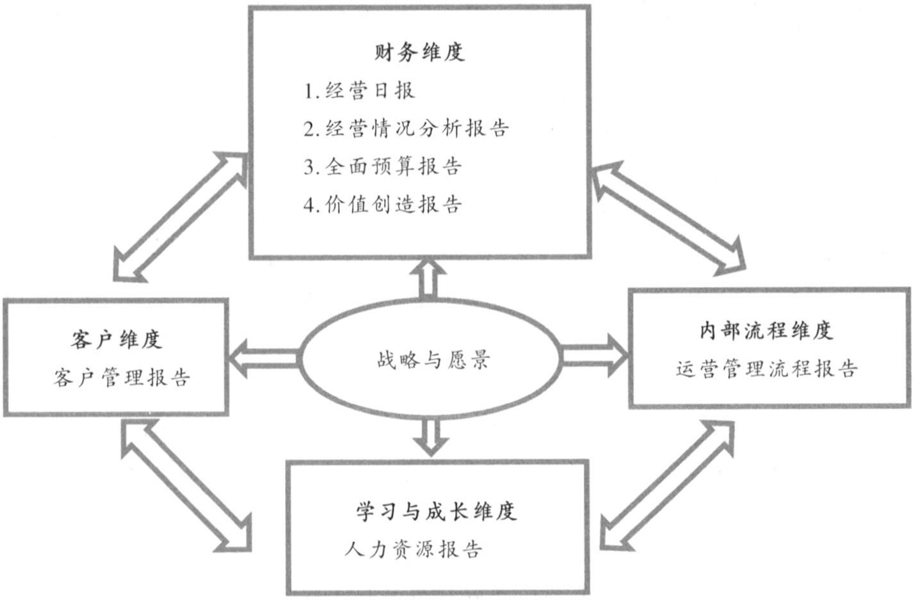

图 11-4　基于平衡计分卡各维度的管理会计报告体系构成

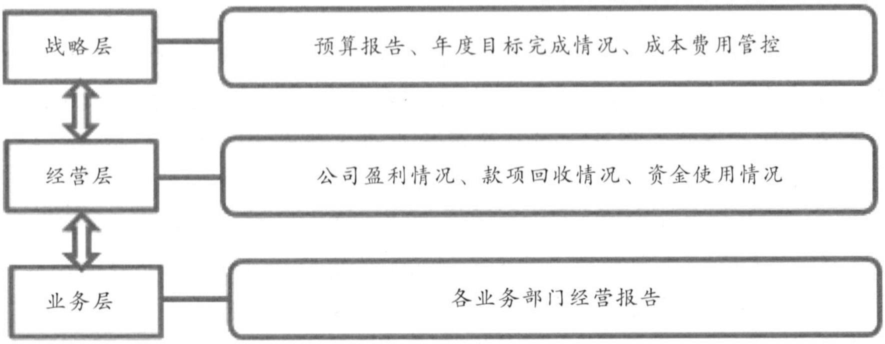

图 11-5　基于平衡计分卡各层级的管理会计报告体系构成

1）各维度管理会计报告的构成

（1）财务维度管理会计报告

①内容。财务维度是四个维度中的核心层次，因此必须保证相应管理会计报告中数据的准确性和广泛性。从财务维度来看，与平衡计分卡相关的管理会计报告体系主要有经营日报、经营情况分析报告、全面预算报告以及价值创造报告。

②作用。财务维度的目标是增加收入、降低成本、增加利润，而价值创造报告主要反映一定时期内企业的价值状况，因此该维度的报告满足战略目标的要求。它一般包括价值创造目标及其实现程度、价值驱动的财务要素与非财务要素以及提高企业价值的方法等。

③编制频率。结合企业的实际情况，财务部门的业务量和员工人数不成正比，

若以月报的形式报出，会增加企业的负担，以成本效益为基础，选择以季报的形式编制财务维度管理会计报告更加合理。

④报告主体。在价值创造报告中，不仅以货币为单位来衡量，还包括业务量、商家数等，所以需要各部门之间共同配合。因此，财务维度管理会计报告的报告主体应由财务部门牵头，企业的所有部门予以配合。

（2）客户维度管理会计报告

①内容。客户是财务的源泉，所以为了保证企业的绩效，必须细分客户市场，剖析客户心理。企业的客户包括两个方向，其一是商家，其二是客户，所以重点包括客户情况、企业情况等两方面内容。而客户的变化无非是进入和离开，所以报告主要包括客户退单情况统计表和商家情况统计表。

②作用。客户维度报告通过客户管理报告来反映，用以反映和支持财务维度目标实现情况的因素分析。此维度的战略目标有提升客户满意度、提升商家交易额，而客户和商家的情况统计表可以实现该目标。

③编制频率。客户维度管理会计报告反映的是客户退单情况、商家入驻情况等。这些信息每天都在发生变化，如果以日报的形式报出，工作量会很大，且无法进行横向对比，所以月报的形式更能够详细地记录这些信息。因此，编制频率确定为每月。

④报告主体。广义的客户包含了商家和传统意义上的客户。商家信息由业务部负责完成，客户信息由客服部完成，涉及金额的由财务部门完成，网络部主要是与其进行协作。因此，客户维度的报告主体是企业内部的所有部门。

（3）内部流程维度管理会计报告

①内容。内部流程管理会计报告反映了企业内部所有的生产运营情况，所以该维度会详细地记录每个部门的工作内容以及工作情况。通过对四个维度基本情况的反映，进一步为财务维度以及客户维度目标的实现提供支持。

②作用。反映企业内部流程的报告是运营管理流程报告，重点反映企业的业务处理速度和效率以及平台整体管理等基本情况。这个维度的战略目标是提升售后服务质量、加强对供应商的控制等，而设计该维度相关报告就是为了进一步强化内部控制体系，增强内部控制能力，它帮助了上述目标的实现。同时，由于管理会计目前没有相关的法规、准则的束缚，管理者可以根据企业的管理流程、技术方法等特点整理、分析决策相关管理信息，显示内部业务流程的建立轨迹，通过把相关数据进行不同维度的对比等，判断内部流程建立的效率、效果等。

③编制频率。内部流程主要是详细记录各个部门的具体运营情况，与财务维度的工作相匹配，所以编制报告频率应该参照财务维度，编制月报更符合上级需求。因此，编制频率为每月。

④报告主体。内部流程维度不单指某个部门，而是指整个企业的内部业务流程，所以相应的管理会计报告应由单位内部的所有部门协同完成，各部门分工，最后交由业务部来汇总上报。

(4) 学习与成长维度管理会计报告

①内容。学习与成长维度能够对之前的三个维度进行升华，优质的人才更有利于企业的发展。该维度管理会计报告主要指人力资源报告，具体内容有员工基本信息、员工培训内容、员工对企业的满意度以及员工的工作量等。设计该维度管理会计报告的核心是培养忠诚度高的优质人才。

②作用。人力资源报告主要用来反映企业中员工的各方面情况，它能够反映整个企业一旦暴露在危险情况之下的抗压能力。这个维度的目标是提升员工满意度和归属感、提高员工的专业技能和工作效率，而报告的内容与目标相契合，所以设计相关的报告有助于目标的实现。

③报告频率。依据企业的实际情况，员工的基本情况或培训信息等往往不会有较频繁的变动，没有必要以月报的形式报出，以半年报的形式编制更符合成本效益原则，也更有利于反映员工在不同阶段的表现。

④报告主体。学习与成长维度管理会计报告主要是人力资源报告，因此牵头单位必定是人力资源部，但同样需要不同部门的配合。不同部门需要将相应人员的具体信息登记在案，人员基本情况和员工培训情况由各部门填列，然后向人力资源部提交并进行汇总。

2) 各层级管理会计报告构成

管理会计报告体系将信息需求者分成不同层级，分别是战略层、经营层和业务层，包括企业所有的员工，这样就能最大限度地满足所有人的需求，使管理层能够更加全面地了解整个企业的信息，有助于做出合理的决策。

各层级管理会计报告是将各维度会计报告指标重新拆分、整合成新的报告，依据不同层级的目标分别报送给不同层级的管理者。各个维度报告汇总在一起共同实现各层级管理者的需求。

(1) 战略层管理会计报告

战略层管理者要了解与预算报告、年度报告的完成情况以及成本费用管控情况有关的一些信息，这些信息分别可以从价值创造报告、客户退单情况、商家情况统计表中获取，只要与预算数、实际数、使用成本相关的指标均需向战略层管理者汇报。战略层涉及预算，因此以年报为主。

(2) 经营层管理会计报告

经营层管理者要了解企业的盈利情况如何、应收账款的回收情况如何、资金使用情况是否合理，这些信息可以从价值创造报告、商家退出情况统计表、商家入驻情况统计表以及人力资源报告中获取。经营层涉及盈利的变化，为了更好地控制成本，提高利润，以季报为主。

(3) 业务层管理会计报告

业务层管理者要负责下属的具体部门的经营情况。相关的信息从业务情况分析表、商家情况统计表、整个内部业务流程的报告、工作量统计情况、价值创造情况统计表中获取，只要与各个部门相关的信息都与业务层相关。业务层与具体的经营活动有关。为了实时地了解经营情况，以月报为主。

本章小结

管理会计报告是指企业运用管理会计方法，根据财务和业务的基础信息加工整理形成的，满足企业价值管理和决策支持需要的内部报告。

管理会计报告和财务会计报告之间既有区别，又有联系。其联系体现在：第一，两者均以企业整体经营活动为基础，通过财务信息以及非财务信息为企业内外的利益相关者提供决策支持，是现代会计信息系统中两个核心子系统。第二，管理会计报告弥补了财务会计报告的不足。区别体现在：管理会计报告和财务会计报告在编制基础、服务对象、报告内容、报告的范围、报告的期间、计量方式、信息类型、规范要求等方面存在诸多差异。

管理会计报告的编制原则，是指在管理会计报告的设计、编制、传递等过程中需要遵循的基本原则，一般包括：目标导向原则、相关性原则、及时性原则、可比性原则与成本效益原则。

按照企业管理会计报告使用主体层次的不同进行分类是最能体现不同管理、不同需求的基本分类。管理会计报告按照使用主体层次的不同可分为战略层管理会计报告、经营层管理会计报告和业务层管理会计报告。

战略层管理会计报告是指为满足战略层进行战略规划、战略制定、战略执行、战略评价以及其他方面的管理活动提供相关信息的对内报告。该层级的管理会计报告包括但不限于战略管理报告、综合业绩报告、价值创造报告、经营分析报告、风险分析报告、重大事项报告、例外事项报告等。

经营层管理会计报告是指为经营层进行规划、决策、控制和评价等管理活动提供相关信息的对内报告。该层级的管理会计报告包括但不限于全面预算管理报告、投资分析报告、项目可行性报告、融资分析报告、盈利分析报告、业绩评价报告、资金管理报告、成本管理报告等。

业务层管理会计报告是指为企业日常业务或作业活动提供相关信息的对内报告。该层级的管理会计报告包括但不限于研究开发报告、采购业务报告、生产业务报告、配送业务报告、销售业务报告、售后服务业务报告、人力资源报告等。

企业管理会计报告流程包括报告的编制、审批、传递、使用、反馈、评价等环节。

管理会计报告的编制就是要将收集到的管理会计信息进行筛选，依据各层级人员对管理会计报告的不同需求和企业内部制定的管理会计报告标准，进行分析，撇掉无效信息，提取有效数据，编制内容全面、简洁易懂的管理会计报告，最终形成总结性结论，并提出与结论相匹配的建议。

管理会计报告的形式是为内容服务的。管理会计报告常见的形式有：图表式、摘要式和表格式。

常用术语

1. 管理会计报告　2. 目标导向原则　3. 战略层管理会计报告
4. 经营层管理会计报告　5. 业务层管理会计报告

思考题

1. 什么是管理会计报告？它有哪些基本作用？
2. 简述管理会计报告与财务会计报告的区别与联系。
3. 简述战略层管理会计报告编制的依据和方法。
4. 简述管理会计报告编制的原则。你认为管理会计报告编制最重要的要求是什么？
5. 你认为管理会计报告体系的意义是什么？
6. 简述管理会计报告的基本分类。
7. 简述管理会计报告的流程。

练习题

一、单项选择题

1. 企业管理会计报告可以按照多种标准分类，其中，按照（　　）分类是最能体现不同管理、不同需求的基本分类。

A. 企业管理会计报告的内容
B. 管理会计功能
C. 企业管理会计报告使用者所处的管理层级
D. 责任中心

2. 业务层管理会计报告不包括（　　）。

A. 生产业务报告　B. 项目可行性报告
C. 研究开发报告　D. 销售业务报告

3. 经营层管理会计报告不包括（　　）。

A. 投资分析报告　B. 融资分析报告　C. 绩效评价报告　D. 经营分析报告

4. 图表式管理会计报告不包括（　　）。

A. 曲线图　B. 表格式　C. 柱状图　D. 鱼骨图

5. 表格式报告的优点是（　　）。

A. 变化趋势清晰易懂　B. 保证重要信息不被淹没在细节中
C. 提供详尽的数据　D. 直观

6. 下列不属于管理会计报告中常见的非财务信息的是（　　）。

A. 市场份额及变动趋势　B. 开发新产品的流程和时间

C. 新产品数量及变动趋势　　　　　　D. 投资报酬率

7. 战略层管理会计报告包括（　　）。

A. 成本管理报告　　　　　　　　　　B. 采购分析报告

C. 人力资源报告　　　　　　　　　　D. 内部环境分析报告

8. 下列属于管理会计报告的编制原则的是（　　）。

A. 及时性原则　　B. 一致原则　　　C. 客观原则　　　D. 准确原则

二、判断题

1. 管理会计的目标就是管理会计报告的终极目标。（　　）

2. 业务层管理会计报告应根据企业内部各部门、车间或班组的核心职能或经营目标进行设计。（　　）

3. 经营层需要对接战略层，根据战略层的战略意图进行本管理层级的管理，保证其部门的运行通畅和资源合理利用。（　　）

4. 战略层管理会计报告需要细微和局部的信息，保障制定战略信息，以及对战略执行情况反馈，帮助进一步优化资源配置的信息。（　　）

5. 图表式管理会计报告往往能够准确测定数据。（　　）

第 11 章练习题参考答案

参考文献

[1] HORNGREN C T, DATAR S M, RAJAN M.Cost Accounting: A Managerial Emphasis [M]. 15ed. Pearson Education, 2015.

[2] 阿特金森，等. 管理会计 [M]. 刘曙光，等译. 6版. 北京：清华大学出版社，2011.

[3] 曹惠民. 管理会计（新编）[M]. 3版. 上海：立信会计出版社，2013.

[4] 汉森，莫文. 成本管理——决算与控制 [M]. 黎来芳，等译. 北京：中信出版社，2003.

[5] 汉森，莫文. 管理会计学 [M]. 王光远，等译. 4版. 北京：北京大学出版社，2005.

[6] 胡玉明，丁友刚，卢馨. 管理会计 [M]. 2版. 广州：暨南大学出版社，2010.

[7] 黄桂杰，龙海红. 管理会计学 [M]. 上海：立信会计出版社，2008.

[8] 蒋贤品，祝锡萍. 管理会计 [M]. 杭州：浙江人民出版社，2005.

[9] 卡普兰，阿特金森. 高级管理会计 [M]. 吕长江，等译. 3版. 大连：东北财经大学出版社，2012.

[10] 卡普兰，诺顿. 平衡计分卡 [M]. 刘俊勇，等译. 广州：广东经济出版社，2004.

[11] 李天民. 现代管理会计学 [M]. 上海：立信会计出版社，1996.

[12] 林涛. 管理会计 [M]. 2版. 厦门：厦门大学出版社，2011.

[13] 林涛.《管理会计》学习指导与练习 [M]. 厦门：厦门大学出版社，2005.

[14] 刘俊勇. 管理会计 [M]. 3版. 大连：东北财经大学出版社，2019.

[15] 刘伟. 财务管理 [M]. 2版. 武汉：华中科技大学出版社，2015.

[16] 刘志远，王志红，陆宇建，等. 管理会计 [M]. 北京：北京大学出版社，2007.

[17] 陆宇建，李冠众. 管理会计学 [M]. 3版. 大连：东北财经大学出版社，2017.

[18] 吕长江. 管理会计 [M]. 上海：复旦大学出版社，2006.

[19] 毛付根. 管理会计 [M]. 2版. 北京：高等教育出版社，2007.

[20] 孟焰. 管理会计学 [M]. 3版. 北京：经济科学出版社，2015.

[21] 米切尔. 马赫. 成本会计——为管理创造价值 [M]. 姚海鑫，等译. 北京：机械工业出版社，2003.

[22] 潘爱香. 管理会计学 [M]. 3 版. 北京：经济科学出版社，2006.
[23] 潘飞. 管理会计 [M]. 3 版. 上海：上海财经大学出版社，2013.
[24] 孙茂竹，支晓强，戴璐. 管理会计学 [M]. 9 版. 北京：中国人民大学出版社，2020.
[25] 温素彬. 管理会计：理论·模型·案例 [M]. 3 版. 北京：机械工业出版社，2019.
[26] 希尔顿. 管理会计学：在动态商业环境中创造价值 [M]. 阎达五，李勇，译. 5 版. 北京：机械工业出版社，2007.
[27] 许金叶. 管理会计 [M]. 北京：清华大学出版社，2012.
[28] 杨学富，耿广猛. 管理会计实训教程 [M]. 4 版. 大连：东北财经大学出版社，2021.
[29] 于向慧，张忠慧. 管理会计 [M]. 哈尔滨：哈尔滨工业大学出版社，2007.
[30] 于向慧，张忠慧. 管理会计训练教程 [M]. 哈尔滨：哈尔滨工业大学出版社，2007.
[31] 郑爱华，张亚杰，李文美. 管理会计 [M]. 北京：机械工业出版社，2007.
[32] 周航，王玉翠. 管理会计 [M]. 北京：科学出版社，2007.

附录

管理会计行业调研报告及案例（第一辑）

管理会计行业调研报告及案例（第二辑）

管理会计行业调研报告及案例（第三辑）

管理会计行业调研报告及案例（第四辑）

管理会计行业调研报告及案例（第五辑）

附表

附表一

复利终值系数表

$$(F/P,\ i,\ n) = (1+i)^n$$

i / n	1%	2%	3%	4%	5%	6%	7%	8%	9%	10%	i / n
1	1.0100	1.0200	1.0300	1.0400	1.0500	1.0600	1.0700	1.0800	1.0900	1.1000	1
2	1.0201	1.0404	1.0609	1.0816	1.1025	1.1236	1.1449	1.1664	1.1881	1.2100	2
3	1.0303	1.0612	1.0927	1.1249	1.1576	1.1910	1.2250	1.2597	1.2950	1.3310	3
4	1.0406	1.0824	1.1255	1.1699	1.2155	1.2625	1.3108	1.3605	1.4116	1.4641	4
5	1.0510	1.1041	1.1593	1.2167	1.2763	1.3382	1.4026	1.4693	1.5386	1.6105	5
6	1.0615	1.1262	1.1941	1.2653	1.3401	1.4185	1.5007	1.5869	1.6771	1.7716	6
7	1.0721	1.1487	1.2299	1.3159	1.4071	1.5036	1.6058	1.7138	1.8280	1.9487	7
8	1.0829	1.1717	1.2668	1.3686	1.4775	1.5938	1.7182	1.8509	1.9926	2.1436	8
9	1.0937	1.1951	1.3048	1.4233	1.5513	1.6895	1.8385	1.9990	2.1719	2.3579	9
10	1.1046	1.2190	1.3439	1.4802	1.6289	1.7908	1.9672	2.1589	2.3674	2.5937	10
11	1.1157	1.2434	1.3842	1.5395	1.7103	1.8983	2.1049	2.3316	2.5804	2.8531	11
12	1.1268	1.2682	1.4258	1.6010	1.7959	2.0122	2.2522	2.5182	2.8127	3.1384	12
13	1.1381	1.2936	1.4685	1.6651	1.8856	2.1329	2.4098	2.7196	3.0658	3.4523	13
14	1.1495	1.3195	1.5126	1.7317	1.9799	2.2609	2.5785	2.9372	3.3417	3.7975	14
15	1.1610	1.3459	1.5580	1.8009	2.0789	2.3966	2.7590	3.1722	3.6425	4.1772	15
16	1.1726	1.3728	1.6047	1.8730	2.1829	2.5404	2.9522	3.4259	3.9703	4.5950	16
17	1.1843	1.4002	1.6528	1.9479	2.2920	2.6928	3.1588	3.7000	4.3276	5.0545	17
18	1.1961	1.4282	1.7024	2.0258	2.4066	2.8543	3.3799	3.9960	4.7171	5.5599	18
19	1.2081	1.4568	1.7535	2.1068	2.5270	3.0256	3.6165	4.3157	5.1417	6.1159	19
20	1.2202	1.4859	1.8061	2.1911	2.6533	3.2071	3.8697	4.6610	5.6044	6.7275	20
21	1.2324	1.5157	1.8603	2.2788	2.7860	3.3996	4.1406	5.0338	6.1088	7.4002	21
22	1.2447	1.5460	1.9161	2.3699	2.9253	3.6035	4.4304	5.4365	6.6586	8.1403	22
23	1.2572	1.5769	1.9736	2.4647	3.0715	3.8197	4.7405	5.8715	7.2579	8.9543	23
24	1.2697	1.6084	2.0328	2.5633	3.2251	4.0489	5.0724	6.3412	7.9111	9.8497	24
25	1.2824	1.6406	2.0938	2.6658	3.3864	4.2919	5.4274	6.8485	8.6231	10.835	25
26	1.2953	1.6734	2.1566	2.7725	3.5557	4.5494	5.8074	7.3964	9.3992	11.918	26
27	1.3082	1.7069	2.2213	2.8834	3.7335	4.8223	6.2139	7.9881	10.245	13.110	27
28	1.3213	1.7410	2.2879	2.9987	3.9201	5.1117	6.6488	8.6271	11.167	14.421	28
29	1.3345	1.7758	2.3566	3.1187	4.1161	5.4184	7.1143	9.3173	12.172	15.863	29
30	1.3478	1.8114	2.4273	3.2434	4.3219	5.7435	7.6123	10.063	13.268	17.449	30
40	1.4889	2.2080	3.2620	4.8010	7.0400	10.286	14.975	21.725	31.409	45.259	40
50	1.6446	2.6916	4.3839	7.1067	11.467	18.420	29.457	46.902	74.358	117.39	50
60	1.8167	3.2810	5.8916	10.520	18.679	32.988	57.946	101.26	176.03	304.48	60

续表

i / n	18%	20%	24%	28%	32%	36%	i / n
1	1.1800	1.2000	1.2400	1.2800	1.3200	1.3600	1
2	1.3924	1.4400	1.5376	1.6384	1.7424	1.8496	2
3	1.6430	1.7280	1.9066	2.0972	2.3000	2.5155	3
4	1.9388	2.0736	2.3642	2.6844	3.0360	3.4210	4
5	2.2878	2.4883	2.9316	3.4360	4.0075	4.6526	5
6	2.6996	2.9860	3.6352	4.3980	5.2899	6.3275	6
7	3.1855	3.5832	4.5077	5.6295	6.9826	8.6054	7
8	3.7589	4.2998	5.5895	7.2058	9.2170	11.703	8
9	4.4355	5.1598	6.9310	9.2234	12.167	15.917	9
10	5.2338	6.1917	8.5944	11.806	16.060	21.647	10
11	6.1759	7.4301	10.657	15.112	21.199	29.439	11
12	7.2876	8.9161	13.215	19.343	27.983	40.038	12
13	8.5994	10.699	16.386	24.759	36.937	54.451	13
14	10.147	12.839	20.319	31.691	48.757	74.053	14
15	11.974	15.407	25.196	40.565	64.359	100.71	15
16	14.129	18.488	31.243	51.923	84.954	136.97	16
17	16.672	22.186	38.741	66.461	112.14	186.28	17
18	19.673	26.623	48.039	85.071	148.02	253.34	18
19	23.214	31.948	59.568	108.89	195.39	344.54	19
20	27.393	38.338	73.864	139.38	257.92	468.57	20
21	32.324	46.005	91.592	178.41	340.45	637.26	21
22	38.142	55.206	113.57	228.36	449.39	866.67	22
23	45.008	66.247	140.83	292.30	593.20	1 178.7	23
24	53.109	79.497	174.63	374.14	783.02	1 603.0	24
25	62.669	95.396	216.54	478.90	1 033.6	2 180.1	25
26	73.949	114.48	268.51	613.00	1 364.3	2 964.9	26
27	87.260	137.37	332.96	784.64	1 800.9	4 032.3	27
28	102.97	164.84	412.86	1 004.3	2 377.2	5 483.9	28
29	121.50	197.81	511.95	1 285.6	3 137.9	7 458.1	29
30	143.37	237.38	634.82	1 645.5	4 142.1	10 143	30
40	750.38	1 469.8	5 455.9	19 427	66 521	*	40
50	3 927.4	9 100.4	46 890	*	*	*	50
60	20 555	56 348	*	*	*	*	60

注：*>99999。

附表二

复利现值系数表

$$(P/F, i, n) = \frac{1}{(1+i)^n}$$

i / n	1%	2%	3%	4%	5%	6%	7%	8%	9%	10%	i / n
1	0.9901	0.9804	0.9709	0.9615	0.9524	0.9434	0.9346	0.9259	0.9174	0.9091	1
2	0.9803	0.9612	0.9426	0.9246	0.9070	0.8900	0.8734	0.8573	0.8417	0.8264	2
3	0.9706	0.9423	0.9151	0.8890	0.8638	0.8396	0.8163	0.7938	0.7722	0.7513	3
4	0.9610	0.9238	0.8885	0.8548	0.8227	0.7921	0.7629	0.7350	0.7084	0.6830	4
5	0.9515	0.9057	0.8626	0.8219	0.7835	0.7473	0.7130	0.6806	0.6499	0.6209	5
6	0.9420	0.8880	0.8375	0.7903	0.7462	0.7050	0.6663	0.6302	0.5963	0.5645	6
7	0.9327	0.8706	0.8131	0.7599	0.7107	0.6651	0.6227	0.5835	0.5470	0.5132	7
8	0.9235	0.8535	0.7894	0.7307	0.6768	0.6274	0.5820	0.5403	0.5019	0.4665	8
9	0.9143	0.8368	0.7664	0.7026	0.6446	0.5919	0.5439	0.5002	0.4604	0.4241	9
10	0.9053	0.8203	0.7441	0.6756	0.6139	0.5584	0.5083	0.4632	0.4224	0.3855	10
11	0.8963	0.8043	0.7224	0.6496	0.5847	0.5268	0.4751	0.4289	0.3875	0.3505	11
12	0.8874	0.7885	0.7014	0.6246	0.5568	0.4970	0.4440	0.3971	0.3555	0.3186	12
13	0.8787	0.7730	0.6810	0.6006	0.5303	0.4688	0.4150	0.3677	0.3262	0.2897	13
14	0.8700	0.7579	0.6611	0.5775	0.5051	0.4423	0.3878	0.3405	0.2992	0.2633	14
15	0.8613	0.7430	0.6419	0.5553	0.4810	0.4173	0.3624	0.3152	0.2745	0.2394	15
16	0.8528	0.7284	0.6232	0.5339	0.4581	0.3936	0.3387	0.2919	0.2519	0.2176	16
17	0.8444	0.7142	0.6050	0.5134	0.4363	0.3714	0.3166	0.2703	0.2311	0.1978	17
18	0.8360	0.7002	0.5874	0.4936	0.4155	0.3503	0.2959	0.2502	0.2120	0.1799	18
19	0.8277	0.6864	0.5703	0.4746	0.3957	0.3305	0.2765	0.2317	0.1945	0.1635	19
20	0.8195	0.6730	0.5537	0.4564	0.3769	0.3118	0.2584	0.2145	0.1784	0.1486	20
21	0.8114	0.6598	0.5375	0.4388	0.3589	0.2942	0.2415	0.1987	0.1637	0.1351	21
22	0.8034	0.6468	0.5219	0.4220	0.3418	0.2775	0.2257	0.1839	0.1502	0.1228	22
23	0.7954	0.6342	0.5067	0.4057	0.3256	0.2618	0.2109	0.1703	0.1378	0.1117	23
24	0.7876	0.6217	0.4919	0.3901	0.3101	0.2470	0.1971	0.1577	0.1264	0.1015	24
25	0.7798	0.6095	0.4776	0.3751	0.2953	0.2330	0.1842	0.1460	0.1160	0.0923	25
26	0.7720	0.5976	0.4637	0.3607	0.2812	0.2198	0.1722	0.1352	0.1064	0.0839	26
27	0.7644	0.5859	0.4502	0.3468	0.2678	0.2074	0.1609	0.1252	0.0976	0.0763	27
28	0.7568	0.5744	0.4371	0.3335	0.2551	0.1956	0.1504	0.1159	0.0895	0.0693	28
29	0.7493	0.5631	0.4243	0.3207	0.2429	0.1846	0.1406	0.1073	0.0822	0.0630	29
30	0.7419	0.5521	0.4120	0.3083	0.2314	0.1741	0.1314	0.0994	0.0754	0.0573	30
35	0.7059	0.5000	0.3554	0.2534	0.1813	0.1301	0.0937	0.0676	0.0490	0.0356	35
40	0.6717	0.4529	0.3066	0.2083	0.1420	0.0972	0.0668	0.0460	0.0318	0.0221	40
45	0.6391	0.4102	0.2644	0.1712	0.1113	0.0727	0.0476	0.0313	0.0207	0.0137	45
50	0.6080	0.3715	0.2281	0.1407	0.0872	0.0543	0.0339	0.0213	0.0134	0.0085	50
55	0.5785	0.3365	0.1968	0.1157	0.0683	0.0406	0.0242	0.0145	0.0087	0.0053	55

续表

n \ i	12%	14%	15%	16%	18%	20%	24%	28%	32%	36%	i / n
1	0.8929	0.8772	0.8696	0.8621	0.8475	0.8333	0.8065	0.7813	0.7576	0.7353	1
2	0.7972	0.7695	0.7561	0.7432	0.7182	0.6944	0.6504	0.6104	0.5739	0.5407	2
3	0.7118	0.6750	0.6575	0.6407	0.6086	0.5787	0.5245	0.4768	0.4348	0.3975	3
4	0.6355	0.5921	0.5718	0.5523	0.5158	0.4823	0.4230	0.3725	0.3294	0.2923	4
5	0.5674	0.5194	0.4972	0.4761	0.4371	0.4019	0.3411	0.2910	0.2495	0.2149	5
6	0.5066	0.4556	0.4323	0.4104	0.3704	0.3349	0.2751	0.2274	0.1890	0.1580	6
7	0.4523	0.3996	0.3759	0.3538	0.3139	0.2791	0.2218	0.1776	0.1432	0.1162	7
8	0.4039	0.3506	0.3269	0.3050	0.2660	0.2326	0.1789	0.1388	0.1085	0.0854	8
9	0.3606	0.3075	0.2843	0.2630	0.2255	0.1938	0.1443	0.1084	0.0822	0.0628	9
10	0.3220	0.2697	0.2472	0.2267	0.1911	0.1615	0.1164	0.0847	0.0623	0.0462	10
11	0.2875	0.2366	0.2149	0.1954	0.1619	0.1346	0.0938	0.0662	0.0472	0.0340	11
12	0.2567	0.2076	0.1869	0.1685	0.1372	0.1122	0.0757	0.0517	0.0357	0.0250	12
13	0.2292	0.1821	0.1625	0.1452	0.1163	0.0935	0.0610	0.0404	0.0271	0.0184	13
14	0.2046	0.1597	0.1413	0.1252	0.0985	0.0779	0.0492	0.0316	0.0205	0.0135	14
15	0.1827	0.1401	0.1229	0.1079	0.0835	0.0649	0.0397	0.0247	0.0155	0.0099	15
16	0.1631	0.1229	0.1069	0.0930	0.0708	0.0541	0.0320	0.0193	0.0118	0.0073	16
17	0.1456	0.1078	0.0929	0.0802	0.0600	0.0451	0.0258	0.0150	0.0089	0.0054	17
18	0.1300	0.0946	0.0808	0.0691	0.0508	0.0376	0.0208	0.0118	0.0068	0.0039	18
19	0.1161	0.0829	0.0703	0.0596	0.0431	0.0313	0.0168	0.0092	0.0051	0.0029	19
20	0.1037	0.0728	0.0611	0.0514	0.0365	0.0261	0.0135	0.0072	0.0039	0.0021	20
21	0.0926	0.0638	0.0531	0.0443	0.0309	0.0217	0.0109	0.0056	0.0029	0.0016	21
22	0.0826	0.0560	0.0462	0.0382	0.0262	0.0181	0.0088	0.0044	0.0022	0.0012	22
23	0.0738	0.0491	0.0402	0.0329	0.0222	0.0151	0.0071	0.0034	0.0017	0.0008	23
24	0.0659	0.0431	0.0349	0.0284	0.0188	0.0126	0.0057	0.0027	0.0013	0.0006	24
25	0.0588	0.0378	0.0304	0.0245	0.0160	0.0105	0.0046	0.0021	0.0010	0.0005	25
26	0.0525	0.0331	0.0264	0.0211	0.0135	0.0087	0.0037	0.0016	0.0007	0.0003	26
27	0.0469	0.0291	0.0230	0.0182	0.0115	0.0073	0.0030	0.0013	0.0006	0.0002	27
28	0.0419	0.0255	0.0200	0.0157	0.0097	0.0061	0.0024	0.0010	0.0004	0.0002	28
29	0.0374	0.0224	0.0174	0.0135	0.0082	0.0051	0.0020	0.0008	0.0003	0.0001	29
30	0.0334	0.0196	0.0151	0.0116	0.0070	0.0042	0.0016	0.0006	0.0002	0.0001	30
35	0.0189	0.0102	0.0075	0.0055	0.0030	0.0017	0.0005	0.0002	0.0001	*	35
40	0.0107	0.0053	0.0037	0.0026	0.0013	0.0007	0.0002	0.0001	*	*	40
45	0.0061	0.0027	0.0019	0.0013	0.0006	0.0003	0.0001	*	*	*	45
50	0.0035	0.0014	0.0009	0.0006	0.0003	0.0001	*	*	*	*	50
55	0.0020	0.0007	0.0005	0.0003	0.0001	*	*	*	*	*	55

注：*<0.0001。

附表三

年金终值系数表

$$(F/A, i, n) = \frac{(1+i)^n - 1}{i}$$

n \ i	1%	2%	3%	4%	5%	6%	7%	8%	9%	10%	i / n
1	1.0000	1.0000	1.0000	1.0000	1.0000	1.0000	1.0000	1.0000	1.0000	1.0000	1
2	2.0100	2.0200	2.0300	2.0400	2.0500	2.0600	2.0700	2.0800	2.0900	2.1000	2
3	3.0301	3.0604	3.0909	3.1216	3.1525	3.1836	3.2149	3.2464	3.2781	3.3100	3
4	4.0604	4.1216	4.1836	4.2465	4.3101	4.3746	4.4399	4.5061	4.5731	4.6410	4
5	5.1010	5.2040	5.3091	5.4163	5.5256	5.6371	5.7507	5.8666	5.9847	6.1051	5
6	6.1520	6.3081	6.4684	6.6330	6.8019	6.9753	7.1533	7.3359	7.5233	7.7156	6
7	7.2135	7.4343	7.6625	7.8983	8.1420	8.3938	8.6540	8.9228	9.2004	9.4872	7
8	8.2857	8.5830	8.8923	9.2142	9.5491	9.8975	10.260	10.637	11.029	11.436	8
9	9.3685	9.7546	10.159	10.583	11.027	11.491	11.978	12.488	13.021	13.580	9
10	10.462	10.950	11.464	12.006	12.578	13.181	13.816	14.487	15.193	15.937	10
11	11.567	12.169	12.808	13.486	14.207	14.972	15.784	16.646	17.560	18.531	11
12	12.683	13.412	14.192	15.026	15.917	16.870	17.889	18.977	20.141	21.384	12
13	13.809	14.680	15.618	16.627	17.713	18.882	20.141	21.495	22.953	24.523	13
14	14.947	15.974	17.086	18.292	19.599	21.015	22.551	24.215	26.019	27.975	14
15	16.097	17.293	18.599	20.024	21.579	23.276	25.129	27.152	29.361	31.773	15
16	17.258	18.639	20.157	21.825	23.658	25.673	27.888	30.324	33.003	35.950	16
17	18.430	20.012	21.762	23.698	25.840	28.213	30.840	33.750	36.974	40.545	17
18	19.615	21.412	23.414	25.645	28.132	30.906	33.999	37.450	41.301	45.599	18
19	20.811	22.841	25.117	27.671	30.539	33.760	37.379	41.446	46.019	51.159	19
20	22.019	24.297	26.870	29.778	33.066	36.786	40.996	45.762	51.160	57.275	20
21	23.239	25.783	28.677	31.969	35.719	39.993	44.865	50.423	56.765	64.003	21
22	24.472	27.299	30.537	34.248	38.505	43.392	49.006	55.457	62.873	71.403	22
23	25.716	28.845	32.453	36.618	41.431	46.996	53.436	60.893	69.532	79.543	23
24	26.974	30.422	34.427	39.083	44.502	50.816	58.177	66.765	76.790	88.497	24
25	28.243	32.030	36.459	41.646	47.727	54.865	63.249	73.106	84.701	98.347	25
26	29.526	33.671	38.553	44.312	51.114	59.156	68.677	79.954	93.324	109.18	26
27	30.821	35.344	40.710	47.084	54.669	63.706	74.484	87.351	102.72	121.10	27
28	32.129	37.051	42.931	49.968	58.403	68.528	80.698	95.339	112.97	134.21	28
29	33.450	38.792	45.219	52.966	62.323	73.640	87.347	103.97	124.14	148.63	29
30	34.785	40.568	47.575	56.085	66.439	79.058	94.461	113.28	136.31	164.49	30
40	48.886	60.402	75.401	95.026	120.80	154.76	199.64	259.06	337.88	442.59	40
50	64.463	84.579	112.80	152.67	209.35	290.34	406.53	573.77	815.08	1 163.9	50
60	81.670	114.05	163.05	237.99	353.58	533.13	813.52	1 253.2	1 944.8	3 034.8	60

续表

i \ n	12%	14%	15%	16%	18%	20%	24%	28%	32%	36%	i / n
1	1.0000	1.0000	1.0000	1.0000	1.0000	1.0000	1.0000	1.0000	1.0000	1.0000	1
2	2.1200	2.1400	2.1500	2.1600	2.1800	2.2000	2.2400	2.2800	2.3200	2.3600	2
3	3.3744	3.4396	3.4725	3.5056	3.5724	3.6400	3.7776	3.9184	4.0624	4.2096	3
4	4.7793	4.9211	4.9934	5.0665	5.2154	5.3680	5.6842	6.0156	6.3624	6.7251	4
5	6.3528	6.6101	6.7424	6.8771	7.1542	7.4416	8.0484	8.6999	9.3983	10.146	5
6	8.1152	8.5355	8.7537	8.9775	9.4420	9.9299	10.980	12.136	13.406	14.799	6
7	10.089	10.731	11.067	11.414	12.142	12.916	14.615	16.534	18.696	21.126	7
8	12.300	13.233	13.727	14.240	15.327	16.499	19.123	22.163	25.678	29.732	8
9	14.776	16.085	16.786	17.519	19.086	20.799	24.713	29.369	34.895	41.435	9
10	17.549	19.337	20.304	21.322	23.521	25.959	31.643	38.593	47.062	57.352	10
11	20.655	23.045	24.349	25.733	28.755	32.150	40.238	50.399	63.122	78.998	11
12	24.133	27.271	29.002	30.850	34.931	39.581	50.895	65.510	84.320	108.44	12
13	28.029	32.089	34.352	36.786	42.219	48.497	64.110	84.853	112.30	148.48	13
14	32.393	37.581	40.505	43.672	50.818	59.196	80.496	109.61	149.24	202.93	14
15	37.280	43.842	47.580	51.660	60.965	72.035	100.82	141.30	198.00	276.98	15
16	42.753	50.980	55.718	60.925	72.939	87.442	126.01	181.87	262.36	377.69	16
17	48.884	59.118	65.075	71.673	87.068	105.93	157.25	233.79	347.31	514.66	17
18	55.750	68.394	75.836	84.141	103.74	128.12	195.99	300.25	459.45	700.94	18
19	63.440	78.969	88.212	98.603	123.41	154.74	244.03	385.32	607.47	954.28	19
20	72.052	91.025	102.44	115.38	146.63	186.69	303.60	494.21	802.86	1 298.8	20
21	81.699	104.77	118.81	134.84	174.02	225.03	377.46	633.59	1 060.8	1 767.4	21
22	92.503	120.44	137.63	157.42	206.34	271.03	469.06	812.00	1 401.2	2 404.7	22
23	104.60	138.30	159.28	183.60	244.49	326.24	582.63	1 040.4	1 850.6	3 271.3	23
24	118.16	158.66	184.17	213.98	289.49	392.48	723.46	1 332.7	2 443.8	4 450.0	24
25	133.33	181.87	212.79	249.21	342.60	471.98	898.09	1 706.8	3 226.8	6 053.0	25
26	150.33	208.33	245.71	290.09	405.27	567.38	1 114.6	2 185.7	4 260.4	8 233.1	26
27	169.37	238.50	283.57	337.50	479.22	681.85	1 383.1	2 798.7	5 624.8	11 198	27
28	190.70	272.89	327.10	392.50	566.48	819.22	1 716.1	3 583.3	7 425.7	15 230	28
29	214.58	312.09	377.17	456.30	669.45	984.07	2 129.0	4 587.7	9 802.9	20 714	29
30	241.33	356.79	434.75	530.31	790.95	1 181.9	2 640.9	5 873.2	12 941	28 172	30
40	767.09	1342.0	1 779.1	2 360.8	4 163.2	7 343.9	22 729	69 377	207 874	609 890	40
50	2 400.0	4 994.5	7 217.7	10 436	21 813	45 497	195 373	819 103	*	*	50
60	7 471.6	18 535	29 220	46 058	114 190	281 733	*	*	*	*	60

注：*>999999.99。

附表四

年金现值系数表

$$(P/A,\ i,\ n)=\frac{1-(1+i)^{-n}}{i}$$

n \ i	1%	2%	3%	4%	5%	6%	7%	8%	9%	10%	i / n
1	0.9901	0.9804	0.9709	0.9615	0.9524	0.9434	0.9346	0.9259	0.9174	0.9091	1
2	1.9704	1.9416	1.9135	1.8861	1.8594	1.8334	1.8080	1.7833	1.7591	1.7355	2
3	2.9410	2.8839	2.8286	2.7751	2.7232	2.6730	2.6243	2.5771	2.5313	2.4869	3
4	3.9020	3.8077	3.7171	3.6299	3.5460	3.4651	3.3872	3.3121	3.2397	3.1699	4
5	4.8534	4.7135	4.5797	4.4518	4.3295	4.2124	4.1002	3.9927	3.8897	3.7908	5
6	5.7955	5.6014	5.4172	5.2421	5.0757	4.9173	4.7665	4.6229	4.4859	4.3553	6
7	6.7282	6.4720	6.2303	6.0021	5.7864	5.5824	5.3893	5.2064	5.0330	4.8684	7
8	7.6517	7.3255	7.0197	6.7327	6.4632	6.2098	5.9713	5.7466	5.5348	5.3349	8
9	8.5660	8.1622	7.7861	7.4353	7.1078	6.8017	6.5152	6.2469	5.9952	5.7590	9
10	9.4713	8.9826	8.5302	8.1109	7.7217	7.3601	7.0236	6.7101	6.4177	6.1446	10
11	10.3676	9.7868	9.2526	8.7605	8.3064	7.8869	7.4987	7.1390	6.8052	6.4951	11
12	11.2551	10.5753	9.9540	9.3851	8.8633	8.3838	7.9427	7.5361	7.1607	6.8137	12
13	12.1337	11.3484	10.6350	9.9856	9.3936	8.8527	8.3577	7.9038	7.4869	7.1034	13
14	13.0037	12.1062	11.2961	10.5631	9.8986	9.2950	8.7455	8.2442	7.7862	7.3667	14
15	13.8651	12.8493	11.9379	11.1184	10.3797	9.7122	9.1079	8.5595	8.0607	7.6061	15
16	14.7179	13.5777	12.5611	11.6523	10.8378	10.1059	9.4466	8.8514	8.3126	7.8237	16
17	15.5623	14.2919	13.1661	12.1657	11.2741	10.4773	9.7632	9.1216	8.5436	8.0216	17
18	16.3983	14.9920	13.7535	12.6593	11.6896	10.8276	10.0591	9.3719	8.7556	8.2014	18
19	17.2260	15.6785	14.3238	13.1339	12.0853	11.1581	10.3356	9.6036	8.9501	8.3649	19
20	18.0456	16.3514	14.8775	13.5903	12.4622	11.4699	10.5940	9.8181	9.1285	8.5136	20
21	18.8570	17.0112	15.4150	14.0292	12.8212	11.7641	10.8355	10.0168	9.2922	8.6487	21
22	19.6604	17.6580	15.9369	14.4511	13.1630	12.0416	11.0612	10.2007	9.4424	8.7715	22
23	20.4558	18.2922	16.4436	14.8568	13.4886	12.3034	11.2722	10.3711	9.5802	8.8832	23
24	21.2434	18.9139	16.9355	15.2470	13.7986	12.5504	11.4693	10.5288	9.7066	8.9847	24
25	22.0232	19.5235	17.4131	15.6221	14.0939	12.7834	11.6536	10.6748	9.8226	9.0770	25
26	22.7952	20.1210	17.8768	15.9828	14.3752	13.0032	11.8258	10.8100	9.9290	9.1609	26
27	23.5596	20.7069	18.3270	16.3296	14.6430	13.2105	11.9867	10.9352	10.0266	9.2372	27
28	24.3164	21.2813	18.7641	16.6631	14.8981	13.4062	12.1371	11.0511	10.1161	9.3066	28
29	25.0658	21.8444	19.1885	16.9837	15.1411	13.5907	12.2777	11.1584	10.1983	9.3696	29
30	25.8077	22.3965	19.6004	17.2920	15.3725	13.7648	12.4090	11.2578	10.2737	9.4269	30
35	29.4086	24.9986	21.4872	18.6646	16.3742	14.4982	12.9477	11.6546	10.5668	9.6442	35
40	32.8347	27.3555	23.1148	19.7928	17.1591	15.0463	13.3317	11.9246	10.7574	9.7791	40
45	36.0945	29.4902	24.5187	20.7200	17.7741	15.4558	13.6055	12.1084	10.8812	9.8628	45
50	39.1961	31.4236	25.7298	21.4822	18.2559	15.7619	13.8007	12.2335	10.9617	9.9148	50
55	42.1472	33.1748	26.7744	22.1086	18.6335	15.9905	13.9399	12.3186	11.0140	9.9471	55

续表

n \ i	12%	14%	15%	16%	18%	20%	24%	28%	32%	36%	i / n
1	0.8929	0.8772	0.8696	0.8621	0.8475	0.8333	0.8065	0.7813	0.7576	0.7353	1
2	1.6901	1.6467	1.6257	1.6052	1.5656	1.5278	1.4568	1.3916	1.3315	1.2760	2
3	2.4018	2.3216	2.2832	2.2459	2.1743	2.1065	1.9813	1.8684	1.7663	1.6735	3
4	3.0373	2.9137	2.8550	2.7982	2.6901	2.5887	2.4043	2.2410	2.0957	1.9658	4
5	3.6048	3.4331	3.3522	3.2743	3.1272	2.9906	2.7454	2.5320	2.3452	2.1807	5
6	4.1114	3.8887	3.7845	3.6847	3.4976	3.3255	3.0205	2.7594	2.5342	2.3388	6
7	4.5638	4.2883	4.1604	4.0386	3.8115	3.6046	3.2423	2.9370	2.6775	2.4550	7
8	4.9676	4.6389	4.4873	4.3436	4.0776	3.8372	3.4212	3.0758	2.7860	2.5404	8
9	5.3282	4.9464	4.7716	4.6065	4.3030	4.0310	3.5655	3.1842	2.8681	2.6033	9
10	5.6502	5.2161	5.0188	4.8332	4.4941	4.1925	3.6819	3.2689	2.9304	2.6495	10
11	5.9377	5.4527	5.2337	5.0286	4.6560	4.3271	3.7757	3.3351	2.9776	2.6834	11
12	6.1944	5.6603	5.4206	5.1971	4.7932	4.4392	3.8514	3.3868	3.0133	2.7084	12
13	6.4235	5.8424	5.5831	5.3423	4.9095	4.5327	3.9124	3.4272	3.0404	2.7268	13
14	6.6282	6.0021	5.7245	5.4675	5.0081	4.6106	3.9616	3.4587	3.0609	2.7403	14
15	6.8109	6.1422	5.8474	5.5755	5.0916	4.6755	4.0013	3.4834	3.0764	2.7502	15
16	6.9740	6.2651	5.9542	5.6685	5.1624	4.7296	4.0333	3.5026	3.0882	2.7575	16
17	7.1196	6.3729	6.0472	5.7487	5.2223	4.7746	4.0591	3.5177	3.0971	2.7629	17
18	7.2497	6.4674	6.1280	5.8178	5.2732	4.8122	4.0799	3.5294	3.1039	2.7668	18
19	7.3658	6.5504	6.1982	5.8775	5.3162	4.8435	4.0967	3.5386	3.1090	2.7697	19
20	7.4694	6.6231	6.2593	5.9288	5.3527	4.8696	4.1103	3.5458	3.1129	2.7718	20
21	7.5620	6.6870	6.3125	5.9731	5.3837	4.8913	4.1212	3.5514	3.1158	2.7734	21
22	7.6446	6.7429	6.3587	6.0113	5.4099	4.9094	4.1300	3.5558	3.1180	2.7746	22
23	7.7184	6.7921	6.3988	6.0442	5.4321	4.9245	4.1371	3.5592	3.1197	2.7754	23
24	7.7843	6.8351	6.4338	6.0726	5.4509	4.9371	4.1428	3.5619	3.1210	2.7760	24
25	7.8431	6.8729	6.4641	6.0971	5.4669	4.9476	4.1474	3.5640	3.1220	2.7765	25
26	7.8957	6.9061	6.4906	6.1182	5.4804	4.9563	4.1511	3.5656	3.1227	2.7768	26
27	7.9426	6.9352	6.5135	6.1364	5.4919	4.9636	4.1542	3.5669	3.1233	2.7771	27
28	7.9844	6.9607	6.5335	6.1520	5.5016	4.9697	4.1566	3.5679	3.1237	2.7773	28
29	8.0218	6.9830	6.5509	6.1656	5.5098	4.9747	4.1585	3.5687	3.1240	2.7774	29
30	8.0552	7.0027	6.5660	6.1772	5.5168	4.9789	4.1601	3.5693	3.1242	2.7775	30
35	8.1755	7.0700	6.6166	6.2153	5.5386	4.9915	4.1644	3.5708	3.1248	2.7777	35
40	8.2438	7.1050	6.6418	6.2335	5.5482	4.9966	4.1659	3.5712	3.1250	2.7778	40
45	8.2825	7.1232	6.6543	6.2421	5.5523	4.9986	4.1664	3.5714	3.1250	2.7778	45
50	8.3045	7.1327	6.6605	6.2463	5.5541	4.9995	4.1666	3.5714	3.1250	2.7778	50
55	8.3170	7.1376	6.6636	6.2482	5.5549	4.9998	4.1666	3.5714	3.1250	2.7778	55